21世纪高等院校市场营销专业规划教材

BUSINESS COMMUNICATION

商务沟通（第五版）

原理与技巧 Principles & Techniques

胡介埙 编著

东北财经大学出版社 大连
Dongbei University of Finance & Economics Press

图书在版编目（CIP）数据

商务沟通：原理与技巧 / 胡介埙编著 . —5 版 . —大连：东北财经大学出版社，2023.12

（21世纪高等院校市场营销专业规划教材）

ISBN 978-7-5654-5063-1

Ⅰ . 商… Ⅱ . 胡… Ⅲ . 商业管理-公共关系学-高等学校-教材 Ⅳ . F715

中国国家版本馆 CIP 数据核字（2023）第 243909 号

东北财经大学出版社出版

（大连市黑石礁尖山街 217 号 邮政编码 116025）

网 址：http://www.dufep.cn

读者信箱：dufep@dufe.edu.cn

大连图腾彩色印刷有限公司印刷 东北财经大学出版社发行

幅面尺寸：185mm×260mm 字数：433千字 印张：18.25

2023 年 12 月第 5 版 2023 年 12 月第 1 次印刷

责任编辑：蔡 丽 责任校对：一 心

封面设计：原 皓 版式设计：原 皓

定价：52.00 元

教学支持 售后服务 联系电话：（0411）84710309

版权所有 侵权必究 举报电话：（0411）84710523

如有印装质量问题，请联系营销部：（0411）84710711

第五版前言

市场经济的迅速发展使得社会对企业和个人的商务沟通能力的要求越来越高。近些年来，众多高校的不同专业都对学生开设了"商务沟通"课程，以满足社会的这种强烈需求。为满足现代企业和青年学生对商务沟通能力培养的要求，"商务沟通"课程的体系建设，尤其是教材建设，也迫切需要研究和分析这种发展的需求，并进行自身的发展和创新。

企业日益需要与社会各界进行更广泛且深入的沟通。现代企业需要面对数量庞大、种类繁多的利益相关者。从外部客户、投资者、供应商、分销商、新闻媒体、同行以及政府机构，到内部员工以及管理层，无一不需要沟通。现在，企业商务沟通的目标更复杂，任务更艰巨，沟通对象变得更加广泛，沟通手段和方法也日益多样化了。这些变化对大学生的商务沟通能力提出了新的更高的要求。我们只有调整、充实和更新传统"商务沟通"课程的结构和内容，才能适应和满足企业的实际需要。

从学生和学校的角度看，不仅为适应社会对毕业生沟通能力的要求，需要加强"商务沟通"课程的建设，而且随着学生在校期间活动内容和范围的迅速拓展，学生自己也迫切要求尽快掌握更多的沟通技能。从校园内的社团活动和其他社会实践活动、科研活动等，直到形式多样的大学生创业活动，所有这些都要求学生本身具有较强的沟通能力。缺乏沟通能力的学生，即使在校园内也很难获得更多的训练和实践的机会，无法满足多方面发展的需要。在现代教育中，知识的获取、消化、吸收和应用本身就是一个与各种各样的人沟通的过程。所以，越来越多的学生和学校对学习沟通知识和技能的需要比以前更迫切，更重视训练和能力的培养，并且日益多样化。

作者在长期的教育和社会活动中，深感有编写一本适合教学发展需要的教材的必要。从最初的构思阶段开始，作者就把编写本教材的目标确定为：把沟通原理和实务相结合，以培养学生的沟通能力为重点，为教师提供一个完整的理论框架和一批理论联系实际的案例，为学生提供理论联系实际的途径、方法和技能，以及相当数量的提升技能的实务性练习。

本教材每一章从富有实际应用背景的"引例"开始引入正文，然后介绍相关的基本理论、方法和技巧。每一章内容根据需要插入了数个"沟通案例"，来说明沟通的理论、方法和技巧在实际中的成功应用。大多数章末尾为学生提供了三类"基本训练"的材料：第一类是知识题。希望学生通过这些知识题，能对全章的基本内容有一个全面的总结回顾。第二类是技能题。这些技能题要求学生掌握一定的分析能力，所以这些题目能够为学生提供分析实际问题的必要训练。第三类是部分章提供了"沟通实训"的材料。这些"沟通实训"大多要求学生深度参与训练所规定的内容，进行独立的分析，并通过主持人（教师）与学生之间的互动来增强学生的沟通技能和技巧。一些"沟通实训"的内容又兼有趣味性，能增强学生学习理论知识的兴趣。

本教材分为3篇，共12章。这3篇内容之间互相联系、补充和融合，构成了商务沟通的理论和实践体系。

第1篇"商务沟通的基础"分为4章，介绍商务沟通的基本理论和观念。这部分内容是后两篇的基础。第1章是概论，是对全书以及整个课程内容概况的介绍。第2章是对成功沟通的基本原理、方法和技能的高度概括总结，试图说明在不同内容、对象、场合和方式的沟通中需要共同遵守的一些基本要点。第3章介绍沟通主体与自我沟通分析。第4章讨论人际沟通与沟通客体分析，分别从沟通双方两种不同的角度来讨论沟通的策略、方法和技能的选择。

第2篇"商务沟通的技能与方法"分为5章，分别讨论多种沟通形式：口头沟通与面谈、倾听、书面沟通、演讲沟通、团队沟通和会议沟通等。

第3篇"商务沟通的策略"分为3章，讨论在危机、冲突、谈判和跨文化沟通等情况下的沟通策略。第10章介绍沟通理论在危机与冲突沟通中的应用。第11章主要讨论商务谈判沟通技巧。第12章研究跨文化沟通。

本教材自第一版出版后，承蒙广大读者的厚爱，获得不少读者的好评，多次再版，对此，本教材的编著者甚感欣慰。本教材第五版的主要特色是注重思政引领，融入党的二十大精神。党的二十大报告指出："用社会主义核心价值观铸魂育人，完善思想政治工作体系，推进大中小学思想政治教育一体化建设。坚持依法治国和以德治国相结合，把社会主义核心价值观融入法治建设、融入社会发展、融入日常生活。"本教材第五版更新了部分数据、案例等资料；在第四版增加二维码形式的"拓展阅读"栏目内容的基础上，在部分章通过"学思践悟"思政栏目的形式，结合党的二十大报告内容，引导学生深入社会实践，关注现实问题，使他们加强对专业知识的内化吸收与灵活应用，坚定中国特色社会主义道路自信、理论自信、制度自信、文化自信，努力践行习近平新时代中国特色社会主义思想进教材、进课堂、进学生头脑，达到价值塑造、知识传授、能力培养三位一体的育德树人之效。

本教材在编写过程中参考、吸收和借鉴了国内外有关学者的研究成果，包括有关教材、著作等资料，但因限于篇幅，未能全部一一注明，在本书末尾仅列举了主要的参考文献。在此，我们谨向有关学者表示深深的谢意，也向吸纳了他们的思想观点又因故未能在参考文献中注明的作者表示诚挚的歉意。

感谢东北财经大学出版社对本教材出版所给予的大力支持和帮助，特别是责任编辑蔡丽女士认真负责的工作作风和专业化素养是本教材出版的前提和必要保障。

由于作者水平有限，书中难免有不当之处，敬请读者批评指正。

胡介埙

2023年9月

目 录

第1篇　商务沟通的基础

第 2 篇　商务沟通的技能与方法

第1篇 商务沟通的基础

第1章 商务沟通概论

学习目标

知识目标

深入理解商务沟通的含义和作用；理解商务沟通的分类体系和各类沟通的特点；理解有效商务沟通的特征与任务；理解商务沟通的过程、障碍与对策。

技能目标

能根据目的和任务，选择适当的沟通方式；能根据沟通任务来计划、组织和实施沟通；能够分析沟通过程中的障碍。

❖ **引例**

何凌是一所地方高校大三的学生。父亲何伟是一家制造公司的销售部部长，母亲陆霞则在一家事业单位工作。

父亲最近工作不太顺心，压力大。母亲说起她单位最近提拔干部的做法不公正，如果这次再轮不到她被提拔，只好换一个单位了。何凌也打算与父母亲商量一下大四时自己应聘求职的事。

父亲何伟的忧虑源于一个月前公司的一次中高层领导例会。会上公司客服部负责人汇报说，根据其对公司部分客户的抽样调查，客户对公司的满意度在下降。何伟随后请一个下属调查原因。下属回来说，客户的不满并不是单独针对销售部的，主要是对技术服务部的服务不满意。但后来技术服务部又说是销售部交货不及时、选购品配置不合要求而导致客户不满意的。于是，何伟又向公司反映，确实有这么一回事，但完全是因为生产部门无法按客户要求提供产品，所以，销售部不得不用相近的配置将就。生产部门无法按客户要求供货的原因是某些外购配件的供应商未能及时按要求供货。公司追查这些外购配件供应商未及时供货的原因时，发现他们居然对公司也很不满意，有一大堆意见。

尽管导致客户不满的原因有很多，主要也不是销售部本身的错误，但结果是客户的不满意导致了公司对销售部的不满意。公司领导要求何伟一定要迅速解决有关问题，确保客户满意度的提升。这就不仅要加强与客户的沟通，还需要与其他部门多沟通，一起解决问题。但是一个月来，何伟发现无论是内部各部门之间的沟通还是内部与外部的沟通，都很不顺畅，工作进展缓慢。

母亲陆霞的单位早就在考虑提拔一位新科长了，论业绩和资历也早该轮到她了。但是，最近单位又搞个人述职报告，又搞民主测评，这样一来，一个论业绩和资历都比她差得多的人就可能比她更有希望了。所以，陆霞认为单位领导的做法不公正，自己要想升职，只有换单位了。但是，换什么单位呢？换了是否一定能达到目的呢？

想不到，父母亲的事还没有完，这一周何凌发现班上成绩远比她差的某些同学已经通过参加招聘会，获得了到著名公司面试的机会，在准备面试了。而何凌连应该去找什么样的工作、如何参加面试都完全没有概念。尽管何凌的成绩在班上处于前几名，但她怕面对应聘这些麻烦事，更不知道如何来应对这种事情。

何凌一家人，不管是已经工作的父母亲，还是仍在学习的何凌自己，都遇到了如何与人有效"沟通"的问题。

资料来源　本案例由本书作者胡介埙撰写。

1.1　沟通与商务沟通

1.1.1　沟通的定义及特点

关于沟通的定义，最流行的观点主要有两种：一是强调沟通是信息传递过程，因此把沟通看成一种程序。只有依据这种程序，企业中的成员才能成功地把信息和思想传递给其他有关的成员。二是强调沟通是实现信息共享的过程。共享的观点更强调信息传递的双向性。

本书倾向于采用把两者结合起来的观点，即认为沟通既是一个信息传递过程，也是一个信息共享过程。所以，本书把沟通定义为：不同个体或企业围绕各种信息所进行的传播、交换、理解和说服工作。

沟通的上述定义具有如下一些特点：

1.1.1.1　沟通所传递的是综合性信息

沟通最基本的含义是信息的传递；但是，沟通所传递的信息是包罗万象的。

从所传递信息的形态上看，沟通既可以传递语言信息，也可以传递非语言信息。语言信息又包括口头信息和书面信息。它们既可以用来表达某种事实，也可以用来表达态度和观点。非语言信息是沟通者通过肢体语言和辅助语言，如语音、语调、语速、语气和停顿等所表达的情感信息。

从信息的内容上看，沟通既可以传递基于事实的信息，也可以传递基于推论的信息。基于推论的信息包含了沟通者本人的意见和观点，它会受沟通者个人价值观和态度的影响。在一次成功的沟通中，沟通的双方都应当仔细地分辨所传递的究竟是基于事实的信息还是基于推论的信息；否则，就会因误解而导致沟通失败。

除了传递一般信息外，沟通往往还传递情感和意图这类特殊的信息。沟通者不仅会表达出赞赏、满意、感激、不快和同情等各种情感，还会流露出希望对方接受或采取某种观点或行动的意图。因此，沟通会直接影响有关各方的行动计划和人际关系。

1.1.1.2　沟通不仅传递信息，还创造相同的理解

根据美国著名学者斯蒂芬·罗宾斯的观点，沟通就是"意义的传递和理解"。因此，要使沟通成功，不仅要保证信息的顺利传递，而且需要保证信息被正确理解。在有效的沟通中，不仅信息接收者所感知到的信息必须与信息发送者所发出的信息完全一致，而且信息接收者对这些信息的理解也必须与信息发送者完全一样。

因此，曾经有人说过，沟通就是创造相同理解的过程。确实，只有沟通双方对沟通的内容有完全相同的理解，沟通才能达到预期的目的。要保证沟通成功，沟通双方应当在关系层次、信息层次和行为层次上创造相同的理解。

第一，关系层次。任何沟通的任务，最基本的都是建立和谐关系，实质上就是双方在各方面寻求一致的过程。

第二，信息层次。沟通中的信息需要通过思维形态来进行加工或解释。信息是动态变化的，人们的思想也是不断变化的，沟通双方在信息的加工和解释上也必须创造相同的理解。一方必须按对方能够完全明白的形式展示给对方；否则，沟通就会失败。

第三，行为层次。沟通的最终目的是促使行动，而要促使行动，关键在于提供具有说服力的观点。

1.1.1.3　沟通是一个双向互动的反馈和理解过程

尽管从信息传递形式上看，沟通可以分为单向沟通和双向沟通，但是，我们所研究的人际沟通通常并不是一个纯粹的单向信息传递过程。成功的沟通都是双向沟通过程。

沟通的一方尽管以清楚明白的方式向对方传递所要表达的信息，但对方不一定理解；即使理解了，也许对方的理解也不一定与信息发送者的理解完全相同；即使理解完全相同，对方也不一定同意信息发送者的观点；即使同意信息发送者的观点，对方也不一定会采取信息发送者所要求的行动。因此，沟通者为了达到预定的目的，一般必须与对方交换信息，获得对方对自己意见或观点的反馈；再根据反馈来判断对方是否采取了所期望的行动或者对信息有相同的理解，据此决定自己的下一步行动方案。

有效的沟通都是双向而且互动的过程。沟通双方之间的信息传递和反馈远不是一次性的，而是多次、主动参与的信息交换活动。这种主动参与性往往更能激发对方作出积极有效的反应。这将极大地有利于建立良好的人际关系和促进双方的紧密合作。

1.1.2　商务沟通的作用

商务沟通是指不同个体或企业在商务活动中围绕各种信息所进行的传播、交换、理解和说服工作。现代商务活动在很大程度上依赖沟通。无论是资金的筹集、设备和原材料的采购、生产制造计划的制订和实施、产品的推销、人员招聘和新产品开发等都需要通过沟通来实现。沟通是商业机构中个人和企业实现目标的最基本的途径和手段。

在现代商务活动中，商务沟通的作用主要体现在如下几个方面：

1.1.2.1　商务沟通是实现信息共享的重要手段

英国大文豪萧伯纳曾经说过：假如你有一个苹果，我也有一个苹果，而我们彼此交换这些苹果，那么，你我仍然是各有一个苹果；如果你有一种思想，我也有一种思想，而我们彼此交换这些思想，那么，我们每个人将各有两种思想。

这段话生动地说明沟通的基本特征就是实现信息共享。商务沟通最基本的作用也正是实现商务活动中的信息共享。任何个人要想在商务活动中取得成功，都必须通过沟通与同事、上级和下级，甚至是公司外部的有关人员实现对有关信息的共享。公司想要保证经营活动顺畅有序地进行，也需要通过沟通保证内部不同部门之间，甚至公司与某些外部机构之间实现信息共享。

未来学家托夫勒在他的著作《权力的转移》中曾提出，我们社会最重要的要素是知识，未来的财富创造主要依靠知识的开发与交流。这意味着未来的知识员工必须掌握通过沟通实现知识共享的技能，而通过沟通更快、更多地掌握所需要信息的人和企业将比那些不善于利用沟通的人和企业创造更多的财富。

1.1.2.2　商务沟通是个人和企业在新环境中获取竞争优势的重要手段

在现代社会，原材料、资本和劳动力已经不再是获取竞争力所必需的关键要素了，而沟通正成为新的环境条件下个人和企业谋求生存和发展、增强竞争优势的重要手段。

从企业外部看，环境的变化越来越迅速，竞争越来越激烈，企业既需要利用沟通来了解和把握竞争态势，也需要通过沟通了解市场需求，并让客户熟悉企业及其产品，以促使客户作出有利于本企业的购买决定。企业甚至需要通过沟通让各种利益相关者了解企业目标，以便争取到有关各方的支持。只有沟通良好的企业才能搜集和成功地传递有关的信息，保持和增进与有关各方之间的关系，在激烈的市场竞争中处于有利的地位。由此可见，良好的沟通是创造外部竞争优势所必需的。

从企业内部看，想在商务活动中取得成功，就需要让员工了解企业的发展方向与策略，以便使他们更好地为企业服务，这也需要良好的沟通来保证。全面质量管理、更快速的新产品开发、企业组织结构的扁平化、供应链和物流管理等方法的实施，都要求企业内部各部门之间的信息传递更畅通，相互之间更信任，这又依赖良好的沟通。如果部门之间缺乏良好的沟通，人们就可能无法获得和传递所需要的信息，也会缺乏合作所需要的基本信任，就会在竞争中陷入困境。

任何企业的良好业绩都依赖员工个人之间的良好沟通。沟通良好的员工能比其他人更好地建立、维持和改善工作中的人际关系，获得更多的支持和合作机会，而这些也正是员工竞争能力的体现。

1.1.2.3　商务沟通能力往往是企业招聘和员工升迁的重要依据

对个人而言，无论是即将参加工作的大学生，还是工作多年的企业员工，商务沟通能力都是决定个人能否成功应聘到理想工作和被选拔到重要岗位的主要素质之一。

随着技术进步和社会发展，很少有工作职位是不需要沟通的。即使是制造企业，招聘单位在选拔和录用新员工时，常常也会自觉或不自觉地首先考虑应聘者的沟通能力。实际上，应聘者在面试中给有关考核人员的第一印象就是沟通素质。因此，即使是对一个想要调换工作的人来说，良好的沟通技能也是获得理想职位的重要条件。

另外，对已经拥有固定工作的人来说，沟通能力同样是不可缺少的重要素质。绝大多数企业在决定员工的升迁时都会把沟通能力当作重要的素质来考查和评估。具有良好沟通能力的人常常能获得更多的提升机会，而缺乏沟通能力的人往往会痛失提升职位的机会。随着一个人升迁的层次或级别的提高，沟通能力会显得越来越重要。所以，培养和掌握良好的商务沟通技能是实现人生职业生涯目标至关重要的手段。

1.1.3　现代商务沟通面临的挑战及发展趋势

随着企业内外部环境的变化，现代商务沟通也不断发生深刻的变化。一方面是商务沟通的重要性显得越来越突出，另一方面是商务沟通面临着日益严峻的挑战。因此，商务沟通在应用的广度和深度上都呈现出了新的发展趋势。

1.1.3.1　企业外部环境的影响

企业越来越认识到，想要在激烈的竞争中生存和发展，必须把握客户需求，也需要提高产品质量。这就要求个人和企业都必须加强与客户之间的沟通，真正了解客户的需求，按照客户需求来制订开发新产品和提高产品质量的计划。然而，环境的变化又导致客户需求多变，想要通过一次性的调查就一劳永逸地把握客户需求的日子已经一去不复返了。商务人员需更经常倾听客户的意见，观察其行为，才有可能掌握客户需求的发展趋势。此外，需求的多样化和个性化也要求商务沟通更多地采用一对一的、互动的沟通形式。所有这些都对商务沟通提出了新的挑战。因此，商务沟通需要更重视客户需求。

全球一体化趋势也对商务沟通提出了新课题。全球一体化迫使任何一个企业都面临全球性的竞争，传统的沟通方式必然会受到挑战。当一个企业面对具有多元文化背景的合作伙伴、竞争对手甚至自己的员工时，企业和商务人员就需要掌握更多的跨文化沟通知识，运用更为灵活的沟通技巧和手段，来应对从未遇到过的新问题。

1.1.3.2　企业内部变革的影响

企业外部的竞争压力也导致了企业内部经营模式的变动。业务外包和供应链管理等新的管理模式使得企业内部越来越多的部门和个人必须与其他企业的部门和个人进行沟通。这既使得商务沟通变得更为重要，又变得更为困难。由于沟通的相关各方并不属于同一个企业，在沟通中，即使是一个简单的问题也会变得非常复杂。

现代组织理论强调，在创新性的组织机构中，组成组织的基本单位已经不再是个人，而是团队。团队协作，特别是跨职能的团队协作，已经成为开发有竞争力的新产品、制造优质产品、降低成本和提供优质服务的重要手段。团队的特点是特别注重与其他人一起工作，为实现共同目标而努力。跨职能的团队通常总是由具有不同背景的成员所组成的。要让具有不同背景的成员在一起工作，首先就需要帮助这些人相互了解、相互信任。这些要求就成为商务沟通新的使命。

1.1.3.3　新技术的挑战

科学技术，特别是计算机和信息技术的迅猛发展，一方面为我们提供了崭新的沟通工具和渠道，另一方面导致了信息爆炸，人们往往感到自己淹没在信息的汪洋大海之中。无论是企业还是个人，想要建立和维持竞争优势就必须进行高效的沟通，利用多种沟通途径和手段，迅速地获取和传递有关信息，只有这样才能达到预期的沟通目的。

但是，新技术本身并不能自动替我们完成沟通。如果使用不当，新技术就可能对成功的沟通产生干扰。企业或商务人员想利用新技术进行有效的沟通，首先要选择合适的新技术。这是因为无论是企业还是个人，都不可能改变自己去使用一种并不适合他们的新技术来进行沟通。其次，商务人员也要能够有效地使用新的沟通技术来提高自己的工作效率。那些接受了充分的培训、能够更灵活地应用新技术进行商务沟通的人员在商务活动中必将具有更大的竞争优势。

1.2　商务沟通的类型

任何组织都依赖种类繁多的商务沟通。根据不同标准对商务沟通进行分类，会得到不同的结果：按沟通主客体不同，可以分为人际沟通、群体沟通和组织沟通等；按信息载体不同，可以分为语言沟通和非语言沟通；按沟通主体的文化背景是否相同，又可以分为同文化沟通和跨文化沟通。

人际沟通是指人与人之间传递信息和交流情感的过程。它是群体沟通和组织沟通的前提和基础。如果没有成功的人际沟通，群体沟通和组织沟通都将很难获得预期的效果。因此，本书的大多数章节主要讨论的就是人际沟通。群体沟通是发生在具有特定关系的人群中的沟通。我们将用专门一章来讨论群体沟通问题。组织沟通是商业组织中最重要和特有的沟通。

1.2.1　组织沟通

组织沟通是指与商务活动有关的商务组织之间的信息交换活动。它包括企业内外的人际沟通，但又不局限于人际沟通。组织沟通又可以分为组织内部沟通和组织外部沟通。通常习惯上把组织内部沟通称作管理沟通，把组织外部沟通称作商务沟通。

1.2.1.1 组织内部沟通

在正式组织中，组织内部成员之间的沟通，按其沟通途径来分，又可以分为正式沟通与非正式沟通。

（1）正式沟通

正式沟通是指依据组织中的规章制度、明文规定的原则和渠道所进行的沟通，如组织间的公函往来、组织内部的文件传递及多种不同形式的会议等。正式沟通具有如下一些优点：沟通效果好，沟通过程具有权威性，结果的约束力强，易于保密等。所以，重要的信息与文件的传递、组织决策一般都采取这种形式。但正式沟通也有一些缺点：信息依靠组织体系层层传递，沟通过程刻板，沟通速度慢等。

按照信息流向的不同，正式沟通又可以分为以下几种类型：

第一，向上沟通。

组织中的下属将有关工作状态、工作中的问题、改进的建议以及员工相互间的看法等信息传递给上司所进行的沟通就是向上沟通。向上沟通可以促使下属向上反映情况，激发下属的参与热情，并获得心理上的满足。上司利用下属的向上沟通也可以与下属形成良好的关系。不过，许多组织中的向上沟通往往存在众多的障碍。组织中成功的向上沟通需要避免因地位差距所造成的心理差距和心理障碍，要注意所传递信息的真实客观性。

向上沟通的主要形式有口头汇报、书面工作总结汇报、与上司交谈、座谈会、意见反馈系统和意见箱等。

第二，向下沟通。

这是一种信息从较高层次传递给较低层次的沟通。上司向下属传达工作指令、工作解释、工作程序及方法、对下属意见的反馈和灌输理念等都是向下沟通。向下沟通可以使下属及时了解组织的目标和具体措施，增强下属的责任心和使命感，协调各层次之间的活动。但是，如果组织包括多个层次，则通过层层转达很容易使向下沟通的信息失真，甚至丢失。

一般地说，向下沟通的形式会比向上沟通更多样。书面形式的向下沟通有公告、信函、备忘录和指南等；口头面谈形式的向下沟通有口头指示、谈话、电话指示和各种会议等。电子形式的向下沟通有电话会议、传真和电子邮箱等。不过，上述每种形式的效果各不相同，沟通者应当根据沟通的内容和对象等因素来选择最合适的沟通形式。

第三，横向沟通与斜向沟通。

横向沟通是指组织中同一层次的不同部门之间或同一部门同一层次员工之间的信息交流。不同类型的横向沟通通常会采用不同的形式。部门管理者之间的横向沟通常常采用会议、备忘录和报告等形式；部门内员工的横向沟通，则更多地采用面谈和备忘录等形式；一个部门的员工与其他部门的员工之间的横向沟通则可能采用面谈、信函和备忘录等形式更合适。

斜向沟通是指正式组织中处于不同层次但又无隶属关系的组织、部门与个人之间的信息交流。例如，组织内为开展横向的项目合作、共享信息、化解冲突和建立关系等活动而进行的沟通就属于斜向沟通。斜向沟通的形式正如不同部门员工之间的沟通一样，通常也会采用面谈、信函和备忘录等形式。

这两种沟通形式都脱离了常规的上下沟通的渠道。为避免或消除可能产生的消极影响，在运用这两类沟通前应当尽可能与有关的上司取得联系，以便获得他们的支持。

（2）非正式沟通

非正式沟通是指以人们的社会关系为基础，而与组织内部的权力等级和规章制度无关的沟通。非正式沟通往往是为了弥补正式沟通的缺陷而存在的。非正式沟通的两种主要形式是传闻和小道消息。传闻和小道消息传播的渠道是非正式的，但消息的内容不一定是不确切的，往往也会有许多合乎事实的成分。传闻和小道消息多属于口头传播，没有固定的成员，易于形成，也易于消散。此外，传闻和小道消息的传播速度很快。

非正式沟通具有偶发性和随机性的特点，因此可能对正常的商务活动造成一定的冲击和阻碍。因此，任何一个企业都必须重视非正式沟通的地位和作用，努力控制和减少传闻和小道消息的影响。

控制和减少传闻和小道消息的影响可以采用两种办法。

首先，要主动利用传闻和小道消息。研究表明，组织中热衷于传播小道消息的几乎总是固定的那些人，绝大多数人往往听了并不传播。所以，经理人员应当了解谁是部门内小道消息的主要传播者，以便利用他们传播正式的、对组织来说积极的消息。

其次，经理人员要规范地使用简讯、公告和会议等正式渠道形式，提供比小道消息更加完整的信息，从而遏制小道消息的市场。

1.2.1.2 组织外部沟通

一个组织与外部机构和个人之间的沟通对保持组织的稳定发展是非常有必要的。组织的外部沟通对组织来说具有非常重要的作用：

首先，成功的组织外部沟通能够为组织营造一种实现组织目标的良好环境。

其次，组织外部沟通能为组织搜集和传递保证组织稳定发展所需要的信息。

再次，组织外部沟通有利于塑造和维护一种积极有益的组织形象，从而改进组织与各种相关机构和个人之间的关系。

最后，良好的组织外部沟通可以保证为客户提供满意的服务。

组织外部沟通又可以分为与客户的沟通、与上下游企业的沟通、与股东的沟通、与当地社区的沟通和与新闻媒体的沟通等。

（1）**与客户的沟通**

客户是企业最重要的外部公众，企业与客户之间的沟通几乎时时刻刻都在进行。消极被动和失败的客户沟通将严重影响企业自身的生存和发展，而积极主动的客户沟通可以大大增强企业的市场竞争力，促进企业的发展。

企业与客户的沟通，除了常规的广告宣传和公共关系活动外，在沟通方式、内容和成功的要点方面，特别要注意如下一些方面：

第一，提供优质产品和服务。企业所提供的产品和服务是企业向客户传递信息的最直接、最重要的工具和载体。如果企业无法提供优质的产品和服务，即使作更多的宣传报道和广告，与客户之间的沟通也不可能成功，很难建立起良好的客户关系。所以，提供优质产品和服务是与客户之间成功沟通的前提和基础。反过来，如果企业所提供的产品和服务确实得到了客户的好评，客户也会自动把满意的信息传递给其他人，从而形成一种与客户沟通的积极效果。

值得注意的是，优质产品和服务的标准应当由客户来认定，而不是由企业本身来决定。只有客户真正需要而且满意的产品和服务才能被认为是优质的产品和服务。为此，企业首先需要了解客户的真正需求，然后根据需求去设计和制造产品。要做到这一点，企业就需要利用各种沟通渠道及方式调查客户的需求，了解客户的反馈意见，并对产品和服务作持续的改进。

第二，与客户直接沟通。企业要不拘泥于形式，充分利用各种渠道及方式与客户进行直接的、持续不断的沟通。软件和其他产品设计人员能经常深入到销售第一线，接待客户，是一种与客户直接沟通的好机会。产品设计和制造人员定期或不定期参加售后服务和维修活动也是一种与客户直接沟通的好办法。企业的高层管理人员如果能参加这类与客户直接见面的沟通活动，那么一定能从中发现值得进一步改进的地方，改善与客户的关系。

第三，利用电话、电子邮件、微信公众号、微博等与客户沟通。对已经购买本企业产品的客户，企业通过定期打电话或发电子邮件，提醒客户在使用产品的过程中需要注意的要点，提供关于产品更新的建议，可以大大增进与客户之间的关系。企业也可以在微信公众号和微博等里设置与"客服"有关的功能，方便客户反馈使用情况。对客户的每一次反馈，企业都应当重视，把它看作与客户建立和保持长期稳定关系的机会，因此要慎重地予以回复，使客户满意。

第四，客户调查。客户调查是企业了解客户信息的最主要方式。企业不但需要定期组织正式规范的市场调查，通过专门的市场调查与客户沟通、搜集信息，而且要鼓励所有员工利用各种机会和媒体进行非正式的客户调查，来搜集与客户有关的信息。

第五，积极主动地处理客户抱怨和投诉。客户抱怨和投诉给我们传递了客户不满意的信息，并指明了改进的方向。如果消极被动地对待客户的抱怨和投诉，一味找借口，推卸责任，必然引起客户的进一步不满，最终会导致客户关系危机。相反，实践证明，积极主动、及时地处理客户的抱怨和投诉，不仅能够得到客户的谅解，而且往往能够获得客户更多的信任和更满意的评价。因此，企业要把客户抱怨和投诉处理看作与客户开展成功沟通的难得机会。要建立一套严格规范的处理客户抱怨和投诉的程序和制度，在最短时间内合理处理好客户抱怨和投诉，保证客户的满意。

（2）与上下游企业的沟通

现代社会中，企业之间的竞争已经完全变成了供应链之间的竞争。如果上游供应商不能为下游企业及时提供质量合格的原材料和零部件，则下游企业的生产经营活动就无法稳定地进行。相反，如果下游企业或经销商不能充分发挥渠道的中介和桥梁作用，则上游企业的经营活动同样会受到影响。由此可见，企业通过沟通，与上下游企业建立融洽、良好的关系对企业来说是非常重要的。企业与上下游企业之间沟通的基本方法和途径有：

第一，建立电子通信网络。利用现代通信技术，建立与供应商、经销商之间的有效沟通网络，可以大大缩短订货和交货时间，降低缺货的风险，降低库存费用和总体成本水平，提高客户服务水平和整体经营效率。现代企业在渠道物流和供应链管理方面已经通过实践形成了一套富有特色的电子通信网络。以提高整个供应链对消费者需求的迅速反应能力为目标的快速反应（QR）系统，以强调由厂商、批发商和零售商等各方相互协调和合作，以更低成本以及更好、更快地满足客户需求为目的的高效客户响应（ECR）系统，强调经销商与供应商紧密合作的供应商管理库存（VMI）系统等，都是这方面的成功案例。

第二，彼此邀请参与重大决策。对合作紧密、相互依赖性强的上下游企业来说，企业在制定重大决策时最好邀请对方有关人士参与，至少也应尽快让对方知道，从而使上下游企业能尽快做好准备，积极主动地予以配合，也避免因缺乏有效的沟通而产生猜疑、不信任和误会。例如，企业在扩大生产能力、新建厂房和设备时，或者在对产品线作重大调整前，都应当与上下游企业进行及时沟通，这样做对降低随后的经营风险、提高经营效益将有很大的帮助。

第三，为对方提供培训和技术支持。对大中型企业而言，许多供应商、经销商和零售商都可能是小企业，管理水平不高，竞争能力不强，对大中型企业存在一定的依赖性。这就需要大中型企业为它们提供各种支持，以便提高整个供应链或价值链的竞争能力。这种支持首先包括对有关业务人员的培训。培训的重点是经销商业务人员和供应商技术人员。对经销商业务人员的培训既能促进企业本身的销售，也能贯彻企业的政策，灌输企业文化，提升企业形象，同时确保企业的信息搜集系统更加准确、有效，从而增强产品竞争力。而对供应商技术人员的培训则更能直接提高外协企业的技术和产品质量，降低成本，解决生产经营中的实际问题。

第四，拓宽信息沟通渠道，增加信息交流。企业与上下游合作伙伴之间的人员互访和交流、企业内部出版物的交换、邀请对方参加本企业的各种庆典活动，都能增进相互间的感情和了解，增加信息交流，改善工作关系，共同增强合作各方的市场竞争力。

第五，开展积极的商务谈判。企业在计划与其他企业进行合作时，往往需要相互摸清底细，并交流各自关于企业目的和需求的信息，以保证合作更有成效。这些信息的交换在很大程度上都是通过商务谈判这种沟通方式来完成的。所以，有人说谈判不仅是一种沟通方式，而且是一种能够迅速改变沟通状况的行为。

（3）与股东的沟通

这是与股东建立良好关系的关键。所以，企业要获得股东的理解和支持必须重视与股东的沟通，并掌握相应的沟通技巧和方法。企业与股东之间的沟通方式主要包括：

第一，信函。如果条件许可的话，对新股东，企业应当发一封简短的欢迎信，其中附上企业目前的财务状况、产品和服务、企业历史等资料。随后，企业对投资人的各种咨询信件也都要认真予以回复。

第二，年度报告。年度报告是企业与股东间沟通的最重要的工具，也是企业一年中最重要的文件资料。它应对企业一年中发生的重要事件进行坦率的说明，解释企业目标以及企业经营的原则。年度报告包括企业的财务、生产、销售、人事和行政等方面的综合信息，信息量非常大，其中最重要的是一年来的经营业绩。

第三，股东会议。不管是年度股东会议，还是临时股东会议，成功的股东会议都可以使股东成为企业的最佳推销人员。所以，越来越多的企业开始重视股东大会，并把它看作树立企业良好形象的机会。一个普遍的发展趋势是年度股东会议所涉及的内容范围在不断扩大，除了包括有关企业内部情况的信息外，还会包括有关消费者安全、对外投资和企业对慈善事业的捐助等内容。

第四，邮寄新产品样品。这可以使股东充分了解企业新产品开发情况，同时能促进企业与股东之间的情感交流。

第五，庆祝活动。在遇到庆典活动、新产品上市、新企业开张或其他重要事项时，企业可邀请股东参加活动，从而促进企业与股东之间的沟通。

第六，个人拜访。当企业遇到重大问题或需要作重大决策时，企业领导登门拜访主要股东，听取他们的意见和建议，寻求他们的支持和帮助，也是一种可取的沟通办法。

（4）与当地社区的沟通

任何企业都不可能孤立于当地社区而独立存在。当地社区是企业最直接的外部环境。企业如果能够与当地社区之间保持良好的关系，就意味着为自己营造了一个良好的周边环境。相反，如果企业不能得到当地社区的理解和支持，就可能陷入经营困境而不能自拔，最终只能是失败。这就从正反两方面说明了企业与当地社区保持有效沟通的重要性。当然，企业为保持与当地社区之间的良好关系而开展的沟通在短期内也是需要支付一定成本的，但是这种付出是值得的。企业要把它看作一种长期投资，因为从长期看，这类付出肯定是有回报的。

企业与当地社区之间沟通的主要方式有：

第一，开放式的讨论会。主办企业提供各种设施，使社区活动与企业员工参与相结合，一起讨论与社区和企业有关的事项。如果活动的组织能引起社区成员的兴趣，并让参与者感到舒适和方便，就能吸引众多社区成员参加，与企业员工一起交换看法、联络感情，使企业真正成为社区的一部分，争取为企业赢得社区更多的支持。

第二，利用特殊事件沟通。无论是企业还是社区，都可能遇到如新建筑破土动工、新项目验收或社区的庆典和纪念活动这类特殊事件，企业要积极主动利用特殊事件，加强与社区之间的沟通。企业要帮助社区组织与特殊事件有关的活动，提供赞助并积极参与，由此树立良好的企业形象。

第三，扩大内部出版物的发行范围。尽管企业内部出版物涉及企业外部的内容可能不多，但如果把发行范围扩大到整个社区，往往也能提高社区公众对企业发展、企业新产品和企业活动的关注度，也会有很好的宣传效果。

第四，组织志愿者活动。企业组织志愿者参与社区的公益活动，如提供某种专业咨询或产品维修等，对加强与社区的沟通、密切双方关系、树立良好形象是很有效的。

第五，赞助慈善活动。企业赞助慈善活动能够显示企业的良好素质和社会责任感，企业本身也能从对教育、社会福利和艺术等方面的援助中获得无形的价值，社区公众的生活质量也有所提高。因此，赞助慈善活动也是企业增进与社区的沟通及双方关系的重要手段。

（5）与新闻媒体的沟通

新闻媒体是企业与社会公众进行沟通的最经济、最有效的沟通渠道之一，但是新闻媒体又不仅仅是一种传播工具或渠道。新闻媒体本身对社会舆论具有巨大的影响力，其也是企业非常重要的一个沟通对象。

企业与新闻媒体的沟通方式主要有如下几种：

第一，新闻发布。企业可以通过多家新闻媒体来发布某个新闻事件，从而扩大影响，达到宣传的目的。企业中很多活动都是值得用新闻事件的形式、通过新闻发布的方式传递给社会公众的，如企业开发的新产品、企业获得的某项荣誉、企业的并购和新员工的加盟等。新闻发布能提高公众对企业的关注度，树立和强化企业良好的形象。

第二，记者招待会。记者招待会的沟通方式可以使记者们直接看到、听到他们想知道的东西，他们也可以向企业高层管理者提问，来核实一些传闻，避免误解，迅速阻止不实信息的传播。所以，记者招待会是企业与新闻媒体沟通、在媒体中树立良好形象、与媒体建立良好关系的有效方式。不过，企业一般只是在需要发布有价值的重大信息时才会举办记者招待会，否则就得不偿失了。

第三，宣传报道。企业应当积极鼓励并有计划地组织人员撰写有关企业的经营理念、成功经验和优秀事迹等方面的报道，并利用新闻媒体进行宣传报道。宣传报道对提高企业知名度、树立和维护企业良好形象具有明显的作用。如果某些宣传报道能够给其他相关企业以某些借鉴或启发，得到同行或者相关企业的好评，则将进一步提升企业的美誉度。

第四，制造新闻。有时，企业也可以通过故意制造一些轰动性事件来引起公众注意，以吸引新闻媒体的关注，从而提高自己在公众中的知名度。这实际上就是许多实施"事件营销"的企业所采用的基本思路。不过值得注意的是，企业为了提高知名度而制造的新闻事件必须具有足够的新闻宣传价值，确实能够引起新闻媒体的关注。如果仅仅是片面追求新奇和刺激，缺乏宣传报道价值，就可能弄巧成拙，适得其反。所以，制造新闻需要预先制订周密的计划，慎重考虑新闻媒体和社会公众各种可能的反应，并紧紧围绕企业的目标来安排和组织有关的活动。

1.2.2 语言沟通

语言沟通是建立在语言文字基础上的沟通。语言沟通又分为口头沟通与书面沟通两种形式。

1.2.2.1 口头沟通

通过口头的形式来传递信息是最常用、最灵活的一种沟通方式。口头沟通既可以是两个人之间一对一的交谈，也可以是一对多的交谈，如某个人面对某个群体成员的发言或演讲，还可能是多对多的几个群体成员之间的讨论或争辩。

口头沟通的优点是：

第一，快速传递和即时反馈。沟通者可以在最短时间内实现信息的传递，并在最短时间内得到对方的回复。对方如果对信息有疑问，可以通过反馈，请信息发送者澄清模糊之处，从而把发生误解的可能性降到最低限度。因此，口头沟通也是一种效率最高的沟通方式。

第二，同一级别的人员之间进行口头沟通时，通常比较轻松、活泼，能增进友谊。而上司选择口头的方式与下属开展沟通，可以使下属产生亲切感以及被尊重和受重视的感觉。

口头沟通的缺点是：

第一，失真的可能性较大。沟通者在口头表达时都会根据自己的偏好来增减信息，以自己的方式来诠释信息，结果当信息到达最终接收者时，其内容往往与最初的含义存在重大的偏差。因此，企业中的重要决策如果通过权力层级口头传达，信息失真的可能性就很大。

第二，口头沟通的形式并不总是节省时间的。许多会议往往因缺乏计划性，而陷入无休止的争论之中，结果一无所获。

第三，口头沟通无法留下书面记录，而书面记录对商务沟通而言往往是很有必要的。

1.2.2.2　书面沟通

书面沟通包括信函、报告、备忘录、公告和电子邮件等各种通过传递书面文字或符号实现的沟通。

书面沟通具有一系列的优点：

首先，这种沟通具有有形展示、长期保存和法律保护依据等优点。进行书面沟通时，沟通双方都能拥有沟通记录，并可以长期保存，也便于事后查询。这对复杂或长期的沟通来说，是非常有必要的。

其次，书面沟通会促使人们对所要表达的内容进行更认真的思考，因此，其一般显得更加周密、逻辑性强、条理清楚。书面沟通允许沟通者事先进行反复修改，直到满意为止，不易出现错误，也可以减少情绪和其他人观点的影响。

最后，书面沟通的内容便于复制和传播，特别适合大规模地传播。

书面沟通也有一些缺点：

首先，相对口头沟通而言，书面沟通费时。在同样时间内，口头沟通比书面沟通所传达的信息要多得多。

其次，书面沟通不能及时提供信息反馈。由于缺乏反馈，信息发送者往往无法确认对方是否收到自己所发出的信息；即使收到，也无法确保对方对信息的理解正好符合其本意，信息发送者常常要花很长时间才能了解沟通的结果。

1.2.3　非语言沟通

非语言沟通是指通过语言文字之外的某些媒介来传递信息的沟通。非语言沟通具有重要的作用。在某些情况下，语言仅仅是一种烟幕，而非语言的信息往往能够非常清楚地传达真实的信息。一场听起来激动人心的演讲，如果把它一字不漏地记录下来，那么也许读起来十分枯燥，因为记录稿抽去了非语言的因素。美国心理学家艾伯特·梅拉比安经过研究认为：在人们所发送的全部沟通信息中，仅有 7% 是由语言来表达的，而 93% 的信息是通过非语言的手段来表达的。非语言沟通的内涵和形式也非常丰富，其中最主要的包括肢体语言沟通、辅助语言沟通和物体的操纵等。这部分的具体内容我们将在专门章节中讨论。

1.2.4　跨文化沟通

跨文化沟通是指发生在不同文化背景下的人们之间的信息和情感的相互传递过程。当具有不同文化背景的人们进行沟通时，会遇到远比具有相同文化背景的人们之间沟通时多得多的障碍，因此也要困难得多。所以，我们将在专门的章节中讨论跨文化沟通问题。

1.3　有效商务沟通的特征与任务

1.3.1　有效商务沟通的特征

尽管沟通的形式和渠道多种多样，但是任何有效商务沟通都具有一些共同的特征。要保证商务沟通达到预定的目标，沟通者应当确保沟通的内容、方法和过程满足这些共同特征的要求。有效商务沟通的共同特征如下：

（1）清晰

清晰就是要保证所表达的信息简单易懂，信息的受众不加任何猜测就能理解信息的含义和沟通者的意图。商务沟通中的模棱两可和混淆不清，不仅会造成资源的浪费，甚至会导致严重的后果。但是，大多数商务沟通所涉及的信息本身并不是简单易懂的，要达到清晰的要求就需要沟通者的精心准备和设计。

要实现商务沟通中的清晰必须做到两个方面：逻辑清晰和表达清晰。前者就是要让信息受众相信，其建议与实现某项计划的行动和结果之间确实存在合理的逻辑关系。后者就是表达的意思应当结构完整、层次分明、顺序有致、语言使用合理，信息受众能正确理解，不会产生误解。

（2）准确

准确是衡量信息质量的最重要指标，也是决定沟通结果的重要因素。商务沟通中的准确，既要求沟通者本身所掌握的信息是准确的，也要求信息的表达方式是准确的，特别是不能出现重大的歧义。传递不准确的信息往往与传递错误信息一样，很可能产生严重的后果。

有时，沟通者本身所掌握的信息不一定准确。所掌握的数据不足、对资料的解释错误或者对关键因素缺乏了解，都会造成沟通信息不准确。表达准确，不仅要求标点、措辞、句子结构直到排版布局均正确无误，而且必须意识到并避免可能产生的偏见或误解。

（3）简明

简明是指在表达某种信息时要尽可能地占用较少的信息载体容量，或者说用尽可能少的文字来传递所需要的信息。简明是商务沟通的一个基本要求，既可以降低信息传递和保存的成本，也可以提高沟通双方信息处理的效率。

商务沟通的特点是每一个沟通参与者，从公司高层管理者一直到普通员工，都是追求效率的。对他们而言，时间是稀缺、有价值的重要资源。所以，没有人会喜欢烦琐的、不必要的信息。沟通信息的组织、沟通风格、文体和版面设计等各个方面都应当做到简明，节省对方的时间。只有这样才会受到对方的欢迎，达到沟通的目的。

（4）完整

完整是指所传递的信息应当能回答受众所关心的问题，为受众提供与所传递信息相关的必要内容。商务沟通绝对不能出现片面信息。一旦出现"盲人摸象"的结果，就会导致判断和决策失误。完整是对简明的必要补充。商务沟通既要求简明，又要求完整，凡是重要的信息绝对不能省略。

（5）建设性

建设性是指沟通双方的信息传递应有助于双方的态度和观念的转变，并促进可能采取的行动。因此，沟通中不仅所表达的信息要清晰、准确、简明和完整，还要考虑到接收方的态度和接受程度，选择适当的、有针对性的信息和沟通方法，达到改变对方态度和促进行动的目的。

要达到建设性要求，沟通就应当是积极、富有活力的。有效沟通所体现出来的态度应当是积极的。无论对方的态度和接受程度如何，沟通都要能够向对方传递信任和决心，从而改变对方的态度或者使对方直接接受沟通者的观点。

富有活力就意味着无论是沟通信息还是沟通方法都要生动。商务沟通中的每一个参与者在企业中都承担许多责任，每天都在进行大量的沟通。对某种信息或观点的关注只能集中很短一段时间。那些生动活泼的语言所传递的信息将便于接收方的理解和记忆，也更能引起受众的注意和兴趣，从而获得所期望的反应。

（6）礼貌

沟通中的情绪和感觉也是影响沟通效果的重要因素。礼貌在有效的商务沟通中具有重要的作用。无论是语言、姿态还是表情等方面的礼貌，都能给予对方良好的第一印象，有助于建立个人和企业的良好形象和信誉。礼貌的沟通有利于沟通目标的实现；相反，无论是语言还是举止上的不礼貌都可能伤害对方的感情，引起对方的反感，导致沟通的失败。

1.3.2　有效商务沟通的任务

要开展有效商务沟通，沟通者需要依次完成下列任务：

1.3.2.1　沟通目的分析

沟通目的总是基于某种需要，或者为了解决某个问题。但是，值得注意的是，沟通各方的需要往往并不完全一致。沟通者既要考虑到自己的需要，也需要顾及客户、上司，有时甚至是下属的需要。为解决问题而沟通时，也要考虑到要帮助企业解决什么问题，要为自己或其他人解决什么问题，更具体地说，是想要告知、影响、说服、解释、刺激、理解、感受还是有其他目的。

一般来说，大多数沟通是多目标的。即使是简单的一次面谈，或者书写一封简短的信函，都可能包含多个相关的目标。但目标太多会影响沟通效果。特别是当多个目标不完全一致时，就需要区分主要目标和次要目标，并从众多目标中挑选出一两个最重要的目标作为指导整个沟通过程的依据。

1.3.2.2　沟通对象分析

沟通既然是一种双向互动的活动过程，就必须对沟通对象进行深入的分析。

首先，要明确沟通对象是谁，是外部的客户还是内部的同事，是上司、同事还是下属。沟通对象不同，沟通的方式也应当有所差异。要明确沟通对象与本次沟通有关的特征是什么；当沟通对象为两个人以上的群体时，还需要了解对方成员间是否存在某些差异。

其次，要了解沟通对象对沟通话题了解的程度。他们是熟知与沟通话题有关的专业术语，具备讨论话题的一般知识，还是需要提供沟通话题的背景材料。

最后，要了解沟通对象对沟通话题的态度，以及对沟通者意见和观点的反应。沟通对象对沟通话题的态度是由他们的利益所决定的。所以，沟通者必须了解沟通对象追求的利益有哪些、沟通者本身的意见和观点是否符合沟通对象的利益等。

沟通案例 1-1

1.3.2.3　沟通环境分析

商务沟通的结果受到环境条件的巨大影响。影响商务沟通的环境因素有很多，其中最主要的是沟通的地点和时间。

（1）沟通地点的影响

从沟通的角度看，不同的地理区域往往是与某种文化背景和区域特征联系在一起的。不仅不同国家居民间的沟通可能存在跨文化沟通中的冲突，即使在我国国内，南方与北方、东部与西部的企业或个人之间，在商务沟通习惯上也存在明显的差异。大、中、小城市以及农村的企业和个人之间，沟通习惯上的差别也很大。"入乡随俗"是成功沟通的前提条件。

商务沟通所选择的特定场所往往暗示沟通者一定的身份和地位。安排在高档特定地点进行沟通表明主人很重视这次沟通。沟通场所的布局和陈设对沟通双方的心理也有一定的影响。某些布局和陈设会使人感到沟通双方地位悬殊，造成一方的紧张和压力。而另一些布局和陈设会使人感到比较平等，沟通会更加充分。

沟通地点的选择往往决定着人们是如何理解信息含义的。同样的信息在不同的场合会有不同的含义。如果沟通场合选择错误，就可能产生严重的误解，导致沟通失败。

（2）沟通时间的影响

沟通时间对沟通效果的影响主要体现在下列几个方面：

首先，选择合适的沟通时间是沟通成功的重要条件。不同的人有不同的作息时间习惯，选择适合对方习惯的时间是基本的礼貌。选择不适当的时间进行沟通，会大大增加遭到拒绝的可能性。

其次，选择不同的时间进行沟通会影响人们对信息的理解。同事之间在工作时间所进行的沟通往往被理解为正式沟通，双方需要为此承担责任，而在下班后休息时间所进行的讨论常常被理解为非正式的私人沟通，就不需为此承担责任。

再次，不同的人时间观念不同，人们对沟通不同事件的时间要求也不同。越是高层领导越会要求下属遵守时间的约定，但他们自己又常常临时改变日程，下属别无选择。在商务沟通中，一方不能准时赴约，一般会使对方产生不被尊重和不受重视的感觉。不过，人们对这种迟到的宽容会因沟通事件的不同而不同。人们对一般面谈约定的迟到会比较宽容，但是对像面试这样比较重要事件的迟到，宽容度就会很低。

最后，对沟通所花时间长短的选择应当合适。交谈或谈判的时间越长，人们的注意力就越难集中，继而会产生厌倦感。沟通时间过短，又难以引起对方的重视。适度是很重要的，但有人也常常利用这种心理迫使对方作出让步。

1.3.2.4 沟通内容分析

沟通者需要决定为达到沟通目的究竟需要包含哪些信息。沟通应当包括的信息有两类：有关你自己观点的信息和帮助对方同意或接受你的观点的信息。

几乎所有的商务沟通的目的都会包括希望自己的观点被对方所接受。为此，你的观点必须足够明确，并把观点与某种行动联系起来，促使对方接受或采取某种行动。无论是与客户沟通，还是与公司内部的上司或下属沟通，观点明确，与某种行动相联系，都是保证沟通有效的基本条件。如果商务沟通的内容仅仅是在成堆的资料与可能的解决办法之间徘徊，沟通结果没有任何反应和动静，这种沟通多半是没有任何价值的。

除了表明自己的观点外，沟通包含的信息就是帮助对方理解和分析沟通的话题，并提供作出反馈的依据。沟通者必须以如何才能获得对方的赞同和支持、哪些理由能使对方感到信服为中心来组织内容，决定所包含的信息。有时，某些理由看似有价值，但经仔细推敲后发现，其实很可能对实现沟通目的是没有任何作用的，就不应该包含进去。在确定必须包含哪些信息时，还需要估计对方可能有哪些反对意见，如何才能消除反对或者至少改变对方的态度。只有考虑到所有这些问题后仍然被认为是必要的信息，才是值得进行沟通的信息。

1.3.2.5 沟通方式分析

沟通方式包括众多方面，主要从以下方面分析：

（1）沟通渠道

沟通渠道要适合。商务沟通中常常有多种沟通渠道可供选择。即使是与同一个对象进行沟通，大多数商务沟通也可以有多种选择。打算向上司提出一份建议时，既可以给上司发一封电子邮件，也可以打电话，或者安排一次与上司的直接对话。沟通渠道的选择要以能最有效地进行信息的传递、理解和处理为依据。当然，为了保证沟通的及时性和有效性，有时也需要考虑到沟通对象的习惯和偏好。要想与一个经常在国外出差的经理人员沟通，电子邮件是合适的沟通渠道。

（2）表达方式

从表达方式看，商务沟通中的信息既可以采用文字、口头语言和肢体语言来传递，也可以用图片、PPT、动画甚至实物模型等方式来表达。沟通者在选择表达方式时，需要根据所要表达信息的特点，选择一种既便于表达又便于理解，而且效率高、速度快的表达方式。

（3）表达风格

从表面上看，在商务沟通中表达风格并不重要，但是实际上，表达风格在商务沟通中也起着非常重要的作用。清晰而充满活力的风格使人更易于理解并令人信服；晦涩和没有生气的风格会使信息变得难以理解并令人厌烦。表达风格选择的关键是必须适合沟通者本身、沟通对象以及沟通场合的特点。在某些场合沟通时，最好体现出幽默感，在另一些场合则要求保持高度的严肃性。

（4）沟通中语言的运用

第一，要求语气得体。即使表达的风格清晰、生动和有活力，但如果语气不当，效果也会大打折扣。商务沟通中的语气应当尽量是坦诚的，必须避免使用带有优越感、傲慢的语气，更不应该采用指责对方的语气，因为指责只会促使对方作出防御性的反应，堵塞进一步沟通的道路。

第二，语言的选择和运用要充分考虑对方的心理特点和知识背景。措辞要准确，使用对方容易理解和接受的词句。陈述要条理清楚、言简意赅。

1.4　商务沟通的过程、障碍与对策分析

1.4.1　商务沟通的过程

商务沟通是一个过程。信息发送者发出某种信息仅仅是商务沟通的开始，只有当信息的接收者作出信息发送者所期望的解释时，商务沟通的过程才算成功地结束了。具体地讲，商务沟通包括下列步骤：

（1）信息发送者有传递某种想法的意向

当信息发送者产生某种想法，并有将其传送出去与人分享的意向时，沟通过程就开始了。对一次成功的沟通，信息发送者所产生的创意必须是清楚的，所传递的目标也是确定的；否则，商务沟通的效率就会受到影响。

（2）信息编码

信息发送者将自己的想法编码成为信息。具体地讲就是，信息发送者把自己的想法通过言辞描述或行动表示，变成信息受众能够理解的信息，而且力求避免信息的失真。

（3）信息传递

信息发送者通过某种渠道把信息传递给信息受众。技术的不断发展为信息发送者选择沟通渠道提供了更多的选择可能。要确保有效沟通，信息发送者需要选择最合适的渠道，减少各种障碍和干扰的影响，保证信息迅速准确地到达受众。

（4）信受众接收信息

如果信息传递渠道通畅，目标受众就能顺利接收到信息。但是，只有保证信息不被遗忘、忽视，沟通过程才能继续进行。

（5）信息解码

信息受众对所接收到的信息进行解释，还原为原来的含义。但实际上，信息受众总是按自己的理解来解释所收到的信息，并把信息转化为自己主观理解的含义的。保证信息不被误解是沟通成功的关键。

（6）信息受众对信息作出反应

信息发送者沟通的目的总是希望对方作出自己所期望的反应。如果对方没有反应，或者作出错误的反应，沟通仍然不会成功。为了保证对方作出自己所期望的反应，信息发送者既需要精心设计所发送的信息，也需要强调信息受众作出反应能得到的利益。

（7）信息受众反馈

信息受众除了对信息作出反应外，通常也可能向信息发送者提供反馈。发送者根据所获得的反馈可以对沟通的有效性作出评价。但是，某些沟通渠道可能比其他渠道更难以传递反馈信息，尽量选择容易获得反馈信息的渠道，将有利于沟通的顺利进行。

如上所述，商务沟通是一个过程，这个过程中的每一个步骤都存在诸多干扰沟通的障碍。许多沟通从表面上看，信息传递已经顺利地完成了，结果却被严重地误解了。为此，清楚地认识并努力克服那些可能产生的障碍是保证沟通成功的重要手段。

1.4.2　影响商务沟通成功的障碍及对策

1.4.2.1　与信息发送者有关的障碍及对策

信息发送者在把信息传递给对方的过程中可能面临如下一些障碍：

（1）沟通者的信息来源所造成的障碍

沟通者从错误的信息来源搜集到信息，或者故意截留一部分信息，或者向对方提供一些无关又容易引起误解的信息，都可能造成沟通中的障碍。这些障碍都是由沟通者对信息来源的选择性过滤所引起的。对信息来源的选择性过滤是由于沟通者不站在对方的立场上考虑问题，而过分追求自己的利益或认识上的偏差。要防止信息来源造成的障碍，沟通者就要避免对信息来源的选择性过滤，给予对方正确的、足够的信息，并相信对方能正确运用这些信息。

（2）沟通者未能获得足够信任

有时，沟通者发出了正确的信息，但因未受到对方的重视而导致沟通失败。这种情形是由于沟通者的信誉不佳，或者沟通者的学识、能力、经验或人品等方面未能获得对方足够的信任。可见，要保证商务沟通的成功，必须树立良好的个人形象，获得周围人群的足够信任。

（3）沟通者的社会文化因素所造成的障碍

沟通者总是根据自己的社会文化背景和知识经验来组织和表达沟通信息的。但是如果信息发送者与接收者在社会文化背景和知识经验方面有较大的差距，就会导致对同一件事情认识和理解上的差别，很容易产生误解，从而出现沟通障碍。造成这类障碍的因素特别多样，如文化传统不同、社会地位不同、社会角色不同、年龄差异过大、性别不同、受教育程度不同等。要克服或消除社会文化因素所造成的障碍，最关键的是沟通者要消除各种偏见，对自己的观点有一个正确的认识。

（4）沟通者的个性和能力因素所造成的障碍

沟通者个性间的差异会造成性格和思维习惯的不同。有的人擅长逻辑思维，有的人更习惯形象思维；有的人倾向于开放和冒险，有的人更趋于封闭和保守。这些性格和思维特点自然也会反映在沟通风格上。如果一味从自身的观点出发，不考虑对方的个性特点和感受，沟通就很难顺利进行下去。

沟通者的认知能力、理解能力和分析能力也是造成沟通障碍的重要因素。如果沟通者存在较强的主观认知偏见，就可能对某些事物作出错误的判断，在沟通时发出错误的信息。沟通者的理解和分析能力直接影响到其对语言的正确使用能力和表达能力。如果沟通者本身表达能力不强，词不达意，概念混淆，认识模糊或界限不清，则对方就很难了解其真实的意图，沟通当然就很难成功了。

要克服个性和能力因素所造成的障碍，沟通者首先要把以自我为中心的沟通方式改变为适应对方需要的或受众导向的沟通方式；其次是沟通者在努力增强认知能力、理解能力和分析能力时，不仅要加强逻辑思维的训练和掌握准确运用词语的能力，还要增强自己的倾听能力，通过多听别人说来增强自己的沟通能力。

（5）沟通者的情感和情绪因素所造成的障碍

强烈的情感或情绪会使沟通者的思维受到严重的干扰而产生沟通的障碍。极度的高兴、害怕、仇视、悲伤或厌恶等都会影响商务沟通的正常进行。即使是一个平时表现比较热情、随和的人，在心情烦躁时也会变得爱发脾气、说话带刺，容易造成关系的隔阂和误解，难以进行正常的沟通。

愤怒的情绪会伤害人的感情，破坏融洽的气氛，引起沟通中的争吵和冲突，在双方间造成裂痕。恐惧会使人感到生活暗淡、不愉快，失去言谈举止的原则，贬低别人，抬高自己，以消除自身的不安，结果会拉大自己与周围人群之间的心理距离。嫉妒可能使人产生痛苦、忧伤、攻击性的言论和行动，导致人际冲突和沟通障碍。自卑常常使人不敢表达自己的意见，即使知道自己的意见是正确的，也往往缺乏勇气与信心。自负使人心高气傲、居高临下、自夸自大，过于强调自己的感受而忽视他人，结果造成与周围人群之间的疏远。孤僻会导致孤芳自赏、自命清高、独来独往，造成心理和行为上与他人之间的隔膜。

可见，在商务沟通中，沟通者应该避免受强烈情绪和情感因素的影响。

1.4.2.2　信息传递过程中的障碍及对策

信息传递过程中常常会出现以下几种障碍：

（1）沟通时机不合适

信息传递时机选择错误会降低信息的沟通价值。在不适当的时候发送信息会导致对方拒绝的可能性大大增加。错过了信息的有效期再进行沟通会变得毫无意义。

（2）沟通渠道或媒体选择不当

渠道选择错误引起的沟通障碍表现为下列三种不同的情形：

首先，选择的沟通渠道或媒体不适合沟通对象。沟通者如果使用对方根本就不使用的沟通渠道来传递信息就会导致对方根本无法收到信息。例如，给一个常年在外出差的人发送一封商业信函几乎是无济于事的。同样，直接向一个不懂英语的经理人员发送英文原件的传真也可能耽误重要的事情。可见，要保证沟通有效，沟通者事先需要了解对方习惯使用的沟通渠道，并用这种渠道来传递信息。

其次，如果所选择的沟通渠道过长，也会增加信息失真的可能性，导致失败。在一个多层次的复杂企业内，想要通过层层传达的形式来传递信息，就很可能产生信息失真和误解。

最后，多渠道传递的信息可能相互冲突。当沟通者采用多种渠道来传递信息时，如果不同渠道所传递的信息相互之间出现矛盾，就会使对方无所适从，沟通就可能失败。

（3）外部环境的干扰

商务沟通过程可能受到自然灾害、重大社会事件和技术变革等因素所引起的变化的干扰，使原来正常的商务沟通无法进行。同时，商务沟通经常会受到竞争对手信息和行动的干扰，影响沟通的效果，甚至导致沟通完全失败。

1.4.2.3　与信息接收者有关的障碍及对策

沟通过程中，信息接收者在收到信息后需要对其进行处理和解释，以实现对信息的理解。在这个过程中，如果信息接收者在社会文化因素、个性和能力因素以及情感和情绪因素等方面存在某些不足，或者与沟通者之间存在差距，就会形成沟通的障碍。从信息接收者对信息的处理、解释和理解过程方面来分析，信息接收者所面临的障碍可以分为如下几种：

（1）信息接收者知觉的选择性所造成的障碍

人们对知觉都具有一定的选择性。由于受到社会文化因素、个性和能力因素以及情感和情绪因素等的影响，信息接收者会对所收到的某些信息表现出特别的敏感度，而对其他信息可能就不会产生任何感觉。一般地说，信息接收者只会特别重视自己感兴趣的信息、与自己利益紧密相关的信息，而很容易忽视与自己没有直接关系的信息。

（2）信息接收者对信息的过滤所造成的障碍

信息接收者在收到沟通信息后，很可能按照自己的需要对信息进行过滤，仅仅保留那些自己所需要的或对自己有利的信息，而把对自己不利的信息闲置在一边或干脆抛弃。在具有多个管理层次的大公司内，处于中层的信息接收者在向下属传达公司管理部门所发布的信息时，往往会出现信息过滤的现象。如果出现信息层层过滤的现象，情况就可能变得非常严重。信息过滤的结果可能导致对上级报喜不报忧，猜测上级喜欢什么样的信息，就上报什么样的信息。其后果是，上级无法真正了解基层的实际情况；等上级掌握实际情况时，可能已经错失良机，无法挽回了。

（3）信息接收者的理解差异所造成的障碍

信息接收者总是基于个人的社会文化背景、个性和能力以及当时的情感和情绪来认识和解释所获得信息的。因此，不同的信息接收者对所接收到的同一信息也会有相当不同的解释。即使同一个信息接收者，由于接收信息时的场合不同或者情绪状态不同，也可能对同一信息有不同的理解。这就很可能造成信息接收者对信息的理解与信息发送者产生差异，甚至完全曲解信息发送者的原意。

（4）信息过量造成的障碍

信息技术的革命导致了信息爆炸，许多商务人员都感到自己淹没在过量的信息之中。对此，许多人所采取的对策就是不予理睬，搁置一边。这就难免造成某些有用的沟通信息被耽误，必要的商务沟通被终止，沟通陷于失败的情形。

沟通案例 1-2

1.4.2.4　与企业环境有关的障碍及对策

除了沟通双方的个人因素可能造成沟通的障碍外，企业的环境因素也往往可能形成沟通的障碍。企业环境所造成的障碍包括如下两类：

（1）企业组织结构不合理所引起的沟通障碍

如果企业机构过于臃肿，中间层次太多，就可能造成信息失真，并使信息过滤现象变得非常严重。如果机构设置不合理，各部门之间职责不清、分工不明，又会影响信息传递的效率，浪费时间。处于这类企业中的沟通者，如果发现所发送的信息多次不能完整准确地到达最终接收者的手中，就会因此望而却步，以后再也不愿提供有用信息了。

要克服上述障碍，应当尽量减少不必要的管理层次，缩短沟通链的长度。同时，增进企业内的横向沟通，为不同部门员工创造交流的机会，这样做有利于消除企业结构所引起的障碍。

（2）企业氛围或企业文化所引起的障碍

企业氛围对商务沟通的成功与否也会产生影响。在一个高度信任、崇尚开诚布公的企业内，沟通通常会比较顺畅。而在一个人际关系紧张、相互猜忌和提防的企业中，沟通的障碍会随处可见。

从本质上说，企业文化是决定企业沟通氛围的关键因素。封闭的企业文化对沟通有着巨大的阻碍作用。这是因为，首先，封闭的企业文化会使员工相互之间失去信任；其次，封闭的企业文化也会造成上下级之间的权力和地位的严重不平衡。这些都会造成一种不利于沟通的氛围。而开放的企业文化能创造一种促进沟通的氛围。在开放的企业文化中，上级会更重视与下级之间的沟通，信任下级；下级也因能获得更多的所需要的信息，以及上级愿意倾听他们的意见而信任上级与企业。这种相互之间的信任能够大大减少沟通中的障碍。

由此可见，要减少由企业氛围或企业文化所引起的障碍，就应该在企业内部培育一种开放的沟通环境。其中最有效的办法就是鼓励内部合作与提倡及时的信息反馈，这样做就可以有效地消除沟通中的许多障碍。

拓展阅读 1-1

本章小结

沟通既是一个信息传递过程，也是一个信息共享过程。沟通的特点是：所传递的是综合性信息；不仅传递信息，还创造相同的理解；是一个双向互动的反馈和理解过程。

现代企业中，商务沟通既是实现信息共享的重要手段，也是个人和企业在新环境中获取竞争优势的重要手段，商务沟通能力还是企业招聘和员工升迁的重要依据。现代商务沟通面临着企业外部环境、内部变革的影响和新技术的挑战。

现代企业中最常用的商务沟通类型包括人际沟通、群体沟通和组织沟通等，语言沟通和非语言沟通，同文化沟通和跨文化沟通等。

有效商务沟通的特征是清晰、准确、简明、完整、建设性和礼貌。

在有效商务沟通中，沟通者需要依次完成下列任务：沟通目的、沟通对象、沟通环境、沟通内容、沟通方式分析。

商务沟通的过程包括信息发送者有传递某种想法的意向、信息编码、信息传递、信息受众接收信息、信息解码、信息受众对信息作出反应和信息受众反馈。

商务沟通的障碍包括与信息发送者有关的障碍、信息传递过程中的障碍、与信息接收者有关的障碍，以及与企业环境有关的障碍。

主要概念

人际沟通　群体沟通　组织沟通　语言沟通　非语言沟通　正式沟通　非正式沟通　口头沟通　书面沟通　跨文化沟通

基本训练

❖ 知识题

1. 说明商务沟通在现代商务活动和企业中的地位和作用。

2. 商务沟通可以分为哪些类型？

3. 分析说明组织中正式沟通与非正式沟通的特点及各自的作用，结合实际谈谈组织如何发挥非正式沟通的积极作用。

4. 沟通中为什么要特别重视反馈？分析说明反馈在沟通中的功能与作用。

5. 有效的商务沟通的特征有哪些？任务又有哪些？

6. 商务沟通可以分为哪些步骤？

7. 商务沟通中存在哪些障碍？相应的对策又有哪些？

❖ 技能题

1. 以自己所经历的一次成功沟通为例，分析成功原因，总结保证沟通成功的经验。

2. 回忆自己所经历的一次失败沟通及其引起的后果，分析其原因和可能采取的补救措施。

3. 探讨分析在大学求学期间需要进行哪些不同对象、类型的沟通，每一类沟通的目的是什么，成功沟通的要点又是什么。

4.情景选择：

你去一家医院看专家门诊，看病的人很多，大家都在那里排队。你等了1个多小时，前面还有一个人就轮到你了，然而下一个进去就诊的人不是你。原来是该医院一个护士的熟人，没有排队就被直接领进去了。当时你：

（1）显得很气愤，找护士和医生讲理，并且扬言一定要找医院领导去反映此事，要求有一个公正的答复。

（2）暗想，现在社会就是这样，忍忍算了，何必自找麻烦？

（3）大声嚷嚷："熟人就可以不排队呀？这个医院的职工素质太差了，再不到这个医院来看病了。"随即生气地抽身就走，骂骂咧咧地离开了这所医院。

（4）唉，多待会儿也好，一来练练毅力，二来锻炼筋骨，想开点！

如果你遇到这种事情，会选择上述哪一种态度呢？或者你还有其他选择？

第2章 成功沟通的基础

知识目标

深入理解换位思考的沟通方法；理解强调积极面与对方利益的沟通方法；理解合理定位的沟通方法；理解尊重对方的沟通方法。

技能目标

掌握换位思考的表达技巧；掌握强调积极面与对方利益的表达技巧；掌握合理定位的表达技巧；掌握尊重对方的表达技巧。

❖ 引例

美国东海岸某城市中有一家著名的毛皮公司。有一户人家的3个兄弟都是这家公司的员工。有一天，他们的父亲要求见公司总经理，原因是他不明白，为什么他的3个儿子的薪水都不相同。大儿子杰斯的周薪是350美元，二儿子杰菲的周薪是250美元，三儿子杰亮的周薪只有200美元。

总经理默默地听完了，然后说："现在我叫他们3个人做同样一件事，你只要看他们的表现，就可以知道问题的答案了。"于是，总经理请这位父亲坐到他办公室的套间内，听他依次给3个儿子分配工作。

总经理先把这位父亲的三儿子杰亮叫来，吩咐说："现在，请你去调查停泊在港口的C船上的毛皮的数量、价格和品质。你要详细地记录下来，并尽快给我答复。"

三儿子杰亮将总经理分配的工作内容记下来后就离开了。5分钟后，他便回来了，向总经理汇报了调查情况。杰亮说，因为总经理要求他尽快答复，所以就直接给C船上的人打电话，要求他们提供有关的数据资料，难怪5分钟就要到了总经理所要求调查的所有资料，完成了任务。

等杰亮回去以后，总经理再把二儿子杰菲叫来，吩咐他也去做同样一件事情。

杰菲在1个多小时后回到了总经理办公室。他气喘吁吁地说，他是坐公交车往返的，没有作任何逗留，并且将经过自己确认的C船上的货物数量、价格和品质等情况详细地报告给了总经理。

总经理接着又把杰斯找来，也吩咐他去做同一件事情。杰斯说他可能需要花点时间，然后走了。

3个小时后，杰斯回到了公司。他首先也向总经理报告了杰菲所报告的内容，并询问总经理是否已经完成了任务。接着，他又说，为了方便总经理与货主商谈签约，他已经请货主在明天上午10点到公司来一趟。回程中，他又到其他的两三家毛皮公司询问了最近市场上不同品质毛皮的行情变化趋势，并请有意向与自己公司做买卖的公司经理明天中午12点到自己公司来。

坐在办公室套间中的父亲在暗地里了解到三兄弟的工作表现后，很满意地对总经理说："从他们三兄弟的行动上，我已经得到了问题的答案。"

资料来源　日本能率协会. 我们是企管问题的专家［M］. 明日，编译. 厦门：鹭江出版社，1989：12-14.

2.1　换位思考

换位思考是一种思考问题的方式和方法。它强调沟通要从对方的角度出发，重视对方想了解的内容，尊重对方，保护对方的自尊心，也就是要站在对方的立场上去开展沟通。

沟通是一种互动的行为，成功的沟通必须促使对方作出积极的反应。换位思考强调站在对方角度来考虑问题，开展沟通，这样更可能引导对方作出积极的反应。换位思考既然是站在对方的立场上去组织沟通，当然也就可以使沟通更有说服力。此外，换位思考也能建立起良好的信誉，而良好的信誉正是商务沟通甚至是任何商业活动必不可少的基础。

2.1.1　语言表达上的换位思考

语言表达上的换位思考包括如下技巧：

（1）要谈及对方，而非自己

沟通中对方最感兴趣和最想了解的，是他们在沟通中能得到什么或受到什么影响。因此，这方面的信息对对方是最具吸引力的。相反，即使你说明自己做了什么，对方也未必能立即意识到与自己的关系，也就不会表示出很大的兴趣了。分析比较如下两个某旅行网的业务推介人员在吸引和说服消费者加入会员时两种不同的沟通方式：

缺乏换位思考的方式：我们与某酒店签有协议，同意您入住时享受80%的折扣。

换位思考的方式：如果您是某网的会员，入住某酒店便可享受80%的折扣。

第一种表达方式尽管也用了一个"您"，但强调的是沟通者自己做了什么，而不是对方能得到什么，让对方感到沟通者希望说明自己的慷慨与施舍，这是一种缺乏换位思考的方式。后一种表达方式采用换位思考的沟通方式强调了对方本身所享有的权利，当然能激发对方的兴趣。

（2）注重对方的具体要求

商务沟通中涉及对方的要求、订单或其他商务文件时，要具体指明对方的要求，而不应泛泛地称"您的要求（或订单）……"。当对方是个人或偶尔交易的小企业时，指明对方的具体要求会使沟通显得更加关切而友好。如果对方是一家有经常业务交往的公司，则列出订单或发票的号码就更加必要了。例如：

缺乏换位思考的方式：您订的货物，我们已经安排……

换位思考的方式（对个人或小企业）：您所订购的西班牙式餐桌……

换位思考的方式（对经常往来的公司）：贵方号码为 0706124 的合同所订购的……

（3）尽量少谈和不谈自己和对方的感受，而谈事实与结果

在大多数商务活动中，个人感受都是与公司业务无关的，应该略去。例如：

缺乏换位思考的方式：我们很高兴地批准了您的白金信用卡的申请。

换位思考的方式：您的白金信用卡的申请已经批准了。

对方总是从他们个人的角度和观点出发来关注沟通内容的，他们并不关心你在批准他们的申请时的态度究竟是高兴还是厌烦，在这种场合表露个人的情感是完全不必要的。但是，如果是在贺信或慰问信中表达个人的祝贺或同情等感受，则是合适的。在内部的非正式沟通中，对某个项目或某件事表达个人的感受也是可以的，但我们还是要记住，对方的主要兴趣仍然在于自身的问题，而不是你的感受。

沟通中也不要谈论对方的感受，对方并不需要你来说明他的感受是什么。如果你谈了对方的感受，而且判断失误，那么可能冒犯对方。所以，在沟通中谈论对方的感受是有风险的，也是不必要的。例如：

缺乏换位思考的方式：您会很高兴地听到 ×× 牌 ×× 款轿车是达到欧 IV 排放标准的。

换位思考的方式：×× 牌 ×× 款轿车达到欧 IV 排放标准。

（4）涉及正面内容的沟通时，要多用"你"而少用"我"

对正面或积极信息的沟通，应当尽可能将叙述重点放在对方身上，而非你自己或自己的公司上。使用"我"字表明沟通者只关心自己个人的问题，并不关心组织和对方的问题和需求。当所叙述的内容包括对方时，用"我们"的效果比较好；如果不包括对方，就不应使用"我们"。例如：

缺乏换位思考的方式：我们为所有员工提供健康保险。

换位思考的方式：作为公司一员，你可以享受健康保险。

（5）涉及负面信息时，应避免用"你"，以保护对方的自尊心

当涉及负面或消极信息的沟通时，使用"你"字很容易使对方产生被指责、受攻击或侮辱的感觉，此时，一种处理办法是用对方所属群体的名词来代替"你"或"你们"。例如：

缺乏换位思考的方式：你在代表本公司与其他任何单位签署合同前，都必须征得总经理的同意。

换位思考的方式：本公司人员在与其他任何单位签署合同前，都必须征得总经理的同意。

另一种办法就是采用无人称表达方式，不涉及任何具体的人，这样就可以避免指责之嫌，维护对方的自尊心。例如：

缺乏换位思考的方式：你的计划没有考虑到汇率变动的影响……

换位思考的方式：计划没有考虑到汇率变动的影响……

2.1.2 语言表达以外的换位思考

商务沟通中，除了在语言表达上要求换位思考外，还需要站在对方立场上思考问题，在沟通内容的选择、表达结构和写作风格等方面也都应当运用换位思考的方式，以获得更好的沟通效果。

（1）从对方角度看问题，替对方着想

沟通者如果只关注自己的利益就很难得到对方的支持，甚至难以引起对方的注意和兴趣，但如果站在对方的角度看问题，替对方着想就可能获得双赢的结果。站在对方的立场上看问题应该是换位思考最核心的内容。

沟通案例 2-1

（2）沟通内容的选择要换位思考

在决定和选择沟通内容时，同样需要换位思考。站在对方的角度看，每次沟通内容既要完整，信息量又不能过大，否则就不容易接受和消化。如果一篇文章所涉及的信息量过大，就应考虑把一部分细节放在附录中。对对方可能存在的疑问应当作出解答；如果沟通中涉及对方没有考虑到的问题，就应当阐明其重要性。

（3）沟通材料的组织要换位思考

在决定沟通材料的结构和写作风格时，站在对方的角度看问题就应当：首先，介绍的重点是对方最感兴趣的内容。其次，对其他沟通材料的组织和陈述应当根据对方的需要，而不应依据自己的看法来处理。最后，表达应当尽量有层次，并采用小标题或等级格式的形式，帮助对方迅速抓住沟通中的要点。

如果用上述换位思考的方式来组织整个沟通过程，沟通将变得更清晰、明白易懂，给人的印象更友善，就更容易被对方所接受。

概括起来，换位思考是一种沟通风格，是换一个角度来看待问题的做法。很多时候解决问题的方法并不是依据某种理论，而是换个角度看待问题的灵活性。在与对方沟通中，尊重对方的需要，在向对方提问前就想到对方会如何回答这类问题，然后决定如何进行沟通。这种换一个角度看待问题的思路有利于我们克服沟通中的障碍，实现成功的沟通。

拓展阅读 2-1

2.2　强调积极面与对方利益

在沟通中带有一些负面信息往往是难免的，在某些特殊情况下，直截了当地告知坏消息可能显得更真诚。有时，提供消极信息也是有必要的。但是，研究表明，在大多数情况下，商务沟通中强调事情的积极面所获得的效果会更好。商务人员对肯定的语言反应会更积极，对措辞积极的要求可能作出更肯定的承诺。同时，强调对方从沟通中能得到的利益更能激发对方的兴趣，促使沟通达到预期的效果。

2.2.1 掌握强调积极面的沟通技巧

(1) 避免使用带有负面含义的词汇

使用带有负面含义的词汇进行沟通，很容易对对方造成伤害或刺激，因而诱发对方产生敌意或拒绝的态度，导致沟通的失败。所以，商务沟通中应尽量避免使用带有负面含义的词汇，即使在确实需要表示某种意思时，也应当用表示正面意义的词汇来代替表示负面意义的词汇。

例如，下面一些词汇就具有强烈的负面含义，应当尽量避免使用，或者用积极的、肯定的词汇来代替。

| 反对 | 拒绝 | 差错 | 失败 | 忽视 | 违反 | 粗心 | 延误 | 不满 |

| 狡猾 | 无知 | 忽视 | 麻烦 | 失误 | 弱点 | 坏的 | 担心 | 不幸 |

| 不可能 | 不完整 | 不方便 | 不合适 | 不忠实 |

沟通者要掌握使用积极或正面词汇代替消极或负面词汇的技巧。例如：

采用负面词汇的表达方式：我们原定上周交货的计划失败了。

修改得好一些：我们没能完成上周交货的计划。

采用正面词汇来代替：到周三我们就能完成交货计划了。

当句子中含有两个负面词汇时，就可以直接用一个正面词汇来代替。例如：

采用负面词汇的表达方式：千万不要忘了在收到货物后通知我们。

采用正面词汇来代替：记得在收到货物后通知我们。

除了避免使用直接带有负面含义的词汇外，沟通中还要注意避免使用那些隐含的负面词汇。所谓隐含的负面词汇是指那些本身不是负面词汇，但在上下文中与某些词汇联系在一起就会产生负面含义。如在叙述正面内容后，紧跟"但是"或"然而"等表示转折的词汇，就会产生对正面内容的否定。"我希望"或"我相信"的说法就表示沟通者没有信心来赞扬某种产品或服务。如果措辞不当，也可能暗示以前的产品或服务曾经很差，结果就会适得其反。例如：

带有负面含义的表达方式：现在的机油泵工作稳定得多了。（这意味着以前的机油泵工作不稳定）

采用正面词汇来表达：现在的机油泵工作更稳定了。

又如：

带有负面含义的表达方式：我希望您对这批货满意，并继续订货。（体现沟通者没有把握）

采用正面词汇来表达：下次需要易耗件时，请打电话给我们公司。

(2) 要强调对方可以做的，而不是对对方的种种限制

说明对方所受到的限制，只会产生消极作用，令对方沮丧、不满或反感；强调对方可以做的，就是引导他采取某种对双方都有利的行动，提高沟通成功的把握。例如：

带有负面含义的表达方式：因为您没有加入本会，所以不能享受本会会员的权利。

采用正面词汇来表达：如果您现在就加入本会，就能享受本会会员的权利。

其实，这种表达方式也常常是与换位思考结合在一起的。要站在对方的角度，强调对方感兴趣的事和由此可以获得的利益，这样才能最大限度地起到积极作用。

（3）即使在必须提供负面信息时，也要注意避免消极影响

在某些不得不提供负面信息的场合，可以采用两种方法减少和避免消极影响。一种方法是说明负面信息产生的理由，帮助对方认识到提供该信息的必要性。另一种方法是将它与对方的受益处相结合，表明对对方是利大于弊的。例如：

带有负面含义的表达方式：对不起，我们不出售单个挂历。

强调对方利益，避免消极影响的表达方式：为了节省顾客的包装和邮寄费用，我们只经营10个及以上挂历的批发业务。

（4）将负面信息插在中间，且应简洁明了

无论是书面的还是口头上的沟通，开头和结尾都具有强调作用。所以，在不得不说明负面信息的情形下，最好将负面信息置于书面信息或口头陈述的中间，以减少负面信息对对方的冲击力。此外，信息所占的篇幅越大就越表示强调。如果不想特别强调信息的负面作用，负面信息就应简洁明了，篇幅要尽可能短小，且只出现一次。这样做可以减少负面信息所产生的消极影响。

（5）省略根本不重要的负面信息

如果负面信息对对方实际上是无关紧要的，或者对方在作决策时不需要这些信息，就可以干脆删去。例如：

带有负面含义的表达方式：您要预订的机票价格是980元，有时价格会更低一些。（在对方指明日期班次的情况下，后一句话所提供的信息完全是无关紧要的）

合理的表达方式：您要预订的机票价格是980元。

带有负面含义的表达方式：如果您对本公司的服务不满意，那么可以申请取消服务。

对方根本不需要这种信息，这句话对对方的决策只有消极作用，所以把整句话省略会更合理。

沟通案例2-2

2.2.2　强调对方利益

2.2.2.1　强调对方利益的必要性

成功的沟通需要激发沟通对象的兴趣。如果对方对沟通议题和内容本身不感兴趣，那么沟通是难以取得结果的。激发对方对沟通的兴趣的最好办法就是强调对方从沟通中能得到的受益之处或者利益，简称受众利益。以对方可能得到的利益来激发对方对沟通的兴趣，就能引导对方参与沟通，促使沟通得到预期的结果。

沟通中强调受众利益，可以避免因为对方没有想到从沟通中可能得到的所有利益或好处，或者因对方没有理解付出的努力、得到的结果与可能获得的回报之间的关系而缺乏沟通兴趣的情形，也就是事先主动地克服了沟通可能出现的障碍。

人们往往错误地认为，只要强调某种特色就能够激发沟通对象的兴趣，试图用在自己看来独特、迷人的特色来吸引沟通对象。很多公司就常常试图通过向客户展示技术或设计的新颖性来吸引客户。但是实际上，客户很可能认为现有的产品对他们来说已经足够完美了，于是对某项新技术根本就不感兴趣。不过，任何一个客户对能节省成本、节省时间和提高销售额的方法、产品和系统都会感兴趣。这说明，激发沟通对象兴趣的最有效的手段应当是强调他们从中能够得到的利益，而不是某种特色或内容。

2.2.2.2　明确沟通对象利益的特点

(1) 沟通对象受众利益的独特性

沟通人员应当注意到，由于沟通对象在背景、习惯和行为等方面的差异，即使对同一个议题的沟通，不同的沟通对象所偏好的利益和实际得到的利益都可能是有差异的。因此，沟通人员对不同的沟通对象所强调的受众利益通常也应当是不同的。例如，在面向最终用户的产品广告中，可能需要强调使用方便、安全可靠和价格合理；在面向经销商的产品推广资料中，则需要强调增加营业额、提高利润和消费者的满意度。

(2) 沟通对象受众利益的多样性

沟通对象从某次沟通中既可能得到外在的也可能得到内在的激励和利益。所谓外在的激励和利益是指沟通对象从沟通中可能得到的物质利益，或者组织和他人对自己的赞扬和好评。所谓内在的激励和利益是指受众从沟通中可能得到的自身精神上的自豪感、愉悦感和满足感。可见，为了达到对沟通对象最大的激励效果，沟通者不仅需要强调工资、奖金和福利等因素，也需要强调成功后的自豪感、工作本身带来的快乐和成就感等。越来越多的调查表明，在很多情况下，人们会把承担责任和具有自主权、受到上司的尊重和认可、自己的建议被采纳等看作比工资和奖金还重要的东西。

(3) 沟通对象受众利益的动态性

沟通对象的受众利益是动态变化的，而不是始终不变的。随着社会环境条件的变化，受众所期望的利益在不断变化。成功的沟通者要不断探索和发现沟通受众所追求的新利益。用沟通对象真正所期望或追求的利益去激励，才能达到预期的效果。

(4) 要站在对方的角度来清晰地阐明受众利益

首先，在说明对方利益时也应当采用换位思考的方法，就是要说明从对方的角度看所得到的利益，而不是沟通方自以为对方所得到的利益。

其次，在说明对方利益时所使用的逻辑推理过程要令人信服，描述要生动具体，还需要提供足够的细节。

2.2.2.3　确定沟通对象适当的受众利益

分析沟通对象可能的受众利益时，有时可能发现很难确定对方从沟通中能得到的利益究竟是多少，或者对方从中可能得到的受众利益的种类。这时要确定需要说明的适当的受众利益就变得并不容易。但是，无论上述哪一种情形，沟通者都需要强调对受众而言最有价值的、最有效的也是沟通者容易提供的受众利益。为此，沟通者首先需要挖掘沟通对象各种可能的受益处，然后从中进行选择，决定究竟强调哪一项利益。

（1）挖掘和确定沟通对象可能的受众利益

在很多情形下，挖掘和确定沟通中的受众利益并不是一件简单的事情。为此，沟通者可以按照下列步骤来挖掘和确认沟通对象可能从沟通中得到的受众利益：

第一，根据马斯洛的需要层次理论，确定沟通对象最需要满足的需要。马斯洛把人类需要按层次分为生理需要、安全需要、归属与爱的需要、尊重需要、自我实现需要。马斯洛认为人们只有在满足了较低层次的需要后，才会追求更高层次的需要。沟通者可以根据对沟通对象背景的了解和相关需求的分析，来推测沟通对象可能希望满足的需要和最合适的激励因素。

第二，找出产品或建议中有助于满足需要的特点，再考虑这些特点对对方的受益处或利益。如上所述，特点本身不一定就是好处或利益。光是特点并不一定能有效地激发受众的兴趣，强调利益才是激发受众兴趣的有效手段。但有价值的特点通常可能带来一些潜在的好处或利益。例如，体积小、重量轻的医疗仪器适用于救护特殊病人，添加了矿物质元素的饮用水有助于补充人体内所需要的某些元素。不同的特点往往能使不同的人群受益。所以，沟通者要结合沟通对象的特点，去发现自己的产品或建议的特点可能给对方带来的受众利益。

（2）决定需要强调的最合适的受众利益

在决定究竟应当对沟通对象强调哪一种利益时，沟通者应当注意下列三个方面：

第一，给每一类沟通对象至少提供一种受众利益。当沟通对象不是一个人而是一群人时，就应当为每一类可能的沟通受众提供他们从中能得到的一种利益或好处。因为不同的受众所关心的问题各不相同，对不同利益的重视程度和兴趣也会相当不同。给每一类沟通对象至少提供一种受众利益就可以使沟通显得更有说服力，激发出更多受众的兴趣，自然也能获得更多的支持。

第二，要优先强调内在的激励和利益。如上所述，激励可以分为外在激励和内在激励。相应地，沟通对象从沟通中可能得到的受众利益也可以分为外在利益和内在利益。外在利益是由组织或他人所给予的，内在利益则是指受众自己在使用产品或实施某项建议后自动感受到的好处或利益。一般地说，应当优先考虑采用内在利益来激励，而不是外在利益来激励。这是因为，一方面，对我们想让别人所做的事情，并不是每件事都能够提供足够的外在激励，我们无法做到总是用物质奖励来吸引别人做某件事。另一方面，调研表明，取得成绩的自豪感、工作本身的欢悦和责任感也确实能更有效地激励组织中的员工。

第三，采用可以表达得最充分的那些利益来激励。激励对方参与沟通所使用的利益应当是能够表达得最充分的那些利益。能够表达得最充分包括两层意思：一是所列举的利益应当是沟通对象确实能够兑现的；二是能够向对方解释清楚利益的具体内容。

所列举的利益必须在逻辑上是合理的，如果要获得某种利益存在前提或条件，就必须加以说明。例如，建议对方采用某种先进的管理软件时，很多人都会强调：使用我们的软件将能减少消耗、降低成本和提高效率。但是，实际上某种软件本身并不能自动降低成本、提高效率；相反，新软件的实施往往要求企业在组织结构和业务流程等方面作相应的变革，只有在引入新的管理理念、采用创新的管理方法的基础上，应用某种合适的管理软件才能切实减少消耗、降低成本和提高效率。所以，在介绍这类利益时，真实客观地说明前提和条件是有必要的。

即使在逻辑上是合理的，但如果对方可能从未想过会有好处，或者所得到的利益会随时间的长短而不同，或者对方是很难说服的，则描述对方的利益时就需要运用细节，生动而具体地加以说明。

2.2.2.4　准确描述沟通对象的可能利益

有时，人们可能根本就没有考虑过得到某些利益对他们意味着什么；有时，人们又可能并不了解努力、绩效和回报之间的关系。在沟通中就强调受众利益的作用可以促使人们以更积极的态度参与沟通，同时激励他们更努力地采取行动，去争取成功，这样做也能使沟通者本身更容易达到自己的目标。

沟通案例 2-3

拓展阅读 2-2

2.3　合理定位

成功的沟通必须明确沟通双方各自的处境，以及双方为实现沟通目的可能使用的手段和途径，进而决定沟通的方法和策略，这就是合理定位的概念。沟通中的定位必须坚持三种导向，于是相应地就有问题导向定位、责任导向定位和事实导向定位。

2.3.1　问题导向定位——对事不对人原则

成功的沟通过程必须坚持问题导向定位的原则。问题导向定位的沟通强调沟通关注的应当是问题本身，是如何处理和解决好问题。问题导向的核心就是沟通要对事不对人。如果沟通时关注的是个人品质和好恶，而不是问题本身，沟通者就会以给他人作评判的方式进行沟通，结果就很可能导致争论不休和人身攻击，人际关系会迅速恶化，而问题仍然无法得到解决。

问题导向定位的沟通关注的是问题的发生、发展和解决的过程和方法，以事实说话来表达沟通者的思想。问题导向定位的沟通往往是从描述问题出发的，其着眼点在于描述外部行为，而不是表达个人的观点。

2.3.2　责任导向定位——自我显性原则

从责任导向的角度看，沟通又可以分为自我显性和自我隐性两种形式。

自我显性的沟通承认思想源泉属于个人，而非他人或集体，承担个人评论的责任。自我显性的沟通常常使用"我"或"我的"第一人称的表达方式。如果采用第三人称或第一人称复数的表达方式，如"我们想""他们说""有人说"等，则属于自我隐性的沟通。

　　自我隐性的沟通将信息来源归于不为人知的第三者、群体或外部环境，这样，沟通者就逃避了对沟通信息所承担的责任，实际上也就没有进入真正的交流。自我隐性的沟通似乎传递了这样一些信息：沟通者很淡漠，或者对对方漠不关心，或者对所传递的信息没有足够的自信来承担责任。因此，自我隐性的沟通似乎暗含着"希望与对方保持距离"的意图。相反，自我显性的沟通表明希望与对方建立联系，成为伙伴或帮助者的意愿。

　　在商务沟通中，当对方采取自我隐性的沟通方式时，沟通者可以使用连贯性问题，引导对方从自我隐性沟通方式的答复开始，发展到承认个人意见和观点的自我显性沟通。

2.3.3　事实导向定位——描述性原则

　　有些人往往喜欢采用评价性的沟通方式，简单地给人下结论、贴标签，如"你错了""你太唐突""你不懂规矩"。这种沟通方式会让人产生防卫心理，继而产生排斥情绪，对方就可能回答"我没有错"或者"你才不懂呢"。结果是问题没有解决，沟通气氛变得紧张，双方情绪变坏，人际关系受到影响。导致这种评价性沟通的根源在于沟通者自视清高，习惯以命令的方式讲话，给别人下结论，结果对方也会采取下结论、贴标签的方式来应对。双方抱着防卫心理进行沟通，就会失去对对方必要的信任感，沟通就难以成功。

　　要避免评价性沟通的消极影响，就应该采用描述性沟通。描述性沟通就是尽量避免给人作评价和下结论，这样也就避免了无休止地相互防卫的倾向。

2.3.3.1　描述性沟通的步骤

　　① 描述客观事实、行为或环境。在描述客观事实、行为或环境时，不应掺杂个人的好恶，也要避免对他人的行为作主观的评价或判断。描述应当是客观的，描述一种行为也应当是相对中性的。

　　② 关注对行为或结果的反应，而不是他人的态度。描述性沟通描述的重点在于行为所产生的反应或结果，要求沟通者能意识到自己的反应，并描述出来。由于描述着重于结果及自我感受，而不是针对个人的态度，所以可减少防卫心理的产生。

　　③ 建议一种问题解决方案。描述性沟通应避免讨论谁对谁错，强调去寻找一种大家都能接受的问题解决方案，这样就保住了对方面子，维护了对方尊严，结果对方就更可能接受问题、解决方案，促使问题的解决。

2.3.3.2　必须作评价性描述时需要掌握的原则

　　① 评价应当以一些已经建立的规则为基础，如："你的行为并不符合现行规定的要求，会在同事中产生不好的影响。"

　　② 以可能的结果为基础，如："你的行为继续下去会导致更糟的结果。"

　　③ 与同一人先前的行为作比较，如："这次你做得没以前好。"

　　遵守上述三条原则，最重要的一点在于避免引起对方的不信任和激起防卫心理。

2.3.3.3　针对性沟通是实施事实导向定位和描述性原则的有效手段

　　沟通语言越有针对性，就越能起到良好的沟通效果。沟通主体越是针对具体问题与对方交流自己的看法，就越是能体现事实导向定位和描述性原则。例如，比较下列两种说法：

A："你不会利用时间。"

B："你今天花了1个小时安排会议，这可以交给秘书去干的。"

前一种说法太宽泛了，由于缺乏针对性，对方就可能不认可，甚至很可能反驳这种说法。比较起来，后一种说法就很有针对性，能帮助对方认识自己行为的不足之处，从中获得对今后工作的启示。

针对性沟通要求采用特定的陈述方式，就具体问题作特定的描述，远比非特定性的、一般的说法要有效得多。特定的陈述可以避免走极端和绝对化；极端的陈述将会导致防卫心理，而使对方难以接受。

针对性沟通还要求避免绝对化的选择句式，如"你要么照我说的话去做，要么辞职"。这种极端化和选择性的陈述带来的结果就排斥了任何其他的可能性，限制了对方回答的创造性。如果对方表示反对或否认意见，则又往往引起防卫性的争论。

可见，要实现成功的商务沟通，坚持特定的而非一般性的陈述是非常重要的，因为具有针对性的特定描述，关注行为事件的本身，对解决问题是非常有用的。

2.4 尊重对方

沟通中的语气直接反映了沟通者对待对方的态度。如果与上司沟通，沟通者一般都会注意到礼貌和尊重；但是与下属、同事或陌生的客户沟通，沟通者很可能带有优越感，口气粗鲁或者冷漠，会显得盛气凌人，让对方无法接受。美国著名的商务沟通专家基蒂·洛克认为商务沟通的语气应当是"专业但不僵硬，友善但不虚伪，自信但不傲慢，礼貌但不卑微"。在把握沟通语气方面要注意下面几个方面。

2.4.1 避免使用不适当的语气

商务沟通是一种互动性活动。只有尊重对方，让对方感到自己被认可、被承认和被接受，他才有可能作出积极的反应，同意或接受沟通者的意见；反之，对方在心理上就会产生排斥情绪，沟通就会失败。最容易让对方产生排斥情绪的就是沟通者的自我优越感以及独断、粗鲁或者冷漠的语气。

自我优越感的典型情形是沟通者的语气体现出自己是博学、合格、胜任而且强有力的，而对方是无知、不合格、不胜任而且软弱无力的。持有自我优越感的人常常表现为自夸、充当事后诸葛亮、奚落对方或者以行话和专用术语将圈外人士排斥在外。

独断和粗鲁表现为不容别人怀疑和质问他们自己的观点，不愿接受其他观点，夸夸其谈，表现出自己对任何事情都在行，喜欢下结论等一些态度。

冷漠表现为对他人的存在、重要性、情感和愿望漠不关心，不承认他人的感情或观点。这种人对他人的态度，或者认为"你的观点是错的"，或者认为"你不懂"。

不管是自我优越感还是独断、粗鲁、冷漠的语气，都会使对方产生一种排斥感。这种排斥感会在沟通双方之间形成障碍，进而使对方拒绝接受沟通者的观点、意见和建议，结果导致沟通失败。沟通中只有讲究礼貌、尊重对方，才能消除对方的排斥感，在心理上接受沟通者，才有可能认真地考虑沟通者所提出的信息，并最终接受沟通者的观点、意见和建议。

2.4.2 注重礼节

2.4.2.1 讲究礼貌，即使对下属也尽量避免命令

在商务沟通中最容易忽视讲究礼貌和尊重对方的时候，是在与下属打交道的时候。许多上司习惯于对下属采用傲慢和盛气凌人的命令语气，发号施令，指手画脚。其实，即使是在与下属沟通时，采用这种方式也会使下属产生排斥感。所以，特别要注意与下属沟通时讲究礼貌，尊重对方。

（1）坚持平等相待

沟通既然是一种双向交互的行为，结果自然具有灵活性。只有沟通双方主动、自由地表达自己的观点，积极参与解决方案的探讨，沟通才可能有创造性的结果。如果对下属只是发布命令，要求下属按自己的意愿办事，沟通的效果就只剩下一半了。上下级之间尽管在职位和职权方面存在差异，但在需要用沟通来解决的问题上应当具有同样的发言权。在沟通过程中，上下级之间其实完全是一种广义的合作关系。只有平等对待下属，才有可能实现双向沟通。所以，上司在与下属沟通时也一定要采取平等相待的态度。

（2）相信下属

上司作为一个沟通者，在与下属沟通时必须承认下属在很多情况下也可能有新思路、新资料和新办法，他们也可能提出解决问题的新方案，要相信下属的创造性和工作主动性。所以，上司与下属沟通时，采取一种真诚谦虚的、对观点开放的态度是绝对有必要的。这种谦虚绝对不是虚伪，而开放的态度也可以使我们避免高傲。

与下属沟通时，上司用请求的方式来代替命令可以表现出适当程度的礼貌。例如：

命令的方式（最不礼貌）：下周一把你的调查报告交上来。

礼貌命令的方式（比较礼貌）：请你在下周一将调查报告交上来。

间接要求的方式（很礼貌）：调查报告下周一该交了。

提问的方式（最礼貌）：下周一能把你的调查报告交上来吗？

这个例子表明，即使实际上是命令，但是同样可以通过礼貌的形式来表达，结果就更容易被对方所接受。

上司既对下属提出要求，又希望采用礼貌的语气，使对方听起来很友善，可使用对话风格的表达方式。例如：

不够礼貌的表达方式：为了安排会议日程，请将你下月能参加会议的时间告诉我。

较礼貌的表达方式：你是否可以将下月能参加会议的时间告诉我？

又如：

不够礼貌的表达方式：下周五以前把××项目计划书报上来。

较礼貌的表达方式：请告诉我下周五以前你是否可以把××项目计划书报上来。

2.4.2.2 绝对避免表现出愤怒

很多人在受到刺激后，会在沟通中表现出愤怒的情绪。讽刺、羞辱、感叹，甚至发一通

脾气，这些都是愤怒的表现形式。其实，在多数情况下，在愤怒时传递的相关信息充其量只能让传递信息的人释放出心中的怒气，不大可能就传递信息的内容达成一致，达到沟通的目的；相反，可能损害双方之间的友好关系，影响以后的业务活动。事实上，人们在愤怒时是无法进行任何有效沟通的，坚持向对方表现出愤怒的情绪必将导致以后某个时候为自己的冲动感到后悔。商务人员必须有足够强的制怒能力，始终坚持等到自己冷静下来以后再进行必要的沟通；如果处于愤怒的情绪之中，是不可能作出任何有效沟通的。

2.4.3　避免歧视

商务沟通活动必须维护良好的信誉，做到公平、友好和守法。这就必须采用非歧视的语言。非歧视的语言就是指沟通中不以性别、身体特征、种族、年龄或其他任何标准为依据对某些人表示歧视。商务沟通中必须保证语言中不带性别、种族和年龄等方面的歧视。

在语言上要避免性别歧视，就应当避免使用那些暗示性别差异的工作头衔。如果使用像会计师、银行家、医生、工程师、经理、护士和秘书等中性的工作头衔，就可以避免对方产生性别歧视的感觉。在通常的商务沟通中，采用女经理、女律师、女推销员和女招待等工作头衔的称呼常常是不合适的。

在书面沟通的情形中，如果知道对方的姓名和性别，用称谓时应当避免提及婚姻状况，对男性一律称先生，对女性一律称女士。在对方的姓名和性别均一无所知的情况下，如果称谓错误，不仅会令人产生歧视的感觉，而且是一种非常失礼的行为。此时，为了避免错误，可以直接称呼对方的职位或工作头衔，如"尊敬的销售部经理"；也可以直接称对方所属的群体，如"尊敬的各位参展商"。在指具体的人时，选用的人称代词必须与其性别相吻合，否则就是很失礼的行为。例如：

罗艳艳提出了一种新的解决办法。他认为……

应将"他"改为"她"。

有时，为了避免产生性别歧视的错误或由于人称代词使用错误而导致失礼行为，可以选用第二人称"你"。例如：

你在提交电子版报告的同时，还必须给档案馆提交一份打印报告存档。

为了避免种族和年龄歧视，商务沟通应当采用不含种族和年龄歧视的语言，即针对所有种族和各个年龄段对象的语言。

在与残疾的或者身患疾病的人士进行商务沟通时，不要提及他们的身体状况，避免使残疾者产生被歧视的感觉。

学思践悟

相处舒服的人，都懂得换位思考

《论语》有言："己所不欲，勿施于人。"自己不愿承受的事，也不要强加给别人。人与人之间永远是相互的。因此，相处，要懂得换位思考，站在别人的角度去看，你就能发现自己的不足；交往，要学会将心比心，试着理解别人的辛苦，你就能对他人多一份体谅。学会换位思考，是一个人最大的善良。当别人遇到困难时，如果我们能懂得换位思考，在能力范围内伸手帮一把，不仅是雪中送炭，更是别人迷茫时的一丝希望。

一件事，不同的人站在不同的角度就会有千万种答案。如果每个人都懂得换位思考，学会将心比心，那么争吵和矛盾就会少很多。宽容来自理解，理解来自换位思考。"以责人之心责己，以恕己之心恕人。"凡事懂得换位思考，是一个人最好的修养。

"横看成岭侧成峰，远近高低各不同。"一个人身处不同的位置，看到的风景也会不一样。如果只站在自己的位置看别人，看到的可能永远都是不好的一面。换位思考，往往能解决人生80%的烦恼。人与人走近，需要换位思考；心与心贴近，也需要换位思考；情与情浓厚，更需要换位思考。学会换位思考，是做人的至高境界。

资料来源　哲学君.「夜读」最让人舒服的关系，是懂得换位思考［EB/OL］.（2020-08-18）［2023-10-15］. https://baijiahao.baidu.com/s? id=1675298426921066085&wfr=spider&for=pc.

本章小结

换位思考是一种思考问题的方式和方法。它强调沟通要从对方的角度出发，重视对方想了解的内容，尊重对方，保护对方的自尊心。语言表达上的换位思考的技巧包括：要谈及对方，而非自己；注重对方的具体要求；尽量少谈和不谈自己和对方的感受，而谈事实与结果；涉及正面内容的沟通时，要多用"你"而少用"我"；涉及负面信息时，应避免用"你"，以保护对方的自尊心等。语言表达以外的换位思考包括：从对方角度看问题，替对方着想；沟通内容的选择要换位思考；沟通材料的组织要换位思考等。

强调积极面的沟通技巧包括：避免使用带有负面含义的词汇；要强调对方可以做的，而不是对对方的种种限制；即使在必须提供负面信息时，也要注意避免消极影响；将负面信息插在中间，且应简洁明了；省略根本不重要的负面信息。

在沟通中强调对方利益是有必要的。强调对方利益的沟通就是要明确沟通对象利益的特点、确定沟通对象适当的受众利益、准确描述沟通对象的可能利益。

沟通中的合理定位包括3种不同的思路和策略：问题导向定位——对事不对人原则；责任导向定位——自我显性原则；事实导向定位——描述性原则。

尊重对方的沟通要避免使用不适当的语气、注重礼节、避免歧视。

主要概念

换位思考　合理定位　问题导向定位　责任导向定位　事实导向定位

基本训练

❖ 知识题

1. 什么是换位思考的沟通？沟通中的换位思考包括哪些方面的内容？

2. 强调积极面的沟通技巧包括哪些方面？举例加以说明。

3. 在使用强调对方利益的沟通中，应当如何确定所强调的利益？

4. 沟通中的合理定位应当遵循哪些原则？

5. 沟通中如何做到尊重对方？

❖ 技能题

1. 根据换位思考和强调积极面的要求，改写下列句子：

（1）我们今天无法为您安装空调，除非您提前3天通知我们。

（2）我们新的手机套餐不收取来电显示费用。

（3）您不能正常上网是因为我们的网站正在升级。

（4）我们可以为您提供24小时的服务。

（5）切记，每天你都要在硬盘上留下备份。

（6）你今天又迟到了，这个月再迟到一次奖金全扣光了。

2. 根据自己的经历和经验，分析为什么在网络上要做到尊重对方并不容易。总结归纳你自己对在网络沟通中尊重对方的建议。

❖ 案例分析题

根据本章引例的资料，分析这3个兄弟在沟通方面的差异及原因。联系自己的实际，总结说明如何克服这种差异。

第3章 沟通主体与自我沟通分析

学习目标

知识目标

了解自我认知相关的概念；理解沟通主体的目标和沟通策略的选择；理解自我沟通的特点、媒体和手段。

技能目标

能够分析和选择沟通主体的沟通策略；理解和掌握自我沟通的技巧。

❖ 引例

美国著名的沟通专家卡耐基，曾经听瑟尔玛·汤普森女士讲过一段她的经历。

瑟尔玛的丈夫驻防在加利福尼亚州沙漠地带的一个陆军基地。为了能经常与丈夫相聚，瑟尔玛就搬到基地附近去住。丈夫奉命外出演习时，她就只能一个人待在那间铁皮小房子里。天气热得受不了——在仙人掌树荫下温度也高达53摄氏度。没有一个可以谈话的人——身边只有墨西哥人和印第安人，他们都不会说英语。风沙很大，她呼吸的空气里都充满了沙子！

她觉得自己倒霉到了极点，觉得自己好可怜，于是就写信给她父母亲，告诉他们自己一分钟也不能再忍受了，准备抛弃一切回家去。她父亲的回信只有三行，但这三行字永远留在了她的心中，并永远改变了她的生活：

> 有两个人从铁窗朝外望去，
> 一个人看到的是满地的泥泞，
> 另一个人却看到了满天的繁星。

瑟尔玛反复读了好几遍信，自己感到非常惭愧，决定在沙漠里找到"那一片星空"。瑟尔玛开始与当地人交朋友，他们的反应也令她心动。当她对他们的编织品和陶艺品表示出极大兴趣时，他们会把自己喜欢而舍不得卖给游客的心爱的编织品和陶器送给瑟尔玛。瑟尔玛还研究各种各样的仙人掌等沙漠植物，又学习了有关土拨鼠的知识。她观看沙漠的日落，寻找300万年前的贝壳化石，原来这片沙漠在300万年前曾经是海洋。

瑟尔玛原来感到难以忍受的环境变成了令人兴奋、流连忘返的奇景。

是什么使瑟尔玛的内心发生了如此惊人的变化呢？沙漠并没有发生改变，改变的是瑟尔玛自己，因为她的态度改变了。正是这种态度的改变使得她有了一段精彩的人生经历。瑟尔玛为自己所发现的新天地感到既刺激又兴奋，为此，她写了一本名为《快乐的城堡》的小说。瑟尔玛终于走出了自筑的"牢房"，看到了一片"美丽的星空"。

资料来源 裴尔，卡耐基. 积极的人生 智慧的锦囊 [M]. 宋子生，荣刚，编译. 北京：中国文联出版公司，1987：152-153.

3.1 沟通主体的自我认知

为了保证沟通成功，任何沟通者首先必须进行自我认知的分析，也就是要解决"我是谁"和"我在什么地方"这两个问题。沟通者分析"我是谁"的过程就是一个自我认知的过程，而分析"我在什么地方"的过程是一个自我定位的过程。要明确"我是谁"，既需要了解自己对自身的认知，也需要了解沟通受众对自己的看法。明确自己对自身的认知可以帮助沟通者明确自己"可以做什么""能够做什么""应该做什么"等问题。了解沟通受众对自己的看法则可以确定自己在受众心目中的可信度，以便根据受众的需求采取相应措施，提高自身在受众心目中的可信度。

3.1.1 沟通者自我认知分析

3.1.1.1 沟通者的自我认知及影响因素

沟通者的自我认知是指人在社会实践中对所有属于自己的东西以及自己同周围关系的认识。大量的实践表明，自我认知是人生能否成功的重要因素。因此，沟通者必须认识到树立正确的自我认知的重要性。

不过，正确的自我认知既不是先天就有的，也不是一成不变的。它是人们在社会交往和社会实践中形成，并随着社会发展而变化的。因此，沟通者的自身背景对其自我认知具有重要的影响。沟通者的自身背景主要包括：

（1）心理背景

沟通者的心理背景是指沟通者的情绪或态度。一个心态良好的沟通者常常会对周围一切事物都充满兴趣，对沟通的态度自然也比较积极，愿意投入较多的精力进行沟通，而且其情绪也会感染沟通对方，从而产生良好的沟通效果。相反，当沟通者处于过度疲劳、忧伤、焦虑或烦躁的心境时，其思维和情绪往往会比较混乱和消极，注意力也难以集中，沟通过程就容易出现障碍。由此可见，当一个人情绪不好时，应尽量避免进行复杂的沟通；如果必要的话，也要先调整好自己的心理状态。

另外，沟通者对对方的态度也会直接影响到沟通的过程和结果。如果沟通者对对方抱积极的态度，就更能体会到对方立场，更易接收对方信息，沟通过程就比较顺利。如果沟通者在心理上对对方抱有反感或拒绝的态度，沟通过程就会变得比较消极，沟通效果也就大打折扣。

（2）社会背景

沟通者的社会背景是指沟通者、沟通对方以及那些在沟通现场不直接参与沟通的其他人之间的社会角色关系。

首先，沟通者与对方社会角色的关系对沟通方式和沟通效果具有很大的影响。如上司在与下属沟通时，往往处于主导地位，心理上会比较放松，而下属由于处于从属地位，心理上会比较紧张。同时，人们在沟通时都扮演着一定的角色，就会产生相应的心理期望，当结果与自己的期望不相符合时，就会出现沟通障碍。

其次，沟通过程确实也会受到沟通现场其他人的影响。自己的上司或配偶是否在场也会影响人们的沟通方式。

（3）文化背景

沟通者的文化背景是指沟通者出生以来所受到的文化因素的影响。沟通者的价值观、风俗习惯和行为偏好对沟通会产生很大的影响。研究表明，一个人早期的经历会对其后来的沟通产生深远的影响。一个在开放和追求变革的文化背景中成长的人，在沟通中更可能表现出友好和热情，而在一个封闭和保守的文化背景中成长的人，在沟通中更容易出现障碍。

3.1.1.2　自我认知的构成要素

美国心理学之父威廉·詹姆斯（William James）认为自我认知主要是由以下3个部分构成：

（1）物质自我认知

物质自我认知是指在个人躯体条件基础上形成的自我认知。这是个体对自身所拥有的有形物，如身体、容貌、财产和家庭等方面的认知。当人们期望的物质自我认知与自我概念不一致时，人们就会产生减少这种不一致的需求，如整容、美容和减肥就是为满足这种需求而作出的反应。

（2）社会自我认知

社会自我认知是指个体对自己被他人或群体所关注的心理反应，也就是个体对自身的社会地位和声誉的认知。一方面，在社会生活中，每个人都需要其他个体或群体关注自己，尊重自己，而且特别需要他自己认为最重要的个体或群体来关注和尊重他。另一方面，人们与熟人、同事、朋友和家庭成员会形成不同的社会关系。因此，认识多少人，就可能有多少种不同的社会自我认知。

（3）精神自我认知

精神自我认知是指个体对自己心理活动的知觉，并且能够通过这种知觉来调节个体心理活动的过程、状态及特征，控制自己的某种行为，修正自己的经验和观念。精神自我认知既是个体对自己思想状况的一种认知，也是一种精神追求。

3.1.1.3　正确的自我认知的特点

一个沟通者正确的自我认知具有如下一些特点：

（1）积极健康

对同样一件事，自我认知不同的人，思维方式不同，所作出的判断和得出的结论也不同。在遍地荒沙、缺水的沙漠里，看到装了半杯水的玻璃杯，自我认知积极的人会说玻璃杯是半满的，欣喜万分，而自我认知消极的人会说玻璃杯是半空的，万分沮丧。

在沟通中，自我认知积极健康的人通常态度积极，兴趣广泛，精力充沛，信息交流更流畅，情绪较能感染对方，比较容易实现沟通目标。而自我认知消极悲观的人，由于态度比较消极，情绪不稳定，注意力难以集中，所以很难实现预定的沟通目标。

皮科克曾经说过："成功人士始终用最积极的思考，积极主动地认识自我，用最乐观的精神和最辉煌的经验支配和控制自己的人生。"可见，用积极乐观的方式看待自己，是获得成功的重要条件。

（2）既客观又足够自信

正确的自我认知的基础是正视自我，正确地评价自我。因此，既要充分了解自己的优点，也要正确认识自身的不足。自视高傲或自感卑微都不是正确的自我认知方式。

从沟通的角度看，沟通者正确的自我认知应当具有足够的自信。只有拥有足够的自信，把自己看成成功者，才有可能真正取得成功。缺乏自信会使人陷入消极的心境，阻碍人们采取积极的行动，陷入永无止境的彷徨和等待之中，结果是永远失去可能成功的机会。可见，缺乏足够自信的人是很难建立起积极的自我认知的。而拥有足够自信的人能够获得和抓住更多的成功机会，产生更积极的感受，从而获得积极的自我认知。

3.1.1.4　沟通者的自我定位

沟通者的自我定位实际上就是在社会实践中对自己（包括地位、能力、个性特点、价值观和形象等）以及自己和周围事物关系的认识及评价。自我定位实际上是一个自我认知的过程。沟通要成功，就必须保证自我认知与客观实际之间的一致性。所以，沟通者在沟通前就要正确地认清自己的内在资源、能力、局限性、所处环境及自身的道德水平等，只有这样才能在沟通过程中摆正自己与对方的关系，自觉地使自己的动机适合外部环境，有效地发挥自己的优势和能力，从而使对方接受自己的观点，达到沟通的目的。

沟通案例 3-1

3.1.2　沟通者可信度分析

为了保证沟通的效果，沟通者不仅需要了解自我认知和自我定位，而且要了解沟通受众对自己的看法，以便从受众需求的角度对自己在对方心目中的可信度进行规划。这就是沟通者的可信度分析。

沟通者的可信度对沟通效果具有重要的影响。实践中，如果沟通者的行为方式在受众看来是合理的、聪明的和善意的，沟通者的可信度就高，对方被说服的可能性就会大大增加。如果沟通受众认为沟通者拥有较高的声望、威信或者某种令人尊敬的头衔，沟通者就更能够赢得赞誉，可信度更高。可见，沟通者的影响大小和效果，不仅取决于沟通者自身的努力，而且取决于沟通受众赋予他们的可信度高低。

沟通者的可信度包括初始可信度和后天可信度。初始可信度是指沟通发生之前受众对沟通者的看法。沟通者如果在沟通之前说明或强调某些事实，可能有助于提高他们的初始可信度。但过度使用初始可信度又可能降低可信度水平。后天可信度是指在沟通之后受众对沟通者形成的看法。要获得良好的后天可信度，沟通者就需要在整个沟通过程中表现出色。

根据福兰契（French）、莱文（Raven）和科特（Kotter）的观点，沟通者的可信度受到以下5个因素的影响：

（1）身份地位

身份地位是以权力等级为基础建立起来的，所以在分析可信度时，沟通者首先要明确自身的权力等级。有时为了增强沟通效果，沟通者在沟通之前可以通过各种方式强调自己的头衔或地位，而在沟通过程中将自己与地位很高的某个人建立联系，如共同署名、合照或出具推荐信等，从而提高自身的可信度。当然，滥用权威最终也可能导致可信度的丧失。

（2）良好意愿

在沟通中表达出良好意愿的沟通者，在受众中会有较高的可信度。要让沟通受众感受到良好意愿，沟通者必须保持良好的人际关系，长期具有值得信赖的记录。从良好意愿因素看，沟通者为提高自己的可信度，可以在沟通前适当阐述个人关系中值得长期信赖的记录，并在沟通过程中表示对对方利益的关注，使对方产生良好意愿。另外，沟通者可以通过真诚地承认利益上的冲突并作出合理的评估，使对方感受到沟通者的良好意愿。

（3）专业知识

沟通者的素质和掌握的专门技术水平，特别是知识和能力，是构成对沟通者可信度的内在要求。如果沟通者在沟通前就展示自己的经历和简历，将有利于提高自己的初始可信度。而在沟通过程中将自己与受众认为是专家的人联系起来，或引用专家的观点可以增强后天可信度。

（4）外表形象

外表形象具有吸引力的沟通者，或者受到受众喜欢的沟通者，自然能获得较高的可信度。所以，在沟通前强调对受众有吸引力的特质，可以提高初始可信度。而在沟通过程中通过认同对方的利益，或者运用对方喜欢的活泼语言和非语言的表达方式，沟通者可以建立起本身的良好形象，提高后天可信度。不过，值得注意的是，这里所说的外表形象不仅包括与环境相协调的外在修饰，更主要的是体现在沟通过程中的气质、情感及沟通方式上。

（5）共同价值观

具有共同价值观（包括道德观念和行为准则）是保证沟通双方具有良好的人际关系和持续沟通的本质因素。从沟通一开始就确立双方的共同点和相似点，并将所沟通的信息与共同价值结合起来，就能促使对方认同自己的观点，从而提高沟通者自己的可信度。

3.2　沟通主体的目标与策略

3.2.1　沟通目标的确定

确定沟通目标是制订沟通行动方案的前提。沟通目标是由 3 个相互关联的目标所组成的：总体目标、行动目标、具体目标。沟通者首先要确定沟通的总体目标，然后确定沟通的行动目标，最后决定沟通的具体目标。

（1）沟通的总体目标

沟通的总体目标是指沟通者期望实现的最终结果。最常见的例子有沟通各部门工作情况、开拓和加强客户关系、保持和提高市场份额等。

（2）沟通的行动目标

沟通的行动目标是指导沟通者达到总体目标的具体的、可度量的和有时限的步骤。根据总体目标所确定的行动目标要清晰、具体。例如，当总体目标是沟通各部门的工作情况时，行动目标可以是每隔 3 天向其他部门通报本部门的工作进展；对开拓和加强客户关系的总目标，行动目标可以是每周与若干客户签订合同等。

（3）沟通的具体目标

沟通的具体目标是沟通者所确定的受众对某次具体的沟通作出何种反应的期望。例如，通过本次口头汇报让有关各部门都了解本部门近 1 个月的工作成绩；又如，至少保证在经过两轮洽谈的客户中有一半以上与公司签订交易合同等。

3.2.2　沟通策略的选择

为了达到沟通的目的，沟通者必须根据以下因素来选择适当的沟通策略：

3.2.2.1　沟通的目标

沟通的最终目标大致可以分为两大类：单纯传递信息和满足某种特定需要。若是单纯传递信息，沟通重点就是将有关信息告知对方；若是想要满足某种特定需要，就需要利用多种手段去影响对方。沟通目标不同，沟通策略的选择也会不同。如果沟通目标是信息传递，则采取信件、电子邮件和电话的沟通方式是合适的；如果沟通目标是满足某种特定需要，如要说服对方，则采取面对面交谈方式的效果会更好。

3.2.2.2　沟通对象的特点

如果沟通对象只是一两个人，可以采取电话或面对面交谈的方式来沟通；如果沟通对象人数众多，就需要采取座谈会、大会演讲或发布公告的方式来沟通。当然，电子邮件具有灵活性，适合上述任何一种情形。沟通对象不同，沟通策略也应当有所差异。与客户沟通、与上司沟通、与下属沟通的语气和措辞都应当有所不同。

3.2.2.3　沟通者自身的特点

有些人在公开场合很容易产生焦虑感，影响沟通的顺利进行，这时最好采用电话、电子邮件或信件等方式进行沟通，尽量避免面对面的沟通。

3.2.2.4　沟通的内容

如果沟通的内容非常紧急又比较复杂，则应采取面对面的交谈方式。若沟通内容非常紧急又比较简单，可以采取电话的方式。对容易引起争议的问题应当避免采取面对面的沟通方式，采取电子邮件或信件等方式就不会引起当面的激烈争吵。

3.2.2.5　自身和受众双方关系的特点

尽管沟通策略的选择方式有多种，但最常用的选择依据是如下两个因素：

（1）沟通者自己对沟通内容的控制程度

如果沟通者对沟通内容的控制程度高，就能掌握沟通中的主动权。如果沟通者对沟通内容的控制程度很低，就必须争取受众的支持；要是得不到受众的支持，沟通就不会成功。

（2）沟通要求受众的参与程度

沟通者首先应当明确：沟通结果是想要受众做什么。沟通仅仅是想告诉受众某种信息，或是要求受众采取某种行动，还是介于两者之间？这涉及沟通过程中受众的参与程度。受众的参与程度越高，受众越感到自己对某一决策起了作用，就越有可能在实施和执行中采取合作的态度。可见，沟通中受众不同，沟通的方式和策略也应当是不同的。

根据沟通者自己对沟通内容的控制程度和受众的参与程度两个因素来选择沟通策略，可以考虑采取以下几种不同的沟通策略（如图3-1所示）：

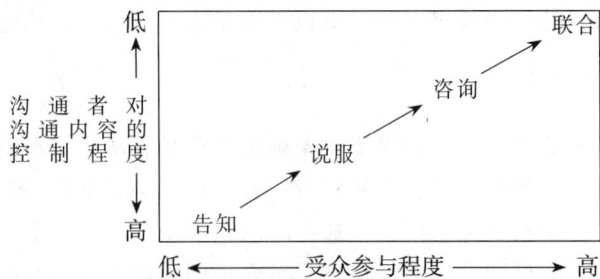

图3-1　沟通主体策略的选择

资料来源　HATTERSLEY M E, MCJANNET L. Management communication: Principles and practice [M]. New York: McGraw-Hill Companies, Inc., 1997: 14.

（1）告知策略

告知策略就是仅仅向对方叙述或解释某项信息，目的也只是要受众接受你的观点。这种策略适用于沟通者拥有必要的权威或对沟通内容拥有完全的控制，而且不需要考虑受众意见的情形。上司在向下属通报某项计划的执行情况或给下属分配某项常规任务时，就适宜采用告知策略。

（2）说服策略

沟通者向受众提供关于采取行动还是不采取行动的利弊的信息，促使受众采取所建议的某种行动的沟通策略，就属于这种情形。说服策略适用于沟通者在权威或信息方面处于主导地位，但受众对是否采取行动具有最终决定权的情形。此时，沟通者是在劝说，想让受众做点什么，沟通过程需要某些受众一定程度的参与。如推销人员给客户发信息，说服客户签订采购合同，或者公司财务主管与银行信贷部门联系，希望银行批准贷款申请，都适宜采取这种策略。

（3）咨询策略

当沟通者希望就某项行动步骤或计划执行行为与受众达成共识时，所进行的沟通就应当采取咨询策略。此时的沟通实际上是协商。沟通者需要了解受众的看法，但又在某种程度上对相互作用的过程有所控制。沟通者在希望说服同事支持他向公司高层管理者提出某项建议时，就应当采取这种策略。

（4）联合策略

当沟通者与受众为达成一致而共同工作时，所进行的沟通就应当采取联合策略。沟通的目的是实现最大程度的合作。团队成员间在就某个问题的解决方案进行相互沟通时，就应当采取联合策略。

上述 4 种不同的沟通策略中，通常向下属的沟通应考虑告知策略，而向上司的沟通应采取联合策略。但实际上，这种规则也并非一成不变的。如果为了征求下属的意见，就应采取咨询策略；如果为了促使上司接受某个有利的决策方案而进行游说，就应采取说服策略。

另外，上述 4 种沟通策略中，我们也常常把告知和说服这两种策略统称为指导性策略，把咨询和联合策略统称为咨询性策略。一般地说，当沟通者的沟通目的是通过为下属或对方提供建议、信息或制定标准等，以帮助他们提高工作技巧时，可以采用指导性策略；当沟通者的目的是帮助下属或对方认识到他们的思想、情感和个性上的问题时，则更适宜采取咨询性策略。

3.3　自我沟通

3.3.1　自我沟通的含义及作用

3.3.1.1　自我沟通的含义

自我沟通，顾名思义是一种沟通主体与自身之间的沟通。不过，自我沟通的真正含义是一种从内心上准确认识、把握和修正自己的感受、想法、情绪乃至行为，从而达到提升自我、与周围环境或对象进行有效沟通的目的的过程。所以，有人也把它定义为认识自我、接纳自我、提升自我和超越自我的过程。

从某种意义上讲，自我沟通是我们每个人的本能。例如，在日常工作中，无论是遇到快乐的事还是悲伤的事，无论是处于积极的环境还是消极的环境中，无论是遇到生活上还是心理上的挫折，一般人都会通过自我调节，消除所产生的负面影响，强化积极的作用，使自己从不安、忧虑或困境中解脱出来，释放心理压力，或者保持和享受美好的成果，以适应新的内外环境。从沟通角度看，这种自我调节过程就是一个自我沟通过程。不过，不同的人所掌握的自我沟通的技能不同，自我调节能力也不同，与周围对象沟通的效果也就不同。

自我沟通是其他一切沟通活动的基础。任何一种类型的沟通都必然伴随着自我沟通过程。研究自我沟通的目的在于在获得自我内在认识的基础上，更有效率、更有效益地解决现实问题。可见，尽管自我沟通的对象是"自我"，但是沟通的最终目的在于解决外在的问题。

3.3.1.2　自我沟通的作用

自我沟通的重要性和必要性可以用人们通常所说的"要说服他人，首先要说服自己"来概括。自我沟通能力是任何一个成功的沟通者所必须具备的。人们的沟通策略和方式极大地依赖他们是如何定义和评估自己的，然而人们对自己的定义和评估是依靠自我沟通过程来实现的。

自我沟通过程最典型地反映在人们对自我的本来定位与现实需求之间产生冲突和解决冲突的过程中。人们基于自身的长期学习，会不断建立起具有自身特点的对问题进行鉴别、分析和处理的特有方式和价值观。因此，当他们面对某一外部问题时，会根据他们自己对问题对象（人或事物）的先验判断去制定相应的对策和措施。一旦自身的先验判断与外部需求发生矛盾，冲突就会出现。冲突的出现会使人们表现出烦躁、不安、反感、恐惧，甚至是抵触的态度和行为，这些反应会冲击他们自己原来的判断。

为了使自己的心态恢复到正常水平，人们必须不断说服自己，调整自己的判断标准、价值观或者处理问题的方式。这种对自我的本来定位与现实需要之间的冲突产生、发展、缓解和最终解决的过程，被称为自我沟通的反馈。人们在面对冲突时表现出来的外在形态，被称为反应。从沟通过程看，成功的自我沟通就是要求自我在面临问题时，有良性的反馈，并表现为积极的反应。

3.3.2　自我沟通的特点

与一般的人际沟通相比，自我沟通具有如下一些特点：

（1）主体和客体的同一性

自我沟通中，沟通的主体和客体都是"我"本身，"我"同时承担着信息的编码和解码功能。因此，自我沟通是一个内在的过程，有时并不能明显地通过外在的形式表现出来。

（2）目的在于说服自己，而不是说服他人

自我沟通常常是在自我的原来认知和现实的外部需要之间出现冲突时发生的。

（3）自我沟通过程中的反馈仍然来自"我"本身

自我沟通中的信息发送、接收、反应和反馈几乎是同时进行的。因此，这些基本活动之间没有明显的时间差异，几乎是同时进行的，也是同时结束的。

（4）自我沟通中的媒体是"我"本身

自我沟通中的沟通媒体，既可以是语言（如自言自语）、文字（如日记或随笔等），也可以是自我心理暗示。

3.3.3　自我沟通的手段

3.3.3.1　自我暗示

自我暗示是通过自己的认知、语言、思维和想象等心理活动过程，调节和改善自身的情绪和意志，进而影响行为的一种心理方法。自我暗示能极大地调动人的潜意识的力量，而人的潜意识的力量能促使暗示中的情况得以现实地发生。所以，自我暗示可以对自己的心理和行为产生巨大的激励作用。

但是，应该注意到，自我暗示具有双重性，既有积极的自我暗示，也有消极的自我暗示。积极的自我暗示能催人奋进，而消极的自我暗示不仅会使人意志消沉、丧失斗志，严重的甚至可能置人于死地。运动员在比赛过程中振臂握拳，高声呐喊，以鼓斗志，表达必胜的信念；汽车驾驶员在车窗前悬挂平安挂饰以求路途平安，都是积极自我暗示的例子。

消极的自我暗示可能产生负面的影响，甚至严重的后果。曾经有一个人无意中被关在冷藏间，开始时他并未感到过分寒冷，但当他抬头看到"冷冻"两字后，心里顿时紧张起来，一种死亡的威胁笼罩在他的心头。他越想越怕，越想越冷，最后蜷缩成一团，在恐惧中死去。其实，当时冷冻机并未打开，寒气远不能置人于死地。他完全是由于在消极的自我暗示的作用下，因恐惧而导致心血管系统发生障碍，心脏大面积梗死而死亡的。这个例子说明，拒绝和避免消极的自我暗示是非常有必要的。

认识到自我暗示的这种双重性，我们在进行自我沟通时应当用积极的自我暗示鼓励自己，努力避免消极的自我暗示。运用积极的自我暗示来调动自身潜在的力量，来激励自我、改造自我，塑造一个全新的自我，使自己保持最佳的精神状态。

3.3.3.2　自我激励

自我激励是努力使自己具有一股内在的动力，向所期望的目标前进的心理活动过程。研究表明，人的内心常常存在需要激励的欲望。如果没有激励，人们就会缺乏热情，丧失信心。对人的激励可以通过本人对自身的鼓励或者外部的激励两种方式来实现。但是，来自外部的激励不仅数量是有限的，而且往往是很难长期持续的。而来自内心深处的自我激励的作用往往是持续不断的，能激发出巨大的潜在力量，长期地、不断地激励人们不断努力，勇往直前，为实现期望的目标而奋斗。实际上，多数成功者的经验也表明，强烈的自我激励是一个人成功的先决条件。因此，在自我沟通中，自觉地运用自我激励来不断获取实现期望目标的动力，是一个人保证自己获得成功的重要手段。

3.3.3.3　自我调控

自我调控是指人们调整和控制自己的情绪，以免产生破坏性情感和冲动情绪。在很多场合，如在下属与上司交换不同的看法、谈判出现僵持或处理危机事件时，要使沟通不受破坏性情绪的干扰，沟通者就需要通过自我调控来实现成功的自我沟通。

沟通者在提高自我调控能力方面应注意以下几个方面：

（1）增强自制力

自制力是人们控制自己的破坏性情绪和冲动，较好地约束其思想和言行的能力。换句话说，自制力是能够抑制住妨碍达到目标的心理因素和生理因素的个性意志。较强的自制力能够帮助人们自觉、灵活地控制自己的情绪，正视工作中的困难、恐惧和欲望等干扰因素，较好地调节和支配自己的思想和行为，坚定不移地实现预定的目标。

（2）培养沉着冷静的态度

第一，善于抑制冲动情绪。人们在遇到突如其来的羞辱或难堪情况时，容易产生冲动情绪，如果不能很好地抑制冲动，有可能失去自己行为的尺度。要实现沟通的目的，人们就需要从容地驾驭自己的情绪，抑制冲动，避免争论，善听批评，胸襟宽阔，并力戒不满。抑制冲动情绪的主要方法与途径，一是养成从容不迫的习惯，二是善于听取批评意见。

第二，培养耐受力。耐受力是指身受压力仍能继续承担责任，控制情绪。在困境中，耐受力低的人会感到精神紧张，压力巨大，痛苦万分；耐受力高的人却会觉得这是展示自己能力的大好机会，会面对困难，全力拼搏，勇于经受困难与挫折的考验。成功的沟通者应当把压力看作挑战，从容、冷静地面对压力，调动积极因素，迎接挑战，取得成功。

第三，能制怒。制怒是要做到不轻易受到伤害和不伤害别人的情感。当事与愿违，某种需要得不到满足或自己权益受到侵害时，人们就会愤怒，表现出不满、生气、愠怒、激愤或暴怒。愤怒时人们常常会宣泄出侵犯性的语言或行为，伤害感情，破坏融洽的气氛。易怒的人常认为发怒可以威慑他人、推卸责任、挽回面子、满足愿望等。然而事实证明，易怒者往往事与愿违，引起别人的不满和厌恶，导致更大的冲突。

首先，保持一颗平常心，做到处顺势不倒、处逆境不躁，保持平和心态，不被外界纷扰打乱自己的心情。

其次，学会不被别人的言语所伤害，要把别人伤害性的语言当作石头，设法躲避，而不是迎上去。

最后，主动适应环境，调整自己的情绪。

第四，使用适当的情绪调节技巧。

① 倾诉。人们有了烦恼、忧愁和不称心的事，可以找自己亲近和信任的人倾诉；经过倾诉以及对方的劝说和疏导，可以减少心中的烦恼和忧愁，恢复平静的心情。

② 宣泄。宣泄是找一个无人的地方把胸中的不快大声说出来、唱出来或者咆哮出来，甚至是通过舞弄拳脚等方式发泄自己的感情。适当的宣泄可以释放沉积于内心的愤恨和郁闷，对身心健康是有利的。但要注意的是，宣泄的对象、地点、场合、方式和方法要适当，避免伤害自己和他人的身心健康。

③ 自我安慰。遇到不顺心的事，可以找个理由来安慰自己，减少忧虑和不快。

④ 回忆快乐的事情。回忆过去所经历过的高兴事情或者获得成功时的愉快体验，特别是回忆那些与眼前不愉快体验相反的愉快体验，可以有效地调节情绪。

⑤ 转换环境。这是指暂时离开引起激烈情绪的环境和有关人物，使激烈情绪得以放松。

⑥ 利用幽默调节情绪。幽默的语言、表情或动作往往能机智、巧妙地处理自己所面临的难堪，化解自己的不愉快情绪。

⑦ 比较推理。剖析困难，把自己的经历和别人的经历相比较，寻找成功的秘密，坚定成功的信心，排除畏难情绪。

⑧ 拖拉法。当想发脾气，怒气充满胸膛，且难以抑制时，告诫自己"数20个数后再发火"。

⑨ 做感兴趣的事。人们在遇到烦恼时，可以挑一件自己平时感兴趣的事做，减轻不良情绪的影响；等做完感兴趣的事后，通常会恢复快乐的心情。

3.3.4 成功进行自我沟通的技巧

成功的自我沟通实际上是一个不断地认识自我、提升自我和超越自我的过程。因此，成功进行自我沟通的技巧可以分为如下几个方面：

3.3.4.1 认识自我的技巧

客观正确地认识自我是成功进行自我沟通的基础。对自我认识的任何偏差都会导致沟通策略和内容决策的失误。要客观正确地认识自我，着重注意以下几点：

（1）敢于和善于通过比较认识自我

通常，人们都只有通过比较才能客观正确地认识自己。首先，要在和别人的比较中认识自己，发现自己的优势和不足。其次，要不断把现在的自己与以前的自己进行比较，认识自己的变化，明确发展方向。

在与别人比较时要注意，一味地与周围的成功人士相比较，可能使人丧失信心；只与比自己差的人比较，很容易使人趾高气扬。与周围适当的同类人进行比较可以起到既正确地认识自己的价值和优缺点，又使自己充满信心和明确方向的作用。

和以前的自己进行比较，就是要不断地对自我的发展历程进行纵向分析。要看到现在的自我与过去的自我之间的变化，认识到自己的成绩、进步与不足，明确发展的方向与重点，从而保证既充满信心，又有明确的努力方向。

（2）以人为镜，从别人的态度中了解自我

尽管我们把自我认知分解为物质认知、社会认知和精神认知等几个方面，但是，要通过对这三个方面的自我评价来了解自己的自我认知情况不仅主观，而且不容易。因此，利用正确途径了解和认识自己的自我认知是沟通者成功的基础。

每个人的行为和观念都会被别人所认知，收到别人的评价。这种评价也具有像镜子一样让人们看清自己的作用。所以，别人的态度和评价是正确认识自我的一条重要途径。当然，很难保证别人的态度和评价始终是积极、有效的。别人的态度和评价与原先的自我认识不一致，还可能引起消极的反应或自我认识的冲突。所以，人们既要积极主动地利用别人的态度和评价来认识自我，也要从中有选择地吸收真实、客观和有积极意义的内容。

心理学家瑞德（L. G. Reeder）等人通过实验也证明，自我认知是在与他人的交互关系中形成的。同时，一个人的自我认知和评价也不是孤立的，而是通过把自己与和自己相类似的人加以比较来认识和评价的。社会心理学家费斯廷格（L. Festinger）把个人通过与他人的能力和条件相比较而实现对自己价值的认知和评价的过程称为"社会化比较过程"。可见，人们只有在与他人建立交互关系的过程中，在把自己与他人的能力和条件相比较的过程中，才能准确地了解自己。

由此可见，任何一个想要真正客观地了解自我认知状况的人，首先，必须抱着开放的心理与他人建立交互关系。在与他人建立交互关系的过程中，以别人对自己的看法为镜子，来客观地进行自我认知。当然，同样值得注意的是，并不是他人的评价总能起到积极作用。要想获得真实的自我认知，纠正自己的问题，就必须为人正派，且能从善如流，礼贤下士。其次，为了准确认识自己，往往需要对自己的能力、情绪与人格特点等进行社会比较。当然，为了保证比较的结果具有积极意义，选择合理的、具有可比性的对象是关键；比较对象不合理，反而可能导致消极的结果。

3.3.4.2　提升自我的技巧

（1）以乐观的心态接纳自我

接纳自我是提升自我的前提。一个人只有接纳自我，以乐观的心态客观地认识自己的优缺点，才能与周围环境相适应；只有这样，才有可能进一步提升自我。

一个人要能与别人和谐相处、良好沟通，首先需要接纳自我。沟通者不仅要客观地认识自己的优缺点，而且要从内心深处接受自己的一切，包括自己的优缺点，这样才能理智地评价自己，正确地对待别人对自我的评价，客观地认识自己。一个不能接纳自我的人，也必然很难接纳别人，在与别人沟通时容易出现各种障碍。可见，接纳自我本身就是一种自我提升的行为。

（2）培养积极的自我意识

自我意识是人们认识自己和外界客观事物的基础。自我意识也是人们改造和提升自我的依据。一个自我意识消极的人，对周围事物以及自己与周围事物的关系的看法也常常是悲观的。而具有积极的自我意识的人，对待问题会更乐观，精神会更振奋，会随时准备作再次的努力，因此能抓住更多的机会。

自我意识是由自我认识、自我体验和自我控制三个方面所组成的。积极的自我意识会大大地增强人的认识能力；使人形成丰富的感情世界，在自我体验中表现出合理的情绪；使人拥有更坚强的意志和更强的自我控制能力。

❖ 沟通案例 3-2

半路上的旅馆

在意大利威尼斯和维罗纳之间的一个风景如画的山脚下，有一座小旅馆。一天晚上，一个旅行者走进来，想住下。

"你想去哪里？"旅馆老板问。

"我从威尼斯来，想去维罗纳，"旅行者答道，"请问维罗纳人是什么样的？"

"噢，那你认为威尼斯人是什么样的呢？"旅馆老板问。

"他们实在糟糕透了！"旅行者大声叹气说，"他们毫无爱心、冷淡，拒人于千里之外。他们根本不愿意动一个手指头来帮助人。"

"噢,"旅馆老板犹豫了一下,说,"看来你也不会喜欢维罗纳人的,那里的人也完全一样。"

听到旅馆老板的这一席话,旅行者很失望,进房休息去了。

当晚稍后,另一个旅行者也走进了这家旅馆。

"你想去哪里?"旅馆老板问。

"我从维罗纳来,想去威尼斯,"旅行者回答说,"请告诉我,威尼斯人是什么样的?"

"噢,那你认为维罗纳人是什么样的呢?"旅馆老板问。

"他们实在好极了!"旅行者兴高采烈地说,"他们充满爱心,热情友好,总是愿意帮助人。我真舍不得离开他们。"

"噢,"旅馆老板说,"你一定会喜欢威尼斯人的,那里的人也完全一样。"

资料来源　皮斯 A,皮斯 B. 真简单——人际关系沟通技巧 [M]. 赖伟雄,译. 北京:九州出版社,2009:5.

(3) 增强自信心

缺乏自信心的人多半会比较害羞,在与他人交往中往往缺乏信心,觉得难以同别人沟通。而足够的自信心能够增强一个人的自我意识,展现出积极的自我形象。自信心强的人也更愿意开展积极的沟通,能掌握更有效的沟通技能,使用更积极的语言;自信心强也能使人既尊重自己,也尊重别人,会更希望与他人合作,提供双赢的解决方案。自信心强的人非常了解自己的沟通目标,并致力于实现这一目标。

对充满自信心的人,别人也更有可能采取积极的态度与他们交往,他们也就拥有更多成功的机会。

自信是一种生活方式,一种包括对待自己和他人的看法和感觉在内的整体理念。自信也是一种通过语言和非语言的沟通所体现出来的形象。自信更是一种能够准确地理解他人并给予合理回应的能力。

然而,遗憾的是,尽管人们通常都希望展现出足够的自信心,但在那些真正需要展现出自信心的场合,却往往发现自己的自信心又不够了。这是因为自信心并非与生俱来的,而是需要通过学习来获取的一种技能。同时,人们无法仅仅通过阅读或听课来使自己具备足够的自信心和自信技能,要想拥有足够的自信心,必须进行实践。

人们能否获得足够的自信心,在很大程度上取决于人们自己的思想认识。增强自信心的核心在于进行积极的而不是消极的思考。消极的想法会耗尽一个人的体力和精力。所以,如果发现自身出现消极的情绪,就应当用积极的、充满活力的、奋发向上的精神来驱除那些消极的情绪。

要增强自信心,首先,要坦诚。坦诚就是对自己实事求是,肯定地表达自己的真实看法。当然,要坦诚地对待自我也并非易事。其次,在肢体语言上也要体现足够的自信。充满自信的人站姿挺直,镇定自若,轻松自在,双手自然下垂或放在大腿上;面部比较放松,表现出真诚、自信和共鸣感;动作稳健并轻松自然;手势得体,直接、经常地进行眼神交流,音调适当,与具体场合相适应。

❖ 沟通案例 3-3

世上最快乐的人

犹太人说，在这世界上，卖豆子的人应该是最快乐的，因为他们永远不用担心豆子卖不出去。豆子卖不出去的时候，他们可以拿回家，磨成豆浆；如果豆浆仍然卖不出去，就做成豆腐卖；豆腐再卖不出去，可以压干了当豆腐干来卖；豆腐干也卖不出去的话，就把豆腐腌起来，做成豆腐乳卖。卖豆子的人还有另一种选择：如果豆子卖不出去，就把豆子拿回家，加上水让它长成豆芽卖；如果豆芽卖不出去，就干脆让豆芽长成豆苗卖；如果豆苗也卖不动，再让它长大一些，移植到花盆里当盆景卖；如果连盆景也卖不出去，就把它再次移植到田地里生长，几个月后就结出了许多新豆子。

看！卖豆子的人是多么豁达、乐观，遇事总是以积极的心态来对待。

我们也应该学学卖豆子的人。同样一件事情，用积极的心态去对待它，就会觉得心平气静，就会天天有好心情。

资料来源 黎航，任惠. 绝对大挑战：智商、情商、财商大比拼 [M]. 上海：上海三联书店，2005：171-172.

3.3.4.3 超越自我的技巧

超越自我或者自我超越是指对自我行为惯性的突破。在社会生活中，由于受价值观、风俗习惯和周围群体的影响，每个人都会养成某种习惯性的思维方式、行为模式和处事习惯。这种相对固定的思维方式、行为模式和处事习惯有时会严重地限制自我上升的空间。只有把自己从这些束缚中解放出来，树立自我超越的意识，才能不断获得发展和进步。

自我超越是追求个人成长过程中的最高境界。实现自我超越的方法有以下方面：

（1）建立超越自我的目标和愿景

每一个具有自我超越理念的人，在个人成长中都会有一个追求的目标和目标引导下的愿景。自我沟通中所设定的目标是自我发展和自我提升的方向和精神支柱。为了实现所追求的目标，他会乐意接受他人的建议和忠告；他会敞开自己的心扉，接受别人的思想，修正自己的观念和行为；他也会不断审视和调整自己的动机，以达到与外部环境的协调。

在目标和愿景的关系上，目标是属于方向性的，比较广泛、抽象，是希望达到的结果。愿景则是一种特定的结果、一种期望的未来景象，是对所追求的理想目标进行的阶段性具体化。从个人的长远发展看，所追求的目标具有更大的激励作用，但目标的落脚点在于具体的愿景，因此，在短期内具体愿景的激励效果往往会更好。

因此，一个希望努力实现自我超越的人，首先要确立自我超越的目标和愿景。目标的确定过程实际上也是一个自我定位过程。为实现这个目标，他会不断设定具体的、阶段性的愿景。不断设定愿景的过程则是自我不断积累知识和能力的过程。

一个具有高度自我超越意识的人，在其成长和发展的过程中还具有不断否定原来的目标和愿景的气魄和胆略，以实现真正的自我超越。所以，超越自我的过程也是一个不断超越原先设定的目标和愿景的过程。自我超越并没有终极境界，它是一个过程、一种终身的追求和修炼。

（2）拓展社会比较对象

社会心理学研究发现，人的自我比较具有一种自我服务的倾向，会使人在很多情况下把自己有意无意地限制在一个有限的社会领域内。在某一领域内取得成功的人常常会放弃继续努力，原因是他发现自己与许多人相比已经优秀多了。而遭遇失败的人，如果与更为失败的人进行比较也会找到安慰自己的理由，而且从此退缩不前。由此可见，限制社会比较对象就会限制人们潜力的极大发挥。超越自我就需要拓展社会比较对象。

从横向比较看，人们往往习惯与自己所属的小群体的人进行比较，在小群体内自认为表现出众就会沾沾自喜；殊不知"山外有山""天外有天"，如果与其他更为优秀的群体成员相比，就会发现自己的成功实在是微不足道的。所以，一个想要自我超越的人就应当扩展自己的社交范围，在一个更广泛的社会交往背景下，通过与更优秀的人比较，发现差距，提升自己的发展目标。

从纵向发展变化看，一个人还要善于自我比较，在自我比较中不断修正自我超越的目标。自我比较既可以通过把理想中的我与现实中的我进行比较，找出差距，增强动力，也可以把现实中的我与过去的我进行比较，看到进步，得到激励。

（3）挑战自我

每个人身上都蕴藏巨大的潜能，但是很多人并未认识到自己身上的这种潜能，从而为自己的发展设置了人为的障碍，在放弃行动前为自己寻找各种借口，结果自己的很多才能就这样被自己人为地埋没了。

超越自我就需要大胆挑战自己传统的认知。自己到底有没有这方面的才能，能不能胜任某项工作，只有经过实践和努力才知道。尝试过一两次没有成功就放弃努力，实际上并没有竭尽全力去拼搏，同样不是超越自我的正确做法。超越自我，就需要大胆地敢于向自我挑战，充分地激发自己身上的潜能，努力用自己的行动和实践去创造奇迹。

沟通案例 3-4

拓展阅读 3-1

本章小结

沟通者的自我认知是指人在社会实践中对所有属于自己的东西以及自己同周围关系的认识。对沟通者的自我认知具有重要影响的自身背景主要包括心理背景、社会背景和文化背景等。

自我认知主要是由三个部分组成：物质自我认知、社会自我认知和精神自我认知。沟通者正确的自我认知应当是积极健康的，既客观又足够自信。此外，沟通者要有正确的自我定位。

　　沟通者的可信度包括初始可信度和后天可信度。初始可信度是指沟通发生之前受众对沟通者的看法。后天可信度是指在沟通之后受众对沟通者形成的看法。沟通者的可信度受到沟通者的身份地位、良好意愿、专业知识、外表形象和共同价值观五个因素的影响。

　　沟通目标包括沟通的总体目标、沟通的行动目标和沟通的具体目标。

　　适当的沟通策略的选择必须由沟通的目标、沟通对象的特点、沟通者自身的特点、沟通的内容，以及自身和受众双方关系的特点等因素来决定。沟通主体常用的策略是由沟通者自己对沟通内容的控制程度和受众的参与程度两个因素来决定的。通常有四种策略可供选择：告知策略、说服策略、咨询策略和联合策略。

　　自我沟通是一种沟通主体与自身之间的沟通。自我沟通是其他一切沟通活动的基础。自我沟通具有如下特点：主体和客体的同一性；目的在于说服自己，而不是说服他人；自我沟通过程中的反馈仍然来自"我"本身；自我沟通中的媒体也是"我"本身。

　　自我沟通的手段包括自我暗示、自我激励和自我调控。自我暗示具有双重性，既有积极的自我暗示，也有消极的自我暗示。自我激励是努力使自己具有一股内在的动力，向所期望的目标前进的心理活动过程。自我调控是指人们调整和控制自己的情绪，以免产生破坏性情感和冲动情绪。成功进行自我沟通的技巧是不断地认识自我、提升自我和超越自我。

主要概念

　　自我认知　　自我定位　　沟通者初始可信度　　沟通者后天可信度　　告知策略　　说服策略　　咨询策略　　联合策略　　自我沟通　　自我暗示　　自我激励　　自我调控　　积极的自我暗示　　消极的自我暗示

基本训练

❖ 知识题

　　1. 沟通主体自我认知分析中的两个基本问题是什么？为什么要研究这两个问题？

　　2. 沟通者如何提高自身的可信度？

　　3. 沟通主体的沟通策略受哪些因素的影响？从自身和受众双方的特点看，沟通主体可以选择哪些策略？

4.自我沟通的含义是什么？

5.自我沟通的手段有哪些？举例说明每一种手段的作用。

❖ 技能题

1.在下列情形的沟通中，你的自我定位应当是什么？

（1）参加招聘单位的面试；

（2）代表你所在的某个团队参加颁奖典礼并要求作发言；

（3）作为学生社团的负责人在迎新会上发言；

（4）回家乡参加高中同学会。

2.根据沟通案例3-2的资料，谈谈你对旅馆老板观点的认识。

3.根据沟通案例3-3的资料，谈谈你对毕业后就业、创业和自己职业生涯的认识和看法。

❖ 案例分析题

根据本章引例所提供的资料，分析主人公的内心发生了什么变化。她是如何实现这种变化的？联系自己实际生活、工作中发生的某些事件，你是否也经历过类似的变化？分析你是如何实现这种变化的。

第4章 人际沟通与沟通客体分析

学习目标

知识目标

理解人际沟通的特点和成功的人际沟通的要点；理解受众导向的含义，掌握受众分析的环节和内容；掌握受众分类和不同受众沟通策略选择的方法；理解与上司沟通的原则、要点和策略；理解与下属沟通的原则、要点和策略。

技能目标

掌握与不同类型受众沟通的方式和策略；掌握与上司沟通的策略和技巧；掌握与下属沟通的策略和技巧。

❖ **引例**

在美国一个农村住着一个老人，他有三个儿子。大儿子、二儿子都在城里工作，小儿子和他生活在一起，父子相依为命。突然有一天，一个人找到老人，对他说："尊敬的老人家，我想把你的小儿子带到城里去工作。"老人气愤地说："不行，绝对不行，你滚出去吧！"这个人说："如果我在城里给你的儿子找个女朋友，可以吗？"老头摇摇头说："不行，快滚出去吧！"这个人又说："如果我给你儿子找的女朋友，也就是你未来的儿媳妇是洛克菲勒的女儿呢？"老头想了又想，让儿子当上洛克菲勒的女婿这件事终于打动了他。

过了几天，这个人又找到了当时的美国首富——石油大王洛克菲勒，对他说："尊敬的洛克菲勒先生，我想给你的女儿介绍个男朋友。"洛克菲勒说："快滚出去吧！"这人又说："如果我给你女儿介绍的男朋友，也就是你未来的女婿是世界银行的副总裁，可以吗？"洛克菲勒同意了。

又过了几天，这个人又找到了世界银行的总裁，对他说："尊敬的总裁先生，你应该马上任命一位副总裁！"总裁先生摇头说："不可能，这里有这么多副总裁，我为什么还要任命一位副总裁呢？而且必须马上？"这个人说："如果你任命的副总裁是洛克菲勒的女婿，可以吗？"总裁先生当然同意了。

资料来源　冯宪光，马林贤. 外国名人快读 [M]. 成都：四川文艺出版社，2003：48-49.

4.1　人际沟通

4.1.1　人际沟通的定义与特点

人际沟通是指人与人之间的信息传递和情感交流过程。它是群体沟通和组织沟通的前提和基础。如果没有成功的人际沟通，群体沟通和组织沟通都将很难取得预期的结果。人际沟通最主要的目的是维系和发展人际关系。人际沟通也是应用最广的一种沟通，无论与企业内外的任何机构或个人打交道，都需要以人际沟通为基础。现代社会中，求职和应聘可以说是最需要应用人际沟通理论和技巧的领域。

概括起来，人际沟通具有如下一些特点：

（1）人际沟通的双方通常都是积极的主体

人际沟通中的每一方都是积极的参与者，都会根据对方可能的动机、目的、需求以及反馈信息来决定或调整自己的言论和行动，并准备继续获取对方可能发出的新信息。可见，人际沟通并不是简单的信息传递活动，而是一种积极的信息交流过程。

（2）人际沟通与人际关系之间是相互影响、相互作用的

一方面，人际关系对人际沟通的广度和深度有重要的影响。"酒逢知己千杯少，话不投机半句多"就说明良好的人际关系几乎是成功人际沟通的必要和充分条件。而"心领神会"更说明具有良好人际关系的双方之间的沟通具有很高的效率，信息的接收方能够准确地理解对方的简单信息的全部含义。另一方面，人际沟通对人际关系也会产生一定的影响。成功的人际沟通可以改变对方的思想和行为，使双方的态度和行为趋于一致，达到沟通信息、消除误解和增进感情的目的，从而保持良好的人际关系。

（3）人际沟通容易受个人因素和心理因素的影响

人们总是根据其自身的社会文化因素所形成的价值观、风俗习惯和社会传统来感受和判断沟通中所获得信息的。因此，沟通双方的各种个人背景因素都会对人际沟通产生影响，很可能形成人际沟通的障碍，妨碍人际沟通的正常进行。此外，沟通各方的情绪也可能对人际沟通产生干扰。人们在处于极度的高兴、害怕、愤恨、仇视、悲伤或其他一些强烈的情绪中时，想要进行有效的人际沟通往往是很困难的。所以，人们在人际沟通中努力减少情绪因素的干扰，尽量保持客观的心态是有必要的。

4.1.2　自我袒露

如上所述，人际沟通与人际关系之间是相互影响的。一方面，人际沟通总是以一定的人际关系为基础的。另一方面，人际沟通的效果好坏也直接影响到沟通各方的人际关系。成功的人际沟通能增进双方的了解，发展人际关系；但是，失败的人际沟通可能造成误会，引起冲突或导致人际关系的破裂。

为了增进人际关系，首先就需要做到相互了解，双方在沟通中就需要进行适当的自我袒露。所谓自我袒露就是一个人告诉另一个人一些自己不会随便透露给其他人的事情。

自我袒露是沟通双方彼此打开心扉，倾吐自己的思想和情感的过程。自我袒露在人际沟通中是有必要的。一个从来不表露自己的人永远无法与他人建立亲密关系，没有知心朋友，缺乏社会支持，面临困难时也无法向他人求助，很容易被挫折和烦恼压垮。而良好的人际关系也往往是在人们逐渐增加自我袒露的过程中发展起来的。

但自我袒露也可能造成两种完全不同的结果。恰当的自我袒露可以增进人际关系，而不恰当的自我袒露会造成误会，引起冲突或导致人际关系的破裂。所以，成功的人际沟通需要掌握下列自我袒露的原则：

（1）互动

仅仅一方的自我袒露并不一定能达到增进人际关系的目的。所以，人际沟通中一方所袒露的首先应当是那些他希望别人也向他袒露的信息，袒露的重点应该是双方共同想要袒露的那些信息。

（2）循序渐进

一方袒露的速度要依据对方的袒露水平、速度及双方关系的亲疏程度来决定。无论是向别人袒露自己的秘密或者接受别人的自我袒露，都是有风险的，具有威胁性。只有在人际关系深入的情况下，人们才会逐渐袒露自己的深层信息。既要避免因袒露过快而吓坏对方，造成对方反感或较大的心理压力，也要避免因袒露过慢而引起别人的误会，被认为对人没有诚意，产生心理上的距离。

（3）有回报且对等

只有当自我袒露有回报时才应该继续进一步自我袒露。当一方的自我袒露明显未能得到对方的回应时，可能就意味着不适宜继续进一步自我袒露了。这也许是因为自己的速度和进展太快了，也许是对方还没有做好思想准备。

（4）要充分认识自我袒露的风险

向别人自我袒露一些比较亲密与非常个人化的信息很可能产生各种不同的风险。只有下方的外框往上调整一下在自己能接受并承担由此所带来的风险时，才可以自我袒露有关的信息。所以，只有对具有稳定的亲密关系的人才适合袒露那些特别亲密和非常个人化的深层秘密。

根据上述原则，在人际沟通中进行自我袒露时需要掌握以下一些技巧：

首先，应当从你希望对方知道的，也是你希望知道对方的有关信息开始。

其次，决定你愿意冒多大的风险进行袒露，再逐渐分享，进入较深入的层次。

最后，只有与保持长期稳定的亲密关系的人进行人际沟通，才能进行特别亲密和深层次的自我袒露。

实施自我袒露的一种可行办法是试探。坚持在对方有所响应时，才可以继续进行自我袒露。当对方仅仅是静听时，袒露就不应该再继续了。在试探中，一方可先作尝试性的自我袒露。在针对某个话题谈论自己的经验之前，先从一般性角度谈论它，并看对方的反应。如果对方有所回应，也试着袒露他自己，这样就可以继续进一步自我袒露；否则，就应该停止。

4.1.3　成功人际沟通的要点

（1）让对方觉得值得与你沟通交往

人际交往中只有让对方觉得值得与你沟通交往，你才能把握沟通的主动权。所以，无论与对方之间的关系怎样亲密，都应该注意从物质和感情上进行"投资"；否则，即使原来亲密的关系也会逐渐变得冷淡，沟通就会出现困难。要让对方觉得值得与你进行沟通，就应当不急于获得回报。

但在现实生活中人们总是想要从沟通中获得回报。在付出而没有得到期望中的回报时，大多数人都会产生吃亏的感觉，从而影响继续沟通的积极性。其实，沟通交往中我们不应当害怕吃亏。人际交往中表面上的吃亏往往能带来丰厚的回报。这是因为，一方面，人际交往中表面上的吃亏会使我们觉得自己很大度、豪爽和高尚，从而有利于增强自信和自我接受能力；另一方面，人大多都有回报之心，我们今天给予对方的好处、帮助或利益自然会逐渐积累和储存下来，常常会在今后以某种我们意想不到的方式回报给我们。吃亏还会赢得别人的尊重，反过来将增强我们的自尊和自信。

不过，在不怕吃亏的同时，也应当注意不要付出过多。过多的付出对对方来说是一笔无法偿还的债，会给对方造成巨大的心理压力。而对自己而言，过多的付出也可能产生对对方不切实际的过高期望，其结果反而会损害双方的关系。

（2）注意维护对方的自尊心

每个人都有自尊心，都希望别人的言行不要伤及自己的自尊心。任何人在人际沟通中都有明显的维护自我价值感的倾向。人际沟通中别人的否定会直接威胁到自己的自我价值感，会激起强烈的保护自我价值的倾向。由此可见，人际沟通中人们对否定自我价值的信息会特别敏感。

所以，在人际沟通中，我们必须对他人的自我价值感起积极的支持作用，维护别人的自尊心。如果沟通者在人际沟通中伤害了别人的自我价值感，就会激起对方强烈的自我价值保护动机，引起人们强烈的拒绝和排斥情绪。这样，就会无法实现成功的人际沟通，影响双方之间的人际关系。不过，强调维护别人的自尊心，并不意味着在人际沟通中处处迎合别人的意见和态度。其实，在不危及他人自尊心的情况下，说明自己与对方的不同意见，或者委婉地指出对方的不足，是不会影响双方沟通效果和人际关系的。

（3）避免争论

人际交往中，人们可能因一些小事而引起争论，但争论的结果常常是面红耳赤和不愉快，从而影响人际关系。事实上，争论中无论是输还是赢，结果对维持良好的人际关系来说都是非常有害的。对争论中赢的一方来说，常常是失去了一位朋友，而争论中输的一方大多心里会很不舒服。更何况争论往往会演变成直接的人身攻击，在双方心理上留下阴影。沟通中解决观点不一致的最好途径是讨论和协商，要避免因对非原则性小事的争论而影响人际关系和沟通。

（4）学会批评

有时，善意的批评是对别人行为的一种必要反馈，但是绝不要自作聪明地批评别人。任何自作聪明的批评都会招致别人的反感，责怪和抱怨对人际关系则更是有害的。在人际沟通中要学会批评。为了避免批评可能产生的消极作用，批评中要注意采用下列批评的技巧：

① 批评应当从称赞和诚挚的感谢入手，从而避免对方的敌对情绪。

② 如果自己确实也有不妥，批评前首先应提到自己的错误，以表示诚意。

③ 应当用暗示的方式提醒他人注意，而不要直接批评、责怪或抱怨别人。

④ 尽量表达自己的感受，而不要乱下断言，否定别人的工作或攻击别人的品行。

⑤ 即使是上司也应当以启发而不是命令的方式来提醒别人的错误。

（5）要勇于承认自己的错误

明知自己错误而不承认，会使自己背上心理包袱，在别人面前始终不能自如地昂起头来。另外，承认自己的错误，等于变相肯定别人，会使对方认识到你的坦诚和气度，从而化解矛盾，重新获得对方的信任。

拓展阅读 4-1

4.2 受众导向沟通

4.2.1 受众导向沟通概述

4.2.1.1 受众导向沟通的含义

既然成功的沟通要求换位思考，站在对方的立场上来思考问题，就需要分析沟通的对象究竟是谁，他们的特点和动机又各是什么，据此来决定沟通的内容、方式和策略。这就要求沟通者坚持以沟通客体为导向。沟通客体就是受众，因此，客体导向也就是受众导向，这也是成功沟通的基本原则之一。

受众导向沟通的最基本含义是，在沟通前首先了解沟通受众是谁，他们的特点和动机又各是什么；然后，根据受众的需求和期望来组织沟通信息、选择沟通方式和策略，再实施沟通。实际上，受众导向也是对换位思考的更深入、更明确的诠释。

沟通者如果只关心自己的目的、利益和兴趣，不关心沟通对方的背景、兴趣、经历、利益、地位和知识结构等，沟通就可能造成只是把自己的观点强加于人，或者沟通双方各讲各的，没有任何结果的情形。只有以对方的态度作为制定沟通策略的依据，根据对方的需要和特点来组织沟通，才有可能实现沟通目标。

4.2.1.2 受众导向沟通的重要性

（1）有效消除沟通双方认知上的差异

受众导向有助于沟通者对沟通对象的深入了解，明确沟通受众究竟是谁，与其沟通的目标到底应该是什么，他们的习惯、行为和偏好又是什么。这样就能尽量消除双方认知上的差异，实现对信息的相同理解。

（2）增强沟通活动的针对性

受众导向要求根据对象兴趣、所谋求利益、面临问题和不同受众的类型特点，来选择沟通内容、渠道和方法，以避免沟通中夸夸其谈和无的放矢的情形，保证按照最有效的方法进行沟通。

（3）节约资源，提高沟通效率

受众导向强调对受众的深入了解，按沟通对象最能够接受的方式来组织和实施沟通，沟通目标的设定也就比较客观合理，节约沟通者所花费的费用、精力和时间，不仅实现沟通目标，而且提高沟通效率。

4.2.1.3　受众导向沟通的组织实施

（1）受众分析

受众分析主要包括如下几个问题：

第一，明确沟通受众，他们是一些什么样的人，或者说有什么特点。

第二，明确沟通受众对所沟通问题的了解程度。

第三，了解沟通受众可能的态度和反应。

第四，要求沟通受众所采取的行动是否简单可行。

第五，激发沟通受众对沟通的兴趣。

（2）沟通内容、渠道和策略的选择

受众导向的沟通要求沟通者根据受众特点来决定沟通内容、渠道和策略。

第一，沟通内容的选择。受众导向要求沟通者根据受众分析的结果来选择和组织沟通内容。在选择和组织内容时，应考虑到受众是否也认可你所传递信息的重要性，也要估计所传递信息是否会影响受众的态度或反应，还要顾及受众对相关信息需求量的大小和程度是怎样的。

第二，沟通渠道的选择。沟通渠道可以有多种选择：面谈、电子邮件、电话、备忘录、信件、报告和会议等。不同的沟通渠道在速度、成本和沟通效率等方面各不一样。但是，沟通者在选择沟通渠道时，也需要考虑到受众的特点。

首先，要考虑与受众沟通的正式程度。书面的沟通渠道比口头的沟通渠道要正式。书面信函是一种很正式的渠道，远比电子邮件正规，适合传递重要的信息。电子邮件比较适合熟人之间的日常沟通；对初始打交道的人，书面信函会显得更正规些。

其次，要适合受众的习惯和偏好。如果组织中的某些人无法阅读电子邮件，则在采用电子邮件传递信息的同时，有必要再利用布告栏等传统渠道来发布公告。即使在同一条沟通渠道就可以到达所有受众的情形，如果不同受众对渠道偏好不同，从而沟通效率不同，沟通者也应当按受众的偏好来决定最好采用哪种渠道。当受众范围很广时，往往很难找到适合每一个受众的沟通渠道，这时就需要使用多种渠道来增强沟通效果。

最后，沟通策略的选择。受众导向的沟通也要求以最适合受众的方式或策略来沟通。受众之间往往是有差异的。为了使策略更富有针对性，在选择和制定策略前，就必须对受众进行分类，掌握每一类受众的特点和需要。针对不同类型的受众，制定有针对性的策略。在本书4.3部分中，我们将专门讨论这个问题。

4.2.2　受众分析

4.2.2.1　明确沟通受众

明确沟通受众是谁，既要了解他们究竟是一些什么样的人，更要清楚他们在沟通中所扮演的角色和所起的作用。

（1）了解沟通受众是什么样的人

既需要了解沟通受众作为一个个体具有什么样的特点，又需要了解沟通受众作为一个整体受到企业或社区文化什么样的影响。

第一，受众个体特点分析。要了解他们的年龄、性别、受教育程度和职业特征，了解他们的个性、兴趣爱好、期望、动机和态度。对受众个体特点分析的关键是确定受众个体间的性格差异和偏好。性格果断的人喜欢开门见山、言简意赅的沟通风格，对他们最好快速表达你的建议。个性谨慎的人总爱确定自己是否已经深思熟虑过了，所以，如果能说明你已经考虑过了所有的可能性，就有可能促使其早作决策。个性理智的人偏爱依据逻辑和抽象规律作出决定，因此，注重逻辑而非感情来说服对方是很重要的。

第二，受众所在的企业文化分析。每一个企业都会有一整套由创建和完善该企业的人们所建立起来的价值观、态度和理念，影响着企业成员的行为和生活方式，从而构成该企业的企业文化。在一个崇尚平等的组织中，每一个成员都可以直接写信给高层管理者，提出自己的意见和建议。但在一个等级制度森严、要求严格遵守命令链规则的企业中，成员必须通过自己的直接上司来传递所有的意见、建议和问题，任何越级行为都是不合规范的。所以，受众分析不仅需要分析受众本身的个性，还需要分析受众所处的企业文化。

企业文化对沟通影响最大的是下列一些方面：

① 该企业的组织结构是多层级的还是扁平式的；企业高层管理者与基层员工之间的沟通渠道是否畅通。

② 企业中的奖励和晋升原则是什么，是依据资历、受教育程度、工作业绩还是态度。

③ 企业是鼓励差别还是追求平均，是鼓励独立性还是一致性，是重视创新还是提倡从众。

④ 员工的价值观、态度和理念的一致程度如何，员工对企业目标认同的一致程度和对共同目标的专注程度如何。

⑤ 企业中行为、语言和仪表的规范程度是怎样的。

（2）明确沟通受众的角色和作用

许多商务沟通都具有多重受众，明确不同沟通受众在沟通中所扮演的角色和作用是沟通受众分析的基础。一般来说，沟通受众可以分为如下不同的类型：

第一，初始受众。这是一些最先收到沟通信息的人，有时沟通信息就是应这些初始受众的要求而发出的。

第二,"守门人"。这是一些处于沟通者与最终受众之间,而且有权决定你发出的信息最终是否传递给主要受众的人。换句话说,他们有权阻止你所发出信息的传递。"守门人"既可能是组织内部的某个主管或者高层管理者,也可能来自组织外部。

第三,主要受众。这是一些你想要对其施加影响或采取行动的人或群体,其中包括重要的决策者及其他你需要获得其支持来实施你的行动计划的人。主要受众可以决定究竟是否接受你的建议,或是否遵循你的建议采取行动。各种信息只有传递到达主要受众才有可能达到预期的目的。

第四,次要受众。这是一些可能受你的提议或计划的影响,以及从长远来看可能对决策者有一定影响的人。这些人可能对你的提议发表意见,或者在你的提议得到批准后负责具体实施。尽管关于是否接受你的提议的决定并不是由次要受众本身所决定的,但是,次要受众的支持或至少保持中立对达到你的目的会起到关键性的作用。

第五,监督型受众。这是一些既无权阻止沟通信息的传递,也不直接参与提议的实施,但是因拥有政治、社会和经济方面的权力,而对你的信息的评价和实施产生巨大影响的人。他们会密切关注你和主要受众之间的信息传递,并会根据对你的信息的评价来决定是否需要采取行动。

❖ **沟通案例 4-1**

销售活动的策划要找准合适的目标

销售活动策划的最终目的是影响大量的消费群体,但为了影响这些群体,所策划的活动必须针对少数群体展开。因为你的目标人群一旦大众化,你的活动就很容易失去焦点,没有人会产生"这个活动就是为我做的"这样一种代入感。

假如有一间社区生鲜店要做活动,推动用户量增加,最通常的一种促销方式就是买够多少钱的菜就送一盒鸡蛋。这样的活动当然有效,但不会引起扩散和广泛传播的话题,因为没有一个为人们所传播的话题点,就没有办法去影响到更多的人。如果我们把这个促销活动改成针对上班族的送鸡蛋活动,比如在店门口挂一条横幅——"关爱'996',鸡蛋是身体的福报",以此作为促销活动的主题,再配合一些小物件,那么路过的人看到也许会会心一笑,然后拍照发到朋友圈或者小区业主群里,这个活动就具备了扩散的可能性。

精准地找好定位人群,能够方便你产生沟通的内容和话题,从而具备了更强的传播穿透力。

资料来源　空手. 99%的人都不会做活动策划(上)[J]. 销售与市场(管理版),2022(1):68-71.

在很多情况下,一个人往往可能同时充当上述几种不同的角色。例如,部门主管可能既是初始受众,又是"守门人"。

由于不同的沟通受众在实际沟通中所起的作用及产生的影响各不相同,所以,沟通者在某次重要的沟通之前花些时间把各类受众列举出来,分析他们对你的提议可能产生的影响往往是值得的,而且是有效的。

需要注意的是,每一类受众本身也可能是由不完全相同的小群体所组成的,他们之间的利益和动机可能并不完全相同。此外，沟通受众中除了上述明显的五类受众之外，还不应忽视潜在受众。潜在受众是指那些你并不直接与之沟通，甚至也从未谋面的人，但是，他们可能对你的提议或计划施加影响。例如，你的上司的上司就可能是一个潜在受众。虽然你一般不会直接与他们沟通，但是，他们对你的提议的影响是显而易见的。所以，你最好考虑到他们可能产生什么样的影响，以及如何向他们提供所需要的信息。

4.2.2.2 明确沟通受众对所沟通问题的了解程度

让受众阅读或倾听他们本身已经完全了解的内容，就会感到如同接受陈词滥调，很快就会厌倦。相反，如果他们对所沟通的问题是完全陌生的，没有丝毫的基础，那么很快会感到如坐针毡。可见，在沟通之前就把握好沟通受众了解计划沟通的议题及相关内容的程度是非常有必要的，只有这样才能决定在沟通中该说些什么、不该说什么、重点又是什么。分析沟通受众对计划沟通议题已经知道多少，需要明确以下几个问题：

（1）受众对沟通议题和背景资料的了解程度

受众能够理解那些与沟通问题有关的专门术语或行话吗？这些都是沟通者确定自己论证的基础和依据。如果受众对沟通议题的背景已经有了一定的了解，就不需要再花时间介绍背景资料了。若受众对沟通主题非常陌生，就需要确定应当介绍哪些背景资料，界定哪些术语或行话。只有了解了这些，沟通者才能决定沟通内容的起点在哪里。

（2）受众需要了解有关沟通议题的哪些新信息

即使沟通受众已经对沟通议题有了一定的了解，但是他们在理解并对沟通主题的结论和建议作出判断时，可能还需要一些补充信息，甚至是细节和例证。对喜欢独立思考、进行理性分析的受众来说，其可能需要提供足够的统计数据、资料分析和例证；对那些倾向依赖专家意见的受众来说，其也许应当列举更多的专家意见，最后提供一种决策建议。

（3）受众对沟通方式的偏好和期望是什么

不同的受众因个性差异，对不同沟通风格的偏好会有所不同。受众的沟通偏好还受到企业文化的影响。来自不同企业文化的受众在选择沟通渠道、沟通方式和沟通风格方面会反映出巨大的差异。从另一方面看，受众对与自己的期望有直接关系的议题，如改变财务状况、提高组织地位和实现人生目标等话题总会表示出较大的兴趣，而对与个人期望无关的问题，要激发他们的兴趣就比较困难。由此可见，要使沟通变得更加有效，对受众的偏好和期望进行适当的调研是必要的。

要通过调研和分析，了解受众在沟通风格上是偏好正式沟通还是非正式沟通，是喜欢直接沟通还是间接沟通。此外，要通过分析，了解受众在沟通渠道的选择上是偏好书面的还是口头的，是喜欢印刷报告还是电子版，是偏好个别面谈还是小组讨论等；然后，考虑如何采用沟通受众所喜欢的方式来传递自己的观点。

4.2.2.3 了解沟通受众可能的态度和反应

沟通者需要分析沟通受众对计划中的沟通可能产生的态度和反应。如果沟通受众认为沟通信息对他们实现人生目标、提高社会地位和改善财务状况有重大影响，他们就会以极大的兴趣高度关注沟通信息；否则，就可能采取事不关己、高高挂起甚至是反对的态度。

按照沟通受众可能的态度，我们可以把他们分为三类：

（1）积极和肯定的沟通受众

对可能或已经明显表示出支持你观点的沟通受众，我们只需要强调信息中的利益，以强化他们的信念，达到激励他们的效果；同时，告知沟通受众行动计划，要让他们知道他们在有关决策中的重要性，以及他们能帮助你做些什么。总之，要向那些本来就支持你的人提供更多支持你的理由。

（2）中立的沟通受众

持中立态度的人容易受理性说服的影响。因此，沟通者应当向那些持中立态度的人提供有说服力的论据，清晰地向他们展示逻辑推理过程，并用你的观点和信息能给他们带来的利益来吸引他们，促使他们改变态度参与进来，从而赢得他们的支持。

（3）消极和否定的沟通受众

在与持消极和否定态度的人沟通时，如果对方抱有敌意或者偏见，那么沟通将变得非常困难。商务沟通中，这种情形也确实是可能存在的。某些同事可能因嫉妒你的更大成功而反对你的观点，有的上司也许因担心你的光芒四射会使他逊色而反对你的观点，个别下属还可能因与你之间存在价值观的差异而表示反对你的观点。这类受众不太可能承认他们反对的真正原因，因此是最难应对的一种反对态度。

某些怀有敌意的人可能永远都不会积极支持你，但通过表明你理解他们的观点，并解释你仍然相信你自己想法的原因，就有可能使他们变为中立的人。对持消极和否定意见的人，一般可以采取以下的对策：

① 开头先说明你们之间的共同点和一致看法，让对方认识到，其实双方之间的分歧并不大，再明确问题、解决问题。

② 事先主动地提出预期的反对意见，并逐一加以驳斥，这样比对方自己提出反对意见更有说服力。

③ 如果提出反对意见的人确实有部分正当的理由，那么你应该认可反对意见中的合理部分，然后坦率地表达自己的想法，再解释你的建议最终可能对他们有利的原因。这种看起来富有诚意的表达方式，有时确实能改变某些怀有敌意的人的态度。

4.2.2.4　要求沟通受众所采取的行动是简单可行的

沟通的最终目的是希望沟通受众接受你的建议，付诸行动。但除非行动是足够简单易行的，否则，采取行动往往意味着需要改变态度、习惯或自我形象。人们一般并不愿意采取涉及改变态度、习惯或自我形象的行动，所以，只有保证要求沟通受众所采取的行动是容易做到的，沟通的最终目的才能得到保证。如果要求沟通受众所采取的行动过于费时和复杂，沟通者就应当采取下列步骤：

① 简化要求沟通受众所采取的每一个行动步骤，如使用规范化的表格来搜集信息等。

② 列出要求沟通受众所采取的行动步骤，为沟通受众采取行动提供行动指南。

③ 说明沟通受众采取行动后可能得到的利益。

沟通案例 4-2

4.2.2.5 激发沟通受众对沟通的兴趣

（1）强调受众利益是沟通内容的重点

受众利益是指受众在采纳你的沟通建议后，接受某种服务、使用某种产品和执行某项计划办法后得到的好处和收益。沟通中强调受众利益可以改善受众的态度和行为方式，使受众以更积极的态度看待沟通者。强调受众利益也有助于说服受众相信沟通者的建议是正确的，从而使沟通者更容易达到沟通的目的。所以，沟通者要充分利用受众分析的结果，向对方提供有效的受众利益。但是，在强调受众利益时要注意如下几点：

第一，所强调的利益应当是适合具体受众的。沟通中所强调的受众利益必须是具体的好处。不同受众的背景、偏好和目标不同，从某次特定沟通中可能得到的具体好处也就可能是不同的，所以，与不同的受众沟通时，需要强调的利益往往也应当是不同的。一个销售人员在与最终顾客沟通时需要强调的是他们使用产品后得到的使用价值，如方便、省时或更舒适等；与经销商沟通时需要强调的应当是经销商决定经销这一产品后可能得到的好处，如增加了经销产品的门类，减少了缺货风险，加快了资金周转，有更高的利润率等。沟通者要根据受众分析的结果对受众利益进行分类，针对不同受众提出适合的具体利益。

第二，强调利益一定要可信而明确。沟通中所强调的受众利益必须是令人信服的，让受众感觉到必定会产生。为此，对受众利益的陈述要合乎逻辑，让受众自己也清楚逻辑推理过程，并提供足够的证据，向受众证明所说明的利益是必然会产生的。例如：

错误地强调利益的方式：购买了我们的电脑，你们的农产品就会更畅销。

正确地强调利益的方式：购买了我们的电脑，你们就能拥有更多的市场信息，就掌握了农产品播种和销售的主动权，产品当然会更畅销。

当受众对所强调的利益非常不熟悉时，为了激发他们的兴趣，就需要提供足够的细节，对利益的描述要生动具体，只有这样，他们才会相信你所描述的内容。

第三，要用换位思考的方式来描述受众利益。这样，对方会感到利益更具体，从而产生更强的心理冲击效果；否则，沟通中对方会感到所描述的利益离他们自己非常遥远，也就不会作出积极的反应。

（2）挖掘和明确受众的具体利益

有时，沟通者也许可以列出许多的受众利益，但在另外一些情形，又很难找到合适的受众利益。无论在哪一种情况下，沟通者都必须找到一种最有效的、最能激发受众兴趣的利益。所以，在沟通者想到多种受众利益的情形下，就需要从中筛选出那些最合适的受众利益；在很难发现合适的受众利益时，也必须挖掘出有价值的受众利益。一般来说，沟通者可以根据下面的步骤来确认对受众来说适当的具体利益：

第一，明确能引发受众兴趣和感受的激励因素。马斯洛的需要层次理论为我们提供了一个很好的思考出发点。既然需要是有层次的，受众的状况不同，最迫切的需要也会不同，沟通者就应该根据受众分析的结果，列出对受众最具有激励作用的那些因素。

第二，找出产品或建议方案中能满足受众需要的特点。受众的有些需要的满足条件是很明确的，但是，有的需要需有很多条件才能得到满足。因此，沟通者应当全面地考虑满足受众需要所需要具备的条件，挖掘沟通中所建议的产品或建议方案中与满足受众需要所需要具备的条件相对应的特点。详细地描述这些特点对受众确信沟通者所提出的利益是很有帮助的。

第三，说明受众使用产品或执行建议方案后能满足需要的程度。仅仅强调产品或建议方案的特色还不一定能使受众接受沟通者的观点，只有把特色与受众的需要和利益结合起来，对受众利益进行生动细致的描述，才能产生良好的效果。

4.3　沟通受众分类与沟通策略选择

4.3.1　沟通受众的分类

不同的沟通受众所追求的利益不同，个性不同，在沟通中的反应也会不同，这就需要采取有针对性的对策。如果对沟通受众的反应判断失误，就可能引起沟通过程中断或人际关系恶化，最终导致沟通无法实现预期的目标。由此可见，为了保证沟通成功，沟通者在沟通前不仅需要明确沟通目标、分析沟通环境，还需要对沟通受众的需要和可能的反应作出判断。因此，对沟通受众进行分类，并掌握不同类型受众的特点，以便对不同受众采取不同的沟通策略是必要的，也是成功沟通的基础。

由于沟通受众的广泛性和多样性，从不同的角度对沟通受众进行分类会得到不同的结果。沟通受众通常可以分为如下一些类型：

① 从心理需求的角度看，沟通受众可以分为成就需要型、交往需要型和权力需要型。

② 从信息处理的方式看，沟通受众可以分为思考型、感觉型、直觉型和知觉型。

③ 根据沟通受众个人气质的不同，沟通受众可以分为分析型、规则型、实干型和同情型。

④ 从个性的角度看，沟通受众可以分为内向型和外向型。

⑤ 根据沟通对象与沟通者之间在组织中的地位和等级之间的差异，沟通者又面临着与上司沟通以及与下属沟通之间的差异。因此，在与上司和下属沟通时，需要采取不同的沟通方法与策略。

4.3.2　沟通受众心理需求和沟通策略

（1）成就需要型受众

属于成就需要型的人通常自己就有一个具体的发展目标，并朝着此目标努力。他们总想做得更多一些、更好一些。他们敢于迎接挑战，追求实现自己目标的满足感。与这类人进行成功沟通的策略，首先是充分认同他们的工作责任感，对他们表示肯定的态度，然后给予他们大量的反馈信息。如果对他们提过多的要求，可能并不能达到预期的目的。

（2）交往需要型受众

属于交往需要型的人看重友情和真诚的工作关系，他们追求一种和谐的、既有付出又有收获的轻松工作氛围。他们愿意花费很多时间进行沟通交往。与这类人进行沟通的关键是坚持平等相待的原则。与他们进行成功沟通的策略是，采取交朋友的姿态和口气，设法与他们建立良好的人际关系。在具体的沟通过程中，可以先询问他们的生活情况，了解他们的兴趣爱好，这样有助于克服沟通障碍。在与他们一起参加活动的过程中，在轻松的氛围里交流观点、看法和感受就更容易取得沟通的成功。

（3）权力需要型受众

属于权力需要型的人具有很强的权力欲，渴望作为权力象征的权威。他们希望能事事自己做主，决定自己和他人的命运。他们行事果断，在大多数社交场合希望能够影响别人。与这类人进行成功沟通的策略是，避免使用命令或指导的口气，而应当采取咨询或建议的方式。在沟通中要认同和肯定他们对工作的负责精神，还应当对他们的影响力表示出兴趣。

4.3.3　沟通受众信息处理方式和沟通策略

（1）思考型受众

属于思考型的人考虑问题逻辑严密、思路清晰、富有条理性。他们善于抓住事物的本质，也善于运用事实和数据进行系统的分析研究。与这类人进行成功沟通的策略是，首先，采取虚心和谦虚的态度，抱着寻求理论和逻辑思维方面帮助的态度与他们沟通，给对方提供描述和表达的机会；其次，给他们提供充分的信息，使他们能通过逻辑推理得出结论；最后，沟通中客观地对待事物，不要掺杂任何个人观点。

（2）感觉型受众

这类人会根据他们个人的价值观和判断能力，而不是在充分权衡利弊的基础上来决定对待事物的态度。他们个性温和、开朗并善于交际。与这类人进行成功沟通的策略是，明确表达你的价值观念，以便对方了解你。在沟通过程中，要表示出你对他们的支持，要避免让他们产生被威胁的感觉。

（3）直觉型受众

这类人往往具有丰富的想象力，并且能够提供具有创造性的想法。他们凭直觉、预感和可能性做事，对第一感觉有很强的自信心。与直觉型的人进行成功沟通的策略是充分利用和发挥他们的想象力。因此，不要轻易给他们提供问题的答案，否则他们会觉得没有发挥自己的价值。同时，也不要轻易否定或批驳他们的观点。要告诉他们你的想法、你的观察和最终目的，让他们的创造性思维帮助你达到目的。

（4）知觉型受众

知觉型也就是理智型的人，他们精力充沛，热衷于实践，善于采取行动，但往往不善于言辞。他们处理问题当机立断，善于发起一项活动、签订协议、调解纠纷，将理想转化为行动。与这类人进行成功沟通的策略是，与他们进行清晰的交流，抓住要点，努力在实践中获得结果，不要对事物添加太多的细节和幻想的结论。

4.3.4　沟通受众气质和沟通策略

（1）分析型受众

分析型的人对待事物严肃认真，不断挑战自我，把工作看作他们生命的一部分。他们擅长逻辑思维，在独立工作时效果最佳。与分析型的人进行成功沟通的策略是：只告诉他们你想要达到的目的，给予他们制订计划的机会和评价的标准；不给他们提供太多细节、对常规行为和实际行动方案的指导。当需要建设性意见时，最适合与他们沟通，以获得他们的建议。

（2）规则型受众

规则型的人恪守信用、认真、忠诚、负责任，而且稳重、谨慎、实际，给人以安全和不善变化的感觉。他们善于做具体的工作，在有计划和有组织的条件下工作效果最好。与规则型的人沟通时应采取的策略是：

首先，沟通的主要目的是告诉他们行为规则和组织形式等。平时要为他们提供有组织的训练，沟通过程中要让他们理解并相信他们的工作系统和组织是可以得到保证的，使他们能够按规则和标准做事。

其次，为他们提供完成任务所需要的详细资料，对他们的贡献和努力要予以充分肯定。对待他们要守信，不能怀疑他们。

最后，如果事情发生变化，要有耐心，详细地向他们解释，以免他们抵制变化。

（3）实干型受众

实干型的人个性开朗、宽容、灵活并善于处理变化。他们乐于实践，适应性强，善于调解纷争，擅长做技术性的、循序渐进的工作。他们工作起来通常富有成效，具有一种自发的推动力和活力，并爱好刺激。与实干型的人沟通的策略是，给予他们循序渐进的训练，帮助他们进行自我调节，并加强时间管理。要给予他们足够的工作自由，工作多元化，帮助他们从机械的工作中走出来。沟通者还应帮助他们完善工作技巧，增强危机意识，使他们乐于与他人为伴。

（4）同情型受众

同情型的人性情温和，有灵性，善于交流。他们也善于帮助、支持和鼓励他人。他们最善于创造和谐的工作环境。与同情型的人的沟通策略是，给他们以指导和鼓励，使他们认识到自己的重要性，要赞赏他们的贡献。即使在必须给予他们否定的反馈意见时，也要谨慎，不要使他们感到这是个人攻击。要给予他们自主权和学习机会，不要让细节成为负担。

根据调查研究的结果，上述4类人中，实干型和规则型的人较多，占70%~80%。而分析型和同情型的人占20%~30%。不同气质的沟通受众，本身并没有好坏之分，他们各自以不同的方式展示自己的价值。有效的沟通者需要针对不同沟通对象的气质特点，采取有针对性的沟通策略，达到沟通的最终目的。

4.3.5　沟通受众个性和沟通策略

（1）内向型受众

内向型的人的活力来自自身内部，喜欢先思考再发言，所以，要给他们思考时间。使用备忘录、信件、电子邮件等书面形式的沟通能使他们有更充分的思考时间，沟通效果会更理想。

（2）外向型受众

外向型的人需要通过与周围人的互动产生活力。他们总是边干边想，还需要他人的鼓励，爱好口头表达，不爱动手书写。所以要为他们提供在非正式场合口头表达自己观点的机会。

沟通案例 4-3

4.4　与上司的沟通

4.4.1　与上司沟通的原则

尽管不同组织的内外部环境条件不同，与上司沟通所遇到的问题不同，应采用的方法和策略也会不同，但是，任何组织中下属与上司沟通时都应遵循以下一些共同原则：

（1）准确理解上司的要求

如果不能准确理解上司要求做什么，就无法制订自己进一步的行动方案；一名中下层管理人员更无法把上司的要求正确地传达给基层员工。所以，如果对上司要求有任何不明确的地方，一定要尽快把上司究竟希望做什么的问题搞清楚。在目的要求不清楚时，经过缜密思考后向上司提出问题是必要的。这样做不仅能使自己对需要做什么有更好的理解，而且促使上司仔细考虑自己所提出的要求，以便上司在必要时对最初的决定作合理的修改。最初花几分钟时间弄清要求，也许可以节省随后的几天时间。

（2）确保上司要求具体明确

对笼统的要求或指示，不同的人可能有不同的理解和解释，所以，按照非常笼统的要求采取行动的结果完全可能是无效的。只有按照上司明确具体的要求或指示来行动才有可能保证管理上有效，令上司对结果满意。

（3）限定与上司讨论或建议的范围

下属有权在具体的做事方法上与上司讨论，并提出建议。但下属也应认识到，通常情况下自己不应当就目标本身对上司提出不同意见。站在上司的角度看，下属是执行政策的，因此，只有与上司讨论如何有效执行某项具体政策的具体细节问题的权利。上司认为，下属不是政策制定者，任何试图改变政策本身的意图都属于下属的越权行为。

（4）确保完成任务需要的资源

为了顺利完成上司下达的任务，下属应当就完成任务所必需的资源方面与上司取得一致意见。有时，上司会告诉下属某项任务很重要，但事后又认为下属花费了太多的时间或其他资源。因此，下属在接受任务时，除了要考虑任务的可行性外，还需要考虑及时完成任务所必需的资源。下属应当向上司清晰无误地提出，并保证获得所需的资源；否则，因缺乏资源而无法完成任务的责任仍然会落在下属的头上。

（5）明确上司对结果报告的要求

下属需要确定，上司希望在什么时候得到何种形式的结果报告。结果报告是上司对下属工作结果评价的依据。只有及时提供上司所需要的正确报告，才能确保上司作出客观正确的工作评价。

4.4.2　与上司沟通的要点

4.4.2.1　与上司沟通时应有的态度

（1）应向上司作必要汇报但又不依赖上司

上司通常很关心下属的工作进程，并愿意在必要时对下属的工作给予指导。因此，下属应当树立向上司经常汇报的意识，根据上司对汇报的要求，及时提供关于工作状况和进程的报告。一般地说，工作完成时，应立即向上司汇报；工作进展到一定阶段时，应向上司汇报；预计工作会拖延时，也应及时向上司汇报。但是，向上司汇报也要把握好"度"，否则也可能引起上司的反感。事事请示汇报的下属只会让上司产生遇事没有主见、不称职、依赖上司的印象。所以，下属既不能不汇报，也不应过于频繁地汇报。

（2）尊重上司但又不阿谀奉承

作为下属对上司一定要充分尊重，绝对不应恃才傲物，更不能冲撞上司。在工作的各方面要维护上司权威，支持和配合上司工作，为上司排忧解难。但是，尊重并不意味着对上司应该阿谀奉承、唯唯诺诺、只顾上而不顾下。实际上，工作中对上司过于亲密还是一大忌讳。

（3）主动出力但不擅权越位

一方面，工作中下属一定要积极主动，敢于和善于提出自己的意见和建议。但另一方面，下属也应当认清自己的社会角色和地位，在自己的权限范围内行事。擅权越位有多种表现，如决策上越位、工作分工上越位、在表态或答复问题上越位，以及场合安排上越位等。擅自超越自己的职权范围行事，是下属在处理与上司关系方面的一个严重错误，是绝对需要避免的。

（4）不要显得比上司聪明

在向上司提出建议或忠告时，要避免显得自己在智力上比上司聪明。对上司提出建议或忠告时的正确态度，应该显得只是在提醒他某种他本来就知道，不过偶尔忘掉的，而不是某种要靠你解疑释惑才明白的事情。

4.4.2.2　善于说服上司

工作中要说服上司，需要注意以下几个要点：

（1）选择适当的提议时机

上司在刚上班时会因事情多而繁忙，到快下班时又会感到身心疲惫，没有精力仔细考虑新问题，因此，这些时间都不是提议的好时机。同样的，在上司心情不太好的时候，无论多好的提议也都难以引起他的兴趣。所以，选择上司相对而言工作压力较小、时间充分、心情舒畅的时候提出提议才是明智的。

（2）提供具有说服力的数据或一手资料

向上司提出工作建议，如果只是空口说白话，就没有多大的说服力。如果能有经过调查搜集的数据资料作为支持，并形成书面材料，就会增强说服力，引起上司的重视。

（3）事先设想上司质疑，充满信心地陈述

在说服上司时，要估计到上司可能提出的问题，并事先做好解释的准备。如果事先毫无准备，回答吞吞吐吐，前言不搭后语，自相矛盾，当然不能说服上司。相反，充满自信的解释说明容易感染上司，就能增大上司接受提议的可能性。

（4）尊敬上司，维护上司自尊

在说服上司的过程中，要注意维护上司的自尊。下属如果当众批评上司的错误，伤害了上司的自尊心，上司自然会恼火，就可能更加固执己见，完全可能为坚持自己的看法而拒绝接受正确的意见。下属在向上司提出自己的建议时，一定要维护上司的尊严。不管下属所提出的方案多么完美无缺，下属既不应该也不可能强迫上司接受它们。所以，下属的正确做法是在阐述完自己的意见后礼貌地告辞，给上司思考和决策的时间。即使上司不愿采纳你的提案，也仍然应该感谢上司倾听了你的意见和建议，让上司感觉到你的积极性和主动性就可以了。

4.4.2.3　获得上司赏识的技巧

（1）了解上司

了解上司就是要了解上司的需要和期望，试着从上司的角度来看待问题，换位思考，这样就能多发现一些问题，多思考一些问题。

（2）主动接受工作，按要求完成任务

要清楚地告诉上司，你能帮助他解决，或避免他不愿面临或不便承担的事情，随时随地、干脆利落地接受上司分配的工作。要完全办好上司交代的事，避免事情做到一半，将尾巴留给他去收拾。

（3）积极展示自己的优点

与上司之间的良好关系是通过双方取长补短、相互协调来实现的。在策略上可以找出一些你比上司擅长的工作，自告奋勇地伸出援手。要积极参加公司组织的研讨会以及各类群体性活动，为与组织内多个层面员工之间构建良好的工作关系创造机会和条件。把自己的想法撰写成稿子，向公司杂志、简报以及专业期刊投稿，并将复印件或电子版给上司看。

（4）抓住关键时刻为上司解决问题

针对公司的某项挑战性任务，在调研基础上制订一份既满足公司需要又能体现你的创造力的计划，不要等别人分配给你任务后才开始准备。

（5）坚决执行上司决定

在工作中应当表现出自己是一个工作伙伴，而不是仅仅听令于上司的人；但是一旦上司作出决定，就要维护上司的权威，坚决执行上司的决定。

4.4.3　与上司沟通的策略

不同上司的管理风格和工作作风是很不相同的，要与他们进行有效沟通也就需要采用不同的策略。因此，下属在与上司沟通前了解自己上司的管理风格，然后区别对待，运用不同的沟通策略和技巧是至关重要的。

根据领导理论，上司的管理风格和工作作风可以按照不同的因素来分类，最常见的有以下一些类型：

（1）专权型上司

专权型上司把组织目标的设置和决策权全部集中在自己手中，直接布置任务让下属执行。下属只是执行一系列命令而无权参与决策。上下级之间缺乏信任，上司只要求下属完全服从，因此，很难与他们进行有效的沟通。

对这类上司，下属与他们进行沟通时应该注意语言简明扼要，干脆利落，不拐弯抹角，直截了当，开门见山，直奔主题。这类上司十分重视自己的权威地位，不许下属违抗自己的命令。所以，下属在与他们沟通时，应尊重他们的权威，认真对待他们的命令，并多称赞他们取得的成就。

（2）权威型上司

权威型上司会通过让下属了解自己的工作是整个组织宏伟蓝图的一部分来激励他们。这类上司能通过在宏伟蓝图中为员工构筑个人任务，围绕蓝图明确定义各种标准，并根据员工的表现对其绩效进行反馈。他们还能使每个员工了解评价成功及报酬的标准，使员工对组织的目标和战略的认同达到最大化。

这类上司自信，喜欢与他人互动交流，在互动中动员员工实现共同的愿景。与这类上司沟通时一定要赞美，而且一定要真诚、言之有物；虚情假意的赞美会被他们视为阿谀奉承，影响对你个人能力的整体看法。应该与这类上司亲近，态度要和蔼友善。他们要求下属开诚布公，即使有不同意见，也希望能够摆到桌面上谈，厌恶在私下里发泄不满情绪的下属。

（3）合作型上司

合作型上司重视员工个人及其情感，而不是任务和目标。这类上司会给予下属大量积极的评价，对员工往往有很大的激励作用。当上司在努力建立团队内部的和谐气氛、提高士气、改善沟通或修复受损的信任时，使用这种领导风格比较有效。

与这类上司沟通时，一定要注重合作，勇于分担责任，多参与，勇于提出自己的意见和想法，这样能给上司留下好印象；如果缩手缩脚，可能给上司留下没有能力的坏印象。

（4）参与型上司

参与型上司凡事都愿意倾听下属的意见，作风民主。下属在决定自己的目标及衡量成功的标准方面享有发言权，因此，下属可以给这类上司提出意见和建议。

与这类上司沟通时，要多参与、多合作，心态平和地和上司一起工作。下属可以通过适当提出意见和建议来表现自己的工作能力。但是，上司毕竟是上司，下属不能因为上司作风民主，就随便地和他开玩笑，甚至践踏他的权威，那就大错特错了。

4.5 与下属的沟通

4.5.1 与下属沟通的障碍

上司与下属之间的沟通往往存在诸多的障碍，影响组织内部向下沟通的效果。认识到这些沟通障碍的存在，采取积极有效的办法去克服，是成功地开展与下属之间的沟通，提高沟通整体效果的基础和条件。

与下属之间的沟通障碍，首先，在于上司的不重视。绝大多数组织的成员为了取得上司的重视和信任，会精心设计与上司沟通的策略和技巧，但上司往往忽视与下属之间沟通的必要性。其次，上司通常不愿意向下属传递过多的信息。上司通常认为向下属传递这些信息也没用，结果导致向下沟通的渠道闭塞。最后，上司与下属沟通的方式和方法可能不合适。如果上司在与下属沟通中听而不闻、装模作样，或者上司仅仅是对下属发号施令，从来也不重视下属的反馈，则与下属之间的沟通是徒有虚名。

为了克服与下属之间沟通的障碍，我们要遵守与下属沟通的原则，讲究与下属沟通的策略，并针对不同情形采取合理的沟通策略。

4.5.2 与下属沟通的原则

（1）重视并积极主动与下属开展沟通

传统的组织内部习惯于上司发号施令，下属无条件执行。但从激励的角度看，有效的沟通应该是上司主动向下沟通，选择合适的沟通渠道和策略，将任务要求传达给下属，并通过一定的沟通手段激励下属的工作热情和积极性。

在与下属的沟通中，上司一定要主动。因为上司在组织中处于较高层次，掌握更多的信息，通常也处于沟通渠道中枢的位置。上司只要重视与下属的沟通，沟通渠道就比较容易保持畅通。下属在与上司沟通中处于被动的位置，只有下属的积极性，沟通仍然不一定能保持畅通。

（2）赞赏下属，增强其自信

每个人都希望得到别人的赞赏。对下属而言，上司的赞赏更具有巨大的激励作用，能大大增强下属的自信心，激发出他们的工作潜力。不过，上司在赞赏下属的能力时，要出自真心，要具体，要说明赞赏的原因。虚假和不真诚的恭维话很容易为人所觉察，结果不但无益，反而有害。赞赏下属的目的之一是增强其自信心，通过赞赏调动工作积极性，开发下属的工作潜能。

有效的赞赏可以帮助我们打开沟通之门，化解彼此的隔阂，也可以缓和对方的抗拒情绪，更能促成双方工作中更加协调，相互配合，使工作更有成效。

（3）仔细聆听，形成互动

上司在与下属沟通中应当专心聆听，清楚地理解下属说话的内容和情绪，使下属愿意继续表达内心的感受。上司在与下属沟通中要避免听而不闻，装模作样。如果上司不真心聆听下属的话，下属就会觉得上司根本不在乎他们，他们也会变得不在乎上司的话。仔细聆听也要求上司不能"先说再听"，而应该"先听再说"。"先说再听"容易让下属产生上司想把自己的意见强加于人的印象，容易产生敌意。"先听再说"从调查下属的想法开始，才体现出了上司的诚意。

在仔细聆听之余，上司还应该作出适当的回应，对下属表示出关怀和体谅。这种回应能进一步鼓励下属坦诚沟通并培养对上司的信任，最终形成双方的互动。

4.5.3　与下属沟通的技巧

赞扬和批评都既是有效的沟通手段，又是激励技巧。作为一种激励手段，赞扬和批评又都是双刃剑，既有积极作用，又可能有消极作用。另外，上司在与下属沟通中往往是既需要赞扬，又需要批评的。上司在与下属沟通中掌握好赞扬和批评的技巧。

4.5.3.1　赞扬的技巧

前面说过，赞扬是与下属沟通中的一个原则。但是，要使赞扬达到促进沟通的效果，必须注意下列技巧：

（1）赞扬的态度要真诚

只有在下属确实具有某种优点，并有充分的理由时才值得去赞扬他。

（2）赞扬的内容要具体

如果说明赞扬的是哪一件事和赞扬的原因是什么，则效果比仅仅笼统赞赏会好得多。能够明确说明赞赏的具体事件和原因，表明你的赞赏是诚恳的。

（3）要注意赞扬的场合

在众人前赞扬下属，对被赞扬员工的鼓励是最大的；但如果被赞扬的事实不能得到大家客观认同，赞扬就可能引起其他人的不满。因此，公开赞扬的应该是能被大家认同及公正评价的事项。

（4）要善于运用间接赞扬

间接赞扬就是借第三者的话来赞扬对方。间接赞扬的效果往往比直接赞扬还要好。间接赞扬的另一种方法是，在当事人不在场的时候赞扬。这种方法有时比当面赞扬所起的作用还要大。一般地说，背后的赞扬都能传达到本人耳朵中。这样做不仅能起到赞扬的激励作用，更体现出背后赞扬的人的诚挚之情，从而更增强赞扬的效果。

4.5.3.2　批评的技巧

与赞扬需要技巧一样，批评同样需要技巧。技巧高超的批评不但有助于改变下属的错误行为，而且能维持良好的人际关系，甚至可以当作一种有效的激励手段。上司在批评下属时要注意下列技巧：

（1）批评要注重客观事实

即使批评下属，也一定要客观，就事论事。所批评的应当是错误行为，而不是下属本人。要避免把对下属错误行为的批评扩大到对下属本人的全盘否定。

（2）批评不要伤害下属的自尊心和自信心

不管采取什么样的批评方式，批评都不能有损于对方的面子，不能伤害对方的自尊心；否则，批评很难产生积极的作用。

（3）要选择合适的场合

不要当着众人的面批评下属，这样做会有损于对方的自尊，引起对方的抗拒心理，产生消极作用。选择一个单独的场合进行批评，可以避免可能的副作用。

（4）结束批评时态度要友好

批评应当在友好的气氛中结束。批评结束时需要对对方表示鼓励，提出充满感情的希望，往往能产生良好的激励效果。

4.5.4 构建与下属高效沟通的机制

任何一位上司都应该建立一个自己的信息搜集以及下属就重要事件汇报的制度，以保证在部门内出现突发事件、危机或其他重要事件时，及时进行上下沟通，避免被动，掌握主动。

（1）营造与下属沟通的良好氛围

第一，上司要主动向下属传达重要信息，为下属搜集和报告重要信息树立榜样。

第二，不要斥责带来坏消息或承认错误的员工；否则，下属就会尽可能长期隐瞒坏消息。

第三，对下属要平易近人，愿意随时与下属讨论问题，并真诚地表示自己对下属及下属意见的兴趣。

第四，对下属要多赞扬，少批评，让他们能对你敞开心扉，畅所欲言，并为你带来更多有用的信息。

（2）建立有效的工作报告制度

第一，定期召集下属开会，相互交换信息，有效地掌控部门内发生的每一个重要事件。

第二，分配任务时，要求下属复述或记录自己的工作任务，主管要及时予以反馈。通过这种办法确保下属正确理解自己的任务。

第三，分配任务的同时，明确规定下属需要提供的一系列进程报告。

第四，设立绩效评价标准，并据此进行考核。

（3）坚持下属参与

第一，鼓励下属进行双向沟通，坦诚地与下属开展对话，实现真正的上下级沟通。

第二，让下属意识到或明确感受到主管对他的期望，促使他们变得更加积极主动。

4.5.5　讲究与下属沟通的艺术

(1) 要以诚相待

上司在与下属沟通时要心怀坦诚，言而有信，向下属传递真实可靠的信息；在表达自己意见时要谦虚诚恳，避免过分显露自己，或以先知者自居，这样做可能使人产生反感和戒备心理。

(2) 要增强下属对上司的信任度

下属对上司是否信任以及信任的程度，对上司与下属沟通的效果具有重要的影响。如果缺乏足够的信任，下属甚至会不接受上司所传递的完全真实的信息，上司与下属的沟通就很难有成效。只有那些受到下属高度信任的上司与下属之间的沟通才有可能是富有成效的。因此，上司在与下属沟通时不仅要以诚相待，还需要体现出高尚的品德和事业心，拥有丰富知识和较强的业务能力，只有这样才能赢得下属的信任，具备有效沟通的基础。

沟通案例 4-4

4.5.6　与下属沟通的策略

不同的下属常常会表现出不同的行为特征，为保证沟通的效果，上司与他们沟通时通常也应当采取不同的策略。从沟通行为的角度看，下属分为如下几种类型：

4.5.6.1　自大型下属

这类下属喜欢夸大自己的成绩；个性固执，容易坚持己见，常会与人争吵；拒绝别人对自己工作或其他情况的询问。这类下属的行为背后隐藏着强烈的追求尊重和独立的个人需求。

上司在与这类下属沟通中，要注意向下属表明对他们的尊敬和重视，并明确表示不会固执己见，希望他们能够独立思考，发挥更大作用。向这类下属解释自己的观点时，不要下断言，一定要用事实来支持，因为这类下属只接受事实，并不为感情所动。与这类下属沟通时，既要掌握可采取的一般策略，也要针对这类下属可能出现的消极负面的情绪采取相应的对策。

(1) 应对自大型下属通常的沟通策略

第一，与这类下属谈话要有条不紊，但又不乏热情，尽量避免闲聊，客套寒暄也应尽量简短，言归正传；否则，下属就可能有对你不满的议论。

第二，注意满足下属的自尊和独立的需求。要让他们发现，信息交流和互动式的沟通有利于他们提高地位、赢得自尊和获得更大的自主权。

第三，如有可能，应当让他们获得回报，满足他们的需求。

（2）应对自大型下属的消极情绪的策略

这类下属也可能出现意见分歧、负面情绪或不利的言论，这是他们接受能力低的表现。对这种情况一定要做好准备，以便计划好适当的应对办法。通常，可以采用的应对办法有：

第一，针对下属的消极情绪，提一个开放式问题，如"告诉我为什么你有那样的情绪"。这样做表现出你尊重员工的意见，有助于改变他们的态度。

第二，与这类下属讨论时，询问他们希望最先讨论哪个问题，以满足他们的自尊需要，吸引他们参与讨论。谈话中要发现他们认为最重要的反对理由是什么。驳倒这些理由对解决分歧有至关重要的作用。

第三，如有的下属事事唱反调，就表示他们试图激怒你，测试你的忍耐力，又展示他们的独立性。此时，上司一定要保持冷静，经过深思熟虑后再发言。

4.5.6.2　谨慎型下属

谨慎型下属对上司的意见会被动接受。他们行为谨慎，拒绝透露自己的真实想法，也不愿深入参与讨论，所以很少与人争执，往往给人孤高和难以理解的印象。这些行为反映了这类下属对安全感的强烈需求。主管在与这类下属沟通时应采取以下策略：

① 对他们避免采用斥责、讽刺和纠缠不休的做法，因为这样会增加他们的恐惧心理。
② 要设法使他们放松、畅所欲言，增强他们的合作能力。
③ 对这类下属要表现出适度友好，但不能过分热情。
④ 认真对待他们的焦虑情绪。

对这类下属来说，可能需要使用多种调查手段来发现隐藏在员工内心的担心和疑虑。

当上司向这类下属陈述自己的意见时，他们起初可能赞同每个观点或者沉默不语，实际上可能隐瞒了自己的真实想法。这时就需要调查他们的真实想法。调查应该采用封闭式问题来提问，并在提问前向他们解释提问的原因。所说明的原因最好与他们对安全感的需要联系起来，如说明目的是避免这种情况以后再次发生。

4.5.6.3　恭顺型下属

恭顺型下属对人表现出过分友好，总渴望取悦别人，对上司意见会热情地赞同并极乐意接受，不加质疑。他们总是强调积极的一面，对负面信息轻描淡写。这种行为体现了他们与安全和自尊需要相关的强烈的社会需求。

这类下属希望上司喜欢他们，接受他们，因此，上司需要花更多时间与他们相处。他们喜欢闲聊，但要引导他们，与他们一起讨论关键问题。与这类下属沟通的策略是：

① 承认他们是特别重要的。
② 指导和管理他们，不要一味地附和他们，要引导他们。

4.5.6.4　独立型下属

独立型下属犯错误时勇于承担责任，从不找借口或文过饰非。他们也会为成就居功，但不会自视甚高。他们也经常会提出一些异议，希望能得到坦率的回答。他们也愿意倾听和深入讨论，以加深对问题的理解。这类下属的行为体现了他们对独立和自我实现的需要。

要想了解这类下属的想法，可以直接询问他们的意见。他们通常会坦率地表达自己的观点，而且可能列举有力的论据支持他们的观点。你应该认真倾听，也可以简单明了地说出自己的想法，但不应作出任何断言。由于他们的独立性，沟通中最好用经过检验和证实的事实材料向他们论证你的观点。与这类下属沟通的策略是：

① 给予下属充分的自主权。这类下属只需要较少的指导，因此可以根据他们的能力给予相应的自主权。

② 充分发挥这类下属的积极主动性，帮助他们发展，并履行诺言。

拓展阅读4-2

本章小结

人际沟通是指人与人之间的信息传递和情感交流过程。它是群体沟通和组织沟通的前提和基础。

自我袒露就是一个人告诉另一个人一些自己不会随便透露给其他人的事情。自我袒露是沟通双方彼此打开心扉，倾吐自己思想和情感的过程。自我袒露在人际沟通中是有必要的。在成功的人际沟通中，自我袒露应当是互动的、循序渐进的，应当是有回报且对等的，还要充分认识自我袒露的风险。

成功人际沟通的要点有：让对方觉得值得与你沟通交往；注意维护对方的自尊心；避免争论；学会批评。

受众分析，要明确沟通受众是谁；明确沟通受众对所沟通问题的了解程度；了解沟通受众可能的态度和反应；要求沟通受众所采取的行动是简单可行的；激发沟通受众对沟通的兴趣。

沟通受众可以从心理需求、信息处理方式、沟通受众个人气质和个性等角度进行分类。不同沟通对象的特点不同，沟通策略也应当有所差异。在与上司和下属沟通时，需要采取不同的沟通方法与策略。

主要概念

人际沟通　自我袒露　初始受众　"守门人"　主要受众　次要受众　监督型受众　成就需要型受众　交往需要型受众　权力需要型受众　思考型受众　感觉型受众　直觉型受众　知觉型受众　分析型受众　规则型受众　实干型受众　同情型受众

基本训练

❖ **知识题**

1. 什么是人际沟通中的自我袒露？自我袒露需要掌握哪些原则和技巧？

2. 成功的人际沟通的要点有哪些？

3. 说明沟通中受众导向的含义及重要性。

4. 说明受众分析的步骤和内容。

5. 人际沟通中，如何对沟通受众进行分类？对不同类型沟通受众的沟通策略各是什么？

6. 与上司沟通的原则和要点各是什么？

7. 从沟通的角度看，上司可以分为哪些类型？相应的沟通策略各是什么？

8. 与下属沟通的原则和要点有哪些？

9. 从沟通的角度看，下属可以分为哪些类型？相应的沟通策略各是什么？

❖ **技能题**

1. 根据本章的沟通案例4-1所提供的资料，分析说明为什么在做销售活动策划时，一定要找准合适的目标人群，而不是选择市场中所有人群，或者市场中比例最大的人群。

2. 在总结与上司和下属沟通的原则、策略和技巧的基础上，搜集相关资料，并总结归纳与同事沟通的原则、策略和技巧。

第2篇 商务沟通的技能与方法

第5章 口头沟通与面谈技巧

学习目标

知识目标

掌握口头沟通的特点、基本要求和种类；理解口头表达技巧和语言艺术的要点；理解面谈沟通的基本技能；理解常见面谈类型的要求和实施技巧。

技能目标

掌握基本的口头表达技巧和语言艺术；根据面谈目的拟订和实施面谈计划；掌握基本的求职面谈技巧。

❖ **引例**

1990年1月25日21：34，美国哥伦比亚航空公司阿维安卡52航班发生了燃油耗尽的坠毁空难，机上共73名工作人员和乘客遇难。事后调查表明，这场悲剧完全是由于沟通障碍，即燃油不足状况这一简单的信息既没有被清楚地表述，也没有被充分接收。

当天19：40，阿维安卡52航班飞行到距离新泽西海岸上空37 000英尺（约11公里）的高空。飞机上的燃油足够维持将近2个小时的航程。在正常情况下，飞机半小时后就可以降落在纽约肯尼迪机场上。20时整，机场航空管制员通知52航班机组成员，由于机场出现了严重的交通问题，他们必须在机场上空盘旋待命。20：45，52航班的副驾驶向肯尼迪机场报告说他们的"燃油快用光了"。肯尼迪机场地面控制人员作了应答，但在21：24前没有批准该飞机降落。在此期间，52航班机组成员再也没有向肯尼迪机场报告任何燃油短缺、情况危急的信息。但事后发现，在此期间，机组成员互相焦急地讨论着燃油逐渐减少的问题。

21：24，飞机被迫降落，但由于飞行高度太低和能见度太差，第一次试降失败。当肯尼迪机场指示飞机进行第二次试降时，机组成员再次提到他们的燃油将要用尽，但飞行员告诉地面控制人员新分配的飞行跑道"可行"。21：32，飞机的两个引擎停止工作。1分钟以后，另两个引擎也停止了工作，燃油耗尽的飞机于21：34在长岛海滩坠毁。

当调查人员研究考察了飞机上的黑匣子并与当事的地面控制人员谈话后，他们发现导致这场悲剧的原因是沟通障碍。

分析那天晚上发生的事件，飞行员一直说他们"燃油不足"，地面控制人员却告诉事故调查者，这是飞行员们经常使用的一句话。当降落延误时，地面控制人员假设每架飞机都有燃油缺乏的问题，但是如果飞行员发出"燃油危急"的呼叫，地面控制人员就有责任让这架飞机先于其他飞机降落。一位地面控制人员指出："如果飞行员宣称'情况紧急'，那么所有的规则程序都可以不顾，我们会尽可能以最快的速度引导其降落。"遗憾的是，该飞机飞行员从未说过"情况紧急"，所以肯尼迪机场的地面控制人员从未了解飞行员当时所面临的真正困境。

此外，飞行员的语调也并没有表现出燃油缺乏问题的严重性和紧迫性。这些地面控制人员接受过专门训练，可以在这种情境下捕捉到飞行员声音中极细微的语调变化。尽管52航班的机组成员之间非常不安地讨论着燃油问题，但是他们同肯尼迪机场沟通时的语调是十分冷静和正常的。

最后，飞行员和机场管理部门的文化习惯使得该飞机的飞行员不愿意声明飞机的"情况紧急"。飞行员在正式报告"情况紧急"之后，就需要写出大量的书面报告。另外，如果发现飞行员在计算飞行过程需要多少油量方面疏忽大意，联邦飞行管理局就会吊销其驾驶执照。这些不利因素极大地阻碍了飞行员发出紧急呼救的信息。

资料来源　《全球一流商学院EMBA课程精华丛书》编委会. 商务人员的沟通［M］. 北京：北京工业大学出版社，2003：29-30.

5.1　口头沟通概述

口头沟通具有沟通对象的广泛性和沟通形式的灵活多样性等特点，因此是应用最广泛的一种沟通形式。口头沟通的对象既可能是公司内的同级、上司或下属，也可能是公司外部的客户、其他商业机构、新闻媒体，甚至是政府有关部门的人员。口头沟通的方式既可以是一般的面谈，也可以是专题发言，甚至是发表正式演讲。

5.1.1　口头沟通的优点和缺点

（1）口头沟通的优点

与其他沟通方式相比，口头沟通具有如下的一些优点：

第一，可以综合运用多种手段和媒体，适合复杂问题的沟通。口头沟通中，沟通者既可以传递语言信息，也可以传递非语言信息，还可以利用各种视觉辅助手段，如投影仪和模型等，来改善沟通效果，所以口头沟通适合处理复杂的问题。特别是在双方对所讨论的问题知之甚少，或者分歧比较严重的情形，口头沟通能取得其他形式的沟通所无法达到的效果。

第二，可以迅速获得对方的反馈。口头沟通的形式具有即时性的特点，便于双方对对方的观点和行为作出反应。因此，任何一方都可以迅速获得对方语言的以及非语言的反馈，从而决定新一轮沟通的策略。所以，口头沟通能大大提高沟通效率，缩短解决复杂问题的时间。

第三，口头沟通有利于培养感情，建立友好关系。面对面的口头沟通方式会给人以亲切自然的感觉，也表明双方比较重视。如果双方能取得一致意见，就能产生认同感，培养起感情，从而逐渐建立起友好关系。所以，口头沟通往往会增大沟通成功的可能性。

（2）口头沟通的缺点

第一，口头沟通对时间和地点要求较高，有时也较费时间。较正式的口头沟通，如面谈，需要事先对时间和地点进行磋商和安排，还必须安排在双方都方便的时间和地点。安排本身就需要花费时间。在口头沟通过程中，必要的寒暄加上反复的讨价还价，甚至一再地重复强调某件事情或某种观点，都会使口头沟通过程需要花费比较长的时间才能完成；时间过短，难以达到预期的沟通目的。

第二，口头沟通不利于掩饰和控制情绪。在面对面的口头沟通过程中，双方都会通过大量的非语言信息来推测和理解对方的真实意图，因此，任何一方想要掩饰都是比较困难的。也正因为口头沟通中非语言信息比较丰富，肢体语言会比口头语言更容易冒犯对方。在双方意见分歧和冲突较大的情况下，双方就不容易控制各自的情绪，往往会导致一方的过激反应，使沟通陷入僵局。

5.1.2 口头沟通的基本要求

口头沟通要达到预期的目的，必须注意如下几个方面：

（1）准备充分

口头沟通之前必须做好充分的准备。

第一，要酝酿好口头沟通的内容。要明确哪些话先说，哪些话后说，说到什么程度，重点是什么，哪些话该说，哪些话不该说。对采用什么方式来表达，也应该做到心中有数。

第二，要做好运用非语言手段的准备。对如何运用非语言的手段来补充和完善口头表达的内容要有一个初步的计划。

（2）主题明确

在书面沟通中，信函和报告要求主题明确。其实在口头沟通中，不管是面谈、会议讨论发言还是演讲，凡是较正规的口头沟通都应当有明确的主题。主题不明确，交流就不能深入，沟通的受众只是感到受一大堆杂乱无章语言的刺激，起不到沟通的效果。尽管在不太正式的口头沟通中，沟通内容和形式可以灵活多样化一些，但主题应当是明确的。

（3）语言简洁生动，语气、语调要恰到好处

我们在第1章中已经谈到，任何有效的商务沟通的语言都必须是清晰、准确、简明、完整、有建设性和礼貌的。但是，在现实中，要在口头沟通中做到语言简洁生动，经常比书面沟通更加困难。口头沟通不像书面沟通那样可以反复修改，许多人在口头表达时往往说话烦琐拖拉、空话和废话连篇、语言呆板枯燥、用语隐晦艰涩等。结果，轻则对方觉得索然无味、不感兴趣，重则对方不得要领、一头雾水。口头沟通中所选用的语言一定要适合沟通的环境和场合，既保证所使用的语言简明扼要、凝重有力、意味深长，又保证表达富有活力、生动感人。

口头沟通时，即使是同一句话，用不同的语气、语调来表达，所表达的意思和取得的效果也会大相径庭。同样一句赞美的话语，用平和而诚挚的语调说出来，会使别人感到高兴和自豪；用阴阳怪气的语调说出来，会使人感到讽刺和挖苦。因此，语气、语调是口头沟通中特别需要注意的。

（4）谨慎和留有余地

口头沟通的形式往往是你一言、我一语，便于双方迅速作出反应。如果一方事先考虑不周，很可能出现冒犯对方的情形，在对方心目中造成不良的印象。因此，口头沟通中采取谨慎的态度是必要的。在口头沟通前就应当根据对方的情况，估计对方会怎样理解，能否接受你的观点、能接受多少等，并由此决定说话的分寸。说话一定要留有余地，不要把话说得太绝，要根据场合和对象的特点来决定措辞、语气和语调，点到为止。

（5）善于倾听

口头沟通并不仅仅局限于通过说话来表达自己的想法。有效的沟通是一个双向的交流过程。要达到沟通的目的，沟通者所说的话必须有的放矢。因此，沟通过程中一定要先听清楚别人所说的话，再表达自己的意思。要听清楚别人所说的话，不仅要听清对方的声音，更要准确地理解对方所表达的意思。这就需要善于倾听。要做到善于倾听并不容易。口头沟通中，一方既可能想明确表达自己的思想，也可能并不愿把真实意思明确表达出来，而把它隐藏在其他话语之中。因此，沟通双方不仅要用耳朵听清对方的声音，更需要用心来听懂对方的真实意思。

5.1.3　口头沟通的种类

5.1.3.1　面谈

两个或两个以上的人之间的面谈是一种最常用的口头沟通方式，也是众多口头沟通方式中最为重要的沟通手段。所有其他的沟通方式，包括发言、正式演讲，甚至连书面材料的撰写都只是这一沟通形式的变化。一个商务或管理人员如果不能掌握有效的面谈技巧，就可能无法胜任其本职工作。

面谈形式多样，既包括非正式的比较随意的聊天和谈心，也包括比较正式的会见和洽谈。在对面谈进行分类时，最有价值的是根据目的和涉及内容对面谈进行的分类。此时，面谈主要可以分为信息搜集面谈、招聘和求职面谈以及绩效评估面谈等三种形式。每一种面谈的要点和技巧，我们将在本章的后面部分进行讨论。

5.1.3.2 发言

发言既有事先准备的发言，也有事先未作充分准备的即兴发言。即兴发言是在特定场合，为实现自己的表达意愿或应现场需要而临时所作的发言。即兴发言既可能是主动的，也可能是经邀请或督促所作的被动发言。发言的种类包括以下方面：

（1）传递信息的发言

要在短时间内向受众提供他们原来不知或知之甚少的信息，发言者事先必须清楚受众对信息的了解程度，从而避免说得太多或太少。为了更清楚、直观地说明问题，最好事先准备一些辅助性的道具，如图表、照片或模型等。

（2）引荐发言

引荐发言是指为了激发或要求受众去听发言人的讲话而作的发言或讲话。引荐发言应具体、有针对性、简短而吸引人。做好引荐发言的关键是，既要了解发言人，也要了解受众，要善于从双方背景中找出令人感兴趣的内容和共鸣点，并强调受众将如何得益于发言人的讲话。

（3）介绍、总结和汇报

这类发言总是围绕某个项目、某项议题或者某个活动进行。介绍性发言特别要求语言通俗易懂。总结和汇报性发言则要求所包括的内容全面完整，通常应包括执行过程、取得成绩、存在问题、解决方案和今后计划等。

5.1.3.3 演讲

演讲是一种事先经过充分准备的、正式的口头沟通，往往需要较高的艺术性和技巧性。演讲广泛地应用于企业的内外部沟通之中。根据目的不同，演讲又可以分为多种形式。演讲的特点又要求演讲者掌握一些专门的技巧和手段。有关这些内容，我们将在随后的专门章节中进行讨论。

5.2 口头表达的技巧与艺术

5.2.1 口头表达的技巧

5.2.1.1 保持良好的说话神态

面对面的口头沟通中，人们不仅会从说话人的语言中，而且会从说话者的神态中来揣度他的意思。因此，说话神态也是口头表达的重要手段之一。说话神态往往受下列几方面因素的影响：

（1）外表形象应干净整洁和适合环境

商务沟通中，外表形象会影响对方对你的看法、对你讲话的理解，对方甚至在听你讲话之前就可能根据外表形象对你形成某种看法。不适当的外表形象很可能造成误解和偏见。商务沟通对外表形象的要求是保持干净整洁和适合环境，那种刻意"追求时尚"或

"保持正统"的做法都是不可取的。

（2）良好的姿势

说话者的姿态会影响对方的情绪，并直接影响讲话的效果。讲话时，斜靠或没精打采的姿态会给人一种疲倦、厌烦和乏味的感觉；坐姿和站姿给对方留下的印象也会大不相同。特别要注意避免因情绪和心理的原因造成失态，这将严重影响沟通效果。

（3）保持礼貌、友好和自然的态度

口头沟通时的态度容易受当时情绪的影响。无论如何，控制情绪、保持礼貌和友好的态度是有必要的。要做到这点，关键是换位思考，站在对方角度看问题，让自己感受对方的感受。这样，即使面对任何恼怒，都不难保持礼貌和友好的态度。无论是面对上司还是下属，态度都应当自然。对对方来说，态度自然是令人信赖和说服对方的基本条件。态度自然也体现了说话者的真诚。对说话者本人而言，不自然的态度也表明讲话者缺乏自信。

（4）保持机敏和愉快的情绪，要富有激情

机敏能使人视野开阔、反应灵敏；愉快能使人语调动人、富有兴趣，结果都能对对方产生更大的吸引力。说话要充满感情，声音要富有激情，这样做能大大增强说服力。要保持激情，自己就应该对所讲的内容充满兴趣，关心受众的感觉，并做到全身心地投入。

（5）保持目光接触和交流

说话的人与受众之间保持目光接触，就表示了一种友好的愿望和重视对方的行为。说话时从不看对方就表达了对对方"不感兴趣"或"不喜欢"的感觉，也可能反映了对自己"缺乏自信"或"把握不大"的信号。当然，目光接触要适度，既要避免目光不接触，也要避免目不转睛地凝视。

5.2.1.2　提高声音质量

声音质量主要包括以下方面：

（1）音调

音调高给人以细、尖、刺耳的感觉；音调低给人以粗犷、深沉的感觉。选择适当的音调对保证沟通效果是至关重要的。

（2）音量

音量大小要适合环境。音量的大小主要是由场地大小、受众人数多少以及噪声大小等因素所决定的。

（3）语速

语速快给人以一种紧迫感，对促使受众的理解是有帮助的，但长时间的语速过快又会影响受众的理解。通常，公共场合的语速要快于平时的语速；语速应随句子重要性的变化而改变；适当地使用停顿是有必要的，也是有用的。

（4）语调

语调是音调、音量和语速的组合变化。语调的变化常常与说话者的兴趣和强调的重点密切相关。因此，撇开说话的内容不算，语调本身就可能不自觉地流露出说话者的态度和感情，表现出喜怒哀乐。

5.2.1.3 确保语言清晰和准确

（1）清晰

首先是思维清晰。说话的人能够清晰地表达自己的想法，条理性强，表达流畅，语言简洁。其次是所使用的词语要含义明确，是受众所熟悉和容易理解的。

（2）准确

要保证用词能够精确地表达自己的意思，避免使用易引起争论和易产生歧义的语句。准确也要求引用的依据或事实恰当、可靠，避免作没有事实依据的评说。

5.2.2 口头表达的艺术

5.2.2.1 直言不讳

直言不讳是一种最简单的表达方式。在许多场合下，直言不讳又是一种最合适的表达方式。首先，直言是真诚的表现，是双方关系密切的标志。相反，委婉可能造成心理上的阻隔感，产生一种"见外"的感觉。其次，直言是说话者自信的结果，而自信是交往的必要基础。严重缺乏自信的人是很难与人打交道的。在真诚和具有足够自信的情况下，直言不讳往往具有意外的效果。

不过，直言不讳不等于粗鲁和不讲礼貌。在采用直言不讳的表达方式时，应当注意配合适当的语调、语速、表情和姿态等，这样就较容易使人接受。用直言不讳的方法来表示拒绝、制止或反对的意见或态度时，如果能诚意地陈述一下原因和利害关系，则效果会更好一些。

5.2.2.2 委婉

在不便直言的情况下，采取委婉的表达方式是个好办法。适合采用委婉的表达方式的情形有两种：一是因为不便、不忍或不雅等原因而不能直说的事，借用相关或相似的东西来烘托要说的本意；二是在对方接受正确意见存在情感障碍时，只有采用婉转的语言才更能促使对方接受正确意见。

最通常的委婉的表达方式是用相关的事物、相关事物的特征或相关事物间的关系来取代或类推本意所要说明的事物、特征或关系等。例如，在中华人民共和国成立之初的一次记者招待会上，一位美国记者问当时的周恩来总理："请问中国人民银行有多少资金？"周恩来总理说："中国人民银行现有18元8角8分。"周恩来总理借用人民币的面值总额来代替资金总额，巧妙委婉地回答了这一问题。

5.2.2.3 模糊

模糊就是以不确定、不精确的语言来描述事物、进行交流，以达到既不伤害或为难别人，又保护自身的目的。模糊的表达方式主要用在不便直说、想要说话留有余地而采取委婉言语的情形。

例如，有人问："你说广州产品好还是上海产品好？"一个富有经验的商务人员一般会回答："各有各的特点。"

又如，相传，王安石的小儿子从小就口齿伶俐、智慧超凡。有一天，有人想考考他，便指着一个关着一只獐和一只鹿的笼子问他："你说，哪个是鹿，哪个是獐?"这孩子根本就不认识这两种动物，于是思索片刻便答道："獐旁边是鹿，鹿旁边是獐。"

5.2.2.4　反语

当说话的人言不由衷，口头表达上不得不采用与心里想的完全相反的语言来表达自己的真实意思时，就是反语。采用反语或者是因为有难言的隐情，或者是怕忌讳，不能直说。在《红楼梦》第七十四回的大搜查中，有如下一段对话：

探春见凤姐带来一大群人，故意问她："何事?"

凤姐笑道："因丢了一件东西，连日访察不出人来，恐怕旁人赖这些女孩子们，所以大家搜一搜，使人去疑儿。倒是洗净她们的好办法。"

探春冷笑道："我们的丫头自然都是些贼，我就是头一个窝主。既如此，先来搜我的箱柜，她们所偷来的都交给我藏着呢。"

5.2.2.5　沉默

沉默有多种含义：它既可以表示无言的赞许，也可以表示无声的抗议；既可以代表欣然默认，也可以代表保留己见；既可以用来说明自己决心已定，无须多言，也可以用来说明自己附和众议，别无他见。

俗话说"沉默是金"。在适当的场合、合适的时候，沉默是自信和有力的表现，既是迫使对方接受你的观点的有效办法，也给了对方一个改变态度的机会。

沉默也是一种巧妙地表达拒绝的手段。在无法答应或满足别人的请求时，如果简单地回答"不"，可能让对方感到生硬，甚至难以接受，但是只要你一直维持倾听的姿态，在对方要你发表意见时保持沉默或一笑置之，别人就会明白你的意思。

谈话中间的停顿也是一种特殊形式的沉默。美国的林肯总统就经常在谈话途中利用停顿来增强沟通的效果。当他说到一项要点，而且希望听众在脑子中留下深刻印象时，他就会身体向前倾，直视着对方的眼睛，甚至会足足保持一分钟之久，却一句话也不说。这种谈话中间突然的停顿所造成的沉默，能够吸引人们的注意力，促使对方集中注意力，全力倾听下一句话的内容。

5.2.2.6　自言自语

这里所指的自言自语，并不是处于独处场合时的，而是发生在公共场合时的自言自语。商务活动中的自言自语，尽管表面上看是自言自语，但实际上是说给别人听的。在适当公众场合的自言自语，具有多种作用：引起别人的注意，赢得交谈的机会，争取同情和帮助等。

5.2.2.7　幽默

幽默的表达方式可以帮助我们达到如下多种不同的目的：

① 化解难堪和尴尬。

② 化解矛盾，缓和气氛。有人在公交车上不小心踩了别人一脚，连忙道歉。被踩的人则风趣地说："不，是我的脚放错了地方。"这个人的大度和幽默就成功地化解了矛盾。

③ 用来含蓄地表示拒绝。例如，第二次世界大战时期，一位好友问当时的美国总统罗斯福关于美国潜艇基地的情况。罗斯福反问那位好友道："你能保密吗？"好友回答："能。"罗斯福笑着说："你能，我也能。"好友也就知趣地不再问了。

④ 用来针砭时弊。例如，领导问："你对我今天的报告有什么看法？"一位群众说："很精彩。"领导说："真的？精彩在哪里？"群众说："最后一句。"领导说："为什么？"群众说："你说'我的报告完了'时，大家都转忧为喜，热烈鼓掌。"这位群众用幽默的手法讽刺批评了这位领导长篇大论的空头报告。

⑤ 作为有力的反击武器。例如，德国大文豪歌德一次在公园散步，遇到了一位恶意攻击他的批评家。那位批评家不肯让路，并傲慢地说："我从不给傻瓜让路。"歌德立刻回答："我完全相反！"说完，立刻转到了一边。

但是，幽默手法的运用必须自然，切忌牵强做作，防止运用不当带来副作用。值得注意的是，幽默并不等同于简单的笑话或滑稽。幽默是一种风格和行为特征，幽默是智慧、教养和道德处于优势水平下的一种自然表现。所以，幽默的正确运用是需要积累和磨炼的。

5.2.2.8　含蓄

对许多只可意会不可言传的事情，采用含蓄的表达手法是最合适不过的了。同时，含蓄常常采用暗示的办法，耐人寻味，因此也是一种既让人感受到尊重，又让人得到启示的表达方法。

例如，某个班级上课时，因进修生和旁听生多，时常挤得在校生没有座位。为了改变这种情形，班长在上课前宣布："为了尽可能地让来我班听课的进修生和旁听生有座位，请本班同学坐前六排。"这实际上暗示了进修生和旁听生不可坐前六排。

与其他同样也能给人启示的表达手法相比，含蓄的手法还具有如下几个特点：

（1）含蓄既可以起到暗示作用，又可使说话者不失矜持和自尊

有位男生想向一位心仪已久的女生表白爱意，但又怕遭到拒绝和难堪。于是他找了个机会对女生讲："听说有缘的男女，各拔一根头发可以打成结；无缘的男女，头发打不成结。你能让我们的头发试一试吗？"那个女生也非常大方地说："那你就从我头上拔一根吧。"就这样这对年轻人运用含蓄的手法，巧妙地完成了相互间的表白。

（2）含蓄在启示的同时可以避免分歧，不伤和气

例如，在 1972 年中国为美国总统尼克松举行的酒会上，周恩来总理说："由于大家都知道的原因，中美两国隔绝了 20 多年。"这种含蓄的手法既影射了美国敌视中国的责任，又不伤害客人的面子，甚至也暗含了对客人明智之举的赞赏。

5.2.2.9　比喻

当很难对复杂对象进行清晰的解释说明，或者无法向某些特定对象直抒己见时，比喻往往就是一种适当的表达方式。历史上许多名人用比喻来成功地劝谏君王的例子俯拾皆是。沟通案例5-1就是一个用比喻来简洁地说明复杂事物的例子。

沟通案例5-1

拓展阅读5-1

5.3　面谈沟通的基本技能

5.3.1　面谈的特点及应用

5.3.1.1　面谈的含义和特点

面谈是指任何有计划、受控制的，在两人或更多的人之间进行的，参与者中至少有一人是有目的的，并且在进行过程中双方互有听和说的谈话。由此可见，面谈既可以是沟通者与沟通对象之间以一对一的形式进行，也可以以一对多的形式进行。面谈是人际沟通的重要形式。

根据上述定义，面谈具有以下几个特征：

① 目的性。参与面谈的一方或双方具有明确的目的。

② 计划性。沟通者对谈什么（what）、何处谈（where）、何时谈（when）、与谁谈（who）和如何谈（how）等都要有预先的计划。

③ 控制性。有一方对面谈处于控制地位，或者由双方共同控制。

④ 双向性。面谈必须是相互的，而不是单向的批评或教训。

⑤ 即时性。面谈一般要求沟通双方即时地对沟通信息作出反应。

常见的面谈类型是信息搜集面谈、招聘和求职面谈、绩效评估面谈等。

5.3.1.2　面谈沟通的应用

根据面谈的上述特征，我们在应用面谈沟通时应当注意如下几点：

（1）面谈不同于通常的闲聊

通常的聊天因为既没有明确的目的，也没有计划性，所以尽管在形式上类似于面谈，但并不能称之为面谈。面谈作为一种特殊的交流形式，与工作有明确的目的相关性。

（2）面谈需要制订计划和策略

面谈只是一种以口头语言作为媒介的沟通方式。因此，与一般沟通一样，面谈也需要针对沟通对象的特点，结合自身的特点，制订相应的沟通计划和策略。

（3）与书面沟通相比，面谈对沟通技巧的要求更高

面谈作为一种面对面的口头沟通方式，无论在信息的组织还是信息的表达方面，对沟通技巧的要求都比书面沟通高得多。这一方面是因为面谈的即时性特征，要求沟通者掌握快速的反应能力、灵活的信息组织技巧和及时的受众分析技能；另一方面是因为在日常沟通中，口头沟通的可能性比书面沟通要大得多。一个成功的沟通者必须具备随时随地与各类不同的对象进行面谈沟通的能力。面谈沟通的技巧在一定程度上将决定一个人的职业生涯的成功，所以，几乎每个人都面临着如何把自己培养成为一个成功面谈者的挑战。

5.3.2 面谈的计划

对面谈进行计划是非常有必要的，这是因为：首先，面谈既然是一种有目的的活动，就必须努力为确保目标的实现而制订行动方案。其次，面谈是一种互动性极强的活动，参与各方会你一言我一语，各抒己见，任何一方为了实现自己的目标必须采用正确的策略和技巧。最后，面谈实施的结果又会受到时间和地点等环境条件的影响，具有一定的不确定性。只有事先进行周密的计划，才能达到预期的目标。面谈的计划包括以下方面：

5.3.2.1 确定面谈目的

面试人员自己首先要搞清楚"为什么要进行这次面谈""通过面谈想要达到什么目的"。只有明确了这些问题，再考虑到面谈对象的特点，才有可能选择合理的面谈策略、时间和地点等问题。

面谈的具体目的大致可以分为如下四类：

第一，信息的传播，如上司就某项决策或活动安排与下属进行的面谈，营销业务人员为介绍某种新产品与客户进行的面谈。

第二，试图改变对方的信念、态度或行为，如直接向客户进行产品推销、劝告和绩效评估等。

第三，解决问题和寻求对策，如招聘面试、申诉和讨论等。

第四，探求和发现新信息，如市场调查、民意测验、学术讨论和记者调查等。

5.3.2.2 面谈问题设计和信息准备

问题是面谈中获取信息的基本手段，会直接影响面谈的成功与否。必要信息的准备是保证面谈取得成功的基础。面谈中的问题设计和信息准备要考虑两方面：一是问题应来源于目的，问题设计应为达到面谈目的而服务；二是问题设计要适合面谈对方的特点，保证对方理解，加强相互之间的有效沟通。

（1）问题和信息内容的设计

其应当基于如下两方面的考虑：

第一，根据需要从对方搜集什么样的信息来组织问题。沟通人员事先就应当把需要从对方获取的信息进行归类，并根据内在的逻辑关系进行排序，剔除那些重复的问题，也避免遗忘必要的问题。

第二，根据满足对方可能提出问题的需要来准备信息。面谈既然是互问互答的，就必须考虑到对方可能提出哪些问题。以满足对方提问的要求，以及提供足够的信息和证据来说服对方为出发点来准备必要的信息资料。

（2）问题组织形式的设计

面谈中问题的组织可以采用以下两种形式：

第一，开放式问题。这是一种只提问题，不给出备选答案的问题，如："你认为本公司的业务流程应当作哪些改进？"或者"你对这个业务拓展计划的总体评价是什么？"开放式问题允许对方自由地表达他们的意见、观点和感受，让对方感到谈话过程无拘无束。这类问题有利于发展沟通双方相互之间的关系。但是，从回答的角度看，对开放式问题，沟通对方既可能感到难以回答，也可能滔滔不绝，不着边际，比较浪费时间，难以控制面谈的进程。

第二，封闭式问题。其不仅提出问题，而且提供几种可能的答案供对方选择，如："你选择在 A 部门工作还是在 B 部门工作？"封闭式问题特别适用于面谈时间有限，或想要搞清开放式问题中某一点具体信息的情形。

表 5-1 是开放式和封闭式问题适用场合的比较。

表 5-1　　　　　　　　　　　开放式和封闭式问题适用场合的比较

开放式问题适用场合	封闭式问题适用场合
★ 了解对方优先考虑的事情	★ 节省时间、精力和费用
★ 让对方无拘无束地讨论他的看法	★ 维持和控制面谈的形势
★ 明确对方的知识深度	★ 从对方获取非常特定的信息
★ 搞清对方的表述能力	★ 鼓励腼腆的人说话
★ 鼓励对方完整描述一个特定事件	★ 避免对方泛泛而谈

5.3.2.3　面谈结构安排

面谈结构安排是要确定面谈中讨论问题的次序，确定怎样把有关议题结合起来才能取得最理想的效果。安排议题顺序的两种最常见方法是"漏斗型顺序"和"倒漏斗型顺序"。漏斗型顺序是从一般性问题开始，然后转向特定性问题。倒漏斗型顺序则正好相反，从特定性问题开始，然后转向一般性问题。漏斗型顺序从探究对方总体看法入手，避免诱导对方，促使对方愿意讨论这个议题。倒漏斗型顺序从了解特定事实入手，能鼓励那些不愿开口的人参与讨论，并唤起回忆，获得他们的总体看法。因此，选择哪一种顺序既取决于想在面谈中得到什么信息，也取决于对方的具体情况。

5.3.2.4　面谈环境的选择

（1）面谈地点的选择

其对面谈的气氛和结果有可能产生较大的影响。总体上说，选择一个熟悉的环境可以使自己对面谈气氛有更强的控制力。如果不能做到，也可以选择一个中立的环境，营造一种轻松的气氛。

（2）面谈时间的安排

其会影响面谈的质量。时间仓促的面谈往往难以达到预期的效果。重要的面谈应该安排在双方都有宽裕时间的时候。因此，应尽可能提前安排好面谈时间，确保双方安排好各自的工作，使面谈不受干扰。

5.3.3　面谈的实施

面谈的实施一般可以分为三个阶段：

5.3.3.1　面谈开始阶段

一般地说，面谈应当从建立关系、创造气氛开始。面谈者要与对方建立良好的关系，创造一种舒适、和谐和开放的气氛，让参与者能够自由轻松地进行交流，并且在整个面谈过程中，要不断注意和分析面谈氛围。如果发现气氛不合适，要适当把议题从实质性内容暂时引向其他相关的、轻松的话题，以便维护一种和谐和开放的氛围。

（1）面谈开始应传递的信息

面谈开头几分钟形成的印象好坏对面谈能否成功影响很大。因此，应当传递一种尽可能好的印象。问候之后，应当鼓励对方乐于参与面谈。通常的方法是请求对方的帮助，或者告诉对方选择与他面谈的原因。

随后，你就应当告诉对方，面谈的具体目的是什么，他或她将怎样有助于达到这个目的，以及你将怎样利用面谈中获得的信息。开始阶段结束时，应当以一个适当的过渡进入面谈的主体部分。

（2）面谈开始的方式和技巧

为了达到创造一种适宜面谈氛围的目的，面谈开始阶段要坚持尽量开诚布公和建立和谐关系两个原则。下面是一些可供选择的面谈开始方式和技巧：

① 开诚布公，从就某个特定问题征求对方意见或寻求帮助开始。

② 从概述对方或自己所面临的问题开始。当对方对问题略知一二，但又不是很清楚时，这种方式比较有效。

③ 以提出惊人或引人注目的消息或事实开始。这种方式在紧急情况下或对方表现相对冷漠时很有效。

④ 不谈问题本身，而从探讨问题背景、原因或起因开始。这种方式在对方可能对你的观点抱有敌意，且熟悉问题时较为有效。

⑤ 从对方曾经提出过的对特别问题的看法开始。这种方式在对方就某一问题已经有了众所周知的立场，要求你提出建议，或很可能强烈反对你的想法时最有效。

⑥ 从说出派你与对方面谈的人或组织的名称开始。当对方不认识你时，这样做相当于提供了一封"介绍信"。

5.3.3.2　面谈主体阶段

面谈主体阶段的主要任务是对谈话议题的深究。深究是通过一方提问，另一方倾听和回答，继而另一方提问，一方倾听和回答，这样一种渐进的方式来实现的。由此可见，面谈中深究的主要手段就是适当地提问，通过提问获取所需要的信息。以深究为目的最常用的提问方式有以下几种：

（1）深入性提问

面谈者在对某个问题感兴趣，又觉得对方所提供的信息不够详细或回答不够充分时，就可以通过深入性提问来促使对方提供更具体、更详细的内容。例如："那么，你能用三个例子来说明你们创业小组中的团队精神吗？"

（2）澄清式提问

面谈者在需要澄清或证实对方所说内容的准确性和可靠性时，可以利用澄清式提问。例如："你在原单位的人际关系真的很融洽吗？"

（3）相关性提问

面谈者在想要对方说明对两件事物之间联系的认识时，就应该采用相关性提问。例如："你认为最近家电连锁大卖场之间发生的兼并事件，对我们公司会有何种影响？"

（4）激励性提问

面谈者在需要激励对方或给予对方勇气时，就可以采取激励性提问的方法。例如："已经有五个办事处表示能按时完成销售指标，你们有什么计划？"

（5）征询性提问

面谈者为了解对方对自己观点的意见和建议时，就应该采取征询性提问。例如："你认为我们在武汉的推广方案有没有需要修改的地方？"

（6）假设性提问

面谈者为了考察对方处理具体问题的能力、思想、工作方式、对某些问题的态度或者经验，最好采用假设性提问。例如："如果你是营销部主管，你会如何处理与生产部主管的关系？"

（7）重复性提问

当需要确认某个问题时，也可以用直接重复对方的话的方式来提问。重复性提问也用来使对方了解自己在集中思想、认真倾听，以融洽气氛。

除了上述提问方式外，沉默往往也可以看作一种有效的探究手段。如果一方想要让另一方继续发表意见，就可以运用沉默来鼓励对方继续谈论。因为沉默的一方倾向于向对方传递一种想要从对方听到更多信息的要求。当然，沉默的时间不能太久，否则对方会变得不安。

对比较重要的面谈，最好在面谈过程中就把重要信息记录下来。但是在面谈中埋头记录往往又会分散注意力，打扰面谈的正常进行。所以作记录时应尽量做到不引人注目，不要让对方感到不安，也不要影响自己积极倾听对方的谈话。为此，要学会在做笔记时仍然与对方保持目光的接触。这是一种很难掌握的技巧，需要不断地练习才能做到。另一种有效的办法是事先根据所讨论的议题拟好一张标准格式的表格，面谈时依次填入相应的内容。这样就可以大大简化记录过程。

5.3.3.3　面谈结束阶段

面谈者在已经达到了预定目的时，就应准备结束面谈。面谈结束阶段的核心是得出结论。面谈者应当总结一下所得出的结论，以便进一步得到对方的认可；即使有误，也为对方提供了一个纠正错误的机会。此外，要让对方知道接下来对方应当采取什么行动。最后是感谢对方的合作，确保继续保持双方之间建立起来的良好关系。

5.3.4　面谈的禁忌和技巧

5.3.4.1　面谈的禁忌

(1) 随便议论别人的短处或隐私

在面谈沟通中，随便议论别人的短处或隐私，是有百害而无一利的。这样做不仅有损别人和自己的形象，而且可能惹出麻烦。如果事情是无中生有的，会对当事人造成极大的伤害。即使是当事人亲自把自己的隐私或丑闻告诉了你，你也没有权利把它告诉别人；如果贸然将它宣扬出去，就可能无意中造成严重的后果。所以，在面谈中既不应议论别人的短处，也不应打听他人的隐私。要是有人谈论某人的短处或隐私，你也只能听了就算，不应相信，更不可传播这些信息。

(2) 处处与人争辩

在面谈中争辩是一场既没有赢家，又可能伤害双方感情的战争，不仅会伤害对方，而且会给自己带来不快。在面谈中处处与人争辩，会损害对方的自尊，使人对你产生反感。处处与人争辩也会使自己染上专挑别人错误的恶习，变得狂妄而骄傲，结果失去许多朋友。

(3) 独占面谈时间或一味谈论自己的事

面谈的特点是你一言我一语、交互式的沟通。如果一方只顾自己，独自滔滔不绝地发表议论，就是忽视对方的存在、不给对方发表意见的机会的表示。这是一种非常不礼貌和冒犯的行为。另一些人则是热衷于谈论自己的事情，对与自己关系不大的事毫无兴趣，但自己感兴趣的事不一定能引起别人的兴趣。所以，一味谈论自己的事就可能给人留下傲慢自大的印象，引起别人的不快。

(4) 采用质问式语气或用生硬口气批评别人的错误

在面谈中采用质问式口气是最容易伤害感情的。争吵、矛盾和摩擦往往就是由于一方采用了质问式语气。面谈要取得效果，尊敬对方是基本的必要条件，但是质问会使别人感到难堪，自尊心受到伤害。

即使对方确实有什么不对，采用质问的语气也是不适宜的。正确的做法应当是，态度真诚大方地把自己的意见说出来，使对方心悦诚服。如果采用质问的口气来纠正别人的错误往往会造成被质问人觉得不知所措，自尊心受到很大的打击。如果对方也是个脾气不好的人，必然恼羞成怒，进而引起激烈的争吵。所以，采用质问的语气不仅使别人难堪，也可能使自己受到很大的伤害。

在指出或纠正别人的缺点或错误时，也要抱有极大的同情心，正确理解别人犯错误的原因。因此，说话口气要温和，不可采用过激的或使人听了不舒服的字眼。

(5) 自吹自擂

在别人面前自吹自擂是一种愚笨的行为。一个真正有本领的人，赞美的话应该由别人来说，而自吹自擂只会造成别人的反感。事实上，如果不自吹自擂，别人还可能称赞你；如果自吹自擂，别人反而可能瞧不起你了。所以，对自己不知道的事情，不要冒充内行，绝对避免不老实的自欺欺人的行为。

（6）故意刁难别人

有些人在面谈中喜欢故意刁难别人，专门表示与别人意见不同，以显示自己的高明。但是实际上，这种行为不仅不能获得别人的好感，反而可能惹人厌恶，被人瞧不起。如果在交谈中确实不同意别人的某些观点，那也应该说明自己不同意的是哪些观点，绝对不能采取一概否定的刁难态度。故意刁难只会使矛盾加剧；相反，表现出友好的态度和诚意，才能保证面谈取得积极的结果。

5.3.4.2　面谈的技巧

（1）针对具体人的问候效果更好

面谈开始时，通常需要向对方表示问候。如果问候是指名道姓的，就会显得比一般性问候更热情、更真诚。所以，说"李经理，你好，见到你很高兴"的效果就要比说"你好，见到你很高兴"好得多。

（2）态度要主动，并保持热情

面谈中即使对方事先并不了解你的一些情况和目的，你也尽量要主动开口，这既是礼貌的需要，也是珍惜时间的需要。在谈论某一个问题时必须倾注足够的热情。如果你本身对所谈论的问题就没有热情，对方也马上会失去对所谈论问题的兴趣。

（3）要诚实和坦率

即使是在小事情上作假，也很可能使你的众多努力付诸东流。因为一旦对方怀疑你的不诚实，就会影响别人对你整体信誉的评价。其实，谁都明白人无完人，即使涉及自己的缺点和过失也可以坦率地面对和承认，完全没有必要说假话。采取诚实和坦率的态度更能获得对方的信任和尊敬。

（4）要善于整理归纳，学会清楚表达

表达清楚是实现面谈沟通的基本要求。要表达清楚，就需要学会对面谈信息进行归纳整理。为此，首先，要学会从混乱的对话中整理出一条清晰的思路来；其次，表达要重点突出，让对方容易理解。

（5）要根据面谈双方的关系调整面谈姿态

与资历或学识比你浅的人面谈时，应当防止自己流露出自我优越感，在自我介绍时更应该表现得谨慎一些。在自我介绍后，应当给对方一个介绍情况的机会。相反，在与地位或资历比你高的人面谈时，又不应显得过于卑躬屈膝，而应当不卑不亢、从容大方，这样往往更能赢得对方的好感。

5.4　信息搜集面谈

信息搜集面谈根据目的不同又可以分为几种不同的类型。调查型面谈是要通过搜集信息，帮助分析得出相关的结论和作出解释，以便决定今后的行动。诊断型面谈则是通过搜集信息，确定存在的问题究竟是什么。研究型面谈是研究问题产生的原因，以及可能的解决方案。

计划或安排信息搜集面谈的程序可以分为三个步骤：

（1）搜集背景信息

在很多情况下，事先搜集必要的背景信息会对随后的正式面谈有很大的帮助。对很多问题而言，正式面谈前就搜集到一些基本信息是有必要的。如果能够从有关网站、某些出版物或者相关专业人士处获得所需要的背景信息，据此对随后的正式面谈进行计划和设计，就能更合理、更缜密。

（2）确定面谈目标和问题

确定面谈目标也是必不可少的重要一步。目标要尽可能具体，对重要的信息搜集面谈最好用文字记录下来，以便作为日后确认是否得到了所需要结果的依据。在明确了目标以后，还必须设计出一组帮助达到上述目标的问题。问题设计应当确保所搜集到的信息既包括事实，也包括别人的意见，并对两者进行清晰的归类。

（3）选择合适的面谈对象

信息搜集面谈是众多类型的面谈中唯一一种沟通者可以选择适当对象的面谈形式。在这类面谈中，对象的选择往往是决定面谈能否成功的重要因素。适当的面谈对象应当是既掌握你所需要的信息，又愿意给你提供信息的人。如果所选择的对象尽管掌握你所需要的信息，但不愿为你提供信息，或者尽管愿意为你提供信息，但并不掌握你所需要的信息，那么信息搜集面谈难以成功。信息搜集面谈过程中还需要保证对方能围绕你的目标和问题来展开，否则就可能一无所获。

沟通案例 5-2

5.5 招聘与求职面谈

招聘和求职面谈实际上是同一种面谈，只是面谈双方的目的不同，要求和对策自然也就有很大的差异。企业要求通过招聘面谈从众多的求职者中筛选出合格的员工，对应聘人员作出正确合理的评价，并发现那些具有良好素质和培养潜力的人才。而对求职者来讲，求职面谈则几乎是想要找到新工作、新职位的必经之路。掌握招聘和求职面谈的技巧无论对公司还是个人而言，都是一项必要的基本技能。

5.5.1 招聘面谈

招聘面谈往往是各类商务组织的一项经常性工作。要组织好招聘面谈，既需要事先认真做好计划，也需要掌握招聘面谈的技巧。

5.5.1.1 招聘面谈的内容及信息搜集途径

无论是公司还是其他组织机构，在挑选新成员时，都需要通过招聘面谈来评价求职者，以便判断他们是否具有从事某项工作所需要的技能，并最终决定是否应该接纳求职者。同时，在这类面谈中，面试人员通常还应当向求职者宣传自己公司或组织机构的形象。

招聘面谈一般会涉及四类不同的话题：

第一，求职者以前的工作经历；

第二，求职者的教育和培训背景；

第三，求职者的个性特征；

第四，求职者参加过的相关活动及兴趣。

在这四类话题中，招聘面试人员要根据工作的性质和求职者的个性特点来决定哪些话题应该是面谈的重点。

为了得到上述四类话题的有关信息，面试人员可以选择下列三种途径来组织面谈问题，获取必要的信息：

第一，运用对求职者拟承担工作的描述，来评价求职者所具有的与工作有关的技术、技能经验，以及是否具有适应组织环境的个性素质。

第二，围绕公司事先设计好的评价表来考查求职者的特征。

第三，根据求职者的简历来提出问题。此时面试人员要仔细阅读求职者所提供的简历，并着重询问求职者所具有的特殊技能和以前的工作经历问题。

5.5.1.2 招聘面谈的技巧

进行招聘面谈时，还需要注意询问问题的技巧。下面是关于询问技巧方面的三点建议：

（1）多涉及具体经历性的问题

一般地说，求职者过去的经历，特别是其行为往往是估计其将来业绩的非常有效的依据，特别是当求职者未来所处的情形与原先组织所碰到的情形相似时，更是如此。所以，进行招聘面谈时一定要提一些有关求职者具体经历的问题。如："你能否告诉我们你曾经成功完成的项目及其过程？"有时，求职者可能不愿谈具体经历和自己的行为，但即使如此，面试人员也应当深究下去，直到求职者提供具体的行为信息为止。

（2）保持询问问题的平衡性

面试人员既需要询问一些正面的问题，以获得正面信息，也应当询问一些反面的问题，以获取反面信息。这样做有助于面试人员全面了解求职者的认知和思考能力，同时促使求职者暴露可能隐藏的偏见。例如，在询问了一个正面问题后，可以接着问："你能否告诉我们，你曾经未能成功完成的项目是什么以及未完成的原因是什么？"这个问题也应同样要求对方提供具体的信息。

（3）运用PEOPLE原则

实施PEOPLE原则的具体办法如下：

第一，面谈准备（P：prepare）：

① 回顾求职者的求职申请、简历及其他背景信息。

② 准备一般性问题和个别、具体的问题。

③ 准备适当的、自然的面谈环境。

第二，建立关系（E：establish rapport）：

① 努力使求职者感到舒适。

② 表达真诚的兴趣。

③ 通过语言和举止表示支持性态度。

第三，获取信息（O：obtain information）：

① 提问。

② 深究。

③ 仔细倾听。

④ 观察求职者（如衣着、肢体语言等）。

第四，提供信息（P：provide information）：

① 描绘现在和将来的工作机会。

② 宣传公司的正面特色。

③ 对求职者的问题作出反应。

第五，结尾（L：lead close）：

① 澄清回答。

② 为求职者最终加入公司提供机会。

③ 说明接下来需要做什么事。

第六，评价（E：evaluate）：

① 评价求职者技术能力与工作要求之间的匹配性。

② 判断求职者的个性素质（领导力、成熟度和团队导向）。

③ 得出推荐结论。

5.5.2　求职面谈

求职面谈不同于一般的面谈，有其特殊性，要求求职者掌握专门的技巧，因此通常把求职面谈称作面试。求职面谈至少在以下三方面不同于一般的面谈：

首先，求职面谈中双方在地位上是不平等的。通常，招聘单位都处于决定性的主动地位，而求职者完全处于被动地位。

其次，招聘和求职的双方彼此缺乏足够的了解，需要经过一个从初步认识到逐步深化的过程。

最后，求职面谈的目的是对求职者的能力和经验进行评价，而不是简单地解决某个具体问题。

由于求职面谈的上述特殊性，求职者就需要努力掌握求职面谈的技巧。求职者在参加求职面谈前需要做好以下一些环节的工作：

5.5.2.1　求职面谈的准备

（1）充分的心理准备

面对关系自己前途的求职面谈，不同的人会呈现出不同的心态。如果心理状态不正确，就可能影响面试的效果。正确的应试心理应当是热情、积极、自信、平静和谨慎。在接到面试通知后，应试者应作出积极的响应，充满热情地投入到准备工作中去，并相信经过自己的努力能赢得成功。获得面试机会本身就是一件值得高兴和骄傲的事，每个求职者都应当珍惜每一次面试机会，展示自己的能力和才华，尽最大努力争取面试成功。

同时，应试者应当冷静地审视自己，如何才能发挥优势，弥补自己的不足，并作进一步的努力。此外，应试者应当以一种平静的心态来迎接面试的挑战。因为尽管经过准备，但是完全可能无法达到计划聘用人员的理想标准。只要自己尽了最大的努力，就应当对自己无怨无悔。

在面试过程中，作为一名应试者，既不应为有一点进展和成功而沾沾自喜、目中无人，也不应为没有结果和失误而妄自菲薄、自怨自艾。过度自负的心态会使人行为卖弄张扬，表现过分、出格；相反，过度自卑的心态则会使人过于拘谨，表现欠佳。所以，自负和自卑这两种极端的心态都是求职面谈中的大忌，是需要努力避免的。

（2）了解招聘单位的基本情况和职位要求

面试前就调查和搜集招聘单位的基本情况和职位要求，能令你在面试过程中受益无穷。相反，不了解招聘单位的基本情况和职位要求，会造成面试过程中心中无数、处处被动。尽管招聘单位成千上万，招聘职位千差万别，很难对面试过程中招聘人员提出的具体问题进行准确的预测，但是求职面谈经常会问到如下问题：

① 你了解我们单位吗？

② 你为什么来我们单位应聘？

③ 你为什么来应聘这个职位？

④ 你了解要应聘的职位吗？

⑤ 假如你被录用后，你准备如何开展你的工作？

对这些问题，都要求从实际出发，根据招聘单位和职位的具体情况给出有根据的回答。一个没有进行过调查研究的应试者不可能给出令人满意的答案。

在面试前对所应聘单位和职位进行调查研究，也可以减少应试者的盲目性，减少应试者在被录用以后可能产生的心理反差，也有利于新员工今后顺利开展工作与职业生涯的设计和开发。应试者只有通过调查研究，在掌握招聘单位和职位足够多信息的基础上，才能确认和坚定自己的选择。如果对招聘单位和职位缺乏了解，仅凭一时冲动参加面试，在被录用后可能大失所望，心理上产生巨大的落差。

（3）为回答面试中可能遇到的问题作准备

准备面试过程中，还应当对面试中可能遇到的问题做好怎样回答的准备。当然，招聘单位不同，招聘职位不同，面试官不同，提出的问题肯定不同，应试者要试图做到预先准备好一切可能的答案是不可能、不现实的。但是，一般面试中可能遇到的问题大致可以分为两大类：一类是有关应试者的个人信息、个人要求、个人经历，以及应试者对应聘组织和应聘职位的认识和要求等一般性问题；另一类是针对当前职位的面试而专门设计的考察应试者能力的特殊问题。

面试官最经常问到的是以下五种问题：

① 与应试者受教育背景有关的问题。面试官需要据此评价和衡量应试者是否接受了足够的职业培训；应试者所接受的教育及结果是否能表明他在应聘的职位上能取得成功。

② 与应试者工作经历有关的问题。面试官希望确认应试者之前是否从事过与应聘职位相关的工作；应试者能否证明自己有能力胜任所应聘的职位；应试者的工作经历所体现

的工作风格；应试者与他人合作的经历和表现。

③ 关于应试者职业目标的问题。招聘单位需要了解应试者是否具有明确的职业目标；他的职业目标是否与组织的目标相一致。

④ 与应试者性格特点有关的问题。面试官要根据应试者的行为举止和态度，来评价和判断应试者是否具备良好的工作习惯和社交技巧。

⑤ 关于应试者对招聘单位和职位了解程度的问题。面试官要了解应试者对招聘单位和职位是否有充分的了解，应试者是否相信自己能在该公司和职位内愉快工作，取得良好业绩。

（4）形象上的准备

服饰能够反映出一个人的文化层次、修养和气质。求职面试中，恰当的穿着本身是一种很好的礼仪，能让应试者在面试官心目中产生良好的"第一印象"。虽然一个服饰协调、举止优雅的应试者并不一定能在面试中得高分，但服饰不协调、举止不雅的应试者肯定不可能获得面试官的好评。

应试者在选择服饰时不能简单地认为名贵、款式新奇、色彩华丽的就是合适的。事实上，对应试者来说，服饰讲究的是要与其年龄、身份、气质和体形等条件相协调。

应试者首先要明确所应聘职业的特点对服饰的特定要求，并按这种要求来选择衣着打扮。不同的职业对其业内人士的服饰都有特定要求。面试中，应试者的服饰是否符合职业要求，自然也会影响到面试官对应试者的评价。如果不考虑职业特点的要求，片面追求款式新奇、色彩华丽和名贵，反而会影响到面试的效果。

其次，应试者在决定自己的服饰和打扮时，一定要有清醒的自我定位意识。有些人为了显示自己具有与众不同的风度和修养，会刻意打扮，或追求潮流，或独创风格，结果也可能适得其反，引起面试官的不满，失去本来有希望的机会。每一个应试者都应当清醒地意识到，面试的目的是找工作，并不是一个展示自我个性和形象的场合。对参加面试的应试者来说，服饰和打扮应当与其气质相协调，与其行为举止相协调，与面试的时间、环境和气氛相协调。

沟通案例 5-3

5.5.2.2　求职面谈的应对策略

（1）正确判断对方提问意图，有针对性地回答

在回答面试官所提出的问题时，求职者一定要确认对方提问的内容，切忌答非所问。如果在不完全理解面试官提问内容和意图的情况下，想当然地回答问题，就可能被认为无知，甚至傲慢无礼。所以，对不太明确的问题，与其给一个答非所问的结果，还不如明确请求面试官给予更加明确具体的提示；等把问题搞清楚，再进行回答效果会更好。

回答问题一定要正确判断面试官提问的意图，对症下药地回答问题。在听到面试官提问后，求职者应当分析判断面试官的提问究竟是想测试你哪一方面的素质和能力，或者是其他的什么意图，然后要有针对性地回答，这样才能体现出你的素质、能力和水平。

（2）诚实、坦率和冷静

诚实是面试官对求职者的最基本要求。如果面试官发现一个求职者在某个问题上说谎或者随意夸大了实际情况，他们就会对这位求职者所有的话都产生怀疑。诚实就是不要不懂装懂，与其答非所问还不如坦率地承认自己不懂。诚实也不应回避问题，保持沉默。这样做会使面试官有一种被轻视的感觉，继而产生反感。所以，坦诚地说明自己的看法是求职者起码的礼貌，对实在无法回答的问题也应当明确表示歉意，但诚实也并不表示求职者必须坦陈自己所有的缺点。在面试过程中，求职者尽力想要给对方留下一个好印象是无可非议的。所以，求职者的正确策略应当是在保持诚实的前提下，突出自己的优点，低调地处理自己的不足。

不过，在面试中求职者难免会遇到一些自己不熟悉或者根本不懂的问题。此时，既要诚实又要保证面试成功，就需要保持冷静。实际上，面试官也不会要求求职者无所不知、无所不能，这是不现实的。求职者大可不必为自己在某个问题上的无知而懊恼。在面试中，面试官所关心的不仅仅是问题的答案，也同样关心求职者回答问题的思路和方法，由此考察求职者的应变能力、反应是否得体、胸襟是否广阔、立场是否明确、是否有主见等。所以，求职者在遇到自己难以回答的问题时，绝对不应表现出急躁或不满情绪，更不应表现出对立或愤怒的态度。只有保持冷静，表现出理智、容忍和大度，保持风度和礼貌，才能从容应对尴尬的局面，获得面试官的认可。

（3）保持自信和热情

任何工作职位都会面临困难和挑战。一个缺乏自信心的人是很难有所作为的。所以，几乎每个招聘单位，在面试中都会要求求职者具有足够的自信心。

判断一个求职者是否具有足够的自信心，面试官不仅会听其回答问题的内容，更会关注其行为语言中流露出的更多信息。实际上，在面试过程中，不同的求职者对面试官问题的回答往往可能是大同小异的，但各人表现出来的行为语言常常是千差万别的。因此，面试官会从求职者的目光、手势、姿势、语调，以及语言内容等方面来判断求职者的自信程度。

一个足够自信的求职者会与面试官进行目光的交流，姿势和语调都会比较自然、有主见，敢于坚持自己的观点。而缺乏自信的求职者，其目光不敢正视面试官，面试过程中手会无意识地想抓住某样东西，姿势不自然，讲话声音低沉，语调犹豫、平淡、情绪化，讲话内容缺乏主见，会揣摩或盲目赞同面试官的观点。

如果求职者确实非常喜欢所申请的职位，他就很可能在面试中表现出足够的热情，但是一个心存犹豫、紧张不安的求职者通常是很难自然地表现出这种热情的。让面试官知道你对招聘单位和职位的兴趣和热情不仅是有必要的，而且确实可以给你带来很大的竞争优势。对两个条件相当的求职者，如果其中一个人表现得毫无生气，而另一个充满热情，则任何一个招聘单位和面试官的选择都会是后者。

（4）要用证据来支持你的回答

要让面试官真正了解自己，求职者最好用自己过去所做的事情、以前的表现来支持你对自己的评价。这种用证据来支持你的回答的办法是一种非常有力的说服方法。

即使是在无法提供直接证据的情况下，引用第三者的观点进行间接的解释也能增强自己解释的客观性和说服力。

（5）礼貌得体的提问

尽管面试过程主要是面试官提问，求职者回答，但是当回答完面试官的所有问题之后，求职者也可以提出几个自己想问的问题，而且礼貌得体的提问往往能活跃面试的气氛，激发面试官的兴趣，显示出求职者的热情、关注、自信和才华。

需要注意的是，你提出的问题其实和你回答面试官问题的答案一样，都间接地表达了你自己的想法。因此，作为一个求职者所提的问题不要总是关注于工资、奖金和福利等方面。求职者如果提出一些与招聘职位的要求、业绩衡量和职业发展有关的更深入一些的问题，将能增进面试官对求职者的好感。

5.5.2.3　面试中的禁忌

由于求职面谈的特殊性，其对求职者来说存在很多禁忌，要想面试取得满意的结果，注意避免这些禁忌是有必要的。

（1）避免不当行为

面试中求职者的行为是面试官对其作出评价和判断的主要依据。如果求职者出现行为上的失误或与面试场合不协调的行为，面试就很难得到满意的结果。这些失误和不协调行为主要包括：

① 面试迟到失约。迟到失约表现出求职者没有时间观念和责任，面试官会觉得求职者对所求职位缺乏热情，而且迟到后匆匆赶到面试地点，多半还会影响面试的表现。如确实遇到突发事件无法准时参加面试，一定要尽早通知公司，并预约另一个面试时间。

② 缺乏准备。这是指求职者对招聘单位和职位缺乏最基本的了解，甚至不能顺利地回答面试官提出的基本问题。这不但会使面试官感到求职者准备不足，而且认为求职者似乎无意于在这个职位上发展。

③ 过度表现。有些求职者在面试中夸夸其谈，滔滔不绝，急于表现自己；有些求职者逞强好胜，处处显示高人一等；有些求职者耍小聪明，与面试官套近乎；还有些求职者说谎邀功，伪造历史，或把别人的功劳据为己有。所有这些自作聪明的做法最终结果都是适得其反的。

④ 表现欠佳。有些求职者因过于害羞，不懂得把握时机表现自己，无论对什么问题，答案只是"是""不是""对""不对"；有些求职者在面试中顾虑重重，不愿主动说话，偶尔说话也是语调生硬、表情尴尬。这些行为同样会影响面试官对求职者的评价和判断。

（2）避免错误态度

由于求职面谈的特殊性，任何一个求职者都必须避免两种极端的错误态度。

① 目空一切，盛气凌人。有的求职者自认条件优越，于是恃才傲物、目空一切，在面试中态度傲慢，语气咄咄逼人。这种态度会在面试官的心中留下一个桀骜不驯、合作精神差、难以管理的印象，所以是需要绝对避免的。

② 孤芳自赏、态度冷漠。有的求职者性格孤僻，对人冷淡，缺乏必要的热情和亲切感，如果把这种个性带进面试场所，势必影响面试效果。任何招聘单位都希望新员工热情

友好、和睦相处、团结互助。所以即使求职者平时性格比较孤僻，在面试过程中也一定要加以克服，表现出足够的热情和友好。

（3）避免不良习惯

求职者在面试中如果不拘小节，就可能因不良习惯破坏自己的形象，影响到面试成功。典型的不良习惯有：双手不安稳，忙个不停，显示出内心紧张；腿不断晃动或跷起，显得相当不礼貌；目光躲躲闪闪、游移不定或死盯着面试官，使人反感或不满；脸部表情呆板、毫无生气；行动手足无措、慌里慌张，或反应迟钝、不知所措。

面试时一定要改掉这些坏习惯，自始至终要保持斯文有礼、不卑不亢、大方得体和生动活泼的言谈举止。

（4）避免不当用语

求职者在面试中的用语必须与其身份和地位相协调。有些求职者在被问到自己的缺点或者失败经历时，会一概否认。这种绝对否定自己缺点和失败的做法是不明智的。有些求职者则本末倒置，反客为主，用不适当的口气反问面试官，或问一些不该问的问题，自然也会引起面试官的反感。

5.6 绩效评估面谈

绩效评估面谈是组织整个业绩评估系统的一部分，其目的是评估组织成员实现目标的程度，通常还会就如何提高工作业绩的方法给下属提供反馈意见。尽管每个组织实施绩效评估的具体做法不尽相同，但通常会按照如下的办法来进行。

5.6.1 绩效评估面谈的准备

绩效评估面谈的准备包括书面材料的准备和面谈结构的准备。

（1）书面材料的准备

上司所准备的书面材料应当用特定和具体的信息来支持对下属的评价。当使用一个评价量表表明某个下属做得不好时，上司在面谈前应当用客观的措辞写出为什么会作出这样的评价。下属有权知道原因，上司也有责任用证据来支持自己的结论。

（2）面谈结构的准备

面谈人员要为面谈安排适当的时间和地点，考虑到所作的安排可能对面谈者和被评价者造成的影响。面谈者必须决定面谈的总体目的和日程。绩效面谈评估中经常提到的话题包括工作知识、工作业绩、工作目标、职业目标、机遇及人际技能等。

5.6.2 绩效评估面谈方式的选择

绩效评估面谈的难点在于需要面谈双方面对面地进行评价或被评价。面对面的绩效评估面谈可能使参与双方都感到紧张不安。作为面谈者，需要消除被评价者的疑虑，让对方认识到绩效评估面谈是帮助被评价者正确地进行自我认识的一种手段。由于人们总是不太喜欢受到批评，因此，要用消除疑虑和赞扬的方式来平衡所作的批评。当提出批评以后，面谈者应当与被评价者一起探讨今后提高业绩的方法。

在实施绩效评估面谈时，面谈人员应当事先决定自己的目标，这些目标限定了面谈应采取的形式。常用的绩效评估面谈有如下类型：

（1）告知-说服型

告知-说服型面谈在本质上是评价性的。首先，面谈人员告诉下属自己对他的评价，接着用适当的方法说服下属，以提高他的业绩。当面谈人员非常清楚自己的期望时，应当采用这种面谈方法。这种方法对以下几类人比较有效：很难客观地评价自己的年轻员工、非常忠诚或强烈认同组织的员工、不太愿意在组织中就如何提高工作绩效发表意见的员工。

（2）告知-倾听型

告知-倾听型面谈的目的也是评价性的，但同时希望了解下属的想法，以帮助他们接受自己所作的评价。采用这种方式时，首先要告诉下属自己对他的评价，再倾听他的反应，并在倾听过程中不轻易发表自己的意见。这样做是想让下属对自己的评价作出反应。告知-倾听型面谈比较适合旨在帮助下属通过对自身过去的表现所作的评价来更好地开展工作的情形。这种方法对这些人员比较有效：强烈希望参加到团队中来的员工、与考核面谈者地位比较接近的员工、受教育程度较高的下属。

（3）问题解决型

这类面谈的目的不再仅仅是评价下属的表现，而是帮助员工制订提高工作业绩的计划。对员工在工作中的不足，主要是鼓励他们自己去思考，而不是由评价人员提出。面谈人员应避免作出评价和判断，主要是针对下属提出的问题提供一些建议。面谈过程中，要与下属形成一种伙伴关系，来帮助其分析并提出解决方案。

（4）混合型

混合型面谈适用于既想评价下属的工作表现，又想为他提供一些事业发展建议的情形。这种面谈从问题解决型的框架开始，然后用更直接的告知-说服型面谈结束。这样，在面谈过程中既能帮助下属实现发展目标，又能把自己的评价反馈给对方。

不管选择哪一种面谈方式，绩效评估面谈都需要包括所有一般面谈取得成功所必需的要素：建立关系并将被评价者引向主题；以一种支持性的方式来实施面谈；结束时要明确说明接下去应做什么事；讨论具体的绩效改善或改进计划。

本章小结

口头沟通具有沟通对象的广泛性和沟通形式的灵活多样性等特点，是应用最广泛的一种沟通形式。对口头沟通的基本要求是：准备充分；主题明确；语言简洁生动，语气、语调恰到好处；谨慎和留有余地；善于倾听。

口头沟通的种类主要有面谈、发言和演讲三种。

口头表达的技巧是保持良好的说话神态、提高声音质量、确保语言清晰和准确。口头表达中还要善于运用多种语言艺术。

面谈是指任何有计划、受控制的，在两人或更多的人之间进行的，参与者中至少有一人是有目的的，并且在进行过程中双方互有听和说的谈话。

对面谈进行计划是非常有必要的。面谈的计划包括确定面谈目的、面谈问题设计和信息准备、面谈结构安排和面谈环境的选择等方面。面谈中要注意禁忌，而且应用面谈技巧是有必要的。

最常见的面谈类型是信息搜集面谈、招聘和求职面谈、绩效评估面谈。

计划或安排信息搜集面谈要把握好三个步骤：搜集背景信息、确定面谈目标和问题、选择合适的面谈对象。

招聘面谈事先要计划好面谈内容，以及获取相关信息的途径和手段。同时，招聘面谈中也需要注意询问问题的技巧：多涉及具体经历性的问题、保持询问问题的平衡性、运用 PEOPLE 原则。

对求职面谈，求职者既需要做好充分的准备，也需要掌握正确的应对策略，还需要注意和避免面试中的禁忌。

绩效评估面谈事先应做好书面材料的准备和面谈结构的准备。绩效评估面谈方式的选择通常有四种类型：告知-说服型、告知-倾听型、问题解决型和混合型。

主要概念

口头沟通　面谈　发言　演讲　信息搜集面谈　招聘面谈　求职面谈　绩效评估面谈

基本训练

❖ 知识题

1. 分析说明口头沟通的优缺点。

2. 口头表达中通常采用哪些语言艺术？举例说明。

3. 如何制订和实施面谈计划？

4. 成功的信息搜集面谈的要点有哪些？

5. 成功的招聘和求职面谈的要点有哪些？

6. 绩效评估面谈分为哪些类型？各自的特点是什么？

❖ 技能题

1.根据本章开头引例的材料，分析讨论下列问题：

（1）你认为飞行员和地面控制人员之间在沟通上存在什么问题？产生这些问题的原因是什么？

（2）你认为应当如何克服飞行员和地面控制人员之间的沟通障碍？

（3）这个案例对我们有什么启示和借鉴作用？

2.选择下列题目之一作一次即兴发言，要求时间控制在2~3分钟。

（1）在某次集体活动中，组织者要求每个成员进行自我介绍，以便给其他成员留下深刻的印象。

（2）你参加某企业招聘一名经理助理的面试，面试官要求你陈述自己的基本情况，以及你应聘该职位的理由和自己的职业发展规划。

（3）你准备竞聘某学生社团副社长的职位，请你发表竞聘发言。

（4）你邀请了一位你所熟悉的老师给大家讲课，你需要对该老师作引荐发言。

（5）在某次竞赛活动中，你获得了一等奖，当你上台领奖时，被要求讲几句话。

第6章 倾听与非语言沟通

学习目标

知识目标

理解倾听的含义、分类及重要性；理解倾听的过程、障碍和对策；理解和掌握有效倾听的要点；理解非语言沟通的主要概念以及成功非语言沟通的要点。

技能目标

掌握有效倾听的技巧；掌握非语言沟通的基本技巧。

❖ **引例**

这是一个寓言故事。很早很早以前，有一个国家，国王有一位小公主。小公主聪颖活泼，讨人喜欢，国王特别宠爱她。

有一天，小公主病了。御医们想尽办法，可是她的病情仍不见好转。众御医认为小公主得的是心病。果然，小公主告诉国王说："天上的月亮好美，我想把它摘下来，挂在我的脖子上。"

国王听说小公主要天上的月亮，就召集众大臣，让他们设法把月亮摘下来，让小公主的病赶快好起来。众大臣都束手无策。国王就问最有学问的奥斯特："你知道怎样才能把月亮摘下来吗？"

奥斯特回答："我可以弄到象牙、蓝色的小狗、金子做的昆虫……还能找到巨人和侏儒，让小公主开心。"

国王不耐烦地说："我要的是天上的月亮！"

奥斯特无可奈何，便说："月亮是熟铜做的，离地很远很远，体积比公主房间还大，而且它高高挂在天上，臣实在无能为力。"国王听后大怒，让他滚下去。

接着，国王又问了数学家。这位数学家博学多才，已经为国王服务了40多年，往常许多难题一到他手中便迎刃而解，但这次他对国王的要求也实在是无能为力，只得说："月亮像整个国家一样大，是用巨钉钉在天上的，我实在没有办法把它取下来。"国王听后很失望，挥手让他退下。

看到那么多大臣都无能为力，国王很伤心。他只得让大臣们都退下，独自去花园散心。在花园里，他看到了小丑。小丑是宫廷戏班里的，他聪明、机灵，经常做出一些让人们意想不到的事。

小丑见国王不开心，便问国王出了什么事。国王便把事情对小丑说了。小丑听了，沉思良久：月亮究竟是什么东西，其实谁都不清楚，各人有各人的看法。要让小公主的病好起来，就需要知道她心中的月亮是什么样的。

于是，小丑对国王说："您的大臣都是具有远见卓识的智者，但月亮究竟是何物，他们说法不一。不妨问问小公主，她心中的月亮是何物。"国王同意了他的说法。

小丑来到公主的房间，看见公主有气无力地躺在床上。小丑问："小公主，你认为月亮是什么样的呢？"

小公主说："月亮比我的手指甲小一点，因为我伸出手指放在眼睛前便挡住了月亮；月亮和树差不多高，因为我常见到月亮停在窗外的树梢上。"

小丑又问："月亮是由什么东西做成的呢？"

公主说："我想大概是金子做的吧。"

小丑立即把这一切告诉了国王。国王连忙让人用金子打造了一个小月亮送给小公主。小公主欢天喜地，病也好了。国王重重地奖赏了小丑。

天近黄昏时，国王又担心了：公主见到天上又升起一个月亮，岂不前功尽弃？他连忙让奥斯特和数学家想对策。

奥斯特说："给公主戴副墨镜，戴上墨镜就看不见月亮了。"国王不同意，公主戴上墨镜，走路会摔倒的。

数学家说："放鞭炮和烟花，把黑夜照得如同白昼，就看不见月亮了。"国王也不同意，鞭炮声会吵得公主睡不着的。

无奈之下，国王只好再去找小丑。小丑想了想说："陛下，我们还是问问公主吧。也许她有自己的看法呢？"

小丑问公主："月亮怎么能够同时挂在天上和你的脖子上呢？"

公主笑了，说："你真傻，这有什么奇怪的，我掉了一颗牙后，便又长了一颗牙；采掉一枝花后，又长出一枝新花，月亮也是一样的。"

小丑知道公主再也不会闹了，因为她得到了想要得到的东西。于是，小丑就告诉国王让他放心。国王看到小丑治好了公主的病，奖赏了他好多财宝，并让他留在自己身边工作。

小丑的成功全在于他听明白了小公主所说话的意思，因此治好了公主的病。有学问的奥斯特和数学家只是听到了小公主的话，但没有弄清楚话的意思就去研究月亮了，所以就没有能提出有效的对策。

资料来源　[1]杨晓明，郑璇. 100个国王的故事 [M]. 北京：农村读物出版社，1994：84-86. [2]李岳. 倾听弦外之音 [M]. 北京：中国物资出版社，2006：引子1.

6.1　倾听概述

6.1.1　倾听的含义和分类

商务沟通中需要区分"听到"和"倾听"两种不同的概念。听到是指人的感觉器官对声音的生理反应，人们只要用耳朵就能够听到别人说话。这是一种机械的、被动的结果。听到通常并不需要人们的身心付出特别的努力。而倾听就不局限于听到别人所说的话，还要同时接受和理解别人的手势、姿态和面部表情等信息，洞察人们的思想和感情。因此，倾听就是指认真地听、积极地听，并能听懂别人所讲话的能力。倾听需要人们集中注意力，全身心投入。

根据人们在倾听时投入程度的不同，倾听可以分为随意倾听、敷衍倾听、专心倾听和全神贯注倾听。人们在多数社交场合中的倾听是随意倾听。随意倾听时人们只关注符合自己意思和口味的东西。敷衍地倾听，表面上看是在倾听，偶尔也可能略有反应，但其实听者心不在焉，仅仅敷衍了事。专心地倾听，不仅确实听到对方的话，而且能复述对方的话，但是也不一定能理解对方的本意和真实的意思。只有全神贯注地倾听，才能"听懂"对方的意思，正确理解对方的观点和感受。

沟通过程中的倾听是一种能力。要"听懂"别人所说话的意思，需要利用逻辑思维和所掌握的知识对信息进行分析加工，这需要通过学习才能掌握。

6.1.2 倾听的作用

倾听是商务沟通的重要组成部分。有效地倾听能帮助人们从别人的理念、思维模式和思考途径中获得自己所需要的东西。积极地倾听实际上就是倾听者的思想和他人思想的交融过程。倾听过程中，倾听者可以不断理清自己的思维，不同思想的交汇也是产生灵感的最有效途径。当倾听到的新思想与原来的思想发生撞击而产生新的思想火花的时候，倾听者就可能产生创造性的思维活动。相反，一个缺乏倾听能力的人是无法与他人共同工作和生活的。进一步地分析，可以发现倾听的作用体现在如下一些方面：

（1）可以获取重要的信息

全神贯注地倾听，不仅可以了解对方所要传递的信息，而且能感受到对方的感情，并能够据此推测对方的真实目的和个性。同时，良好的倾听习惯能帮助人们抓住别人讲话中所表现出来的灵感，从而受到启发。另外，耐心地倾听可以减少对方的防范意识，获得对方的认同，加深彼此的了解。此外，精明的倾听者还可以通过提问来澄清不明之处，或者启发对方提供更完整的资料。

（2）能够对对方产生激励

集中精力地倾听能使对方觉得自己的话是有价值的，就会愿意说出更多有用的信息。积极主动地倾听也能增强对方的自信心和自尊心，从而加深相互的理解和感情，因而也就能激发对方的热情。倾听不仅能激发对方谈话的欲望，而且能够启迪对方产生更多、更深入的见解，使双方皆受益匪浅。

（3）能给人留下良好的印象

人们大多喜欢发表自己的意见。如果有人愿意给他一个表达的机会，他们就会觉得对方和蔼可亲，值得信赖。商务活动中，无论是倾听顾客、上司还是下属的想法，都可能消除他们的不满，获得他们的信任和友谊。

（4）可以掩饰自己的弱点和不足

如果对别人所谈论的话题一无所知，或未曾考虑过，或考虑不成熟，倾听就可以掩饰你的无知或准备不充分。对不便直接回答的问题，认真倾听、保持沉默也是最好的应对办法。俗话说"沉默是金""言多必失"，也正是启发我们要更多地利用倾听掌握沟通中的主动权。

（5）能发现说服对方的关键

如果沟通的目的是说服别人，那么多倾听对方的意见就能使说服变得更有效。这是因为：首先，通过倾听你能发现对方的出发点和弱点，明确对方坚持己见的原因，使说服更有针对性；其次，通过倾听表明，你的观点已经充分考虑了对方的需要和见解，促使对方更愿意接受你的意见。

（6）能培养自己积极的沟通态度

不善于倾听的沟通者总是打断别人的谈话，而急于表达自己的观点，甚至在对方还未说完时，心里就盘算下一步该如何反驳对方。如果用这样一种消极、抵触的情绪进行沟通，往往毫无针对性和感染力可言，沟通自然就难以达到预期的结果。相反，善听者善言。在倾听对方意见的基础上所说的话将更有针对性，观点将更深入、更有价值。

沟通案例 6-1

6.2　倾听的过程与障碍

6.2.1　倾听的过程

倾听是一个能动的过程，是一个对感知到的信息进行加工处理后能动地反映自己思想的过程。这个过程大致可以分为感知信息、选择信息、组织信息、解释或理解信息，以及反应或行动等五个阶段。这五个阶段是相互联系、相互影响的，任何一个阶段出现问题，倾听都可能是无效的。

（1）感知信息

当一方发出信息，传递到另一方的耳膜中产生刺激时，就成为另一方所获得的信息。倾听不仅是听到声音或词语说出的方式，而且是对他人整体的更加复杂的知觉过程，需要同时理解口头语言和非口头语言所传递的信息。人们的语言信息来自听觉，但倾听的效果是各种因素综合的结果。因此，来自感官（听觉、视觉或触觉等）的感知是倾听的第一步。

（2）选择信息

人们并不是接受任何信息的，总是对一部分信息表现出特别的关注和兴趣，同时忽视另外一些信息。人们接受信息具有选择性。一般来说，人们经常把注意力集中在某种特定的刺激物上，而忽视周围其他的刺激。选择过程实际上也就是对信息的过滤。但实验又表明，人们注意力集中的时间常常是有限的。通常情况下，人们对 20 秒以内的信息能够完全集中注意力，之后注意力就很容易分散了。当然，人们也能很快重新把注意力集中到其他信息上。

（3）组织信息

人们在注意到某些信息后，就会对其进行组织和加工。这包括识别、记忆和分析等一系列过程。人们会把杂乱无章的信息分门别类，对过于冗长的信息则进行压缩，根据需要集中储存起来，并使它们成为自己拥有的知识和经验的一部分。

（4）解释或理解信息

对经过过滤和组织的信息，人们会根据自己的知识、经历和经验进行评价，并通过判断和推理，获得对信息的解释或理解。

（5）反应或行动

在倾听的最后一个阶段，倾听者会对解释或理解后的信息作出反应，或者向对方提供反馈。这种反应或行动有助于沟通双方明确信息是否确实进行了清晰、准确的传递，从而促进沟通过程的发展。

6.2.2 倾听的障碍

商务活动中的倾听往往比课堂上听课要难得多。课堂上倾听还可以参考书籍，商务活动中往往不能。课堂上老师对重点内容会反复强调，商务活动中的重要信息往往是夹杂在许多其他信息中一起传递过来的。课堂上听课一般只需要听内容，但商务活动中的倾听，在听内容的同时还需要了解对方的情绪及变化。可见，商务活动中的倾听存在一些特殊的困难。

有效地克服商务活动倾听中所特有的障碍，对保证有效的倾听是至关重要的。倾听的障碍主要来自环境因素和倾听者本身两个方面。

6.2.2.1 环境因素

环境因素是造成倾听障碍的最常见原因之一。环境对倾听效果会产生两方面的影响：一是干扰信息的传递过程，造成信息的衰减和失真；二是影响倾听者的心境。所以，环境从客观和主观上都影响倾听的效果。在不同的场合，氛围不同，人们的心理压力、情绪和感受都大不相同，自然倾听的效果也会大相径庭。这就是人们很注重挑选谈话环境的原因。

环境对倾听的影响体现在下列方面：

（1）环境的封闭性

这是指谈话场所空间的大小、有无遮拦设施、光照强度（暗光给人更大的封闭感）和有无噪声等干扰因素。封闭性决定了信息在传递过程中损失的概率以及人们的注意力。

（2）环境氛围

这是环境的主观性特征。它影响人们的心理接受定式，可能决定人们的心态是开放的还是排斥的，是否容易接受信息，以及如何看待和处置信息等倾向。环境是温馨和谐的还是火药味十足的，是轻松的还是紧张的，是在生机勃勃的野外还是在死气沉沉的房间，都会直接改变人们的情绪，从而作用于人们的心理接受定式。

（3）对应关系

说话者和倾听者在人数上的对应关系的差异会导致人们产生不同的心理角色、心理压力和注意力集中度。这种人数对应关系可以分为一对一、一对多、多对一和多对多四种。在商务活动中，一对一的对应关系会使双方感到自己角色的重要，心理压力较大，注意力自然容易集中。在听演讲这样的一对多关系中，倾听者会认为自己并不重要，压力小，就容易走神。而在新闻发布会上，发言人所面临的是多对一的关系，就会全神贯注，丝毫不敢懈怠。

表6-1列出了常见的商务活动环境类型及倾听障碍源。掌握不同场合环境类型的特征和影响倾听的主要障碍源，可以帮助我们选择适当的交谈场所，并有效地防止可能的障碍的影响。

表6-1　　　　　　　　　　常见的商务活动环境类型及倾听障碍源

环境类型	封闭性	环境氛围	对应关系	主要障碍源
办公室	封闭	严肃，认真	一对一 一对多	不平等造成的心理负担，紧张，他人或电话打扰
会议室	一般	严肃，认真	一对多	对在场其他人的顾忌，时间限制
现场	开放	可松可紧，较认真	一对多 多对一	外界干扰，事前准备不足
谈判室	封闭	紧张，投入	多对多	对抗心理，说服对方的愿望太强烈
讨论会	封闭	轻松，友好，积极投入	多对多 一对多	缺乏从大量散乱信息中发现闪光点的洞察力
非正式场合	开放	轻松，舒适，散漫	一对一 一对多	外界干扰，易走题

6.2.2.2　倾听者本身

倾听者本身也常常是障碍的重要来源。倾听者理解信息的能力和态度都会直接影响倾听的效果。因此，倾听者本身的障碍可以分为以下两类：

（1）倾听者理解能力所造成的障碍

倾听者本身的知识水平、文化素质、职业特点和生活阅历往往直接决定其对信息的理解和接受能力，从而影响倾听的效果。即使面对同一个人的谈话或演讲，具有不同理解能力的倾听者可能得到不同的倾听效果。因此，倾听者本身的理解能力也会构成倾听中的障碍。

（2）倾听者态度所造成的障碍

可能造成倾听障碍的倾听者态度有如下几种类型：

第一，假装倾听。许多倾听者都会摆出一种认真倾听的样子，双眼盯着讲话者看，脸上露出微笑，并不时点头示意，给人以认真倾听的印象，但是实际上他们并没有把注意力放在说话者身上，很少知道对方说了什么。倾听者假装倾听无法获得任何有价值的信息，也浪费时间，是一种坏习惯。

第二，急于发言。在商务活动中，人们往往把发言看作主动行为，而把倾听看作被动行为，因此都有喜欢发言的倾向。在他人还没有说完，或者还未听懂、听全对方的意思时，就迫不及待地打断对方，或者心里早已不耐烦了，只想自己急于发言。其实，许多时候只要认真听完别人的讲话，就会发现疑问已经消除，不再需要发言了。

第三，排斥异议。有些人喜欢听和自己意见一致的人讲话，偏心于和自己观点相同的人。这种拒绝倾听不同意见的做法不仅会错过许多通过交流获得信息的机会，而且在倾听过程中对逆耳之言也就不可能集中注意力，结果就很难与任何人进行愉快的交谈了。

第四，心理定式。人类的全部活动都是由积累的经验和以前作用于我们大脑的环境所决定的。我们从经历中早已建立了牢固的条件联系和基本的联想。这就造成了人们都会有根深蒂固的心理定式和成见，很难以冷静、客观的态度来接收说话者的信息。这也会大大影响倾听的效果。

第五，思维厌倦。我们思考的速度比说话的速度快得多，前者至少是后者的3~5倍。因此，在倾听过程中，思维往往会有很多的空闲时间，去思考别的一些事情或让思维停顿。这种倾听习惯很容易在倾听时感到厌倦，从而影响倾听效果。

第六，消极的身体语言。有些人在倾听别人说话时往往习惯于东张西望，双手交叉抱在胸前，跷起二郎腿，甚至用手不停敲打桌面。不管倾听者是否真的愿意听下去，在对方看来，这些动作都表明倾听者已经听得不耐烦了。所以，消极的身体语言会大大降低沟通的质量。

第七，生理因素。身体上的疲惫和疾病、听觉及视觉器官方面的缺陷都可能形成倾听的障碍。此外，研究表明，男性和女性倾听的态度和方式也是有差异的。当男性和女性交谈时，双方就必须理解和克服这种由于性别差异所造成的障碍；否则，沟通就可能出现困难。

第八，选择和过滤倾向。倾听者的情感因素往往导致人们在倾听时会有选择和过滤的倾向。每个人都会选择自己喜欢听的内容来听，接受那些自己爱听、熟悉、有兴趣和喜欢听的内容，而对不想听的内容会本能地采取排斥的态度。倾听者如果根据情感来选择和过滤信息，就可能无法倾听到正确的信息，也可能导致无法正确理解对方所说话的真实含义。

沟通案例 6-2

6.2.3 克服倾听障碍的策略

针对上述倾听障碍，沟通双方应当从倾听环境、倾听者和讲话者三个方面来克服沟通中可能出现的障碍。

6.2.3.1 创造良好的倾听环境

为了克服倾听环境所带来的障碍，交谈双方应当选择和营造一个良好的沟通环境，这样就能够在很大程度上改善倾听的效果。一般来说，良好的倾听环境包括以下一些因素：

（1）适宜的时间

这既要求时间早晚的选择要适宜，也要求时间长度的安排要适宜。从时间早晚选择的角度看，应当尽量选择那些有助于倾听的时间段。对多数人来说，早晨的工作效率是最高的，是保证良好倾听效果的理想时间，而午餐后人们很容易感到疲劳，下班前人们又不愿被过多地耽搁，所以就不宜安排重要的倾听内容。从倾听时间长度上看，需要尽量避开这些时间段。对一次很重要或很复杂又需要较长时间的谈话，就不应当安排在只有几分钟空隙的时间段中，最好另外确定一个时间段，以便有足够时间与对方进行深入的探讨。

（2）适当的地点

地点的选择也很重要，必须保证交谈时不受打扰或干扰。另外，安排面谈的办公室内的家具和座位的安放也要合理，家具安放的位置要不妨碍行走，座椅的摆放要能够使交流双方直接看到对方的眼睛。这样做不仅能够使交谈双方的注意力集中，而且易于观察到对方的肢体语言信息。

（3）平等的氛围

同样一句话，在不同的氛围下倾听者所感受的效果是不同的，所以沟通的氛围应当由交谈的内容来决定。在讨论工作上的重要事情时，应当营造一种严肃和庄重的氛围；在联欢晚会上，则需要营造一种轻松愉快的气氛。但不管是营造哪一种氛围，都要遵循平等、信任和协调的原则，这样才能保证谈话的氛围不至于变成沟通的障碍。

6.2.3.2　克服倾听者本身的倾听障碍

倾听者是倾听过程的主体，因此克服倾听者本身的倾听障碍是改善倾听效果的关键。克服倾听者本身的倾听障碍应当从下述几个方面入手：

（1）完整、准确地接收信息

交谈中，倾听者不仅需要聆听对方说出来的信息，还应当能够听出言外之意，即不仅要听清所说的事情本身，而且需要从对方的说话方式中推测出对方的真实意图。许多时候，人们的语言常常会试图掩饰某些东西，但他们的肢体语言往往会透露人们的真实意图。所以，倾听时尤其要注意观察与语言表述相抵触的非语言行为，这样才能避免接收信息时的遗漏和误解。要完整准确地接收信息，倾听者应当注意以下几点：

一是精心准备。倾听者在谈话前就需要列出自己想要解决的问题，以便在倾听过程中注意对方对这些问题的回答。

二是摘录对方讲话中的要点。逐一记录对方谈话所涉及关键问题的主要观点，既能保证获得正确的事实，也便于事后确认和反馈。

三是倾听结束前的确认。在面谈接近尾声时，与对方核实一下自己的理解是否正确，常常是有必要的。尤其是与下一步行动安排有关的信息，只有经过核实和确认才能确保所采取的行动符合对方的要求。

（2）正确理解信息

倾听中产生误解的一大原因是人们的习惯性思维。人们在理解某一个问题时总是先调动自己以往的经验，再推测或解释事物将来的变化。为防止误解，倾听者要尽量做到以下几点：

一是要从对方的角度出发理解对方所传达信息的含义，以及对方的真正意图。

二是要消除成见，克服思维定式的影响，客观地理解信息。

三是不要自作主张地忽视自己认为不重要的信息。为避免误解，倾听者最好与对方核实一下，看自己对信息的理解是否正确。

（3）适当提问和及时反馈

尽管倾听者的主要任务是听，但是如果倾听者能够适时、适度地提问，就所听到的事提问，成为谈话的主动参与者，不仅能消除疑问，确保所获得信息的正确性，也有利于对方的陈述更明确、更有重点。倾听者给说话者的反馈能帮助说话者作出适当的调整，这样会更有利于倾听。反馈可以是语言上的，也可以是非语言上的，如通过身体姿态、动作和表情来表达，但是无论哪一种反馈都应当是清晰、易于理解和接受的。

（4）注意力不能分散

倾听者注意力分散是倾听的最大障碍之一。既可能是倾听者周围环境的因素，也可能是倾听者生理或心理上的因素，甚至是讲话者的因素，都会造成人们倾听时的注意力转移或分散到其他事情上。倾听者想要排除各种干扰，使注意力集中在对方所传达的信息上的有效办法是采用良好的坐姿，使自己保持在觉醒和兴奋状态；适当作笔记也是保持注意力集中的好方法。

6.2.3.3 提升讲话者的表达技巧

讲话者表达技巧方面的缺陷也可能造成倾听者的障碍。可能造成倾听者障碍的讲话者表达方面的问题主要有四种：

一是讲话者语速太快。语速过快会给人喋喋不休的感觉，倾听者没有足够时间完全理解所听到的东西。

二是太注重细节。表达中太注重细节就可能削弱或忽视所要表达的中心。

三是过于紧张。过于紧张会影响表达的逻辑性和条理性。

四是对人不对事。讲话中对人不对事就可能影响情绪，导致意气用事，甚至失去理智。

这些表达方面的缺陷会直接影响倾听的质量和效果。要倾听者克服倾听障碍，讲话者自己首先克服这些表达缺陷是很有必要的。

沟通案例 6-3

6.3 有效倾听的要点与技巧

6.3.1 培养积极倾听的习惯

如果倾听者在倾听过程中三心二意，边听边干别的事，不仅会影响对对方所传达信息的理解，还会让对方产生受轻视的感觉而停止陈述。即使倾听者不分心，但是如果表情呆滞，也会直接影响讲话者的情绪，导致沟通的中断。要达到有效倾听的目的，倾听者就必须培养积极倾听的习惯。

所谓积极倾听与一般消极被动倾听具有如下一些差异：

① 积极的倾听者常常会用自己的话复述对方的内容。通过复述对方的内容，确认自己所倾听内容的正确性，表达自己对对方陈述内容的理解，从而大大提升沟通的有效性。

② 积极的倾听者在倾听对方陈述内容的同时，也会注意探测对方的情感和情绪。只注意倾听内容和事实可能产生错误的判断。有时，人们只想发泄一下；有时，人们只想有机会充分表达自己，输和赢可能并不重要；有时，人们又有一些说不出口的目的。对这些情形，倾听者往往无法从讲话者所提供的事实中作出正确的判断。如果把对方的情感与所表达的内容结合起来，就将有助于我们站在对方的角度去感悟对方所表达的思想，从而正确深入地理解对方真正想要表达的意思。所以，积极的倾听者会仔细观察对方的情绪，注意对方的语气、表情和肢体语言等。

③ 积极的倾听者会描绘自己的情感。通过描述自己的情感，或者表达对对方的赞美和欣赏，或者表达自己的期望和目标，鼓励或引导对方就自己所关心的话题进行更深入的探讨。

④ 积极的倾听者会询问信息和澄清问题。倾听过程中，适当提问是积极倾听的表现。适当的提问表明自己在认真倾听对方所陈述的内容。通过提问可以迅速获得所需要的重要信息，也可以澄清自己对问题的理解是否正确。

⑤ 积极的倾听者会表达与对方共同解决问题的意愿。消极被动的倾听者通常表现出事不关己、高高挂起的态度，至多仅仅是提出建议而已。而积极的倾听者会表达出对对方的处境和面临问题的关心。积极的倾听者常常会表达出"我能做点什么吗？"的意愿，这无疑会极大地激励对方进一步深入沟通的积极性。

6.3.2　有效倾听的要点

（1）保持良好的精神状态和集中注意力

倾听是一项包括肌体、感情和智力的综合性活动。如果在肌体和精神方面准备不足，就很难认真地倾听对方的讲话。当一个人情绪低落和烦躁不安时，倾听的效果自然不好。良好的精神状态要求注意力集中。要在长时间内保持注意力高度集中是不容易的，但是如果注意力不集中，错过了某个关键内容或要点就可能影响倾听效果，甚至产生误解。所以在倾听过程中，集中注意力是必要的。

（2）建立对对方的基本信任

在对对方抱有成见的情况下，人们是不可能客观公正地对待所倾听到的信息的。人们有时候也很容易被个人的好恶所左右：喜欢某个人，就不管他所讲的话是对还是错，总觉得他的话是正确的；讨厌某个人，就根本不愿意耐心听他的话了。这种倾听方式会严重影响沟通效果，导致信息失真。相反，如果消除成见，克服思维定式的影响，在倾听中建立起对对方的信任关系，就总能在对方的讲话中找到对自己有用的内容。

（3）以积极的态度关注对方

倾听者要关注对方所传达的信息，尽量不要被周围的环境，对方的衣着、外表和特定的讲话方式分散注意力。倾听者对讲话者所抱的态度要大度，不应挑剔对方的错误，不应打断对方的讲话，应尽力思考对方所说话的意思，而不是只想如何反驳的理由，要努力思考从对方身上学到的东西。有些人在倾听时会专挑对方的毛病，关注对方讲话中的细节，而不是讲话中的主要信息，这些都会影响倾听效果。

（4）保持开放的心态

无论自己是否同意对方的观点和看法，也无论自己与对方之间的关系如何，倾听时都应当允许对方完整地表达自己的想法，并站在中立的立场上来对待和评价对方的观点、态度和看法，要勇于根据对方所提供的信息和观点来修正自己的观点和看法。保持开放的心态，要求倾听者尽量不要根据对方的外表、举止、身份和地位对对方作出评价，不排斥与自己不同的观点。保持开放的心态也意味着倾听者在倾听中不应作错误的假设。在倾听过程中，不要在没有理解对方意思的情况下，忽视自己认为不重要的信息。

（5）培养倾听的兴趣

如果倾听者从对方的角度出发，根据其背景和经历来理解他所说的话，就能够掌握对方的真正意图。尽管有时有些话确实是枯燥乏味的，但可能发现其中蕴藏的对自己有价值的内容。如果倾听者以良好的精神状态、开放的心胸和积极的态度去倾听，就不仅能够倾听到对方所表达的内容和观点，而且能够很容易地跟上说话者的节奏。只要倾听者培养了对倾听的兴趣，就能够从倾听过程中学到很多东西。但事实上，很多人在倾听时总是以自己的喜恶进行取舍，听自己感兴趣的，排斥自己不感兴趣的，结果使自己错失了学到很多有用东西的良机。

6.3.3　有效倾听的技巧

（1）倾听主要观点

倾听既要关注事实，也要关注观点。人们所陈述的事实都是经过挑选的，总是从最有利于说明自己观点的角度来组织的。即使是对某个事实，也存在很多侧面。陈述者所采取的角度不同，给人的感觉也会不同。因此，有效的倾听要善于透过现象抓住本质，要从对方的陈述中辨识他的主要观点。这些主要观点才是应当特别注意听的中心内容。然后在倾听过程中，分析对方所陈述的事实是否确实能够完全支持他的观点。

（2）使用开放性的动作和声调

人的身体姿势会暗示出他对谈话的态度和兴趣。自然开放性的姿态代表着接受、容纳、尊重与信任。如交叉双臂一般表现出优雅而富于感染力，使人自信十足。使用深感兴趣的、真诚和高昂的声调也会使人自信十足。恰当的肢体语言，如用手托下巴等也会显示出倾听者的态度诚恳。

保持与对方的目光接触与交流是有效倾听所必需的。倾听者与陈述者的目光接触给陈述者传达了自己在全神贯注倾听的信息。

（3）及时用动作和表情给予呼应

倾听者在倾听过程中如果能用各种对方所能理解的动作与表情及时给予呼应和反馈，有利于对方及时调整表达的内容和方法。如赞许性的点头、恰当的面部表情和积极的目光接触与陈述者相配合，就表明倾听者在认真倾听；皱眉、摇头或困惑不解的表情，则提供了要求陈述者及时调整的反馈信息。

（4）适当记录，有效反馈

对重要的谈话适当作一些笔记，将有助于提升倾听的效果。尤其是涉及关键问题，以及与今后行动有关的内容，适当作一些记录，既能加深印象，又可作为以后需要时的参考。

倾听者在倾听对方谈话时，作出适当的反馈也将有利于提高倾听的效果。因为对方会根据倾听者的反馈来评价自己说话的效果，在必要时对自己表达的内容和方式作出调整。可见，反馈是保证有效倾听的重要手段，但应当注意的是，反馈应当清晰，易于为对方所了解、所接受。

6.3.4　倾听中的适当提问和有效反馈

6.3.4.1　适时、适度提问

在倾听的过程中，恰当的提问有助于获得更多有用的信息，增进对对方所表达内容的理解，提升倾听的效果和效率。倾听中适时、适度提问往往也有尊重对方的意思，能促进双方和谐关系的建立。但倾听中不适宜地提问不仅会影响倾听效果，甚至可能引起别人的反感和不满。要做到适时、适度地提问，需要掌握以下的一些方法和技巧：

（1）提出的问题要明确

所提出问题的词义要明确具体，便于理解，而且问题的内容要明确具体，便于回答。要做到提问明确，就需要认真倾听对方的谈话内容，不仅理解谈话的内容，而且理解对方所传达的情感，有时甚至还需要准确把握对方谈话中的言外之意。只有这样才能做到所提的问题是明确的。

（2）所提的问题要少而精

适当的提问有助于双方的交流，但太多的提问会打断对方的思路，扰乱其情绪，使对方厌烦。当然，在该提问的时候不提问或提问过少，会使对方得不到相关的信息反馈，同时影响自己的倾听效果。要做到提问数量适当，要根据自己的沟通风格和提问习惯作适当的调整。对有爱提问习惯的人来说，要控制自己的提问数量；对从不愿提问的人，则要养成在与别人交流前预先设想好可能的问题，以锻炼提问的胆量和勇气的习惯。此外，如果需要提问的内容过多，应当依据问题的相关内容和逻辑关系把问题整合在一起，仍然保证问题少而精。

（3）提出的问题应紧扣主题

提问的目的是获得某种信息，只有提出的问题紧紧围绕谈话的主题和内容，问题范围大小适宜，才能通过提问把对方的谈话引入自己需要信息的话题。如果随意地提一些不相关的问题，或所提问题的范围过宽或过窄，那么会影响提问的效果，可能既不能达到提问的目的，又引发别人的反感。

（4）提问应注意把握时机

倾听过程中，应当在对方充分表达的基础上再提问。过早、不恰当地提问会打断讲话者的思路，常常被认为十分不礼貌。而错过了适当时机，过晚地提问也会被认为精神不集中或理解能力差，会产生误解。一般情况下，在对方将某个观点阐述完毕后就应及时提问。及时提问往往有利于问题的及时解决，但及时提问并不意味着反应越快越好。倾听者需要灵活地捕捉最佳的提问时机。

（5）提问的方式要委婉和礼貌

提问首先要注意方式，避免使用盘问式、审问式、命令式和通牒式等不友好、不礼貌的提问方式和语态语气。同时，提问方式和措辞也应当适合对方的身份、年龄、文化素质和性格特点。对某些喜欢直率热诚的人，适宜坦诚直言式的提问；对另一些人，则可能最好采取旁敲侧击的方式。此外，提问也要注意语速。提问时语速太快，容易给人咄咄逼人的感觉，影响对方的情绪，产生负面效应；说话太慢，则容易造成对方的不耐烦。

沟通案例 6-4

6.3.4.2 有效反馈

反馈是有效倾听的一个重要组成部分。如果只是倾听而毫无反馈，对信息提供者来说就如对牛弹琴。所以，有效反馈是有效倾听的体现。要做到有效反馈，特别要注意以下几点：

（1）反馈语言要明确具体

反馈要使用具体明确和不带成见的语言，避免使用笼统和抽象的语言。为保证反馈足够明确具体，在把自己的结论反馈给对方的同时，最好能提供更多的细节。在接收到不明确的反馈时，也可以再次反馈，引导谈话向更有利于信息交流的方向发展。

（2）反馈的态度应当是支持性的和坦诚的

反馈既要明确具体，也要照顾对方的感受。反馈中采取支持性和坦诚的态度有助于沟通双方建立起理解和信任的关系。只有在双方平等沟通的基础上提供反馈，才能达到预期的目的。任何先入为主的、盛气凌人的态度都是不可能被对方在内心上所接受的。

（3）营造开放的氛围，避免引起防卫性反馈

开放坦诚的氛围不仅有助于加深彼此的理解和交流，而且有助于调解矛盾和冲突。但防卫性氛围只有消极作用，往往将人们导向批判性的、态度对立的反馈。

（4）把握适宜的反馈时机

一般地说，及时反馈往往有利于问题的解决；否则，矛盾逐渐积累，更加难以解决。但及时反馈并不意味着立刻作出反应，灵活地捕捉最佳反馈时机是必要的。如当一个人在情绪激动、心烦意乱、对反馈持有抵触情绪时，推迟反馈时间是更加明智的做法。

（5）反馈必须适度

适度的反馈是有效沟通的重要手段，但不适度的反馈会让对方感到窘迫，甚至产生反感和抵触。对与判断有关的内容，反馈时最好保持中立的态度，不要简单地加以评论。此外，值得注意的是，反馈只能是反馈，除非对方有要求，否则不能直接作为建议。

拓展阅读 6-1

6.4 非语言沟通

6.4.1 非语言沟通概述

6.4.1.1 非语言沟通的含义

非语言沟通就是使用除了语言以外的其他各种沟通方式来传递信息的一种沟通方式。尽管语言是人们主要的沟通工具，但是非语言的信息往往也是重要的沟通工具。非语言沟通有非常广泛的应用。一方面，在语言沟通过程中，如果同时运用非语言沟通将大大丰富沟通所传递的信息，提高沟通的效率；另一方面，在沟通中，有时人们甚至完全不需要利用语言，而只需通过姿态、眼神、表情、仪表和服饰等非语言信息，就能很有效地传递有关信息。

6.4.1.2 非语言沟通的作用

非语言沟通具有非常重要的地位和作用。根据国外心理学家对不同信息载体在传递信息中作用的研究，语言在传递全部信息中的作用只占7%左右，声音的作用也只占约38%，而非语言沟通所起的作用最大，占到了约55%。可见，非语言沟通在整个沟通活动中所起的作用甚至比语言沟通更为重要。非语言沟通的重要性主要体现在以下两个方面：

（1）非语言沟通能够提供比语言更丰富的信息

非语言沟通所包含的信息远比语言信息丰富得多，是因为人类语言所传达的意思大多数属于理性的层面，经过理性加工所表达出来的语言会把所要表达的大部分甚至绝大部分信息隐藏起来。而非语言的肢体动作常常比语言更能表现出人的态度与情感。肢体语言想要掩饰态度和情感要困难得多。在表达情感、显示态度和表现气质等方面，非语言的行为所传达的信息往往更准确，内容更丰富，效果也更理想。

（2）非语言沟通能更真实地提供人们情感和态度的信息

语言是经过思考和选择，有意识地表达出来的。因此，有些人经常出现"口是心非"的情形，实际上所讲的都是假话。非语言行为的沟通在很大程度上是无意识的，因而也能更真实地反映人们的真实情感和态度。人们的非语言行为是一种自然而然的感情流露，通常很难作刻意的选择。人们的姿态动作、面部表情、目光都传达了他们的情感和情绪。从这些非语言行为中所得到的关于对方愉快、悲哀、恐惧、愤怒和是否感兴趣的信息，甚至比语言沟通所得到的信息更真实、更可靠。

6.4.1.3 非语言沟通的类型

非语言沟通通常可以分为以下类型：

（1）身体语言沟通

身体语言沟通是利用身体特征或身体动作来传递信息。人们既可以采用身体动作，如肢体动作、面部表情、眼神等来传递信息，也可以利用自身的身体特点，如体形、姿势、气味、体重和肤色等，甚至是个人的服饰和打扮来沟通信息。

（2）音调语言沟通

音调语言沟通是指人们所发出的有声但又无固定语义的辅助性语言，如音质、音调、音量和语速，以及诸如停顿、叹息或嘟囔的声音。音调语言虽然有声音，却是非语言的。人们通过选择一定的音质、音调、音量和语速可以实现信息传递与交流的目的。关于音调语言沟通，我们已经在第5章作了讨论，本章不再重复。

（3）环境语言沟通

环境语言沟通是通过环境因素来实现信息的传递与交流。这里所指的环境因素首先包括自然环境，如办公场所、房间布置、色彩搭配、光线和噪声等，也包括空间环境，如座位布置和空间距离等，同时包括时间环境，如准时、迟到或早到等。所有这些因素都可以作为传递沟通信息的工具。

6.4.2 身体语言沟通

身体语言是人们日常沟通中最常用的一种形式，学会观察和利用身体语言实现有效的沟通是商务人员必须掌握的基本技能。身体语言是与民族或文化密切相关联的。每一个民族或每一种文化的某种身体语言所表达的意思都是约定俗成的，违反了惯例就会引起误解。身体语言既可以是有意识的，也可以是无意识的，但是不管是有意识的还是无意识的，都能传递某种信息。身体语言既可以单独使用，代替语言，也可以与语言同时使用，相互补充或强调语言所传递的信息。身体语言既可以是先天的，也可以是后天养成的。沟通过程中最常用的身体语言有肢体语言、面部表情、姿态语言和着装打扮等。

6.4.2.1 肢体语言

肢体语言主要是指四肢动作所传递的信息，包括手部语言、头部语言、腿部语言和肩部语言等。我们这里主要介绍手部语言。

手部语言是肢体语言中最核心的部分，其中最主要的是手势语言和握手姿态。

（1）手势语言

手势语言是手部语言中最重要的部分。手势形式多样，可谓千变万化，但大体上还是有一些规律可循。手掌朝上表示真诚或顺从，不带任何强制性和威胁性；手掌朝下，表明压抑或控制，带有强制性和支配性。除了上述两种最基本的手势外，在日常沟通中其他最常见的手势还有：

第一，不断搓手掌。冬天搓手掌是为了御寒，平时搓手掌则表示情绪紧张不安，急切期待着某件事情的心情。

第二，紧握其余手指，伸出食指指向对方。这表示不满对方的所作所为而教训对方，带有很大的威胁性。

第三，两手手指相互交叉，两个拇指相互搓动，往往表示无聊、紧张不安或烦躁不安等情绪。

第四，将两手手指架成耸立的塔形，一般用于发号施令和发表意见，而倒立的尖塔形通常用于听取别人的意见。

（2）握手姿态

握手中一方所使用的力量、姿势和时间长短都传递不同的信息。根据握手的力量、姿势和时间长短的不同，握手可分为以下几种类型：

第一，支配性与谦恭性握手。握手时手心向下，传递给对方的就是支配性的信息。地位显赫的人习惯于采用这种握手的方式。而手心向上与人握手，所传递的就是一种顺从的态度，表示愿意接受对方的支配及谦虚恭敬的态度。若握手的双方都想处于支配地位，则结果是双方的手掌都处于垂直状态。同事之间、朋友之间和社会地位相等的人之间握手往往会出现这种形式。

第二，直臂式握手。有人在握手时会猛地伸出一条僵硬挺直的胳膊，并且掌心向下，就是直臂式的握手。这种握手形式给人的印象是最粗鲁、最放肆和最令人讨厌的，所以在日常生活中应避免采取这种形式。

第三，死鱼式握手。一方伸出软弱迟钝的手，有气无力地就像一条死鱼，让对方去握，给人一种很不情愿的感觉。这种握手会让对方产生受到冷遇的感觉，还不如不握。

第四，双握式握手。采取这种握手方式的人会先用右手握住对方的右手，再用左手握住对方的手背，双手夹握。采取这种方式握手的人是想向对方传递真挚友好的情感。采取这种握手方式时，既可以用两只手紧紧握住对方的一只手并上下用力摇动，也可以用右手抓住对方的右手不放，左手同时做出各种"亲密"的动作，如抓住对方的手腕、手臂或肩膀等。

第五，折骨式握手。如果握手时用拇指和食指紧紧抓住对方的四指关节处，就像老虎钳一样夹住对方的手，会让对方感到疼痛难忍。这种握手方式会让对方感到畏惧和厌恶。

第六，蜻蜓点水式握手。这种握手不是满手张开去握住对方的整个手掌，而是轻轻地捏住对方的几个指尖，给人十分冷淡的感觉，其用意是要与对方保持距离。

6.4.2.2 面部表情

面部表情是所有非语言沟通形式中最重要、使用最频繁、表现力最强的形式。无论是眼睛、嘴巴和眉毛等面部器官都能准确地传递人们的感情、想法和目的。人的面部表情能够表达喜欢、愤怒、悲伤、快乐、惊讶、恐惧和厌恶等多种复杂的情感。研究表明，人们通过面部器官的不同组合可以表达出超过25万种不同的面部表情。所以，从人们眉毛扬起或紧皱、瞳孔的变化、鼻子的张合、嘴唇绷紧或放松、牙齿合上或紧咬等变化中揣摩对方所表达的真实意思，是沟通者必须具备的能力。但是面部表情既能传达多种情感，又能轻易隐藏情感。某些社会文化往往教育人们不要轻易表达情感。某些人很会修饰，善于控制自己表情，喜怒不形于色，很难揣测他们真实的想法。因此，正确地解读人们的面部表情是一个复杂的过程，并不容易。

下面我们主要讨论眼神和笑容。

（1）眼神

眼睛是心灵的窗户，能够传神地表达人们的内心感情，具有很强的交流功能和感染力。眼神也是表现情感中最显著、最难掩饰的部分。言语、动作和态度都是可以伪装和掩饰的，而眼神是无法伪装的。人们深层心理中的欲望和感情，首先就会反映在眼神上。

通过眼神进行信息交流最常见的形式有目光接触、视线交流、目光回避、扫视、斜视和眨眼等。下面我们主要讨论目光接触和视线交流这两种眼神交流方式。

第一，目光接触。交谈双方目光接触时间的长短既可能显示双方的身份或关系，也可能表明各自的态度。不过在不同的文化环境中，目光接触的习惯会有所不同。美国人认为避免目光接触的人不可靠、不友善和不值得信赖，但是过多的目光接触又显得专制独裁，过少的接触则是软弱的表现。拉美文化和非洲文化鼓励谈话双方长时间的目光接触，但又认为身份较低的人如果对身份较高的人这样做是不尊敬的。

第二，视线交流。在日常交往中，视线交流可以表达多种态度和情感：

① 爱憎。亲昵的视线交流可以打破僵局，但如果在公共场合死死盯视异性，则可能伤害到对方，引起不愉快。

② 威吓。一方长时间盯视另一方，怒目而视，会对对方形成无声的压力。

③ 暗示。人们能够通过视线交流把自己的意图和想法清晰地暗示给对方，达到心领神会的效果。

④ 显示地位。当地位高的人与地位低的人谈话时，前者投于后者的视线往往多于后者投于前者的视线。

（2）笑容

笑容是最复杂的身体语言之一。人们常常用微笑、大笑、狂笑、狞笑、奸笑、哭笑、傻笑、不怀好意的笑、尴尬的笑、勉强的笑、抿着嘴的笑、皮笑肉不笑和灿烂的笑容等词来形容不同人在不同场合的笑容，可见笑容所传达的感情和态度的复杂性。

笑容也是所有身体语言中受主观意识控制最弱的一种形式。笑容是识别和窥探一个人内心世界的非常有效的手段，也是最直观、最有感染力的身体语言。一个友好真诚的微笑会传递给别人许多信息。微笑可以消除陌生或紧张所带来的沟通障碍。微笑也显示一个人的自信心，表明他希望能够通过良好的沟通达到预定目标的决心。所以，善于沟通的人在人际交往中首先就会面带笑容。

6.4.2.3 姿态语言

姿态是指人们的整个身体躯干所呈现的状态，如坐姿、站姿和身体接触等。不同的姿态传递人们内心不同的心理信息。人们内心的心理活动也会以姿态语言有意无意地流露出来。所以，从一定意义上说，姿态是人们心理活动的晴雨表。

（1）坐姿

不同的坐姿所表达的含义是不相同的。如身体靠在沙发背上，两手置于沙发扶手上，两脚自然落地、叉开，表示谈话轻松、自如和自信；身体稍微前倾，两脚并拢，两手放于膝上，侧身倾听，说明很尊重对方；身坐椅子前沿，身子向前，头微微倾斜，表示对交谈内容非常感兴趣、喜悦和重视；要是坐在椅子上交谈，微微欠身，表示谦恭有礼；身体后仰，甚至转来转去，则是一种轻视、怠慢和失礼的行为；身体侧转于一方，表示嫌弃与轻蔑；身体背朝谈话者，则表示不予理睬的态度。

此外，人们在坐的时候采取浅坐还是深坐的姿势也表示不同的态度。采取浅坐姿势的人表明其内心一定程度上的紧张不安，显示出一种屈居劣势的心态，无意中表现出一种服从对方的心理。所以，在这种人面前我们不应显得自己太强大和傲慢，这样他们内心就会产生反抗态度。采取深坐姿势的人会稳坐在椅子上，同时伸出脚，显得很悠闲，在精神上占有优势，表明他希望居高临下。

（2）站姿

站立时挺胸、收腹、略微收臀、两眼平视，精神饱满，面带笑容，给人以一种自信的感觉。笔直站立，上身微前倾，头微低，目视对方，表示谦恭有礼，愿意听取对方的意见。站立时如果两手叉腰，或把双手插入口袋，或把双手交握在背后，在正式的商务沟通中就会显得不够稳重，会给对方一种轻佻的感觉。双方交谈时站立的方向应该是正面朝对方，以表示尊重。

（3）身体接触

身体接触是人类一种重要的非语言沟通方式，它使用的形式多样，既富有强烈的感情色彩，也具有鲜明的文化特色。由于身体接触可能进入人们最敏感的亲密距离的范围，因此容易产生敏感的反应。在不同的文化环境中，身体接触行为又具有不同的含义。同一种身体接触行为在不同文化环境中很可能产生积极和消极两种不同的效应。因此，在沟通中要谨慎地对待。

6.4.2.4　着装打扮

人们的着装打扮也是向外界传递信息的一种手段。

衣着华丽的人往往自我展示欲强，爱出风头。洞察到他们的这种心理，与穿着引人注目的华美服饰的人相处时，多夸奖他们的服饰，满足其展示欲是达到与其友好相处的关键。

衣着朴素者往往缺乏自信，容易与人发生争执。所以，不应当与他们争执不休。相反，如果大大方方地承认他们的观点，会让他们感到你的宽容大度，你就能取得意想不到的沟通效果。

喜欢时髦服装的人内心常常有孤独感，情绪容易波动。有的喜欢时髦服装的人会完全不理会自己的爱好，甚至不知道自己真正喜欢什么，只是向流行看齐。

不理会时尚的人常以自我为中心，标新立异。有些对流行毫不关心的人个性往往是十分强硬的，他们常常以自我表现为中心。其中，也有些人会不敢面对外部世界，自我表现封闭。

突变服装爱好的人说明想改变生活方式，也有逃避现实的成分。其很可能内心受到了某种刺激，想法上发生了某些变化。遇到突然改变服装爱好的人，采取质疑的态度是不明智的；相反，如果显得不当一回事，或者赞美他穿什么都很不错，就能赢得他们的信任，达到与他们保持良好关系的目的。

某些对流行既不狂热，又不会置之不理，改变衣着也是渐渐实行的人，表明其处事中庸，情绪稳定，一般不会做什么出格的事。他们富有理性，既不过于顺从欲望，也不盲从大众时尚。这种人往往是比较可靠的。

6.4.3 环境语言沟通

如上所述，环境语言包括自然环境、空间环境和时间环境等因素，但是我们主要讨论空间环境和时间环境。

6.4.3.1 空间环境

所有人都有在自己身体周围保持自己专用空间不受别人侵占的心理。人与人之间关系不同，沟通过程中相应的专用空间也不同。沟通中专用空间的大小反映了人与人之间的亲密程度。因此，沟通中的空间距离实际上是人们的心理空间。不同的空间距离能表达不同的含义和情感。根据人与人之间亲密程度的不同，个人心理空间可以分为以下类型：

（1）亲密距离

一般地说，亲密距离的范围在 0.5 米以内。当双方间的距离落在这个范围时，就有可能进行频繁的身体接触。因此，亲密距离一般只适合家庭成员和亲密朋友之间。人们在工作场合很少使用这种距离。

（2）私人距离

一般地说，私人距离的范围在 0.5~1.5 米。沟通双方处于这个距离时，既可以清楚地听清对方的声音，又可以保持一定的个人空间。人们在进行非正式的交谈时最经常的就是保持在这个距离内。这个距离最适合朋友和熟人之间的沟通。不同的人所习惯设定的私人距离远近反映了其自信心的强弱和保护个人隐私的心态。沟通者在沟通中应当对他人设定的私人距离保持足够的敏感。

（3）社交距离

一般地说，社交距离的范围在 1.5~4 米。这个距离适合非个人事务的谈话沟通。因此，一般的商务活动、工作联系、社交聚会和商务洽谈都会在这个距离内。在社交距离内的沟通双方，他们的相互影响会变得较为正规。某次沟通中，社交距离的远近会受到谈话姿态（如站或坐）、交谈对象（如与一个人还是一群人谈话）等因素的影响。

（4）公众距离

双方之间的距离超过 4 米时，就落在了公众距离的范围。处于公众距离时，谈话内容不会涉及个人私事，人们说话的声音会比较大，手势也会更夸张，同时人们相互影响的机会更少。多数人对落在这个距离范围内的其他人可以视而不见，不予交往，但是公共演讲、讲课和文艺演出等通常会利用公众距离。

6.4.3.2 时间环境

所谓的时间环境实际上是指沟通双方的时间观念。时间观念既涉及自己如何使用时间的问题，也涉及对待别人使用时间方式的配合。在沟通中后者的影响更大些。

时间观念在沟通中之所以重要，是因为它反映了一个人对对方的重视程度。例如，对重要领导所交办的事，即使平时办事节奏缓慢的人通常也会抓紧时间迅速完成；对下级所要求办的事，即使平时办事节奏很快的人也可能给忘了。所以，在商务活动中，人们往往根据对方是否守时来判断对方的诚意和对方对自己的重视程度。

值得注意的是，不同国家、不同文化背景的人在时间观念上存在很大的差别。例如，美国人的时间观念较强，欧洲人次之，南美和中东地区的人的时间观念相对淡薄。在处理事情的节奏上，不同国家的差异也很大。在美国和一些欧洲国家，有关部门的决定可能很快作出，但采取行动、实施决定的步伐比较缓慢。而在日本和某些东方国家，作决策往往需要花很长的时间，但一旦作出决策，实施行动可能非常迅速。

学思践悟

有效倾听是良好沟通的第一步

日常沟通中，我们往往会思考，自己的表达是否清晰、完整、准确，自己讲的话有没有产生效果。然而，我们常常忽视了怎么去"听"。大多数人在听别人说话时，都会不小心进入以下几个误区，因此应有意识地规避。

1.心不在焉，一心多用

我们在听对方说话时，可能还在做别的事情，比如玩手机、看电脑、看电视等，这会让对方感到不被重视。正确的态度是专注当下，让对方感受到此时此刻你就跟他在一起，他是重要的。

2.过于好奇，提问太多

听到对方陈述的时候，马上提出一连串问题，其实提问并不是因为你关注对方，而是你更关注自己想知道的内容。这时，我们需要让自己慢下来，暂停提问，跟对方站在一起，跟随他的节奏。

3.过早提建议

当我们听到朋友吐槽的时候，可能想，我们要给他讲点什么，才能帮到他。其实不用着急，你要做的是认真听他讲话，明白他的感受。

4.否定对方的感受和想法

"别胡思乱想了，这有什么好生气的，凡事想开点。"这样的话语从表面上看是一种开解，但实际上否定了对方的感受。正确的回应应该是，"如果我发生这样的事情，我也会很生气、很难过"，去尝试理解对方的感受。

5.评价对方，纠正对方观点

"你别太主观了，他不可能故意针对你。"这其实是在评价对方的观点，当然也否定了他的观点。我们可以这样表达理解——"你这么想一定有你的道理，你可以多跟我说一说吗?"让对方更多地表达他的感受和想法，同时，在这个过程中你会对他有更多的理解。

6.转移话题

比如，我们常常会说"别生气了，笑一笑，讲讲开心的事儿吧"这类的话，但这样反而会让对方感觉到他不被重视。我们应该关注对方的话题，跟随他的焦点，不岔开，也不跑题。

资料来源 方莉. 有效倾听是良好沟通的第一步 [N]. 健康报, 2023-05-11.

本章小结

根据人们在倾听时投入程度的不同，倾听可以分为随意倾听、敷衍倾听、专心倾听和全神贯注倾听。

倾听过程大致可以分为感知信息、选择信息、组织信息、解释或理解信息，以及反应或行动五个阶段。

倾听障碍主要来自环境因素和倾听者本身两个方面。要克服倾听障碍，应当从倾听环境、倾听者和说话者三个方面入手。

要有效地倾听，首先要培养积极倾听的习惯。积极倾听与一般消极被动倾听有很大的区别。其次要掌握有效倾听的要点：一是保持良好的精神状态和集中注意力；二是建立对对方的基本信任；三是以积极的态度关注对方；四是保持开放的心态；五是培养倾听的兴趣。

有效倾听的技巧包括倾听主要观点、使用开放性的动作和声调、及时用动作和表情给予呼应，以及适当记录并有效反馈。此外，倾听中也要注意适当提问和有效反馈。

非语言沟通是使用除了语言以外的其他各种沟通方式来传递信息的一种沟通方式。非语言沟通具有非常重要的地位和作用。

非语言沟通通常可以分为身体语言沟通、音调语言沟通和环境语言沟通等类型。沟通过程中最常用的身体语言有肢体语言、面部表情、姿态语言和着装打扮等。环境语言包括自然环境、空间环境和时间环境等因素。

主要概念

随意倾听　敷衍倾听　专心倾听　全神贯注倾听　积极倾听　消极被动倾听　非语言沟通　身体语言沟通　环境语言沟通

基本训练

❖ 知识题

1.说明"听"与"倾听"之间的区别。从有效沟通的要求看，倾听应当达到什么样的目的？

2.倾听中通常存在哪些障碍？

3.有效倾听的要点有哪些？

4. 说明非语言沟通的重要性和类型。

5. 身体语言沟通主要包括哪些方面的内容？

6. 环境语言沟通主要包括哪些方面的内容？

❖ 技能题

1. 总结回顾自己是否曾遇到过因自己或对方倾听障碍导致沟通不顺畅，而影响工作或生活的事件。分析当时影响倾听效果的主要和次要原因。

2. 电话沟通是最容易产生障碍、影响沟通效果的。总结在电话沟通中最容易影响自己或对方的倾听效果的因素。

❖ 沟通实训：倾听与反馈

【实训目的】训练学员的语言沟通和倾听能力；增强学员对反馈重要性的认识；促进团队成员之间的沟通。

【项目一】实训程序如下：

（1）由主持人事先准备好两张结构上具有一定复杂性的图（如图6-1和图6-2所示）。

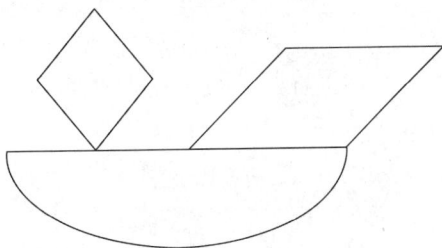

图6-1　参考图一

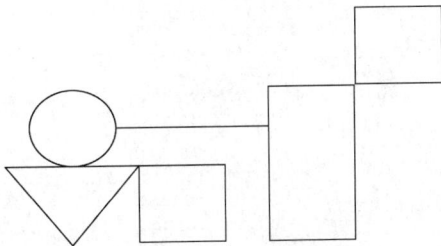

图6-2　参考图二

（2）选一名语言描述能力比较强的学员作为讲解员，并让他看事先准备好的图。

（3）告诉其他学员，按照讲解员的描述把图形画出来。

（4）请讲解员背向大家站立，避免与其他所有人的眼神和表情交流。他只能作出口头描述，不能有任何手势或动作。其他学员也不能提问，一切听从讲解员的指挥。

（5）完成后，请讲解员将图展示给大家看，让每位学员对自己所画的图形的正确程度作一个评价。

（6）主持人再拿出另一张结构上更复杂的图，再请另一位学员做讲解员，重复上述过程。但这次在讲解员每次描述后，允许大家进行双向交流。等图形完成后，也请讲解员将图展示给大家看，并让每位学员对自己所画的图形的正确程度作一个评价。看看结果怎样。

【项目二】实训程序如下：

（1）由主持人事先在报纸或网站上选取一篇300~400字的报道。

（2）选一名学员给全体学员朗读这篇报道。

（3）念完后，请学员总结报告所涉及的内容要素，如人物、时间、地点、过程、结果和启示等。统计通过倾听明确把握上述内容要素的学员的比例，并分析有的学员没有明确把握上述信息的原因。

第7章 书面沟通

学习目标

知识目标

理解对书面沟通和商务文稿的要求、撰写过程和技巧;理解商务信函的特点、要求和种类,各类商务信函的撰写要求和方法;理解与报告撰写有关的基本概念,明确常用报告的撰写方法。

技能目标

掌握基本的商务文稿的撰写技巧;掌握撰写常用的商务信函的要求和方法;掌握撰写常用的报告的基本要求和方法。

❖ 引例

某跨国石油公司的子公司是刚刚从其他公司收购过来的。子公司经理迈克和他的团队发现他们早已提交给总公司、需要总公司审批同意的有些特殊项目的预算报告迟迟没有下文,而其中有一条特殊管线的修理申请是非常紧急的。迈克在6个月的时间内写了一张又一张的备忘录,要求总公司批准修复管线的预算,但总公司一直没有反应。

事情已经到了迫在眉睫的地步。某周五,迈克在公司内见到了总公司派来处理另一个项目事务的约翰,就向他提起了这件烦恼的事,并请约翰帮忙看看他要求批准修复管线的预算报告的结果。当天,约翰在回到总公司后,就直接去找了总公司的总裁。想不到,总裁哈默说:"为何之前我一直不知道此事很紧急呢?"

经过一番查找,人们发现这份材料确实一直放在总裁办公桌上,只是一直没有人注意到它的重要性和紧急性。这份材料的重点——要求总公司紧急拨款修复危险管线的内容——写在了两页文档的最后一段。实际上,这份材料中的最重要一行被其他并不重要的资料淹没了。

于是,约翰打电话给迈克,告诉他下周二他们的子公司就能拿到所需要的款项了。同时,约翰并没有忘记给迈克一个建议:下次,这类报告的整个结构应当倒过来写。

资料来源 布赫. 卓有成效的沟通:领导者上传下达的10个沟通技巧 [M]. 刘皎,译. 北京:电子工业出版社,2009:58-59.

7.1 书面沟通概述

7.1.1 采用书面沟通的原因

商务沟通有多种沟通方式可供选择。与非书面沟通方式相比，书面沟通是一种比较困难的沟通方式，要写出好文章需要技巧、理解力以及丰富的创造力，而且费时。尽管如此，人们在工作中还是经常会采用书面沟通的形式。

商务活动中经常采用书面沟通形式的主要原因是，书面沟通远比非书面沟通要正式得多。书面沟通给人以一种更认真、更正式的感觉，所以，也比面谈或电话等非书面沟通形式更能促使对方采取行动。凡是与公司外部机构就重要事件达成协议或意见，需要有一个正式结果时，通常就需要利用书面沟通的形式来确认。另外，在下列几种情形下，使用书面沟通就更加必要了：

① 想对沟通情况保留一个长久的记录时；

② 需要传递比较复杂的信息时；

③ 需要把同一信息传达给许多人阅读时。

此外，当沟通者总是没有适当机会与对方面谈时，书面沟通也常常是一种适当的选择。

表7-1是口头沟通、书面沟通和传统的论文写作的特点比较。

表7-1　　　　　　　　口头沟通、书面沟通和传统的论文写作的特点比较

特　点	口头沟通	书面沟通	传统的论文写作
正式程度	很不正式	需要兼顾正式性和创造性	较正式
使用人称	使用第一和第二人称	使用第一和第二人称	尽量少用第一和第二人称
友善程度	友善	友善	无须营造友好气氛
个性化程度	个性化，针对谈话对方	个性化，针对沟通对方	完全非个性化
措辞	词语简短，口语化	词语简短，避免口语化	大量采用技术性术语和缩写语
句子和段落	句子组织随意且不分段落	短句且分段落	长句和长段落
语法	不讲究	语法规范	语法规范
视觉效果	不考虑	注重文章视觉效果	不太关注视觉效果

7.1.2 良好书面沟通的要求

7.1.2.1 便于阅读

为便于阅读，书面沟通必须达到下列基本要求：

（1）清晰简明

书面沟通要经过书写和阅读，如果表达不够清晰，对方就可能产生误解。在读者有疑惑或误解时，作者不可能马上提供帮助。更糟糕的是，人们可能根本就拒绝看那些书写上不合要求的商务文稿。由此可见，良好的书面沟通就应该像人与人之间的交谈，容易阅读，使读者看起来没有任何障碍。

（2）浅显易懂

商务文稿应当能透彻地表达作者的观点，使读者能迅速地搞清作者的意图，捕捉到作者的观点。为此，尽量要使用读者最容易理解的词汇，句子的组织也要清晰而容易理解，更多地使用短句，而不是长句。为了让读者更能接受作者的观点，在提出观点以后，还需要加以论证。此外，商务文稿的排版格式和文章布局也要规范，为阅读创造方便。

7.1.2.2　适当个性化

口头沟通的最大优点是讲话的人可以根据对象的不同而调整自己的沟通内容和风格，使沟通具有个性化。良好的书面沟通的内容和风格也应当随读者对象的不同而改变。就同一件事与不同对象进行书面沟通时，其正式的程度和强调的要点也应当是各不相同的。例如，就供货商延迟交货一事与上司沟通时，一般是非正式的，发一封电子邮件足够了，但如果要求供货商提供更好的服务，那么书写的公文应当正式一些。

7.1.2.3　有创造性

许多人总认为商务文稿就应该是十分正式的，结构上严格遵照规范要求，内容和观点符合逻辑要求。结果往往会使商务文稿变得教条刻板、冗长乏味，无人愿意阅读。

现在，人们开始越来越强调对商务文稿写作的"创造性"要求了。芭芭拉·格兰兹认为，这"从字面上看似乎是自相矛盾的"。通常"创造性"是指无限制、新鲜和非常规的，而"商务文稿写作"暗示是规范性的表述，所以"创造性商务写作"的说法表面上看起来似乎是自相矛盾的。但实际上，"创造性商务写作"既要求掌管逻辑思维的左脑，提供事实、细节和分析判断，又要求产生创造力的右脑针对某种情境提供创新、全局立场和新颖的见解。

7.1.3　使商务文稿浅显易懂的技巧

7.1.3.1　措辞

（1）准确而恰当

只有准确的词才能确切地表达作者的观点，只有恰当的词才能达到传达态度的目的。作者应当注意到同类词汇之间在内涵和外延上的差异。如果用词不当，就会影响沟通的效果。例如，"推销员"和"销售代表"都是工作头衔，是两个外延基本一致的词汇，但是，两者所意味的身份和地位可能有较大的差异。"推销员"听起来更像是小公司的伙计；"销售代表"更像是代表大公司推销重要产品的业务人员。

（2）选用读者所熟悉的词

只有读者熟悉才会感到好读易懂。读者熟悉的词就是大众化的，也就是最能表达作者意思的词。

（3）书面沟通中使用术语要谨慎

除了在求职信中最好用一些术语，使用读者所从事行业的专用术语，表明你与他们一样也是业内人士外，一般就只能在内部沟通中使用了。在其他商务信函中使用术语时，必须以读者有一定的常识为前提。

7.1.3.2 文句的组织

书写结构应当是紧凑的。多余的语句会浪费读者的精力，使文章变得难以理解。当文章的观点可以用更少的词来表达时，就说明写作风格拖沓，需要删除不必要的词，或者用更合适的单个词来代替冗长的短语。

例如，下列括号内的词完全可以删去，否则就显得拖沓而冗长：

在谈判（的整个）过程中

（过去的）经验

（提前）计划

下列冗长的短语完全可以用相应的单个词来代替：

在当今这个年代——现在

基于这样一个事实——因为

在最近的将来——不久

在一般情况下——通常

行文要考虑读者的需求和偏好，采用的人称要适当。通常情况下，采用第二人称"你"，可以使文章更具有影响力；但是，如果所描述的不是特指读者，就不应该用"你"。

7.1.3.3 段落与连贯

段落是把句子组织成为具有逻辑性和视觉效果的独立单位。好的段落应当具有一定的统一性，只包含一个主题或观点。段落中主题句阐明段落大意，并为段落搭建起结构框架。如果主题句醒目且位于段落之首，文章就显得易读好懂。所以，在大多数情况下，应当将主题句置于段落之首。

例如，下列主题句就同时预告段落的内容和结构。

A计划在环境保护方面也有其优势。

（说明下面一个段落将讨论A计划在环境保护方面所具有的优势）

如果段落中的第一句不是主题句，许多读者就很可能把整段都跳过去，这样就容易错过整个段落大意，所以主题句一定要放在段落之首。如果段落本身没有主题句，最好也加写一句。如果觉得很难找到一句话来概括整段的意思，就说明该段落缺乏统一性。此时，最好是把一个段落分为两个或更多个段落，使得每一个段落都有一个主题句。

在段落与段落之间，必要时甚至是句子与句子之间，运用过渡性词句可以帮助读者了解观点之间的关系，起到承上启下的作用，或者作为转入新观点的提示。适当地使用过渡性词句可以使文稿变得更流畅，可读性更强，增加所表达意思的连贯性。

7.1.4　商务文稿的写作过程

根据商务文稿的特点，我们可以简单地把写作过程分为以下阶段：

7.1.4.1　构思和组织阶段

构思是对商务文稿确定撰写目的、分析读者、组织观点、选择和收集素材，以及拟定提纲的整个思维过程。

明确商务文稿的撰写目的就是要具体回答两个问题："我（作者）想让文稿起到什么作用？""我希望读者做什么？"作者可能是想让文稿起到推荐、通告、总结、确认、邀请、建议、证明、请求、解释或者强调某个对象等作用。作者也可能想让读者采取某项行动、同意某项计划、解释某个问题、作出某种选择、探讨某个问题或反馈信息等。为此，一是要明确读者是些什么样的人；二是要确定向读者传递什么样的观点。有关分析读者的内容，已经在第 2 章讨论过了。这里着重要讨论的是如何组织向读者传递的观点。

组织观点是构思阶段最重要也是最困难的任务。在写作前观点组织得越成熟，以后写作阶段就越顺利。尽管在写作与修改阶段对观点的组织也可能作修改，但在开始写作前就有一个系统的观点组织是绝对有必要的。组织观点要遵守如下一些要点：

① 拟定核心观点。核心观点是作者为了达到沟通目的而向读者传递的一个最重要的观点。它并不是标题，也不是对文稿内容的描述，而是以采取行动为目的、言简意赅地表述某个观点的一个句子（通常不超过十几个字）。

② 围绕核心观点列出一批重要观点和下一级的次要观点，建造金字塔形的观点结构图。在该图中，每一个上一级观点都能概括本级内的从属观点；同一级内的每一个观点也都构成对上一级概括性观点的支持和说明。

③ 对每一级观点按级别高低（重要性、优先权和关联性的大小）、时间顺序和逻辑推理关系进行排序。

④ 对观点和素材、论据和结论进行合理的编排。根据金字塔形的观点结构图来确定所需要的素材或支持材料。观点是靠论据和结论来支持的。论据又是由一系列素材组合而成的。依据观点结构图就可以列出所需要素材的清单。编排时，必须考虑到不同的商务文稿（如信函、备忘录或报告等）、不同对象和不同内容对编排次序要求的影响。

构思和组织阶段的最后一步是拟定提纲。通过提纲把金字塔形观点结构转变成文字材料，为整个商务文稿提供一个缩影。

7.1.4.2　写作阶段

写作阶段的任务是书写初稿。无论是用笔写在纸上还是直接用电脑来写，这一阶段都是整个写作过程的核心环节。为了保证写作质量和提高写作效率，书写初稿时要注意下列几个要点：

① 书写初稿不应断断续续，要力争一气呵成。许多人都有体会，如果构思比较成熟，

一旦进入书写状态，思维就会非常活跃，文思泉涌，倾泻而出。这时，不要对字句细加斟酌，要一直往下写，使思绪自然倾泻而出，以求尽快形成初稿全文。

② 不要边写边改。写作过程是一个创造性过程，思路的创新性和连贯性远比文句的通顺和流畅更为重要。如果写初稿时边写边改，就会把注意力局限在细节性问题上，打断思路，失去逻辑性和创新性；同时，这样做经常中断书写过程，浪费时间。

③ 要用自己的方式来表达。采用自己的语言可以更准确地表达出真实意图，满足沟通中的个性化和创新性要求。读者对采用自己的方式来表达的文稿也会更容易理解和接受。

④ 不要脱离提纲。书写初稿时要尽量使用提纲中的句子，围绕要表达的核心观点展开论述。如果发现无意中已经脱离了提纲，就要马上停止，返回到提纲中的下一句来组织论述。

7.1.4.3 修改和编辑阶段

修改和编辑的目的是增强文稿的可读性。修改和编辑是一个不可缺少的过程，好文章是写出来的，更是改出来的。除非赶时间，条件不允许，修改最好在初稿完成后放置一两天后再进行。这样既可以保证在修改过程中带有新鲜感，也有更多的时间来思考新的观点或更好地理清原来的观点。

非常简单的商务文稿一般只需要经过简单的检查修改就可以提交了，但是对试图解决比较重要问题的文稿，修改就不能一气呵成了，通常至少应进行以下三次目的和内容各不相同的修改：

（1）**文稿内容、结构和布局**

在这方面应当检查和修改的要点有：

第一，文稿内容是否能满足写作目的对结构的要求。

第二，文稿内容是否提供了读者理解和实施行动所需的足够信息。

第三，文稿中的观点是否全面合理，重点是否足够突出。

第四，逻辑和条理性是否清晰，分析推理过程是否令人信服，结论是否有足够的论据支持。

第五，观点和段落之间的过渡和衔接是否自然流畅。

（2）**写作风格和语气**

在这方面应当检查和修改的要点有：

第一，表达意思是否清晰，语句是否紧凑有力。

第二，语气是否友善、合适。

第三，行文是否流畅、方便阅读。

（3）**措辞和文字**

在这方面应当检查和修改的要点有：

第一，措辞是否足够准确而简洁，是否需要把抽象名词转换成具体名词。

第二，文稿是否存在太多华丽辞藻，语言是否足够朴素且适合商务文稿的要求。

第三，排版、格式和标点符号等是否符合要求。

拓展阅读 7-1

7.2　商务信函的写作

7.2.1　商务信函概述

7.2.1.1　商务信函的特点及要求

（1）商务信函的特点

与一般的信函相比，商务信函具有以下明显的特点：

①内容单一。商务信函的目的是商品交易，内容是对商品交易的磋商，所以，一般不会涉及与商品交易无关的内容。商务信函的内容单一还体现在一文一事上。一般来说，一份商务信函只涉及一项交易，不会同时涉及几项交易。

②结构简单。这是指段落一般比较少，段落的篇幅也比较短。整体结构简单明了，便于对方阅读，实用功能强。

③语言简练。这是指商务信函措辞一般直截了当，言简意赅。

（2）商务信函的要求

由于商务信函的上述特点，要书写出优秀的商务信函必须遵守下列一些要求：

①内容清晰而完整。内容清晰就是所表达的观点要明确，容易理解，不会产生误解。每个段落以及段落之间的逻辑关系明确，表达流畅。完整就是对所涉及的有关内容写完整，要把发送商务信函的目的、事项和意愿等有关内容都交代清楚。

②语气友好，态度诚恳。好的商务信函的作用不仅是传递信息，还是企业形象的标志，能增进对方的好感。因此，写作商务信函时语气要友好，态度要诚恳，抱着平等和积极的态度讨论和协商。语气上要营造出一种友好协商的气氛，即使双方有意见分歧，也要心平气和地耐心磋商，以理服人，争取获得对方的理解和接受。当然，始终要保持礼貌和对对方的尊重。

③用语讲究，格式规范。商务信函使用的语言，首先要求准确，避免歧义，不使对方产生误解；其次要得体，适合不同类型商务信函的要求；最后要简洁。同时，商务信函的外观和格式也反映出书写者的责任心和经验，所以格式一定要合适和规范，这样才能给对方留下好印象。

7.2.1.2　商务信函的种类

商务信函种类繁多。从不同角度看，商务信函可以被分为以下一些不同的类型：

从商务信函形式和传递信息的内容看，商务信函可以分为通知、公告、工作计划、工作方案和安排、通讯、消息、介绍信、证明信、邀请信、感谢信、慰问信、求职信和留言条等。

从书写商务信函的目的和需要采用的语气看，商务信函可以分为告知性商务信函、肯定性商务信函、负面性商务信函和劝说性商务信函等。

下面，我们主要从书写商务信函目的和需要采用语气的角度讨论不同商务信函的写作方式和技巧。

7.2.2 告知性和肯定性商务信函

7.2.2.1 书写目的和信函组织

即使是书写一封简单的告知性和肯定性商务信函，通常也会有多重目的。

书写的主要目的无非是：向对方传达某项信息；让对方阅读、理解并积极地看待该信息；淡化任何负面的内容等。

书写的次要目的是：树立书写者自己和所在公司的良好形象；建立和巩固书写者与对方之间的良好关系等。

根据上述的书写目的，告知性和肯定性商务信函应当做到以下几个方面：

① 报告好消息并概括要点。好消息总是越快报告越好，所以一开始就立即传达好消息的内容及要点，这样能吸引对方的注意，激发对方的兴趣。

② 陈述细节，解释说明，提供背景资料。不是重复第一部分的信息，而是有针对性地说明对方所关心的问题，提供有助于达到写作目的的所有信息。注意按重要性顺序提供有关的细节。

③ 尽可能用积极的态度来对待负面因素。即使好消息必须满足一定条件，或受某些限制，也应当尽量用积极的语气来表述。

④ 解释对方所有的利益。说明所传达的信息不仅对公司，而且对对方也是有利的。要提供足够的细节，清晰地说明对方的利益，并令人信服。

⑤ 充满友善的结尾。结尾应当是积极的、个性化的和展望未来的，表示良好的意愿。

不过值得注意的是，与所有其他的书写模式一样，上述书写告知性和肯定性商务信函的结构模式在实际使用中也需要灵活运用，并不是每份告知性和肯定性商务信函都必须包含上述模式中的所有部分，但所采用的部分需要按照模式所规定的顺序来排列。在具体的商务信函中，有时可以将几个部分都组织在一个段落中，有时则需要用数个段落来表达某个要素。

7.2.2.2 主题行设计

主题行就是标题，告知读者阅读该商务信函的必要性以及内容概要，所以在备忘录和电子邮件中都是必要的，但其他信函一般不要求。好的主题行应当具备以下三个特点：

① 具体，就是主题行应当涵盖正文内容的各个方面。

② 确切，就是要用尽可能少的词语，简洁地概括正文内容。

③ 适合传递不同类型信息（肯定、负面和劝说）的需要，是指主题行要起到引导读

者阅读正文的作用，力图使读者作出书写者预期的反应。

一般来说，主题行内容大致与正文第一段相同。当告知好消息时，主题行应强调好消息；当消息是中性时，主题行可以进行简要概括。

7.2.2.3　读者利益

并不是所有的告知性和肯定性商务信函都需要说明读者利益，但是在下列情况下，说明读者的利益是有必要的：

① 当信函阐明的是一项政策或做法时。此时，由于读者不清楚这项政策或做法究竟是有利于他的利益还是伤害了他的利益，因此，强调读者的利益是十分必要的。

② 当书写者试图影响读者对信息或公司的态度时。此时，强调读者利益更可能获得读者的支持或认同。

③ 当强调读者利益可以积极地激发读者兴趣时。

④ 当有些读者对读者利益并不是很清楚时。此时，信函中说明读者利益，有利于读者采取积极的态度。

在描述读者利益时，一定要说明读者本身能得到的好处是什么。因为许多政策或做法往往只对组织有利，组织中的个人很少能从中得益。在描述读者利益时只有强调读者所能得到的直接利益，才能起到激发读者兴趣的作用。

7.2.2.4　告知性和肯定性商务信函的结尾

结尾应当是积极的，就是要强调书写者与读者之间的良好商务关系。结尾要求是个性化的，给个人信函的结尾应当是正好适合对方，而不是适合任何人的。给某组织代表写信时，结尾应涉及两家公司间的业务联系。给某个群体写信时，结尾也应针对整个群体。结尾还应当是展望未来的，对对方以及双方之间的关系表示良好的意愿。

7.2.2.5　常用的告知性和肯定性商务信函的类型

（1）确认信函

许多告知性商务信函的目的是确认双方口头谈论过的信息。这类信函一般很短，是由一方写给另一方的。这类信函在开头就要说明是一封确认信。

（2）纪要性商务信函

这是一种用信函的形式就某次谈话、某项活动、某个会议或某阶段工作进行的概括和总结。对某次谈话的纪要除了说明与会者、谈话主题和作出的决策外，还需要着重说明有关人员下一步应采取的行动。对某份公文的纪要，首先，陈述要点；其次，列举事例或细节；再次，如需要，可对公文进行评价；最后，提出公司或者对方应该采取的行动。

（3）投诉复函

如果为解决投诉，已经同意了客户关于调价、退换产品或其他的要求，则信函中一开始就要明确提出这些问题已经妥善解决的好消息。信函中不要谈论作出决定的过程，也不要说抱怨性的话。只有当出错原因有损于公司形象时，才需要详细解释。

（4）感谢信和祝贺信

发一封感谢信会使对方今后更愿意与你合作。感谢信可以很简短，但必须及时，内容具体，态度真诚。给某人发祝贺信可以增进你与对方之间的良好关系和感情，但内容同样要具体，用语要得当。祝贺信的用语要避免给人居高临下或屈尊俯就的感觉。

7.2.3 负面性商务信函

7.2.3.1 负面性商务信函的书写目的和内容

与告知性和肯定性商务信函一样，负面性商务信函的写作也往往有多重目的。

负面性商务信函写作的主要目的可能是：

① 告知读者某个坏消息；

② 让读者阅读、理解并接受该信息；

③ 尽量保持已有的良好信誉等。

负面性商务信函写作的次要目的则是：

① 为书写者和公司树立良好的形象；

② 减少和避免双方今后就同一主题而通信，减轻双方工作负担等。

负面性商务信函所传达的是消极信息，一般会使读者感到失望和不满；但是，如果书写者妥善处理，读者也可能产生积极的感受。在不得不书写负面性商务信函时，书写者也要让读者感受到：

① 我们对待读者的态度是认真的；

② 我们的决定是公平合理的；

③ 如果设身处地，读者也会作出同样的决定。

负面性商务信函的组织方式取决于对方是客户、上司还是同事或下属。给不同对象的信函的处理方式和语气应当是有所区别的。给客户和公司以外的其他人写信时，应当语气委婉，以便建立友好关系；给上司写信的语气应当是果断和负责的；给同事或下属写信的语气应当是关心和探讨的。针对三种不同对象的负面性商务信函的组织方式，分别讨论如下：

（1）给客户和公司以外的其他人的负面性商务信函的内容

这类信函的内容通常分为四部分：

第一，在表示拒绝前，先说明一个能被对方理解和接受负面信息的理由。一个适当的理由能使对方做好接受负面信息的思想准备。理由一定要明确、充分、有说服力。

第二，一次性清楚简洁地表达负面信息。要避免因表达模糊而被对方忽视，也要避免讲多次而伤害对方的感情。

第三，如果有可能，提出其他的可行选择或折中方案。这不仅为读者提供了帮助，而且说明书写者对对方利益和要求的关心。

第四，结尾要积极肯定，着眼于未来。

这种信函的组织模式可以简要地概括为理由—拒绝—其他选择—良好结尾。

（2）给上司的负面性商务信函的内容

上司常常希望下属能自行解决小问题，但是有些问题的解决又是下属的权力和能力所不及的。在向上司报告消极信息时，要避免使上司产生书写者无能和推卸责任的感觉，就应当在报告负面信息的同时，推荐问题的解决办法。信函的内容应包括如下几个方面：

第一，清晰、客观、冷静地阐述存在的问题。

第二，说明问题是怎样发生的，说明来龙去脉以及导致现在局势的潜在因素。

第三，提出解决问题的几种可行方案，并陈述不同方案的利弊。

第四，推荐你认为恰当的解决办法，请求上司批准并采取措施，以便及时解决问题。

这种组织模式可以简要概括为讨论问题—细节—其他选择—请求采取措施。

（3）给同事或下属的负面性商务信函的内容

向同事或下属通告负面信息时，要尽力让他们做好承受负面信息的各种准备，也要让可能受决策影响的有关人员参与制定对策，增强他们接受和理解负面信息的程度。所以，应当尽量征求他们关于如何处理困境的建议。这类信函的内容应包括如下几个方面：

第一，清晰、客观地描述存在的问题。

第二，如有可能，提出解决问题的可选办法或折中方案。这样做不仅帮助对方解决问题，而且说明书写者对对方利益和需要的关注。

第三，如有可能，要倾听对方意见或要求他们采取行动，来协助解决问题。同事或下属中也许有人能提出更好的解决办法，并且如果他们参与决策就更易于接受所产生的结果。

这种信函组织模式可以简要概括为讨论问题—其他选择—请求采取措施。

7.2.3.2 负面性商务信函主题行的设计

在向上司报告坏消息的负面性商务信函中，需要添加主题行时，主题行最好强调问题的解决办法，以体现你的负责精神，增强上司对你的信任。在向同事或下属传递负面性商务信函时，如果需要添加主题行，就要说明问题的核心，以期引起对方的重视。在给客户或公司之外的其他人的负面性商务信函中，如果担心对方有可能把负面性商务信函当成日常通信，最好在主题行中注明信函所包含的负面信息，以免因对方疏忽而耽误。

在用电子邮件告知坏消息时，主题行的内容是否需要包含负面信息应视具体情形而定。如果负面信息非常严重，要求对方足够重视，或者要求对方根据该信息作出决策或采取行动，就应当在主题行中包含负面信息；否则，最好使用中性的主题信息。如果书写者是报告自己的错误，最好在主题行中包含负面信息；否则，最好使用中性的主题信息。

7.2.3.3 负面性商务信函的措辞

（1）缓冲语句的使用

在书写负面性商务信函时，为了避免一开头就传达消极信息显得太生硬，或者书写者很重视双方之间的和谐关系，则可以考虑在信函开头使用缓冲语句。研究表明，缓冲语句并不一定能使读者产生积极的反应，而且要想写出好的缓冲语句并不容易，所以缓冲语句并非必要。然而在某些特殊情况下，可能需要使用缓冲语句。

使用缓冲语句的目的应当是让读者有一个好的心态，提供转入主题的自然过渡，所以，缓冲语句不应涉及任何坏消息，也不要暗示会有肯定的答复。常用的缓冲语句表达方式有下列几种：

第一，以与信函内容有关的好消息开始。如某公司因设备调试需要停业两周，在发给有关机构的信函中，开头说：

从8月5日起，本公司设备将调试完毕，将能为贵方提供更完善、更及时的服务了。

第二，陈述事实或阐明相关事件。例如，某协会就决定提高会员企业的会费发函通告各会员单位，开头先说明相关事件：

去年12月，本协会理事会研究决定调整会员会费，后经今年5月的会员代表大会通过，同意从6月起实行新的会费标准。

第三，提及信中的附件。用附件来传达负面信息的细节。

第四，以感谢对方开始。有人想拒绝某公司所提供的工作，在回信的开头可以讲：

非常感谢您安排我与贵公司的那么多高层经理会面，这次访问使我获益匪浅。

第五，陈述一般规则。某汽车租赁公司制定了新的汽车租赁办法，提高了新客户的费率，在给新老客户的信函开头说：

新的汽车租赁办法使具有良好的信用记录、安全意识和忠诚度的客户能得到更多的实惠。对本公司的老客户来说，平均来看，租赁费用将下降15%。

（2）促使对方接受负面信息理由的陈述

在给客户的负面性商务信函中，如果能提出一个条理清晰、富有说服力的理由，则将大大有助于对方接受负面信息的现实；如果没有好的理由，干脆就什么理由都不提，也不要使用一个站不住脚的理由。在申述理由时，人们经常说"这个决定确实有问题""很抱歉，我也无能为力"，这种把责任推给上司的说法是不明智的。对方会认为既然你对某项政策有看法，就应尽力说服上司作出调整。

说明理由时一定要选择那些有说服力且无懈可击的支撑依据。理由不充分还不如不说；提出多个缺乏说服力的理由，还不如强调有充分说服力的一个理由。但如果理由有损公司的形象，即使它很充分，也应当把它删去。

7.2.3.4 常用的负面性商务信函类型

常用的但又最难书写的负面性商务信函有下列几种：

（1）推辞和拒绝信

在不得不拒绝公司外部人士的要求时，尽量要使用委婉的缓冲语句，并尽可能提供其他的备选方案。以缓冲语句开头，措辞委婉，间接阐明拒绝，拒绝理由充分的信函容易被对方所接受。在给内部人士写拒绝信函时，应该根据组织文化和对对方的了解程度来决定：在比较重视个人关系的公司中，最好提及对方工作中的出色表现，以起到缓冲作用；在私人关系比较淡薄的公司中，则直接陈述负面信息可能更为合适。

（2）处分通知和解聘信

处分通知大多是直截了当的，不需要采用委婉语句。因为在这种情况下，委婉语反而会削弱对方对信息本身的重视程度，甚至被对方借用作为对处分决定异议的依据。处分通知应当列举出对对方行为量化的观察结果，切忌笼统概括或臆断推测。

解聘信一般应当向员工说明导致解聘的真正原因。如果为了顾及面子而在解聘信中不提及员工的不良绩效，反而可能留下隐患。但是解聘信提出的解释和理由不应广为扩散，否则可能带来麻烦。

❖ 沟通案例 7-1

一封电子邮件导致的"秘书门"事件

2006年，总部设在美国的某国际网络公司北京分部，公司大中华区总裁K.C.Lee和他的高级女秘书因不当的电子邮件发生激烈争吵，结果导致两人先后被迫离职。此事后来被评为2006年互联网上十大事件之一——"秘书门事件"。

事件的起因很简单。2006年4月7日晚，公司大中华区总裁K.C.Lee回到办公室取东西，到门口才发现自己没带钥匙。此时，他的私人秘书Tracy已经下班。K.C.Lee试图联系Tracy，未果。数小时后，K.C.Lee还是难抑怒火，于是在凌晨1：13，通过内部电子邮件系统给Tracy发了一封措辞严厉且语气生硬的"谴责信"。K.C.Lee在发送这封邮件时，同时抄送给了公司几位高管。原邮件是用英文写的。英文表达的语气是比较强烈的，主要内容翻译成中文大致是：

Tracy，在星期二的时候，我刚刚告诉你不要想当然，但是今晚，你想当然地认为我有钥匙而把我锁在办公室外，而我在办公室尚有许多未处理的事情。

从现在开始，你必须在检查完所有你服务的经理们的需求后才可以离开办公室，这包括午餐时间，一直到下班为止，好吗？

令K.C.Lee意外的是，Tracy以一封咄咄逼人的邮件进行回复，并让中国公司的所有人都收到了这封邮件。Tracy的邮件是直接用中文写的，内容如下：

K.C.：

第一，我做这件事是完全正确的。我锁门是从安全角度考虑的，北京这里不是没有丢过东西。如果丢了东西，我无法承担这个责任。

第二，你有钥匙，你自己忘了带，还要说别人不对。造成这件事的主要原因都是你自己，不要把自己的错误转移到别人身上。

第三，你无权干涉和控制我的私人时间。我一天就8小时工作时间，请记住中午和晚上下班后的时间都是我的私人时间。

第四，从到公司的第一天到现在为止，我工作尽职尽责，也加过很多次班，我也没有任何怨言；但是如果你们要求我加班是为了工作以外的事情，我无法做到。

第五，虽然咱们是上下级的关系，也请你注意一下说话的语气，这是做人最基本的礼貌问题。

第六，我要在这里强调一下，我并没有猜想或者假定什么，因为我没有这个时间，也没有这个必要。

这件事在网上被炒得沸沸扬扬，形成了几乎全国所有外企员工都疯狂转发上述邮件的局面。

网络上对此事的评论五花八门，不同的人从不同角度来评价这件事。从邮件沟通的角度看，本案例确实有几个值得寻味的地方：

（1）K.C.Lee在英文邮件中的语气确实过分，最后对下属采用反问的语气，明显体现出一种盛气凌人的姿态。

（2）在邮件沟通中，抄送是一种很敏感的做法。K. C. Lee 把邮件抄送给了公司其他高管，意味着想要向 Tracy 表明这件事没那么简单。

（3）Tracy 的回复也值得考究。一般来说，中方职员在回复上司的英文邮件时，也应选择英文，而 Tracy 选择了中文，似乎有一种对立情绪。

（4）最引起争议的是，Tracy 将措辞强烈的回复邮件抄送给了中国公司的全体同事，这个举动彻底将事情闹大了。

资料来源　杜慕群. 管理沟通［M］. 北京：清华大学出版社，2009：223-225.

7.2.4　劝说性商务信函

7.2.4.1　劝说性商务信函的特点以及劝说的基本策略

人们可以命令或胁迫下属或同事接受自己的意见，但是命令或胁迫是没有激励作用的，因此往往是低效的。劝说则具有一定的内在激励作用，是商务沟通中最常用的方式。但有效的劝说依赖严密的逻辑、动之以情的言辞和良好的可信度。劝说中所阐述的理由应当是对方认为重要的；劝说要动之以情也必须建立在对方认同的价值观基础上；可信度最后是由对方所决定的。

劝说可以采取两种基本的策略：直接请求模式和间接请求模式。例如：

直接请求模式：如果有 202×年新版的 MBA 联考辅导材料，请给我寄一套。

间接请求模式：有没有 202×年新版的 MBA 联考辅导材料？

究竟应当采用哪一种劝说策略，取决于书写者想让对方做什么、对方会有什么反对意见、劝说的力度有多大，以及哪种劝说策略更适合组织文化。

（1）适合直接请求模式的情形

在下列情形下，应采取直接请求的模式来劝说：

① 对方会按你的要求去做，不会有任何抵触。

② 你只需要那些愿意接受请求的人作出回应。

③ 对方很忙，可能不会读完收到的所有信件。

④ 公司的文化倾向于使用直接请求的模式。

（2）适合间接请求模式的情形

间接请求模式又称问题解决模式，是在担心对方可能拒绝你的要求时，在对方说"不"之前，通过陈述所有的理由来支持你的观点，从而消除对方的反对意见。下列情形适宜问题解决模式：

① 对方可能拒绝按你的要求去做。

② 你需要每个人都作出回应。

③ 你相信对方会读完这封信。

④ 你觉得在作决定时，逻辑比感情更重要。

7.2.4.2　劝说性商务信函的内容

（1）直接请求模式的劝说性商务信函的内容

这类信函的内容应包括如下几个方面：

第一，直接提出你的请求，说明所需要的信息或服务。

第二，向对方提供实施你请求的建议所需要的所有信息。对与实施建议有关的细节的表达要条理清晰，让读者迅速明确与请求有关的所有细节问题的答案。

第三，要求他们作出你所希望的行动。如果对行动有时间上的要求或限制，应给予说明；可能的话，还应说明有时间限制的原因。

这种信函组织模式可以简要概括为提出请求—说明细节—请求行动。

（2）间接请求模式的劝说性商务信函的内容

在预计对方对你的劝说会抵触，但你仍然相信你的办法可以解决问题时，你就要设法说明全部理由来消除对方的异议，让对方没有机会拒绝就被说服。这类信函的内容包括如下几个方面：

第一，说明双方共同面临的问题，来抓住对方的兴趣。例如，可以先提供负面信息，再说明采用你的建议即可解决问题，以此来吸引对方。

第二，详细说明共同面临问题的细节。

第三，阐述问题的解决办法。如果知道对方更喜欢另一种解决办法，在提出自己的解决办法前，先说明对方偏爱的解决办法是无效的。在提出解决办法时要排除个人好恶的影响，也不应认定对方一定会接受。

第四，说明你的办法的积极因素超过负面因素。

第五，归纳你的解决办法的其他益处。要说明的是除了解决问题以外的其他好处。

第六，提出你想要对方采取的行动。通常是要求对方批准或同意采取某项行动，此外还要提出一个让对方立即采取行动的理由。

这种信函组织模式可以简要概括为提出共有问题—细节—解决办法—利弊—对方利益—要求行动。

7.2.4.3　劝说性商务信函的主题设计

对直接请求式商务信函，可以把请求本身或请求问题作为主题。例如：

主题：请求更新杀毒软件的版本

对间接请求式商务信函，如果对方抵触情绪较大，把要求放在主题栏中，相当于在没有机会解释自己的意见前就可能马上遭到对方的拒绝。所以，主题栏中的主题应当是引导性的，使自己的观点逐步明朗化。例如，可以是：

主题：关于……的建议

主题：……的理由

7.2.4.4　常用的劝说性商务信函的类型

常用的劝说性商务信函有如下类型：

（1）订购函

订单既可以设计成表格，也可以设计成信函的形式。书写订购函时要注意：

首先，所提供的资料要具体，要给出模型、照片或产品目录，并说明型号、颜色和配件等细节。

其次，要告诉对方，在没有指定型号时，还有其他选择方案。

最后，要反复核对，保证所提供的价格和各类费用正确无误。

（2）催款函

一般地说，电话催款比写信催款要有效得多，但在电话催款不起作用时，就需要发催款函了。最初发出的催款函语气要温和。要假定对方打算付账，只是遇到了暂时困难或一时忘了，也要假定对方已经把款项寄出，只是还没有收到。如果发函后对方还没有付款，就应再打电话问清楚，是否出了什么差错。如果确实出了差错，应主动解决问题；不解决问题而一味催账有损于你的形象。

在最初的催款函不起作用后，随后的催款函在态度上要更加坚决。如果对方无法立即付清全部欠款，可以与客户磋商出一个还款计划，也可以提醒对方良好信誉的重要性，还可以教给对方贷款方面的知识，并解释为什么要求对方立即付清欠款。

（3）工作表现鉴定

上级需要定期对下属的工作表现进行评估或鉴定。对工作表现的鉴定既要维护公司利益，也要激励员工的积极性。这两种目的常常是对立的。多数人认为坦率地评估就是批评，人们需要表扬和肯定，感到自己受到了重视，才能做得更好。但如果员工表现不佳，为激励而采用表扬的话，又可能使公司因此而遇到麻烦。所以，对工作表现的鉴定必须慎之又慎。

工作表现鉴定应避免使用"错误""很好"等标签性语言和推断性词语，而应当基于对行为具体细节的描述。好的上司不但要尽量指出下属行为上的具体问题，还要能通过沟通找出问题的原因。

在工作表现鉴定中，如果能说明哪些方面是重要的，并提出具体的改进建议，那么对员工的进步会更有帮助。上司应当用明确、具体和翔实的语言给下属描述努力的目标。

（4）推荐信

推荐信一定要得体。如果推荐信只是一味地陈述积极信息，或者一味地诉说消极信息，就会失去可信性。推荐信又必须具体。不提供具体事例和证据，只是笼统地说明推荐信是没有说服力的。推荐信如果只强调次要方面，而不提主要方面，则对方对所推荐的人印象会很差。

组织良好的推荐信的第一段或最后一段应概括地对所推荐人进行评估。信的开头可以说明你和所推荐人的熟悉程度。信的中间部分应介绍被推荐人的具体工作表现。信的末尾应重复你的总体评价。

7.2.5　电子邮件

7.2.5.1　电子邮件沟通的特点

电子邮件已经成为商务沟通的主要形式。现在商务沟通中电子邮件的数量已经超过了邮政信函和电话的数量。因此，商务人员必须掌握并善于使用电子邮件这种沟通工具。

相对其他沟通形式，电子邮件有诸多优点：

① 免去"打电话找不到人"的麻烦；

② 大大节省沟通时间；

③ 传播速度快，尤其适合一对多的沟通；

④ 节省费用；

⑤ 保留沟通记录。

此外，电子邮件传递的信息内容广泛，不仅可以传递文字，还可以传递图像和声音及其组合。

当然，电子邮件也有缺点，主要是：

① 缺乏保密性，很可能被转发泄密，公司中的邮件也可能受到上司的监控；

② 邮件没有口头沟通中的语调和肢体语言信息，不能有效传递发件人的感情；

③ 邮件也可能被收件人误删或忽略，导致延误。

7.2.5.2　电子邮件使用的语言

电子邮件中可能使用三类不同的语言：随意语言、非正式语言和正式语言。发信者应当根据收信人的特点来选择不同类型的语言，而不应考虑自己个人的风格和偏好。

（1）随意语言

随意语言是朋友或同事之间日常交谈所使用的语言，会包含俗语和不规范的简称等，句子短，还可能不完整，甚至可能存在语法错误。许多人在给客户与同事写邮件时也会使用这种随意语言；但是，除非能肯定对方喜欢你用这种语言与之交流，否则就不应当使用。

（2）非正式语言

非正式语言具有随意语言的某些特征，但比随意语言要规范一些。虽然也可能包含俗语和不规范的简称，但句子结构规范，组织合理，可以起到吸引阅读的作用。因此，书写用于处理业务关系的邮件时应当使用这种语言。

（3）正式语言

正式语言不会使用俗语等，句子结构会非常规范，内容安排合理，常可能出现一些长句。从表面上看，正式语言具有比较规范的优点，但是在电子邮件中使用会让交流双方感到关系较疏远。所以，只有在类似正式报告的邮件、写给上司的邮件和写给陌生人的商务邮件中，才适合采用正式语言。

7.2.5.3　有效电子邮件的特征

要保证商务沟通中电子邮件的有效性，在书写中除了应遵从书面沟通的一般原则外，特别需要注意下列一些要求：

（1）行文简洁

电子邮件是一种适用于忙碌的人们沟通的方式。沟通双方都希望邮件在完整的前提下尽量简短，邮件只需要包括最基本的内容，篇幅力求短小。

（2）表达清晰正确

有效邮件的用词一般应是简短、常用、具体、准确和清晰达意的，句子和段落应力求简短。尽管为了便捷的原因，电子邮件的语气多半是非正式的，但是写作风格还是要保持专业性。要保证邮件的有效性，在写完邮件点击"发送"键之前，对语法、拼写、标点和页面效果等进行仔细的校对和修改是非常必要的。

（3）注重礼节

尽管在各类商务沟通中尊重对方和礼貌都是重要的，但是在电子邮件沟通中，特别需要重视礼节。电子邮件的及时性会比其他方式更可能引发沟通双方的情绪失控，表现出愤怒，甚至使用辱骂或攻击性的语言。因此，许多人在电子邮件中比较容易表现出愤怒的情绪，这种做法在商务沟通中是绝对不可取的。商务人员绝不能因使用电子邮件的不慎而破坏了双方之间的友好关系。

7.2.5.4 电子邮件的有效使用

为保证电子邮件的使用效果，要注意下列几点：

（1）对主题的强调是必要的

首先，要写好主题行。有用的主题行最好包括何人、何事、何时、何地与何因等信息。

其次，邮件正文中对主题行内容的重复是必要的。

最后，要注意一封电子邮件最好只有一个主题。

（2）注重发送电子邮件的法律责任

当需要转发邮件给第三方时，一定要征得邮件原作者的同意。在公司使用个人电子邮件要遵循公司的政策，收发私人邮件应当另设一个私人邮件账户。还要注意到，电子邮件有可能被人作为诉讼的证据，从而承担法律责任，因此，凡是在生气时写成的充满情绪化言辞的邮件，在发送前一定要把邮件储存一个小时，直到自己冷静下来，能够理智地思考这个问题时再处理。

（3）避免对电子邮件的误用和滥用

尽管电子邮件方便高效，使用广泛，但也并非适用于任何情形的沟通。在下列情况下，使用电子邮件就需要非常谨慎：

① 沟通的内容长而复杂，还需要谈判；

② 沟通中包含需要澄清或讨论的问题；

③ 需要传递保密的、敏感性的或可能被误解的信息；

④ 沟通内容受情绪影响，需要进行对话、反馈或协商；

⑤ 沟通内容传递情感或试图解决冲突。

7.3 报告概述

7.3.1 报告的类型和要求

7.3.1.1 报告及其类型

报告是一种搜集和研究事实的人与由于某种目的而要求看报告的人之间的信息或建议

的交流形式。报告的最终作用通常是作为决策和行动的基础。

报告的概念常常具有很强的灵活性。在某些公司中,报告仅指那些很长的、包含很多数据信息的文件。而在另一些公司或组织中,即使只有一两页的备忘录或者某件信函也可以称作报告。报告形式多样,种类繁多。我们这里主要介绍比较正式的书面报告的写作方法和技巧。

报告既可以是仅提供信息的,也可以是既提供信息又给出分析说明的,还可以是在提供信息和分析的基础上,提供解决方案或支持某项建议的。仅仅提供所搜集信息的报告,通常被称为信息报告。如果报告不仅提供信息,还给出分析说明,但是并没有对采取的措施提出建议的,就被称为分析性报告。那些推荐了相应的解决办法或措施的报告,就被称为建议性报告。表7-2列举了三种类型报告的实例。

表7-2   **三种类型报告的实例**

类　型	实　例
信息报告:仅仅提供信息	销售报告(提供每周或每月的销售数据等)
	季度报告(提供企业季度生产经营状况的基本数据和资料)
分析性报告:信息+分析	年度报告(上一财政年度中企业财务数据及绩效展示)
	审计报告(说明审计中发现的问题并进行解释)
	投资回收报告(说明某一投资项目回报率的计算过程和方法)
建议性报告:信息+分析+建议	可行性报告(评价几种方案的可行性并推荐一种最佳方案)
	请示报告(说明购买、投资、人员需求和生产工艺变动的理由)
	问题-解决式报告(找出公司存在问题的原因,提出解决办法)

7.3.1.2　报告的基本要求

一个好的报告至少要达到以下基本要求:

① 报告的内容应当围绕一个主题,不应该包括读者不需要的内容,以及与主题无关的内容。

② 报告的内容应该完整,包括读者需要的所有信息。

③ 报告的所有信息应该准确,根据事实所作出的推理应该是正确的。

④ 论述时应该按照一定的逻辑顺序,有层次地描述与主题有关的内容。

⑤ 报告内容的表述要进行合理、清晰的计划,以便使读者清楚有关内容在哪里以及原因。

⑥ 报告的写作风格应强调简单和精练,以便于阅读,避免令人误解。

⑦ 报告应该对所有的读者都是易于理解的,保证即使是不了解有关技术或某些细节的读者也能看明白。

7.3.2 报告的基本结构

无论是长报告还是短报告，其基本结构都包括三个部分（见表7-3）。不过长报告除了上述基本结构外，还包括一些辅助部分。

表7-3 报告的基本结构要素

部　分	要　素
内容简介	报告目的或授权调查范围说明
	研究程序或方法
正文部分	主要的事实
结尾部分	结论
	建议（如果需要的话）
	附录（如果需要的话）

下面我们讨论对报告各部分的目的、作用、要求等。

（1）内容简介

这部分的目的是为读者阅读报告正文部分起到引导作用。一般来说，内容简介应当按照以下格式来写。这种格式可以较好地解决报告开头部分条理差、比重失调和重点不明确的问题。

① 清楚地说明报告的主题是什么。

② 指出报告的目的，并介绍有助于理解这些目的的必要背景信息。

③ 简要说明获取信息所使用的方法。

④ 以最简单的形式提出事实、结论和建议。

⑤ 说明安排正文结构的计划。

对内容简介部分的总体要求是越简单越好，但要清晰；要求正确地把读者的注意力吸引到报告的主题与目的上来；简介部分还要与后面正文的内容相协调，更不能出现与正文内容不一致的情形。

（2）正文部分

正文部分是报告的主体。在这里，首先，要列出与报告主题有关的所有事实，如调查的性质、调查研究所采用方法的说明，以及详细解释、调研的整个程序、得到的结果等。其次，对这些事实进行分析，以引导读者合乎逻辑地去得出报告最后部分中的结论和建议。

（3）结尾部分

报告结尾部分的作用在于简要、清楚和总结性地提出结论和建议。好的结尾部分的特点是：不再引入任何新的观点；与内容简介和正文部分相协调；要给读者留下你想要留下的印象。

7.3.3 报告的格式和布局

7.3.3.1 报告的格式

报告格式可以采用多种形式。撰写者应当根据报告的目的、内容和对象来选择一种最合适的布局形式。

（1）信函或便笺式报告

对短小的报告，最简单的格式是采用信函或便笺的形式。这种格式的报告不一定要设立小标题，但仍然具有上面所述报告的三个基本部分。这种报告除了含有前面所讲的三部分外，还需要在报告开头加上对被报告人的称呼，并在报告末尾对被报告人致以问候，最后写上报告人职位、姓名（签字）及日期。

（2）纲要式报告

纲要式报告会把报告的三个基本部分内容进一步细分为更多不同的部分，但基本结构仍然不变，先是简介部分，接着是正文部分，最后是结尾部分。不过，整个报告以及每一部分都使用一个标题。纲要式报告的优点是条理显得更加清晰，使读者一眼就能发现所需要的信息。

（3）混合式报告

混合式报告是介于上述两种格式之间的一种形式，它整体上是一封信，但是在正文部分可能有一些简单的标题。这种格式也是很常见的，因为它适用于各种长度的报告，只要再加上小标题就可以了。

7.3.3.2 报告的布局

设计报告的布局时，不能只考虑报告格式本身的特点，更重要的是要考虑到报告主题和内容。内容是为主题服务的，内容与主题之间、内容与内容之间必然具有其内在的逻辑关系。所以，内容结构、体系和布局的设计应当使得读者看了以后马上明白报告的内容与主题，以及各部分之间的内在关系。而最集中反映这种内容关系的就是各部分的标题，所以，撰写报告必须十分强调各部分标题的设计。

标题设计要便于读者阅读和理解报告。如果标题混乱，或者一份报告没有一个统一的标题体系，就会使读者搞不清报告内容之间的逻辑关系。在报告标题设计上要注意以下几个问题：

① 标题体系应当反映报告的内在条理性。标题的排版格式和空格数应当反映标题的层次结构。

② 避免使用激怒性的标题，尤其当报告是针对矛盾事物进行解释时，一定不能采用损害读者尊严的标题。

③ 标题应富于启发性，且让人容易理解，否则就失去了标题的价值。

④ 标题应由单词或短语所构成，尽量避免使用句子。

⑤ 标题应该准确，且要简洁。

设计标题体系时，一定要注意标题体系的一致性。所谓标题体系的一致性，就是报告整体与各部分之间、各部分相互之间，在逻辑关系和层次关系方面应当是协调统一的。具有一致性的标题体系能把报告的各部分联结成一个整体。当然，在通常情况下，即使有了标题，也仍然要求在书写上下文之间使用承上启下的词句以及前后呼应，以帮助读者能够从前一部分自然地过渡到后一部分。

标题的一致性是通过对标题的编号来实现的。标题编号可以采用多种不同的形式，报告撰写者可以根据自己的偏好来选择。但不管采用哪一种编号体系都应该能够清楚地表明不同层次标题之间和同一层次标题之间的逻辑关系，以及重要性顺序。常用的编号方式有以下几种：

编号体系1：一，二，三；1，2，3；（1），（2），（3），等等。

编号体系2：A，B，C；1，2，3；（a），（b），（c），等等。

编号体系3：1，2，3；（a），（b），（c）；（i），（ii），（iii），等等。

"数字"编号体系：

1

  1.1

  1.2

2

  2.1

    2.1.1

    2.1.2

  2.2

在论文和会议报告的撰写中，使用数字编号体系比较常见，这也是国际上采用比较多的编号方式。这种编号体系可以帮助读者方便地转移到相应的需要部分，逻辑关系特别清晰。

7.3.4 长篇正式报告的格式

长篇正式报告的典型格式如下：

7.3.4.1 开头部分

• 扉页

• 授权说明（授权调查范围、区域和目标）

• 目录

• 附表目录与附图目录（如果需要）

• 前言或引言

• 致谢

• 摘要

扉页是读者阅读报告时首先接触到的内容，因此，它的布局值得花时间进行设计。扉页的功能是帮助读者从长篇报告中找出所需要的报告内容。

扉页应当说明以下几个问题：

① 关于什么内容？（报告的主题）

② 谁写的？（撰写者是谁）

③ 为谁写的？（要求提交报告的人或团体是谁）

④ 从哪儿来？（报告撰写者所代表的机构及通信地址）

⑤ 什么时间？（报告完成的日期）

扉页中的标题是最重要的部分。标题尽管很短，一眼就可以看完，但是也应该仔细设计。首先，标题上下应在一页靠中间位置；其次，标题文字应该居中；最后，标题应尽量简短，如果标题超过两行或更多，应该把重要的词放在一起，不能把语义拆开，放到两行中。

7.3.4.2　报告正文

•开篇介绍（引入主题，说明报告目的和范畴，简述报告中的假设、方法、标准和定义等）

•问题背景或历史（引导读者了解所讨论问题背景或历史，帮助读者熟悉有关材料）

•分析与讨论（对资料进行分析、说明和解释，分析问题的原因，对各种可能的解决方案进行评价）

•结论与建议（说明从分析和讨论中所得出的结论，推荐解决问题的方案）

7.3.4.3　附件部分

•参考文献

•附录

•索引

如果在报告中引用了别人的著作和观点，就应该在报告中予以声明，列入报告后面的参考文献中。这样做对学术论文和学位论文来说，是非常重要的。如果引用了别人的观点，又没有加以说明，就可以认为是剽窃他人的成果，侵犯他人的知识产权。在撰写报告时，应当严格遵守下面的几条规则：

① 不是自己的工作成果，都应该清楚地注明参考文献，以免被认为是剽窃他人作品。引用他人的话时应该用引号；如果反映了别人的主要观点，也必须用引号。

② 与报告中文字和插图有关的每个参考文献都应列入参考文献中，并在报告正文中要说明引用出处或数据来源。

③ 所有的数据和图片都必须在文字中注明出处。

当然，上面的报告格式仅仅是供参考的典型格式，如果需要也可以进行修改和调整，以适应不同类型、不同长度报告的要求。

7.4　报告的撰写

7.4.1　报告撰写的过程

对长篇的正式报告，由于撰写过程会持续比较长的时间，如果组织得不好，就可能产生遗漏或重复，因此需要把整个撰写过程分为几个不同阶段。每一阶段着重完成主要的任务目标，保证最终报告达到预期的要求。通常，报告撰写过程可以分为明确主题和拟定提纲、搜集信息资料、正式写作、编辑修改四个阶段。当然，这四个阶段是有机地联系在一起的，同时需要不断反馈和反复。

7.4.1.1 明确主题和拟定提纲

（1）明确报告主题

这是撰写一篇好报告的前提和关键。一篇好报告的主题应该是研究社会或企业的现实问题，如现实与理想之间的不协调，或者现实与计划要求之间的差距，再或者是公司及组织所面临的困难等。既然需要研究现实问题，撰写者就需要较深入地了解现实问题，如关注网络上的相关信息，经常阅读报刊文章，及时收看电视的新闻报道等。

评价一份报告的主题优劣或价值高低，应当考虑到三个方面：

第一，主题是合适的。报告所研究的现实问题应当是确实存在的，是重要且值得解决的，还必须是具体且富有挑战性的。

第二，读者对象是合理的。报告所选择的读者对象也应该是确实存在的，有阅读报告的需要。报告的读者也应当有能力实施报告建议的解决办法。

第三，选题是可行的。报告所提供的数据、资料和事实应当足以证明问题的严重性，足以证明建议的解决方案是可行的，而且报告计划提供的数据、资料和事实是撰写者能够获得并能理解的。

（2）拟定撰写提纲

撰写比较简单的商务信函时，一般并不需要列出专门的写作提纲，但是在撰写内容比较复杂的报告时，在正式动手写作前，先列出一个提纲是完全必要的，而且提纲应该列得详细一些。提纲越详细，撰写起来就越容易，所以在列提纲上所花费的时间总是值得的。

对长篇的正式报告，仅仅列出包括一级标题的提纲还是不够的，在大多数情况下还应当列出二级标题，有时甚至需要包括三级标题。对某些重要的部分，最好还能加上需要引用的数据或资料名称，以及论述的逻辑关系。

有了一份科学、合理的写作提纲，撰写者在整个报告的写作过程中就能够保持思路的完整性，既避免重复和遗漏，又防止写到某些地方时不知从何下手的尴尬情形。

7.4.1.2 搜集信息资料

撰写报告，特别是长篇的正式报告总是需要搜集信息资料。缺乏相应的信息资料，只能算是空议论，会因缺乏可信度而失去价值。只有具有数据或资料支持的报告才能赢得读者的认同，凸显其价值。

撰写报告所需要的信息资料可以分为二手资料和原始资料。二手资料是指别人搜集整理出来的信息。原始资料是撰写者自己调查搜集来的新信息。

（1）二手资料的搜集和利用

搜集二手资料最常用的方法是图书馆搜索和网上检索。图书馆搜索是一种传统的信息搜集方法。在图书馆内可以利用多种索引工具，从报刊、专业性图书或各类数据库中找到所需要的数据或资料。不过，最快捷方便的方法还是在互联网上检索。在互联网上借助适当的搜索引擎，输入想要搜索的条目，就可以方便地得到想要搜集的信息。

不过，对搜集得到的二手资料，特别是从互联网上检索得到的资料，需要评估信息的可靠性和价值。撰写报告时只应该使用那些可靠性能够得到确认，并且价值比较大的信息。

评价信息的可靠性和价值通常采用以下四条标准：

第一，作者。发布二手资料的组织或个人的声誉、可信度和资历都会影响到资料本身的可靠性和价值。

第二，目的。提供二手资料的原作者的目的和动机也会影响到资料的客观性程度。

第三，完整性。二手资料是否提供了各种有争议的观点，并对相关观点进行了客观的评价，论述的依据是否客观可靠。

第四，更新日期。最近一次发布和修改信息的时间是值得关注的，长期不更新信息的网站等所提供资料的可靠性常常是值得怀疑的。

（2）原始资料的搜集

搜集原始资料的基本方法是问卷调查。问卷调查适用于需要对大量人群进行调查的情形。设计一张调查问卷，把需要调查的所有问题一一列出，再利用信件、电话、电子邮件，甚至直接派人等手段，把问卷发送给被调查对象，让他们回答后再收回，获得所需要的调查信息。问卷调查所得到信息的价值取决于问题设计和调查对象的选择。

想要获得真实有价值的信息，调查问卷中问题设计的态度要中立，问题的含义要明确，所用词汇对调查人员与被调查者应当具有相同的理解。问题的措辞应避免对被调查者产生任何有倾向性的引导作用，也应当避免使用具有歧义和含义不清的词汇。

此外，问题设计还需要考虑是使用开放式问题还是封闭式问题。两种问题的组织方式不同，所得到的信息的特点也不同。

要保证调查结果具有足够的可靠性，问卷调查的对象必须具有足够数量，并具有代表性。为此，通常采用抽样的方法来选择调查样本。抽样又分随机抽样和非随机抽样。一般情况下，为了满足费用、时间和调查结果精确性的要求，采用分层的随机抽样的方式来选择样本在很多情况下是合适的。

当被调查者人数较少又相对集中，而且所调查的问题具有一定的专业性时，采用深度面谈的方法来搜集信息是更加合适的。此外，对某些特定问题，为了获得更加客观真实的信息资料，也可以考虑通过观察调查对象行为的方法来搜集信息。

7.4.1.3 正式写作

正式写作是从报告正文开始的。首先是开篇介绍。如果撰写的是某个研究项目的报告，则这部分内容大多可以引用原来项目建议书中的文字。项目建议书中关于报告的目的和范畴，报告中的假设、方法、标准和定义等的说明，只要稍作改动就可以成为报告的开篇介绍。

关于问题背景或历史的内容，实际上在搜集到有关资料后就可以开始撰写了。

结论与建议需要在完成资料分析和讨论后才能撰写。报告正文撰写的核心是资料分析和讨论。资料分析与讨论又包括报告中的数据或资料分析与报告中信息的组织和有效表达这两方面内容。

（1）报告中的数据或资料分析

报告必须对所搜集到的数据或资料进行分析。数据或资料分析的过程，既要利用各种统计的和非统计的方法来发现数据或资料所反映的规律，以便得到结果，也要对发现和结果进行解释。

分析是从对所搜集的数据或资料进行分类、判断和甄别，以决定取舍，最终选择应用哪些数据或资料开始的。选择来源可靠的合适数据是必要的，因为错误的数据很可能引导出错误的或者相反的结果。

在确定进行分析的数据后，数据分析通常总是从考察数据的集中化趋势和离散化趋势开始的。数据的集中化趋势可以通过计算一组数据的算术平均数、中位数以及众数来衡量。数据的离散化趋势可以通过方差、标准差和分布范围（全距）等指标来衡量。

如果想作进一步的数据分析，选择分析方法时就需要考虑通过数据分析想要达到的目的。数据分析的目的大致有三类：一是检验变量之间是否存在差异；二是研究变量之间是否存在某种关系；三是对变量进行分类或判别所属的类型。

检验数据所反映的变量均值之间是否存在差异的最常用方法是假设检验和方差分析。假设检验是先假设变量均值为某个值，再利用从总体中所抽取的一组样本观察值来检验原假设是否正确的统计分析方法。方差分析是检验多个总体的均值是否相等的统计分析方法。

研究变量之间是否存在某种关系时，常用的统计分析方法有卡方独立性检验、相关分析、回归分析和因子分析。卡方独立性检验是要从一组同时受多个变量影响的观察值中来判断某个变量对因变量的影响是否与另一个变量对因变量的影响相独立，还是存在交互影响。相关分析则是研究一个变量的变化与另一个或多个变量的变化之间是否存在依存关系。回归分析则进一步研究自变量与因变量之间数量变化的规律性。因子分析的作用是可以从一组变量的观察值中提取出决定和影响这组变量变化的、共同的、本质的新变量因子。

对变量进行分类或判别所属类型的分析，需要采用多变量分析方法。最常用的方法有聚类分析和判别分析。聚类分析的主要作用是将对象或事物进行分类，使归入同一类中的对象或事物尽量具有类似的特征，而不同类别之间的对象或事物具有显著的差异。判别分析所研究的是，在已知研究对象被分成若干类别的情况下，判断新的研究对象应当属于哪一类的问题。

（2）报告中信息的组织和有效表达

对搜集得到的数据或资料，应当以便于读者理解和使用的方式来进行编辑和组织。

第一，信息组织的基本形式。报告中常用的信息组织形式有如下几种：

① 比较/对比方式。很多报告会采用比较/对比的方式来组织信息，通过比较/对比得到评价结果和报告的结论。比较/对比的信息组织方式既可以按不同方案为主来组织比较信息，也可以按讨论评价标准为主来组织比较信息。可行性报告通常就采用这种方式。

② 问题–解决方式。问题–解决方式的信息组织思路是：首先，确定问题所在，解释问题的背景和历史，讨论问题的严重程度，发现问题的原因；其次，讨论可能影响决定的

因素；再次，分析可能解决方案的优劣势；最后，得出结论。这种方式在读者持中立态度时会非常有效。

③ 逐一排除法。在讨论完问题及其成因后，紧接着先讨论那些不切实际的解决办法，说明不能解决问题的原因，最后叙述最可行的方案。这种方式对撰写者态度与读者态度不太一致时的情形比较有效。

④ 从一般到具体或由具体到一般。从一般到具体的组织方式就是先阐述问题对研究对象所产生的影响，然后将问题分成若干部分进行讨论，并对每个部分提出解决方案。由具体到一般的组织方式就是从讨论读者定义的问题开始，然后上升到与该问题直接有关的更高层次问题的讨论。这两种组织方式适用于为了有效解决问题，需要对读者已经认可的问题重新进行定义时的情形。

⑤ 按功能或职能来组织。研究对象是由不同职能部门所组成的，或者报告需要对不同职能部门绩效进行评价讨论时，就适合采用这种组织方式。

⑥ 按地理或空间位置来组织。

⑦ 按时间顺序来组织。

当报告撰写者拥有的信息量很大时，就需要对信息资料进行分类。把所有信息分成3~7组是合适的。如果同一层次的分类数目太多，就会影响读者的记忆效果。有时，如果需要，可以把具有类似特性的信息归入同一个类别，再在下一个层次中分别加以阐述。

第二，报告写作表达技巧。即使是长篇正式报告，读者一般也不可能花很长时间来阅读。要让读者耐心读完全篇报告，必须从一开始就抓住读者的注意力；同时，要让读者在阅读过程中感到轻松和舒适。为此，撰写者除了认真组织好内容外，还必须注意以下一些写作表达技巧：

① 结构紧凑，文字简洁。报告应当紧扣主题、主次分明、重点突出。报告各部分篇幅也应反映所表达内容的重要性程度。除了摘要或结论部分的内容可能与正文部分的内容有某些重复外，其他地方都应该避免重复。报告应尽量采用简单句和短句，而不是复杂句和长句。报告也应采用简洁、明了的词汇，避免使用生涩、烦琐和难以理解的词汇。

② 条理清晰，逻辑严密。在表达内容和观点时，应注意上下层次、先后顺序、角色主次之间的关系和适当配合，使得报告能够给读者提供一个完整的内容框架，便于读者理解和把握整篇报告的内容。在每一部分论述时，都应当明确论点、论据和结论，保证表述具有良好的逻辑性。

③ 书写规范，表述清楚。报告内容的表达与书写方式和习惯有很大关系。书写方式不当，就会损害内容表达的清晰性，影响报告的效果。书写规范就是要求报告不仅主题明确、内容充实和观点正确，还要书写符合规范的要求，全文各部分格式统一，语句通顺，标点符号使用正确。表达清楚就是要求报告用词准确，杜绝错别字，不滥用不规范的缩写和行话；引用别人的内容和观点时，态度要明确、客观、公正；图表内容的组织和表达也要规范。

④ 前后连贯，标题合理。撰写长篇正式报告必须注意前后连贯，实现不同部分之间自然的过渡。在预告后面的内容时，应当对随后所要讨论的内容用数字加以编号和分类，以帮助读者理解。在转换话题的段落之间应当插入过渡性句子。每一个段落通常应以主题句开头，以方便阅读。报告中标题具有非常重要的作用，标题应尽量做到简短有力，同一

层次中平行的各标题在语法结构上应当尽量保持一致。

7.4.1.4 编辑修改

编辑修改是长篇正式报告撰写过程中必不可少的重要阶段。好的长篇正式报告既是写出来的，又是修改出来的，而且一份正式报告往往需要经过多次修改才能满足有关各方的要求。所以，报告撰写过程就是一个反复修改、反复推敲的过程。

修改可以在写作过程中的任何需要的时候进行。修改的内容涉及对主题、提纲、结构、观点、内容、词句和标点等各方面的重新检查和修订。对主题、提纲和结构的修改是对报告整体的调整，是最重大的修改，会带来工作量很大的返工；但是如果确有必要，仍然应当坚持按要求来修改。修改后要求报告主题更正确、鲜明和深刻，报告的提纲更科学、结构更合理。对观点、内容、词句和标点的修改也要求保证观点正确、内容充实、逻辑严密、语言准确、表达生动和语句流畅。

报告修改需要掌握以下一些技巧：

（1）把初稿搁置一段时间再修改

在修改前把初稿搁置一段时间效果会更好。完成初稿后马上修改，由于撰写者对报告内容非常熟悉，就很难发现错误或需要修改的地方；但搁置一段时间后，撰写者站在比较客观的角度来看待初稿，更容易发现问题所在。

（2）以批判和改进的态度看待初稿

报告撰写者如果是以欣赏的眼光来看待初稿，就很难找出需要修改的地方，也接受不了别人的修改意见。所以，在修改阶段，要求撰写者带着批判的、改进的目光来重新审视初稿，以发现问题和找出不足为目的。只有这样，才能经过修改使报告面目一新，更上一个层次。

（3）每次修改重点要突出

长篇正式报告往往不是一次就能修改完成的，需要经过几次修改才能达到预期的目标，因此每次修改都应当确定重点。第一轮的修改重点应当是主题、提纲和结构，要保证经过初次修改，报告主题明确、结构合理。如果需要的话，第二轮修改重点应当是内容组织和观点，要保证经过这轮修改后，内容的组织安排合理、观点正确、论述具有逻辑性。如果需要，最后一轮修改需要检查和修改格式、文字、标点符号和排版方面可能存在的错误。只有经过认真检查，对上述各方面进行了必要修改后，撰写者才算最后完成了报告。

7.4.2 常用报告的撰写

7.4.2.1 建议书的撰写

建议书一般是向组织推荐某种解决问题的方法或思路，以帮助组织决定是否需要采取行动或变革，或者提出怎样行动的方案。建议书被广泛地应用于企业和组织中的各类沟通。针对企业和组织内部的建议书，通常是向某一管理层提出应该采取的某种新方案或办法，解决存在的问题，如组织机构的变革、某类新产品的开发或某种促销方案的实施等。

针对外部的建议书，则是向外部机构推荐某种行动方案、思路或策略，如针对客户的销售建议书、针对合作伙伴的项目建议书，以及针对有关机构的商业计划书等。

要撰写出好的建议书，需要对希望解决的问题有清晰的认识，常常需要作一定的调研，并明确需要采取的必要措施。富有说服力是一份好建议书的关键。为此，一份完整的建议书必须依次回答以下一些问题：

① 建议所要解决的问题是什么？说明你知道的公司或组织的问题所在，了解它们的实际需要。如果能做到有的放矢，就能很快吸引读者对建议书的兴趣。

② 问题应当怎样解决？针对具体问题，提出你的解决思路和解决办法，并证明你的办法是可行的。

③ 这种解决问题的思路和办法将会给组织带来的利益是什么？应当说明直接利益与间接利益、短期利益与长期利益，以及经济效益与社会效益等。

④ 实施建议的时间表和成本费用清单是什么？建议书应当列出一份详细的时间表，说明每个阶段工作能在何时完成。同时，成本费用清单要列出解决问题所需要的详细开支情况。

7.4.2.2 调研报告的撰写

调研报告是在为解决某些问题进行调查研究、搜集资料的基础上，对资料进行整理分析，研究对策，并向有关部门所作的报告。撰写好调研报告的关键有两点：

① 把分析研究贯穿调研报告撰写的全过程。调研本身也是需要进行分析研究的。无论是调研内容和方法的选择，还是调研对象的确定都是需要分析研究的。对调研资料的整理和归纳也需要分析研究，才能得出有价值的结论和建议。

② 强调事实，把观点和材料结合起来说明。既要善于运用具体、典型的材料，也要善于运用综合性的统计资料。在提出观点时要有客观材料的支撑，分析材料的结果应当有结论和观点。

调研报告一般包括标题、正文和落款三个部分。每一部分内容和书写要点如下：

（1）标题

标题应当反映调查对象和内容的特点，要与正文内容保持一致，而且要求简洁、精练，并力求新颖、醒目。

（2）正文

正文分为前言、基本事实、分析、对策和建议等部分。

第一，前言。调研报告的前言一般是介绍调研的目的或动机，也有的会介绍调研背景和基本情况等，其内容和表达方式不必强求一致，撰写者可以灵活掌握。

第二，基本事实。调研报告应当说明调研对象的历史和现实情况，重点当然是现实情况。报告要如实地反映调研对象的现状、特点和存在问题。报告这部分的材料应当真实、典型和翔实，要多用事实和数字来加以说明。

第三，分析。分析是调研报告的研究部分。通过分析，或指出问题的性质，或找出产生问题的原因，如果需要也可能推测发展变化的趋势和方向。分析既可以是理论上的分析，也可以是实践的例证。所有的分析都必须基于事实和数据，还要具有针对性，揭示问题的实质。分析一定要客观，避免主观性。如果需要，报告也可以在调研的基础上，对调查对象未来的发展趋势和前景作科学合理的推断，这将有利于管理部门的决策。

第四，对策和建议。调研报告的主要目的是发现问题、分析问题，最终是要解决问题。报告正文最后要对为解决问题应当采取的行动和措施提出建议。报告所提出的措施和建议既要有针对性，又要有可行性。

（3）落款

落款部分应包括报告撰写者和成文的日期。

7.4.2.3 计划报告的撰写

计划报告是在企业或组织中使用范围很广的重要书面报告。撰写计划报告的目的是对企业或组织未来的生产经营活动，以及所需要的各种资源，在时间和空间上作出具体的安排和部署。计划报告又包括具体内容各不相同的几种报告类型，如规划、计划、方案或安排等。规划是指时间跨度较长，涉及总体战略性问题的报告，其作用是明确方向、增强斗志和激发热情，所以，没有必要写得太细。而方案或安排，是针对某项具体工作的计划报告。工作内容比较复杂的用方案，较简单的用安排。

撰写计划报告必须有充分的思想和材料上的准备，并在明确具体受众和目的的基础上才能写出一份好的计划报告来。下面以公司的年度计划报告为例，说明如何来组织和撰写计划报告。

计划报告的整体结构布局一般也可以分为明确问题、分析问题与提出解决问题的思路和办法等几个部分。具体到公司的年度计划报告，报告整体的结构可以进一步分为如下一些部分：对上一年工作的回顾；提出下一年工作总体思路；确定下一年工作目标和任务；明确为实现上述目标和任务应采取的措施。

因此，公司年度计划报告的总体结构和各部分内容可以如下：

（1）对上一年工作的回顾

通过对上一年工作的回顾，要充分肯定成绩，鼓舞士气。肯定成绩要辅以必要的数据说明，令人信服；同时，要发现优点和缺点，客观地看待上一年的业绩。

（2）提出下一年工作总体思路

在分析内外部环境，明确机会和威胁、优势和劣势的基础上，提出下一年的思路清晰的工作目标和指导方针。

（3）确定下一年工作目标和任务

工作目标尽量要明确清晰、简明扼要。工作任务要明确具体、富有条理。

（4）明确为实现上述目标和任务应采取的措施

要把目标和任务分解、细化和落实到不同的职能部门、经营单位；要明确资源的组织和供应，为完成目标和任务采取的保障措施，以及落实业绩的评价和考核体系。

拓展阅读 7-2

本章小结

　　尽管书面沟通比口头沟通困难和费时，但是在想要对沟通情况保留长久的记录时，需要传递比较复杂的信息时，或者需要把同一信息传达给许多人阅读时，还是经常需要采用书面沟通的形式。

　　良好的书面沟通必须便于阅读，具有适当的个性化和创造性特征。要使商务文稿浅显易懂，就必须注意措辞、文句组织，以及段落的连贯。

　　商务文稿的写作过程可以被简单地分为三个阶段：构思和组织阶段、写作阶段、修改和编辑阶段。

　　商务信函的特点是：内容单一、结构简单和语言简练。书写优秀的商务信函的要求是：第一，内容清晰而完整；第二，语气友好，态度诚恳；第三，用语讲究，格式规范。

　　从书写商务信函的目的和需要采用的语气看，商务信函可以分为告知性商务信函、肯定性商务信函、负面性商务信函和劝说性商务信函等。这几类不同商务信函的内容组织、陈述顺序、写作方式和技巧都应当有所不同。

　　报告是一种搜集和研究事实的人与由于某种目的而要求看报告的人之间的信息或建议的交流形式。报告可以分为信息报告、分析性报告和建议性报告。

　　报告的基本结构包括三个部分：内容简介、正文部分和结尾部分。报告的格式和布局主要有信函或便笺式、纲要式和混合式等几种。长篇正式报告的格式更为复杂一些。

　　报告撰写过程可以分为明确主题和拟定提纲、搜集信息资料、正式写作、编辑修改四个阶段。

　　商务人员最需要掌握的报告撰写有建议书撰写、调研报告撰写和计划报告撰写。

主要概念

　　告知性商务信函　肯定性商务信函　负面性商务信函　劝说性商务信函　信息报告　分析性报告　建议性报告　建议书撰写　调研报告撰写　计划报告撰写

基本训练

❖ 知识题

1.书面沟通的基本要求是什么？

2. 商务文稿的写作过程分为哪几个阶段？每个阶段有哪些要求？

3. 应当如何组织传递积极信息的商务信函的结构？

4. 应当如何组织传递消极信息的商务信函的结构？

5. 应当如何组织劝说性商务信函的结构？

6. 报告分为哪些类型？报告的基本结构分为哪几个部分？

7. 报告的撰写分为哪几个阶段？

8. 常用的商务报告有哪几种？每一种报告的撰写要点有哪些？

❖ 技能题

1. 假如你是某一部门的主管，说明你应该如何向与你关系亲密的一位下属传达如下几种信息：

（1）要求他遵守组织内的纪律。

（2）向他表示祝贺。

（3）将他调到同一个城市的另一个具有相同吸引力的地方工作。

2. 根据沟通案例 7-1 的资料，联系实际总结自己在书面沟通中应该注意的经验和教训有哪些。

❖ 沟通实训：交换并发现好主意

【游戏目的】

（1）促进团队成员之间的交流与沟通。

（2）激发团队成员的创造力。

（3）充分发挥学员的主观能动性。

（4）分享团队内的好主意。

【实训程序】

（1）把全班学员分成为由每 5~6 人组成的小组，对所有小组编号。每个小组指定一个召集人，并给每个学员发 5 张卡片。

（2）由教师指定一个学员在生活、学习或工作中普遍遇到的问题，像如何寻找合适的实习单位、如何推选理想的社团干部、如何在学期结束时评优等，请每个学员在每张卡片上写下一个解决这个问题的好主意，每人写下 5 个好主意。每个学员还需要在卡片背面签上自己的名字，并告诉他们这些主意将会被大家评判和分享。

（3）由每组的召集人把组内所有的卡片收集上来并进行编号，例如 "3-10"，表示第 3 组的第 10 张卡片。

（4）由每组的召集人依次把全组所有卡片交给组内每位学员阅读。请每个学员从除了自己所写的卡片外的其余卡片中，挑选出他自己认为写了最好主意的 5 张卡片。由每组的召集人记录这些卡片的编号。由此可见，任何人都不能把自己所写的卡片选为最好主意的卡片。

（5）由每组的召集人向组内学员公布被组内学员选为最好主意的卡片的编号、内容和被选中的频数。选择被挑选出频数最高的 5 张卡片，作为全组评选的结果，并把选中的卡片交给教师（全班主持人）。

（6）由教师指定学员向全班学员依次阅读每个小组所评选出的5张最好主意卡片的内容，让全体学员共享这些主意，允许学员间进行简短的交流和讨论。

（7）由教师主持，请全体学员用举手表决的办法从所有小组所评选出的全部最好主意卡片中，进一步按得票多少挑选出全班认为的最好主意的5张卡片。（如果需要，可以规定每位学员在评选中最多只能举手5次）

【总结和讲评】

在完成对所有主意的评选以后，教师既应当表扬提出最好的5个主意的创始人，也应当表扬那些推选了最好的5个主意的人和小组，是他们的慧眼识珠为大家识别了好主意。

第8章 演讲沟通

❖ **引例**

2007年6月7日，从哈佛大学辍学30余年的比尔·盖茨应邀在母校的毕业典礼上作了25分钟的演讲。演讲获得了巨大的成功。然而，为了做好这次演讲，比尔足足花了6个月时间来精心准备。

1.周密规划，细致准备

作为世界名人，比尔作过无数次演讲，照理他完全没有必要花那么长时间来准备一次演讲；但比尔认为哈佛大学毕竟是他的母校，何况这次应邀回母校演讲还缘于母校授予他学士学位及荣誉法学博士学位，所以他特别看重这次演讲。

比尔从2006年12月就开始着手为半年后的这次演讲作准备。他郑重其事地制定了一个时间表。针对这次演讲的各个环节，从搜集材料、确定主题、形成初稿、修改、定稿直至演讲前的演练，都进行了周密细致的安排和规划。

2.集思广益，反复提炼

比尔找了一位助手，协助他进行演讲稿的准备。两个人一起讨论，逐一列出演讲可能涉及的问题，一起对材料进行分类，加以提炼，直至演讲主题敲定。接着，根据确定好的主题，自己动手一连写出了6份草稿。然后，用电子邮件把草稿发给信得过的朋友，请他们给演讲稿提意见、出点子，进一步完善演讲内容。最后，带上演讲稿亲自拜访巴菲特，当面征求他对演讲稿的意见。

3.品读经典，感悟成功

比尔知道，一场成功的演讲，除了要有一份好的演讲稿外，还必须掌握高超的演讲技能。为此，在进一步完善演讲稿的同时，他还反复诵读爱因斯坦、居里夫人和费米等名人的经典演讲。通过反复品读经典演讲稿，比尔对演讲中的口头语言、姿态语言的运用，以及与听众的交流技巧等都有了更深层次的体会。

4.反复演练，精益求精

2007 年 5 月底，在对演讲稿完成了最后一次的修改后，比尔就开始在自己办公室的小讲台上反复演练。他不仅把要讲的主题及相关材料烂熟于心，而且做到了对演讲中的语气、手势甚至停顿都了然于心。尽管如此，据报道，就在演讲的前一天，在去波士顿的飞机上，他还在给自己的妻子大声朗读讲稿。全身心的投入和精益求精的做法保证了演讲的圆满成功。

资料来源　郑衍文．比尔·盖茨是如何准备演讲的［J］．东西南北，2008（1）：37．

8.1　演讲概述

8.1.1　演讲及其特点

演讲是演讲者在特定背景下，运用声音和姿态语言等表达手段，劝说和鼓励听众的一种沟通方式。演讲既需要语言艺术，也需要鼓动艺术。成功的演讲需要演与讲之间和谐、有机协调地配合。

演讲从表面上看是演讲者向听众发表自己意见和观点的过程，但实际上，成功的演讲往往是演讲者与听众双方积极交流与互动的过程。互动式的沟通既可以帮助听众更清晰地获得演讲者所传递的信息，也可以促使演讲者根据听众的反馈及时作出有效的反应，改善演讲的整体效果。

演讲的方式特别适用于演讲者希望用情感打动听众或想要将听众的注意力集中在一些具体细节上，或者想要回答对方问题、解决矛盾或达成共识时，或者是希望立即得到答复或立即采取行动的情形。

成功的演讲具有如下几个特点：

（1）目的明确

每一次成功的演讲都会有明确的目的。演讲者会在强烈的演讲动机驱使下，通过演讲，表明自己的观点，唤醒听众的思想，激活听众的情绪，促使听众采取某种行动。相反，目的不明、可有可无的演讲肯定是要失败的。

（2）说服力强

成功的演讲必定能够以理服人、以情感人，具有很强的说服力。以理服人说明成功的演讲必须着眼于说理。离开了说理，即使内容再生动、辞藻再华丽，演讲也不可能打动听众的心。以情感人是指对演讲中所涉及的人物、事件和问题，演讲者都应表明自己的态度，并以带有感情的方式表达出来，使听众从语言、声调、表情、眼神和手势中感受到演讲者的喜怒哀乐，以期引起感情上的共鸣。

（3）富有艺术性

演讲的艺术性主要体现在四个方面：

首先，内容组织上的艺术性。成功的演讲或以具体感人的形象，或以深刻真实的事例说服人、感染人；或歌颂真善美，或鞭挞假丑恶，寓思想教育于其中。

其次，文采上的艺术性。演讲以富有艺术性的口语为听众营造一个美妙的氛围，使听众在美的享受中得到启迪。

再次，演讲讲究音量的轻重强弱、音调的抑扬顿挫、节奏的起伏快慢、语速的停顿连接，语言运用上富有艺术性和技巧性。

最后，演讲者在演讲过程中通过自身的气质、装扮、表情和体态等因素来传递艺术和美的信息。

总之，成功的演讲能使人感受到强烈的艺术熏陶。优秀的演讲者本身就是一位艺术家。

（4）高度综合性

每一次演讲的目的各有差异，听众各式各样，想要达到预期的效果，演讲者就需要根据演讲目的和听众特点，多角度地收集和组织演讲内容，采用多种演讲手段和表达技巧。所以，每一次成功的演讲都是演讲者进行全面分析、综合地运用多种演讲手段和表达技巧的结果。

8.1.2 演讲的类型

演讲根据目的和方法不同，可以分为如下7种主要形式：

（1）告知型

这类演讲的目的是向听众传递信息。告知型演讲的主题应当是没有争议的，以避免与受众发生争议。告知型演讲应当清晰、有趣和容易理解。为此，演讲者就应当以客观方式陈述事实，提供被证实的数据信息。内容的组织要注意思维逻辑，由浅入深，层层递进。陈述中要充分利用演绎和归纳等逻辑推理方式，保证演讲的条理清晰。

（2）交流型

这类演讲以交流信息为目的。为达到信息交流的目的，演讲者要注意营造一种探讨问题的氛围，促使双方之间的交流，并最终找到解决方案。

（3）劝导型

这类演讲的目的是说服听众。通过演讲说服那些持有反对意见或者态度冷漠的受众，赞同或支持某种观点或主张，或者改变现有的行为和态度。演讲者想要达到说服的目的，就要注意运用感情感染力和逻辑感染力来影响受众的观点。为此，演讲者需要引证可靠的统计资料、有说服力的观点或某人的真实经历来深刻地感染听众，当然也可以通过分析典型的案例来佐证某种观点。劝导型演讲在结构上必须有严密的逻辑性，以增强演讲的说服力。

（4）比较型

这类演讲的目的与告知型演讲一样，也是向听众传递信息；但与告知型演讲不同的是，比较型演讲是通过针对两个或两个以上的产品、概念、政策或活动等进行讨论、解释和比较，向听众提供相关的事实或利弊分析，以有助于听众作出正确的决策。因此，这类演讲中，仔细列举事实和客观的数据分析是至关重要的。

（5）分析型

这类演讲的目的是通过传递信息，分析相关形势、文件和政策等，为制定决策或采取某种行动措施等提供参考。所以，这类演讲成功的关键是，对与决策有关的每一个问题都作仔细的分析，观点要客观全面。

（6）激励型

这类演讲的目的是激励听众，希望通过演讲来鼓励听众采取行动，更加积极地去实施某项行动计划。这类演讲常用激动人心的语言来激发听众的热情和干劲，使听众朝着一个共同的目标努力。

（7）娱乐型

这类演讲的目的就是娱乐，希望通过创造一种轻松愉快的气氛来影响听众的态度和行为。宴会中的演讲、广播电视的特殊节目中的演讲都属于这种类型。这类演讲对艺术性的要求最高。演讲者必须具有较高的感召力和鼓动性，善于运用有趣和幽默的语言，吸引听众对演讲的兴趣。表达方式要适合听众的口味和场景，而且要别具一格，富有新意。

8.2　演讲的准备

无论演讲者具有多高的演讲技能，都必须在演讲之前做好充分的准备。任何一次成功的演讲无一例外都是精心设计、认真准备的结果，没有充分的准备，演讲是不可能成功的。演讲的准备包括明确演讲目的、分析演讲听众、确定演讲主题、准备演讲内容和安排演讲时空要素等 5 个方面。

8.2.1　明确演讲目的

前面，我们按演讲目的不同把演讲分为告知型、交流型、劝导型、比较型、分析型、激励型和娱乐型等 7 种。所以，在准备演讲时，首先要明确演讲目的究竟是什么，需要按照哪一类演讲的要求来准备。

在明确演讲目的时，要注意如下几点：

（1）不仅要明确一般目的，还需要明确特定目的

演讲的一般目的通常就是上述 7 种中的一种，但是在准备具体的演讲时应当用一个句子，更明确地直接表达出特定的演讲目的。阐明演讲特定目的的句子不仅要含义明确，而且应当引人注目，富有特色。这样说明的演讲特定目的不仅对演讲者的准备会大有帮助，而且今后在演讲时对听众来讲也能从中受益。

（2）是否需要兼顾几种目标

尽管为了分类方便，通常把演讲按目的不同分为上述 7 类，但是实际上许多演讲的目的可能是多样的，而不是单一的。演讲者在准备时就应当明确，本次演讲的具体目标究竟有哪几种，这些目标之间的关系又是什么。

（3）不仅要明确目标，还需要明确预期结果

演讲预期结果并不需要告诉听众，但是明确演讲预期结果对演讲者本人而言，常常是

很有帮助的。明确演讲预期结果可以作为指导信息资料的搜集和分析工作，以及评价演讲准备工作是否充分的依据。

8.2.2 分析演讲听众

演讲准备除了要明确演讲目的外，还需要分析演讲听众。演讲者如果事先不了解听众的背景、态度、兴趣、心理特征和意愿等，就很难保证演讲主题和内容能够吸引听众。一般地说，分析演讲听众要求了解听众的下列特征：

8.2.2.1 分析听众构成

（1）听众人数

一般来说，听众人数越多，越容易受群体思维的影响，所以在听众人数较多的场合，更需要变更说话的语调，增加内容的感情成分。对出席人数作尽可能准确的估计，有利于演讲者决定需要采用什么样的辅助手段和风格。

（2）听众年龄结构

听众年龄结构不同，思维方式和价值观念就会有很大的区别。例如，当今社会上的青年人大多具有冲劲和爱挑剔的特点，而中老年人较含蓄和稳健。演讲者只有注意到听众的年龄构成特点，才能保证沟通风格适应听众的要求。

（3）听众受教育程度

演讲者需要研究听众的受教育程度，是因为不仅演讲者所使用的语言和词汇应当适合听众的受教育程度，而且演讲方式应当适合听众的受教育程度。对知识层次比较高的听众，演讲中应强调逻辑和理论依据；对知识层次较低的听众，则可以考虑应用更多的例子和施加情感的影响。

（4）听众职业构成

不同职业的听众所关注的话题往往是不同的，了解听众的职业结构有助于演讲者选择听众感兴趣的主题。

（5）听众性别结构

听众性别不同，关注点和兴趣也会不同。根据听众的性别构成来确定演讲用语、风格、方式和语调，才能保证演讲获得最佳效果。

8.2.2.2 了解听众的观点和意愿要求

演讲者应该在事先了解听众的观点和意愿要求的基础上确定主题。选择适当的演讲内容才能保证演讲具有针对性，得到听众的好评。演讲者应当特别注意那些对演讲主题有特别敌意或特别好感的听众的意见，把握和满足他们的意愿要求。想要获得听众的观点和意愿要求的信息并不困难，演讲者可以通过演讲组织者或主持人事先对听众进行调查，也可以提前到场与部分听众进行交流，还可以通过事先向其他演讲者请教等多种方式，来获得关于听众观点和意愿要求的信息。

8.2.3　确定演讲主题

演讲主题的确定要考虑到以下方面：

首先，演讲的主题应当是现实生活中急需回答的问题。只有选择那些能解决人们普遍关心的、急于得到答案的问题作为主题，演讲才是有价值的。

其次，演讲主题也应该是演讲者有独创之见的思想观念。那种人云亦云、缺乏真知灼见的演讲是很难获得成功的。

最后，演讲主题要集中、有重点。整个演讲应紧紧围绕主题，把问题讲深、讲透，给听众留下深刻印象，演讲才能取得良好的效果。

在确定演讲主题以后，还必须进一步确定主题句。主题句就是能够引导听众、帮助你出色完成演讲的、强有力的、简洁的，最好是难忘的语句。许多演讲就是因为没有合适的主题句，显得只是把成堆的信息一股脑儿地抛给听众，并以为这样就能自然而然地堆砌出一个聪明的结论来。事实并非如此。听众是需要也想要被引导的，更何况听众不一定听到演讲中的每一句话。只有用一个难忘的主题句去引导他们，在演讲中多次重复这句话，才能与听众之间维持一种坚固的联系，达到演讲的目的。

沟通案例 8-1

8.2.4　准备演讲内容

（1）搜集材料

演讲者只有广泛地搜集材料，才能在演讲中游刃有余，博采各家之长，自成一体。搜集材料不外乎两个途径：直接的和间接的。演讲者通过自己的观察、调查和体验而直接获取的材料，被称为一手资料。这是为演讲者所独有的、最具有雄辩力的资料。演讲者通过阅读和查找报刊、书籍和网络等途径获取的材料，被称为二手资料。由于二手资料获取的途径广泛、费用低，因此又是演讲中最常用的材料。不过，对二手资料应进行核对和甄别，以确保二手资料的真实性。

（2）筛选材料

为演讲目的搜集得到的材料只是素材，还需要进行筛选。演讲者只需要选择把那些最能够充分支持主题、最适合听众、最具有典型性、最生动、最真实和最有说服力的材料写入演讲稿或演讲提纲就够了。不过，其他筛选下来的材料还需要注意保存，以备不时之需。

（3）使用材料

对选中的材料，要进行如下工作：

第一，进行归类，确定用哪些材料来说明哪个问题。

第二，确定使用材料的先后次序，安排好先使用哪些材料，后使用哪些材料，尽量保持最合理的顺序。

第三，注意为了吸引听众的注意力应当适当穿插一些趣味性材料，促使听众注意力集中，增强演讲效果。

第四，注意材料和结论之间的推理过程是否足够严密，要避免从同样的资料得出不同结论的可能性。

第五，注意综合使用视觉的和听觉的或者数据的和色彩变化的等多种形式的材料，来达到最佳的演讲效果。

（4）设计和撰写演讲稿（提纲）

搜集和整理好演讲资料以后，还需要对这些资料进行周密的组织和认真推敲，从而形成一个结构合理、条理清晰、内容充实、逻辑严密、文句流畅且结论令人信服的演讲稿。因此，设计和撰写演讲稿时必须注意，演讲中所提出观点的次序以及对不同观点和结论所强调程度的差异，是否会影响听众的理解和接受的程度。

演讲稿既可以写成一字不落的全文演讲稿，也可以仅仅写成一份演讲提纲。对一个有经验的演讲者而言，更通常的情形是精心准备一份演讲提纲，而并不需要撰写全文演讲稿。

不过，不管是全文演讲稿还是演讲提纲，其基本结构都包括开场白、演讲主体和结尾。有关这3个部分的具体内容我们将在后面详细讨论。

（5）视觉辅助工具的准备

研究表明，我们人类知识的绝大部分，约90%都是通过视觉，如从电影、书本和网络等载体上获得的，通过听觉获得的知识仅仅只占7%~11%。听众对一场纯语言表达的演讲内容更容易遗忘，而对把语言与视觉辅助工具结合起来使用的演讲，更容易理解和记忆。在听众看来，那些在演讲中能熟练地使用视觉辅助工具的演讲者更专业、更有说服力。

为了帮助听众更好地理解演讲内容、增强演讲的说服力，准备适当的视觉辅助工具常常是有必要的。关于如何设计和使用视觉辅助工具的具体内容，将在后面专门讨论。

8.2.5　安排演讲时空要素

（1）演讲环境的准备

演讲环境条件对演讲能否成功有很大影响。要保证演讲成功，环境条件的准备要充分。首先，演讲地点的选择要合适，紧邻大街、嘈杂的环境肯定影响演讲效果。其次，演讲厅的大小要适合听众的人数。最后，演讲厅内需要配备必要的桌椅和视听设备。

演讲者事先应当熟悉并适应环境，要保证自己所准备的材料、视觉辅助工具和其他演讲手段在演讲厅能够正常使用。如果演讲者不熟悉环境，导致所准备的材料、视觉辅助工具和其他演讲手段无法正常使用，演讲效果肯定会受到影响。如果一个习惯使用PPT来作演讲、事先确实也准备好了PPT文件的演讲者，到了演讲厅才发现没有多媒体投影工具可以使用，他肯定会表现出一脸茫然，演讲效果自然也会大打折扣。

（2）演讲时间安排

演讲时间安排包括时间长度安排和时间段的分配。

一般来说，一次演讲的时间长度最好不要超过90分钟。如果演讲确实需要较长时间，也应当将演讲内容以90分钟为单位划分为若干单元，中间安排休息时间，让听众有一个放松的机会。

演讲者需要根据演讲总体时间安排来合理分配时间段，并根据给定时间调整演讲结构和内容。一般地说，演讲开头和结尾部分占整个演讲时间的20%，其余80%的时间用于演讲主体部分。

8.3　演讲结构设计与实施

合理的演讲结构安排是一场演讲成功的基础。演讲结构设计就是演讲者在演讲之前对如何开头、如何结尾、以何处为主和以何处为辅、怎样铺垫、怎样承接等进行精心推敲，做到了然于胸。这样，演讲者在演讲过程中才能思路清晰、中心突出、铺排严谨、首尾照应、浑然一体。只有这样，演讲者才能在限定时间内传递更多的信息，紧紧抓住听众的思路，使之聚精会神、心悦诚服。另一方面，确定了演讲结构，就能据此设计演讲提纲，这样演讲者就能避免临场忘记演讲内容的风险，克服由于害怕忘记内容而产生的怯场心理。

一次完整的演讲包括演讲开场白、演讲主体和演讲结尾三个部分。

8.3.1　演讲开场白

开场白又称引言或导语。演讲开场白比任何其他沟通形式的引言都更为必要。因此，无论演讲是长还是短，在演讲开始时花费几分钟做开场白总是必要的。开场白尽管简短，但是对增强演讲者的可信度、调动听众兴趣、帮助听众理解整个演讲都是非常重要的。所以，开场白作为正式演讲的一个重要部分，加以精心组织设计总是有必要的，也总是值得的。

8.3.1.1　演讲开场白的目的

在演讲的开头部分要设法达到3个具体目的：

（1）吸引听众注意，激起他们对演讲的兴趣

听众在到达演讲地点时，头脑里可能还在思考其他的事情，还没有做好听演讲的准备。通过演讲开场白来吸引听众注意，激发他们对演讲的兴趣，对整个演讲的成功是至关重要的。

（2）自报身份，确立自己的可信地位

为了确立自己演讲的可信地位，演讲者需要在演讲一开始就对自己的职位、知识和经验进行适当而简要的描述，让听众相信你是有资格和实力来作这次演讲的。

（3）预告自己演讲的主要内容

开场白中预告演讲的主要内容是有必要的，以便听众事先对演讲有个整体印象。但预告并不意味着在开头就要把所有内容都讲出来，使演讲失去任何悬念，导致听众失去继续

听的兴趣。预告主要内容的最好办法是借助视觉辅助工具，让听众迅速获得关于演讲主要内容的整体印象。

通常，开场白的篇幅是很短的，要在短短几分钟时间内就达到上述目的，开场白的设计就必须做到巧妙、有新意。

8.3.1.2 开场白的表达方法和技巧

为了达到演讲目的，开场白可以采用多种不同方法和技巧来组织和表达，但最常用、最成功的开场白表达方法往往有以下几种：

（1）提问

演讲可以从向听众提出一个或几个问题开始。一个精心设计的、与演讲相关性很强的问题，常常能迅速吸引听众的注意力，引导听众一起思考共同面临的问题。提问的方法可以很快拉近演讲者与听众之间的距离，激发听众对演讲主题的兴趣。所提的问题既可以是需要听众立即回答的，也可以是不用回答的，仅仅是吸引他们的注意力。不过，如果要请听众回答，就应先给他们一点提示，告诉他们你想要他们做什么。如果一开始就劈头提问，马上要求听众作出你想得到的反应，就有落入冷场的风险。无论是提哪一类问题，最后要说明自己的意见是什么，给听众一个肯定的结果。

（2）摆事实

以讲述一个令人震惊的事实或一组触目惊心的统计数据开始演讲，往往能震撼听众的心灵，迅速建立起与听众之间思想上的沟通。值得注意的是，所提出的事实或统计数据必须与演讲主题以及演讲目标密切相关；否则，反而会影响演讲的整体效果。在讲述某个惊人的事实时，可以采用倒叙的方法，先说明事情的触目惊心的结果，再叙述事情的经过和原委。这样更容易引起听众的好奇心，达到激发兴趣的目的。

（3）制造悬念

好奇是人的天性。演讲者在演讲开头提出悬念，很容易抓住听众的注意力。随着悬念情节的发展，听众对演讲就会进一步产生兴趣。对一些超出自己想象的事物，人们不可避免都会表现出强烈的好奇心。这种好奇心在演讲开头特别能激发听众对演讲主题的兴趣。

（4）引用名人名言

名人名言常常是用简练的语言，生动形象地概括一定的哲理，在语言上有独到之处，具有一种很强的说服力。在演讲开场白中，引用一句名人名言为后面引出演讲主题作铺垫，既能起到提纲挈领的作用，也能增强演讲的说服力。

（5）讲故事

讲故事是演讲者在一开始就向听众讲述发生在自己或别人身上的、一个与演讲主题密切相关的故事，或者讲述与演讲主题相关的名人轶事，作为开场白。只要故事真实可信、寓意深长，往往能立即让听众产生认同感和共鸣心理，从而对演讲产生浓厚的兴趣。

（6）展示实物

演讲者高举起某种实物，常常也是吸引听众注意力的一种最简单而有效的办法。面对高举的展示物，听众会情不自禁地把注意力集中在展示物和演讲内容上面。当然，展示物的选择是开场白成功与否的关键。所展示的物品必须与演讲主题密切相关，而且最好对听众要有新鲜感；否则，结果不仅会令听众失望，也会令演讲者自己感到失望。

除了上述表达方法和技巧外，开场白也可以采用另外一些方法。如引用时事，即借助国内外所发生的重大事件与演讲主题之间的关系来吸引听众注意力；根据现场情景即兴发挥，也就是根据演讲会场的情景，发表即兴开场白，把演讲与现场气氛紧密地联系起来，引起听众的共鸣。

为了达到开场白的目的，也可以把几种不同的开场白表达方法和技巧结合起来使用；但是要让开场白达到最好的效果，一定要在开场白与演讲总体目标之间建立起某种联系。所以，在开场白后就应该向听众简单介绍演讲的主要议题，以帮助听众明确方向，并跟上随后的演讲节奏。此外，还应该事先发表安民告示，向听众说明演讲大概会持续多长时间，促使听众安心听演讲。

沟通案例 8-2

8.3.2 演讲主体

8.3.2.1 演讲主体内容的组织

演讲主体内容的组织要注意以下几个问题：

（1）演讲主体内容中所讨论议题的先后顺序必须与前面预告内容的次序保持一致

如果演讲主体内容次序与预告内容次序不一致，或遗漏部分内容，听众就会感到演讲缺乏条理性。

（2）要限制主要论点的数量

每次演讲中主要论点数以 3~5 个为宜，再用充分但不冗长的解释和细节充实各个论点，这样能够保证演讲内容的简练而清晰。论点太多，听众不易领会和记忆，会影响演讲效果。

（3）要注意不同内容和论点之间的过渡、连接和转折

讲话与书面表达不同。由于听众更容易遗忘上下文之间的联系，所以要求演讲者更多地使用连接词，帮助听众搞清楚前后内容和上下文之间的逻辑关系。在进行书面沟通时，读者根据"第一，第二……"就可以清楚理解所叙述内容的层次、条理和逻辑关系。但在听演讲时，听众很难搞清楚当前所叙述内容的层次、条理和前后逻辑关系，所以在演讲中说"第一，第二……"时应当明确所在的层次。例如，把"第二……"改为"采用新版 CRM 软件的第二个好处是……"，这样就可以使听众感到条理更清晰。

（4）要作阶段性小结

演讲者在叙述完一个重要观点后，应当作一个提纲挈领式的归纳小结，让听众有机会简单地整理一下所听到的内容，并做好倾听下一个议题的思想准备。例如："我们已经讨论了这个市场开发方案的第三部分：价格决策及其实施。下面我们来讨论这个方案的第四部分：渠道策略的选择及实施。"

（5）准备更多内容是必要的

在演讲中主持人或听众可能临时会要求删去他们不感兴趣或已经熟悉的部分；演讲者自己也可能由于叙述速度把握失误，发现所准备的资料不够多；听众也可能要求演讲者就某个议题作更深入的探讨。所以，不论作何种演讲，演讲者都应准备比实际需要更多一些的内容，以防因内容不够而不得不过早结束演讲的尴尬局面。

8.3.2.2 演讲主体内容的叙述结构

（1）按时间顺序组织

按时间顺序为线索来组织演讲内容又被称为编年史的组织方式。这是一种按照事件实际发生或可能发生的顺序来安排叙述内容的方法。这类叙述结构最适合以说明变化过程为主题的演讲。

（2）按组成结构组织

按这种叙述结构来组织演讲内容时，既可以将地理分布或空间构成作为确定叙述结构的依据，也可以按照部门构成或者不同产品类别来组织演讲主体内容。演讲者需要根据演讲主题和听众对象的特点，来决定究竟采用哪一种形式效果会更好。

（3）按所讨论议题的重要性程度组织

在分析造成问题的原因、探讨影响现状的众多因素或列举说服听众的理由时，按重要性程度来组织内容常常是最合适的。

（4）按某种标准的结构组织

对任何产品、设备和工程项目进行评价都有相应的具体标准。因此，对某些已经具有标准的对象进行评估时，可以按照相应标准的结构来组织内容，逐一叙述说明。即使没有现成标准，也可以选择与某个参照物对比的方式来组织内容。

8.3.3 演讲结尾

演讲结尾就像开场白一样重要。如果演讲结尾草草了事，就会使整个演讲的效果大打折扣，而精彩的结尾能给听众留下深刻的印象，让人回味无穷。演讲结尾主要应当实现三个目标：一是重温演讲的主要观点；二是进一步引导听众深思，产生一种意犹未尽的深远效果；三是提供行动动力，促使行动。

要实现上述目标，演讲结尾一定要做到精彩。成功的演讲结尾要求在演讲即将结束时及时、适度地掀起一个小的高潮。用出奇制胜的办法和最精彩、最感人的言语总结演讲中的要点，使演讲结束时获得良好的气氛效果。

典型的演讲结尾方式有以下几种：

（1）提出令人深思的问题

演讲结尾时提出令人深思的问题，对听众形成强烈的心理冲击，促使听众作更深层次的思考，往往能够取得理想的效果。

（2）总结演讲的主要观点

演讲中所传递的观点都是演讲者经过深思熟虑得出的。听众在听演讲过程中未必能全部掌握和理解。即使是一直仔细听的人，到演讲结束时也常常不清楚演讲者的主要观点和内容是什么。在结尾时总结自己的观点，能起到提纲挈领、前后呼应的作用。

（3）请求或鼓励采取行动

对以说服听众采取行动为目的的演讲，结束时就应提出行动请求。不过，请求或鼓励采取行动时，首先，一定要对听众提出明确的要求，而不能过于笼统；其次，要求必须是合情合理的，而不能是无法实现的；最后，所提的要求应当是易于采取行动的，如果要求采取的行动过于麻烦，就很难保证会有比较好的效果。

（4）用美好愿望进一步增强演讲效果

在演讲结尾时，要以富有激情的词语、充沛的感情来表达一些美好的愿望，感染听众，以期引起听众的共鸣，从而增强演讲效果。演讲结尾时一段热情洋溢的话、一组充满激情的排比句，有可能使听众的感情来一次升华，进一步提升演讲的效果。

8.4　演讲表达方式与技巧

8.4.1　演讲的表达方式

8.4.1.1　采用记事本或提纲式的表达方式

在众多的表达方式中，演讲者采用哪一种表达方式的效果最好呢？是背诵、朗读还是采用其他方法？缺乏经验的演讲者常常认为应当把整个演讲稿背诵下来；但是一般地说，背诵式的演讲会给人一种呆板和不自然的感觉，而且靠背诵讲稿来演讲的人一旦忘记背到了哪里，情况就将变得非常糟糕。其实，演讲并不要求演讲者将全部内容背下来，但是如果演讲者将演讲中的某些精彩部分记下来，将会起到很好的效果，会给人留下深刻的印象。

那么，朗诵是不是一种演讲的好办法呢？朗诵讲稿意味着你对自己演讲的内容不熟悉，听众会对你的专家地位和演讲的权威性产生怀疑。朗诵讲稿也会妨碍你与听众之间的目光交流，你就失去了从听众的反馈中改进演讲效果的机会。

其实，记事本或提纲式的表达方式才是演讲的最好表达方式。所谓记事本或提纲式的表达方式就是事先按照记事本或提纲的模式，经过精心准备，列出演讲中的关键句子和主要想法。记事本或提纲并不需要包含整个段落，而仅仅包含介绍主要内容的几句完整句子就足够了。演讲者经过准备和练习，在正式演讲时就按照事先所准备的记事本或提纲上的内容，以一种谈话式的口气向听众发表演讲。这种记事本或提纲式的表达方式既可以帮助演讲者不偏离主题，也能够提醒他。当然，前提是演讲者要对整个演讲进行了充分的准备，对内容已经娴熟于心。

8.4.1.2　注意演讲语言的表达方式

语言是演讲中连接演讲者和听众的桥梁，因此是影响演讲是否成功的重要因素。演讲者在语言表达方面应当掌握以下一些方法：

（1）准确精练

演讲中的准确精练是指演讲中用词要准确，句子要精练。演讲用词要能够精确地表达演讲内容的本质和相互关系，避免发生歧义和引起误解。演讲中要用最少的字句表达最丰富的内容。演讲中的每一句话都是稍纵即逝的，要让听众容易理解、容易记忆，就要尽量避免使用长句和复杂句子，减少修饰和限制成分。演讲中要多用短句，力求简洁明快、生动有力。

（2）形象生动

演讲中形象生动的语言能使抽象的事物具体化、深奥的道理浅显化、概念的东西形象化。为达到语言形象生动的目的，演讲语言应该口语化。生动、亲切、活泼的口语易于被听众所理解和接受，有利于活跃演讲气氛，调动听众的兴趣。

（3）注重修辞手法的运用

运用修辞手法对语言进行必要的加工，能使演讲更富有感召力。演讲中常用的修辞手法有引用、比喻、排比、重复、拟人、双关、设问和反问等。

适当引用一些名人名言、典故、谚语、寓言故事、幽默笑话来阐明观点、说明问题，可以增强演讲的表现力和说服力。恰当贴切的比喻是启迪和说服听众的最佳工具之一。排比运用得当，更可以增强语言的节奏感和旋律感，加强语势。排比用于叙事，可使语意畅达、层次清晰、形象生动；用于说理，可使阐述精辟、结构严密；用于抒情，可使感情浓烈、节奏鲜明、旋律优美。

重复能让听众注意和重视所重复的信息，是突出重点的一种重要手段。如果用不完全雷同的语言来描述同样的观点，就可以既强调了重点，又避免单调乏味的感觉。

设问和反问，一个是自问自答，另一个是只问不答。设问常常可以很好地抓住听众的注意力。反问将一些问题抛向听众而不作回答，可以引发听众思考。这两种修辞手法都可以使演讲戏剧化，增强语言的情感力量，对听众产生深刻的影响。

（4）注重声音表达方式

演讲的特点要求演讲者注重声音表达方式。演讲对演讲者声音的基本要求是发音洪亮、表情达意，又娓娓动听。此外，在发音方面要注意以下一些方面：

第一，注意重音的运用。演讲中重音位置不同可以表达不同的意思。演讲者要根据演讲目的、内容特点和表达需要，来确定重音位置，并在声音上作出相应的变化。不过，重音的使用要适当，过多、过少或使用不当，都会影响演讲效果。

第二，注意语气、语调。演讲者要运用适当的语气、语调来表达丰富的感情色彩，如愤怒、惊讶、高兴、害怕、妒忌、蔑视、难受、紧张、骄傲、悲切、满足和同情等。在语气、语调方面，演讲者一般都会选择某种相对稳定的基调，但在演讲过程中，随演讲内容和演讲者本身情绪的变化，语气、语调也会不断变化。不过，语气、语调切忌矫揉造作、装腔作势。

第三，停顿。停顿暗示演讲者的思索和计划，是演讲表达中的重要技巧。演讲中运用的停顿有三种：语法停顿、逻辑停顿和心理停顿。前两种停顿的主要目的是保证语义清楚明确、重点突出。语法停顿是由句子中的标点符号所决定的。逻辑停顿的依据是句子的逻辑结构，以使演讲内容的表达更为准确。心理停顿主要不是出于语义表达的需要，而是出于演讲心理情境的需要，有意识地安排的。心理停顿可以给演讲者和听众提供整理思路、体会情感的时间，达到"沟通同步"。心理停顿可以引起听众的好奇和注意，产生悬念，而给演讲者一个观察听众反应，并有可能对演讲内容和方式作出相应改变的机会。

第四，节奏控制。为了适应演讲内容和表达感情的需要，演讲者在叙述过程中会出现抑扬顿挫和轻重缓急的节奏上的变化。演讲节奏不仅包括演讲语速的快慢，也包括语言长短、刚柔、抑扬、强弱、明暗、轻重和缓急等因素。它还涉及重音、吐字、停顿和语气等技巧。演讲节奏应当服从演讲内容的总体要求，但也受到演讲者的气质、性格、听众情绪和演讲场合等众多因素的影响。

常用的演讲节奏可以分为 4 种：

① 轻快型，节奏活泼轻快，促进与听众之间的情感交流；

② 稳重型，节奏沉稳、凝重，具有庄重和镇定的色彩气氛；

③ 高扬型，节奏高昂、洪亮、张扬，具有振奋作用；

④ 复合型，节奏形式随演讲内容和情绪而转换，表述会有所起伏。

为保证演讲效果，演讲者应选择适当的演讲节奏。

8.4.1.3　有效使用视觉辅助工具

为了提高演讲的效果，演讲者应尽量使用视觉辅助工具。人们常说"百闻不如一见"，演讲者如果使用视觉辅助工具，就更能引起听众的兴趣，并让他们参与到演讲的议题中来。具体地讲，视觉辅助工具在演讲中，无论对演讲者还是对听众都具有多方面的作用。

对听众来说，视觉辅助工具具有强调和阐明要点的作用，能增强听众的理解和记忆程度，让听众对演讲议题和内容更感兴趣。

对演讲者而言，设计良好的视觉辅助工具能让演讲者显得更内行，表明对演讲作了精心准备，也能让演讲更加富有说服力。另外，运用视觉辅助工具能够缩短演讲的时间，换句话说，在相同的时间内传递更多的信息。对那些缺乏经验的演讲者而言，视觉辅助工具的帮助作用更大，因为听众会把注意力放在视觉辅助工具而不是演讲者身上。精心设计的视觉辅助工具还能起到帮助演讲者唤起记忆的作用，从而增强演讲者的自信。

关于如何正确设计和有效使用视觉辅助工具的方法，我们将在后面进行专门讨论。

8.4.2　演讲的表达技巧

8.4.2.1　演讲要个性化

听众在听演讲时首先关心的是演讲是否是针对他们的，如果听众认为演讲内容与他们毫不相干，他们会失去耐心。为此，演讲者应当使自己的演讲与每一个特定的听众群体联结起来，定制出只针对某些特定群体的个性化演讲，至少要让听众感到这次演讲确实是专门为他们准备的。要使演讲个性化可以采用下面几种方法：

（1）直接引用听众或听众周围的事例

如果演讲者在演讲中直接提及某位或某几位听众的名字或听众所熟悉的人、公司或其他组织，就会让听众感到演讲内容确实与他们是息息相关的。例如："在许多行业，库存费用往往会占到生产成本相当的比例。据在座的张先生他们公司的统计，甚至高达8%……"

（2）提问

直接向一位或多位听众提问，吸引听众参与，让人们思考和讨论议题，从而增强听众的兴趣和参与热情。通过使演讲由单向传播转变为双向互动，增强演讲的个性化程度。

（3）即时化

演讲者引用最近的甚至当天发生的最新事件或进展来支持演讲中的观点。这样做就能让听众感到你所传递的所有信息都是最新的，并且与现实生活高度相关。

（4）当地化

寻找演讲地点与演讲议题相关的一些事实来增强演讲的当地化程度。

8.4.2.2　掌握避免怯场的方法

有调查表明，大多数人甚至相当多的名人在作演讲时都会有不同程度的紧张、焦虑和恐惧。这些都是演讲怯场的表现。其实，在演讲之前的这种紧张、焦虑和恐惧是一种非常自然的表现，是很正常的现象，关键是演讲者需要掌握克服演讲怯场的策略和技巧。演讲者应当注意掌握下面的一些方法：

（1）充分准备

这是减少和避免怯场的最有效办法之一。经过充分准备的演讲者都会感到自己胸有成竹，能克服怯场的情绪。而那种毫无准备或准备不充分的演讲者自然是最紧张和焦虑的，当然演讲效果也最差。演讲准备是否充分，主要体现在下列一些方面：

第一，事先对演讲议题进行积极的思考，对演讲内容进行周密的组织，列出足够详细的演讲提纲。

第二，对演讲内容及演讲中计划使用的所有辅助工具进行排练。用录音机或摄像机录下自己的排练情况，据之对自己的表现作出评价，或请其他人提出改进意见。

第三，演讲当天应保证提前到达。提前到达可以检查与熟悉演讲设施和演讲环境，这对避免与克服紧张、焦虑和恐惧情绪是很有帮助的。

（2）建立自信和积极的自我暗示

第一，优化自我表现形象，提升第一印象。演讲者得体的服饰、优雅的仪表最能博得听众的好感，由此而产生的良好的自我感觉可以大大提升自信心，有助于演讲的成功。演讲者宜选择柔和自然、大方得体的服装，避免穿戴奇特、耀眼等与演说内容不协调的服饰。

第二，选择自己熟悉的、感兴趣的题目进行演讲。对自己熟悉的题目，通常从事过深入研究，演讲者就能够得心应手、游刃有余，自然就能做到自信满满，把紧张和焦虑的心情一扫而光。讲自己感兴趣的题目，演讲者很自然会投入其中，很容易用自己的激情去感染所有的听众。

第三，积极的自我暗示，展现充分的自信。要提醒自己，自己了解演讲主题并已经作了精心准备，比听众中的任何一个人都更有资格来作这次演讲。相信听众对你是友好的，要把他们看作自己的朋友。

（3）忽略任何错误

对一个缺乏经验的演讲者而言，准备不足很容易出现错误。即使花费了很多时间作准备，但也可能因心理紧张或现场出现事先未能预见的情况而出错。某些有经验的演讲者也可能因疏忽而产生失误。演讲中出现小的失误是非常可能的。不管演讲中因什么原因出现何种错误，演讲者绝对不应为失误而一再道歉，或承认因感到紧张而导致错误。在演讲现场，为因失误或紧张产生的错误而道歉是不明智的，也是无济于事的。这种道歉不仅浪费时间，而且会动摇听众对演讲者的信任，对演讲者的资格和能力产生怀疑。演讲者在出现错误后的正确做法，应当是稳定情绪，立即调整心理，重新进入角色，开始新内容的陈述。

8.4.2.3　机智和快速地应答听众提问

在演讲过程中，听众经常可能提出一些演讲者毫无准备的问题，这就对演讲者提出了挑战。能否迅速、机智和正确地回答听众的提问，将直接影响演讲者的可信度。所以，掌握机智、快速地应答听众提问的技巧，对演讲者来说是非常重要的。

要增强机智、快速应答的能力，既需要掌握应答听众提问的技巧，更重要的是要注重平时的训练和积累，培养一种机智、快速应答听众提问的能力。演讲者应当注意下列几个方面的问题：

（1）充分准备可能的提问

如果演讲者准备留出一定时间来专门回答听众提问，演讲者就应该精心估计听众可能提出的问题并作准备。当然，要准确地预测听众提问的内容是不现实的，但是对演讲内容和可能提问的充分准备，能使演讲者掌握更多的信息和获得更强大的自信。这样，即使遇到一个意外的问题，演讲者仍然有可能利用准备中所获得的问题背景信息，为听众提供一个能使他们满意的回答。

（2）仔细聆听听众提问

只有仔细听清楚听众提问，才有可能迅速准确地回答问题。为此，在倾听的同时还要运用身体语言与提问者进行沟通。演讲者要与提问者进行视线的接触，注意提问者的面部表情、声调和语调，并把注意力集中在问题的关键字上。如果还没有听清楚，就应当问清楚后再回答。在倾听和回答提问时，都应当注意自己的姿势、面部表情和其他非语言的暗示，如果表现出漫不经心的态度，就会被看作不尊重他人。

（3）有效地控制听众提问的场面

演讲者在回答听众提问时要掌握下列技巧：

第一，应当简明地、不冒犯他人地回答问题。

第二，回答提问时应该告诉听众答案，而不是试图去说服听众，所以绝对不要与某位听众争论。

第三，要尊重事实。如果确实不知道如何回答，最好的办法是表明你不知道答案。如果问题确实重要，可以告诉提问者等你找到答案就会通知他。

第四，适当停顿和思考是合理的。除非很有把握，一般不应急于回答，稍微停顿加以思考后回答，会变得更加主动，也可以给对方留下一个深思熟虑和稳重可靠的印象。

第五，在倾听听众提问时，应当面对提问者；但在回答问题时，应该面对全体听众。

如果在回答时只面对一位听众而疏忽其他听众，其他听众就会产生扰乱性谈话。

（4）掌握回答不同类型问题的技巧

第一，要根据提问目的和动机，决定回答方式。对寻求理解和帮助的问题，可以坦诚地给出你的回答，并询问对方是否接受或理解你的回答。如果发现对方的提问带有敌意或偏见，则首先可以采取重复或改编策略，然后直截了当又简明扼要地给予回答。

重复策略就是在回答提问前直接使用提问者的语言，把问题重新叙述一遍，如"你是问……"。这样做一方面可以确认对方的态度，同时，演讲者重复问题后充满敌意的气氛能得以缓和。改编策略是把问题改编成与演讲宗旨相关或对听众来说很一般的问题。在采用这两种策略后再给予简明扼要的回答。当然，对确实无法回答的问题，也可以告诉提问者现在还无法回答这个问题，请他把问题写下来交给你，并承诺下周或其他时间把答案告诉他。

第二，没有必要回答所有问题或给出全部答案。并非听众提出的所有问题都需要不分主次轻重地加以回答，有些有意发难性的、本身价值不大甚至是无聊的问题，本来就不值得回答。对另一些问题，可能只需要给出一个大致的回答，但没有必要彻底地加以回答。对确实难以回答的问题，也可以策略性地避实就虚，有意地顾左右而言他。有时，有人提出的问题确实很难直接从正面加以回答，但是又不能拒绝回答。此时，就可以故意避开问题的实质，将话题引向歧途。这样做表面上看是答非所问，实际上是解脱提问者的圈套，应对不良企图，掌握主动权的高明做法。

第三，避免用简单的"是""非"方式来回答问题。很多问题的答案是很难用"是""非"或"对""错"来说明的。回答者在组织这类问题的答案时，就要辩证地、策略性地、巧妙地表达自己观点。沟通案例8-3就是这方面的一个生动的例子。

沟通案例8-3

8.4.3　演讲中的仪态

演讲者在演讲过程中的仪表和神态会直接影响演讲的效果，因此，仪态也是演讲的一个组成部分。要保证演讲成功，演讲者在仪态方面要注意以下一些方面：

8.4.3.1　服饰

得体的衣着打扮可以使演讲者一上台就给听众留下一个好印象，赢得听众的好感，所以对演讲者来说，适当的服饰是十分重要的。但是，演讲不是演戏，演讲者的衣着过分打扮，就会给人一种戏剧化的感觉，从而使人对演讲的真实性产生怀疑，影响演讲效果。

演讲者的衣着打扮要求体现一种自然、和谐之美，强调整洁大方、色彩调和，适合自己的体型、肤色、年龄、气质、教养和所处的场合，而且要自感舒服与活动方便。

8.4.3.2　风度

风度是演讲者给听众的一种视觉和感觉上的综合印象。影响演讲者风度的因素，既有言谈举止和衣着打扮等可见的东西，也有气质、修养、情绪和品格等不可见但可感知到的东西。因此，风度本身是一个人内在修养与外在打扮举止的综合体现，只有两者兼备才有可能使听众对演讲者的风度产生满意的感觉。

但是，风度的形成并不是一蹴而就的。常言道："台上一分钟，台下十年功。"所以，演讲者在注意得体的打扮和行为举止的同时，更需要长期坚持加强自己的修养，努力拥有较高的文化素质、美好的心灵、开朗乐观的人生态度、积极奋进的拼搏精神等，塑造美好风度。

8.4.3.3　神态

演讲者在演讲时的精神状态对演讲效果也有重要影响。演讲者在神态上至少要做到以下两点：

（1）要精神饱满

演讲者的精神状态会直接影响听众的精神状态。一个成熟的演讲者无论在演讲前出现什么意外情况，一旦开始演讲就会迅速调整自己的情绪，充满激情地投入到演讲中去。

（2）要注意面部表情

演讲者的面部神色甚至比其身上的服饰还要重要得多。演讲者的面部表情应保持自然和轻松。在很多场合，面露笑容往往能给予听众一种亲切和谦虚的感觉，有利于实现与听众之间的感情沟通。

8.5　视觉辅助工具的设计与使用

8.5.1　视觉辅助工具的选择与准备

演讲中可供选择的视觉辅助工具通常有黑白书写板、实物、模型、文字或图表材料，以及多媒体工具。演讲者需要根据演讲主题、听众构成和演讲场地的特点，再结合不同视觉辅助工具的特点，来选择一种或几种最适合的视觉辅助工具，增强演讲的整体效果。

（1）黑白书写板

黑白书写板在演讲中最适合用作关键词的提示、演讲要点的板书，以及描绘一些简单的图画。

（2）实物

听众对自己不熟悉的、演讲中所谈论的或者与演讲话题相关的东西是很愿意看的。演讲中选择适当的实物，在合适的时候向听众展示这类实物，可以增加听众的兴趣，改善气氛，增加效果。

（3）模型

当实物本身太大、太小或者人的视力无法直接看到时，使用模型就能改善演讲的效果。模型的最大优点是它是三维的，所展示的原理更直观，所表达的空间结构关系更清楚。

（4）文字或图表材料

文字或图表材料包括两类：

一类是演讲者自己在演讲过程中向听众作展示用的，通常有组织图、结构图、原理图和表格等。

另一类是准备分发给听众参考或讨论时用的，通常是有关的文字材料，也可能是给听众演示的投影幻灯片的复印件，每页包括3~6个演示图的内容。

（5）多媒体工具

随着科技的发展，多媒体工具已经成为演讲中使用最普遍的视觉辅助工具。演讲者事先根据演讲稿或者演讲提纲在电脑中利用PPT制作成幻灯片，在演讲过程中可以很方便地传递文字、图形、动画和声音。与其他工具相比，多媒体工具制作的视觉辅助材料具有内容丰富、形象生动、色彩多变和声情并茂等特点，能对听众产生更大的吸引力。

8.5.2　视觉辅助工具的设计

演讲用的视觉辅助工具的设计要满足三方面的要求：一是帮助演讲者理清思路，使演讲更富有条理性，逻辑更严密，结论更有雄辩力；二是有助于提示听众理解演讲内容，提高兴趣，加深印象，便于记忆；三是要协调好演讲者与听众之间思路活动的节拍和步调。一般地说，不管演讲者对演讲内容准备得如何充分，也不管其表达技巧如何娴熟，演讲速度总是跟不上听众倾听的速度。所以，视觉辅助工具要能填充演讲者说话的速度与听众听的速度之差所带来的时间间隙，保持双方之间信息沟通的同步和流畅。

8.5.2.1　视觉辅助工具设计的一般技巧

要满足上述要求，视觉辅助工具的设计要注意如下方面的技巧：

（1）列出演讲内容的议程图表

演讲内容的议程图表就是演讲的"提纲"或"基本框架"，也就是演讲的目录。许多正式演讲可能需要有多于一级的议程图表。首先是一个关于整个演讲的总议程图表，然后对总议程图表中某些部分编写下一级的议程图表。议程图表要起到指引和索引后续更详细具体内容的作用。上下级议程图表之间必须严格遵守包含和嵌套的关系。

（2）列出证据支持图表

对演讲中的主要或关键性的论点，应当列出证据支持图表，既提高这些论点的可信度，也方便听众对论点的理解和记忆。证据支持图表可以用文字来说明，也可以用图形或数据表格来表达。

（3）使用适当的标题说明

在设计视觉辅助工具时，无论是一段文字说明还是图表，都尽量应当有适当的标题加以说明。使用标题的目的是帮助听众直观地理解图表或者一段文字的含义。

使用的标题可以分为信息性标题和主题性标题两类。如果演讲者需要表达的是自己提出的某种观点，如"当地某年房价将继续保持前几年走势——涨价5%~20%"，采用的就是信息性标题。如果演讲者只是想作客观的陈述，不在乎听众如何去理解图表资料，从中得出某种结论，则可以采用主题性标题，如当地近年房价的变动曲线图。一般来说，在演讲中采用信息性标题会显得更准确，更易于听众理解（如图8-1所示）。

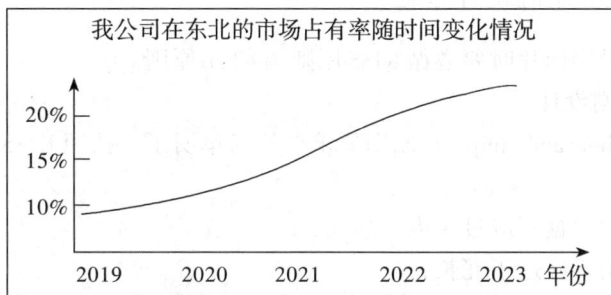

我公司在东北的市场占有率随时间变化情况

（a）主题性标题——由听众自己去得出结论

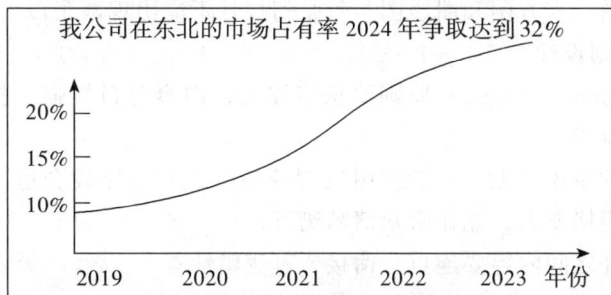

我公司在东北的市场占有率2024年争取达到32%

（b）信息性标题——演讲人自己提出结论

图8-1　主题性标题和信息性标题

（4）做好图片之间的连接

这是指通过特定的专门标记的设计方法，让听众能从图表中就看出上下层图表之间的直接联系。能够达到这种专门标记目的的方法有多种，不过，应用最广、最方便的是采用标准的统一编号系统来表示某个具体图表所处的层次和顺序（如图8-2所示）。

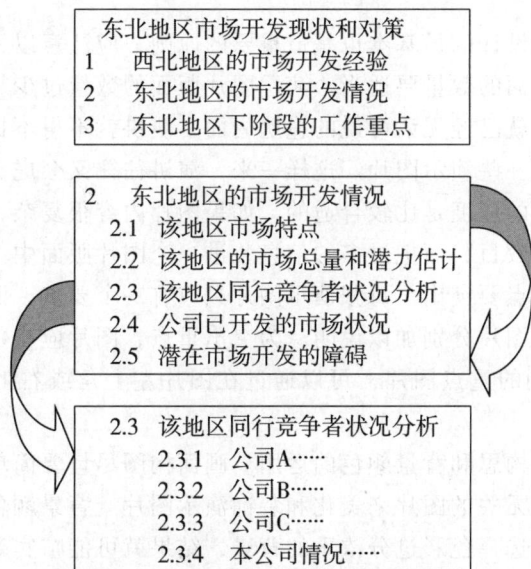

东北地区市场开发现状和对策
1　西北地区的市场开发经验
2　东北地区的市场开发情况
3　东北地区下阶段的工作重点

2　东北地区的市场开发情况
2.1　该地区市场特点
2.2　该地区的市场总量和潜力估计
2.3　该地区同行竞争者状况分析
2.4　公司已开发的市场状况
2.5　潜在市场开发的障碍

2.3　该地区同行竞争者状况分析
2.3.1　公司A……
2.3.2　公司B……
2.3.3　公司C……
2.3.4　本公司情况……

图8-2　统一编号系统的图片连接

8.5.2.2　投影图片的设计原则

演讲者在制作投影图片时要遵循 KISS 原则和 KILL 原则。

（1）按 KISS 原则设计

KISS（keep it short and simple）原则要求保持简单明了。按照 KISS 原则的要求设计投影图片时应当：

第一，图表中的数据不应过于庞杂烦琐；

第二，文字说明不应过于冗长；

第三，尽量利用图形、表格清楚地传递信息；

第四，运用饼图、直方图和曲线图，每张幻灯片不应出现两张以上的图片。

（2）按 KILL 原则设计

KILL（keep it large and logic）原则要求字体大，内容逻辑性强。按照 KILL 原则的要求设计投影图片时应当：

第一，图片上的字体要大，一般应用 28 号字以上，32 号字较合适；

第二，图像和表格要大，能让听众清晰浏览；

第三，前后图片之间内容要连贯，衔接要有逻辑性；

第四，要多运用具有逻辑性和总结性的图片。

8.5.2.3　图片版面的设计

图片版面的设计直接影响演讲的效果。设计精美的图片页面会对听众产生强大的吸引力，帮助听众清晰地理解所传递信息的内容和结构；同时，体现了演讲者的专业水平和良好的沟通形象，增强演讲者的自信心。图片版面设计的关键是简洁明了和易读易懂。

（1）简洁明了

这应该是图片版面设计的最基本也是最重要的原则，应注意以下一些问题：

第一，演示图片版面的数量要适当。演示图片版面的数量过少，可能造成预定演讲结束时间还未到，演讲者就已经无话可说的尴尬局面，演讲就不得不提前终止。因此，多数演讲者总是宁可多准备一些演示图片。这样一来，演讲往往又会虎头蛇尾，草草收场。通常每分钟演示一张图片的速度是比较合适的。如果图片内容很复杂，讲述速度会更慢。演讲者不能为了减少图片数目，而把过多的信息装进一个图片版面中。

第二，图片版面重点要突出。每张演示图片只应有一个要点，而且要有标题。对复杂的观点可以拆分为几张图片分别加以说明。为突出重点，图片应当在适当位置留有足够的空白。对特别需要强调的重点图片，可以通过在图片左上角或右上角作一些特别标记来提示。

第三，要注意画面构思和背景颜色的运用。画面构图尽量要简单，不要试图用杂七杂八的动画和与演讲主题无关的图片来美化和装饰演示图片。背景颜色的选择应方便听众的阅读。为了美化画面而选择色彩过分浓重的背景，结果就可能喧宾夺主。因此，这样做往往是得不偿失的，听众最终可能只注意到了背景的色彩，而完全忽视了演讲的内容。

第四，严格控制每张图片版面上的信息量。每张图片文字的行数及每行的字数都应加以控制。每张图片的文字尽量不超过 6 行，每行 10~15 个字，字体应大到使坐在最后一排的听众都能看清楚。

（2）易读易懂

第一，要用标题对文字陈述进行概括。对说明演讲者观点的每段文字陈述都应当加上一个标题。演讲中听众在看完一段没有标题的文字陈述后，通常并没有足够的时间进行概括和总结，从而影响听众的理解和记忆。直接用标题对文字陈述进行概括就可以节省听众时间，有助于加深听众的印象，提高演讲效果。

第二，要把观点分类，使听众更容易把握演讲的内容结构。首先，应该按观点的重要性和内容把观点进行归类。其次，根据需要决定是否分层次。同一层次平行的观点数最好在 5 个以下。如果同一层次平行的观点数太多，听众就会难以记忆，影响演讲效果。

第三，尽量避免直接把演讲稿文字粘贴到图片上。精心设计的图片版面上的文字和图表应当是对演讲稿内容进行整理、归纳和提炼的结果。演讲者如果为了方便直接把演讲稿中大段文字粘贴到图片上，在演讲时直接逐字逐句阅读图片上的文字，演讲就变成了阅读，演讲对听众的吸引力也会大大降低。

第四，图片上的字形、字体选择要合适。直接在电脑屏幕上阅读时，常规字形看起来会更舒服；但是，当演讲厅比较大、需要用投影机投射到屏幕上时，采用黑体字或者字形加粗后的效果更好。同一图片上使用多种字体会影响阅读的方便性和速度。所以，一张演示图片上使用的字体数目一般不宜超过 2 种。同一张图片上的题目字体与正文字体之间应当有足够大的差别，以便听众很方便地把两者区分开来。在英文图片中要尽量限制全部大写字母的使用。

第五，图片边界应按具体情况和读者要求作适当调整。图片边界过小，文字或数据表格顶天立地，会使听众产生一种压抑的感觉，影响阅读和理解效果；图片边界过大，也会让听众产生内容贫乏、空洞、牵强附会和缺乏支持的感觉。可见，图片边界过大或过小都会影响到图片对听众的吸引力。只有图片边界大小适当，听众才有可能对图片内容产生兴趣。

8.5.3　视觉辅助工具的使用

（1）正确认识视觉辅助工具的作用

注重和强调视觉辅助工具的作用，并不意味着有了视觉辅助工具以后听众就自然会对演讲感兴趣，更不能保证演讲一定取得成功。视觉辅助工具能够强化演讲的效果，但是这并不是说，视觉辅助工具能够代替演讲。视觉辅助工具只是支持演讲的附属品，而不是演讲的全部。因此，视觉辅助工具的使用要支持演讲本身的需要。演讲者需要确定在演讲的哪一部分、说明哪一观点时使用，以及怎样使用视觉辅助工具更合适。

（2）在演讲前要熟悉视觉辅助工具的使用方法

对演讲中准备使用的视觉辅助工具，特别是多媒体工具，演讲者需要事先熟悉演示的目的、内容结构和使用方法，防止因不熟悉使用方法和内容结构而在正式演讲时出现问题，影响演讲效果。演讲者最好事先到会场考察一下，看看投影仪等配套设备是否正常工作，也要避免因不熟悉视觉辅助工具的使用方法而花费太多的时间，影响听众的情绪。

（3）把握好视觉辅助工具使用的时机

无论是分发材料、展示模型，还是切换多媒体的幻灯片都必须把握好时机。要注意防止因使用视觉辅助工具而影响听众倾听演讲的注意力。所以，在演讲过程中给听众分发书面材料是不合适的。同时，那些暂时不用的视觉辅助工具要放在不显眼的位置，以防止分散听众的注意力。

（4）避免过度使用视觉辅助工具

演讲者要避免同时使用多于一种的演示设备，因为从一种设备转换到另一种设备既需要时间，也会分散听众的注意力。即使只使用一种设备也要避免过度使用。只有在表达那些需要更多解释的观点时才需要使用视觉辅助工具，过于频繁地使用视觉辅助工具会产生视觉疲劳，反而会分散听众的注意力，影响演讲效果。

本章小结

演讲是演讲者在特定背景下，运用声音和姿态语言等表达手段，劝说和鼓励听众的一种沟通方式。成功的演讲具有目的性明确、说服力强、富有艺术性和高度综合性的特点。

演讲可以分为告知型、交流型、劝导型、比较型、分析型、激励型和娱乐型等。

演讲的准备包括明确演讲目的、分析演讲听众、确定演讲主题、准备演讲内容和安排演讲时空要素等方面。

一次完整的演讲包括开场白、主体和结尾三个部分。演讲开场白的表达方法和技巧通常有提问、摆事实、制造悬念、引用名人名言、讲故事和展示实物等。演讲主体内容的叙述结构可以是按时间顺序组织、按组成结构组织、按所讨论议题的重要性程度组织，以及按某种标准的结构组织。典型的演讲结尾方式有提出令人深思的问题、总结演讲的主要观点、请求或鼓励采取行动，以及用美好意愿进一步增强演讲效果。

演讲的表达方式应当是采用记事本或提纲式的表达方式、注意演讲语言的表达方式、有效使用视觉辅助工具。演讲的表达技巧是演讲要个性化、掌握避免怯场的方法、机智和快速地应答听众提问。演讲者在仪态方面要注意服饰、风度和神态等。

演讲中要注意视觉辅助工具的设计和使用。

主要概念

告知型演讲　交流型演讲　劝导型演讲　比较型演讲　分析型演讲　激励型演讲　娱乐型演讲　演讲开场白　演讲主体　演讲结尾　视觉辅助工具

基本训练

❖ **知识题**

1. 成功演讲的特点有哪些？

2. 演讲有哪些类型？每一种类型的特点和要求各是什么？

3. 演讲的准备包括哪些内容？

4. 演讲结构包括哪些部分？设计每一部分的要求和技巧有哪些？

5. 说明演讲表达方式和技巧的要点。

6. 演讲中设计和使用视觉辅助工具应当注意哪些问题？

❖ **技能题**

1. 观看两次以上中央电视台的"百家讲坛"节目，在此基础上分析这一节目的特点、受欢迎的原因以及进一步改进的建议。

2. 2010年原华中科技大学校长李培根在该校毕业典礼上的演讲稿《记忆》曾受到非常热烈的欢迎，并广为流传。下载或搜集《记忆》的演讲稿，分析该演讲稿的结构、表达方式和表达技巧的特点，分析其受热烈欢迎和广为流传的原因。

❖ **沟通实训：演讲**

【实训方法和步骤】

每个班级的学员分为由8~10人组成的几个小组。由指定小组长主持，由每个学员依次在如下选题中选择一个主题（也可以另外自由选题），先在小组内作2~3分钟的即兴演讲。

• 如何才能使每门课的评分更公平、更合理。

• 对大学生创业的认识。

• 我的职业生涯设计。

• 怎样使大学生活更充实。

• 如何正确对待就业和择业。

每一位同学在组内演讲后，小组内其他同学按照以下的评价标准对其评分。等全组每人演讲完后，推选出得分最高的同学作为代表到班级演讲，由全班同学对其作出评价；然后根据得分高低推选出班级演讲冠军。

【评价标准】

所有听众都要从下列几个方面对演讲者的表现进行评价：

• 演讲主题和目标明确。

• 演讲内容充实、条理清晰。

• 演讲者语言表达技巧好，富有激情。

• 演讲者充分利用非语言沟通手段。

• 与听众保持互动沟通。

• 能有效控制怯场的情况。

对每一方面的评价都分为5个等级："很不满意""不满意""一般""良好""优秀"，相应的分数分别为1、2、3、4、5分。

把6个方面的得分相加，就得到演讲者的综合分（假定6个方面的权重相等），把所有听众评分相加就得到每位演讲者的总分。

【反馈和总结】

分小组和班级两个层次，把对每位演讲同学的评价反馈给演讲者，肯定演讲者的优点，提出提高演讲总体效果的对策。

第9章　团队沟通与会议沟通

学习目标

知识目标

理解团队沟通的特点、成功要点和策略；了解开会的常见理由和会议组织中的问题；了解会议筹划的环节和要点；理解会议组织实施中的环节和要点。

技能目标

分析某个具体团队沟通中存在的问题；根据会议要求制订会议计划；掌握小型会议的组织实施技巧。

❖ **引例**

如果在商务活动中出现了需要跨部门团队合作才能解决的问题，或者组织需要把有关成员召集在一起，沟通信息、统一思路、商讨对策和行动，会议就是一个最好的解决办法。

但是，当你真正组织一个会议来讨论要解决的问题时，常常发现许多与会者或者东张西望、交头接耳，或者目光呆滞、思想涣散。原因可能连你自己也心知肚明：没有人喜欢开会。一位公司经理谈到自己的体会时说："太多的会议都是在浪费时间。太多人参加了太多的会议，结束时通常感到自己在会上无所事事、一无所获。"一位会议安排咨询公司的经理说："我最不愿看见的情况就是，与会者在离开我安排的会议时，表现出'毫不值得参加的会议'的态度。"

会议是商务活动不可缺少的部分，但也是人们普遍反感的一项活动。糟糕的会议不仅不能解决问题，还可能带来消极影响。失败的会议还可能是导致公司失败的导火线。从竞争角度看，要求控制会议的数量；但是事实又正好相反，越来越多的工作需要团队合作完成，做同样工作的人数越来越少，需要召开的会议可能与日俱增，而不是日益减少。

根据3M公司对会议问题所作的网上调查，商务人员可能有一半时间耗费在开会上。开会的时间中有一半是没有成效的，25%以上的会议时间是在讨论不相关的事宜。一位会议专家指出："人们经常参加会议，围绕某个问题争论不休。然后，他们又不得不再次开会。"另一项由加利福尼亚一家公司对613名工作人员所作的调查发现，27%的被调查者都将"会议时间过长"列为工作场所浪费时间事项的首选。

> 但是，商务人士又一致认可的是，商务会议是不可或缺的。有人指出，经理们所面临的一个难题是："必须设法开动脑筋去利用会议时间以及其他人为会议所付出的时间。"
> 资料来源 奥罗克. 管理沟通［M］. 魏江，苏瑾晞，译. 北京：北京大学出版社，2010：282-286.

9.1 团队沟通[①]

9.1.1 团队沟通概述

9.1.1.1 团队沟通的含义及构成要素

所谓团队沟通，是指团队成员为了更好地实现预定的共同目标，相互之间所进行的信息传递与交流的过程。

团队沟通包括以下三个要素：

（1）规范制定

团队为了实现预定的目标，都会制定行为规范来约束成员的个体行为。团队行为规范是团队成员共同遵守的行为准则，是团队内部的法律，也是维持团队秩序的基础。团队行为规范既可以是明文规定的，如规定和条例等，也可以是不成文但每个成员都心照不宣的。不过，一旦有人触犯这种规范，其他团队成员就会以不同方式对犯规者施加压力，迫使其遵守。

团队规范是在团队中发展起来的，包括行为、思想和感觉等多方面的内容。团队规范的建立能够增强团队成员相互合作的主动性和自觉性，但某些团队行为规范也可能有其消极的一面，如压制了团队成员的创造性、维持低效率或已经过时的做法，也有可能产生团队内部的不公平现象等。所以，团队领导者应当对团队行为规范进行必要的调整和引导，以便充分发挥团队行为规范的积极作用，把消极作用降到最低程度。

（2）成员角色分担

每个团队都是由若干成员组成的。这些成员在团队中都扮演着不同的角色。按照团队成员对团队工作所起的作用，我们可以将团队成员的角色分成积极的角色和消极的角色两大类。

第一，积极的角色。在团队中，起积极作用的角色主要可以分为以下几种：

① 领导者。该角色的作用是确定团队的目标和任务，并激励下属团队成员完成任务。

② 塑造者。该角色能为团队提出最初的工作方案，并为解决团队的问题提出新思路和新建议。

---

① 本部分观点主要引自：布，罗夫. 高效团队入门必读［M］. 刘建其，译. 2版. 汕头：汕头大学出版社，2008.

③ 信息搜索者。该角色能为团队搜集和提供信息、数据、事实、依据或证据。

④ 协调者。该角色能协调团队活动。他们能通过积极有效的沟通，妥当解决团队成员之间的矛盾和冲突，缓解团队成员的工作压力，并能整合团队成员的不同思想或建议。

⑤ 评估者。该角色承担着对团队方案和计划的分析评价工作。

⑥ 激励者。该角色起着增强团队凝聚力、提高团队成员士气的作用。

⑦ 追随者。该角色的作用是认真负责地实施团队计划。

⑧ 旁观指导者。该角色善于以局外人的眼光对团队工作作出评价，并提出建设性的意见和建议。

第二，消极的角色。在团队中，某些成员很可能起着消极的作用。这些起消极作用的角色主要有以下几种：

① 绊脚石。这是指团队中那些固执己见、办事消极的成员。

② 自我标榜者。这是指团队中那些总想靠自吹自擂、夸大其词来寻求他人认可的成员。

③ 支配者。这是指团队中那些试图操纵团队、干扰他人工作，以提高自己地位的成员。

④ 逃避者。这是指团队中那些与别人保持距离、对工作消极应付的成员。

在一个团队中，可能有几个成员扮演同一个角色，也可能有一个成员扮演多个不同的角色。此外，成员的角色也可能是动态变化的，会因团队领导的风格，团队工作目标、性质、结果，工作环境的变化而变化。

（3）领导者的素质

领导者的沟通能力是一个领导者必须具备的重要素质。领导者与沟通有关的必备素质包括完成任务的能力、值得他人信赖的能力、适应环境的能力、把握方向的能力和敬业精神。

9.1.1.2　团队沟通的作用

团队成员间的沟通具有以下作用：

（1）提高团队决策水平

团队沟通通过加强成员间的交流，可以汇集团队成员个人的想法和创造力，整合不同的思想，使团队成为一个有机整体，而不仅仅是成员个人素质和能力的总和。因此，充分的团队沟通能够大大提高团队的决策水平。

（2）保证团队更健康地发展

团队沟通可以实现团队成员之间深层次的互动交流，促进团队成员取得更高层次的共识，从而增强团队的凝聚力和竞争力，促进团队健康向上发展。

（3）促进成员间的相互信任

团队成员之间的充分沟通可以保证每个成员都受到尊重和重视，建立起相互之间的信任。这种相互信任是团队工作富有成效的基础和保证。

（4）解决团队冲突

团队成员间常常会相互质疑对方的观点，这样做有助于深化对问题的理解，创造出更丰富的备选方案，因此造成冲突常常也是不可避免的。值得注意的是，要防止把围绕问题的建设性冲突误导到成员个人之间关系的冲突上去。团队沟通正是解决这类冲突的有效办法。

9.1.1.3 团队沟通的特殊障碍

团队的特点会使得团队成员之间在思想、情绪上相互感染。一个成员能通过某种方式引起他人产生相同的情绪和行动，或者有的成员对某种心理状态产生无意识的、不自主的屈服行为。这些特点决定了团队沟通中可能存在以下一些障碍：

（1）从众行为

团队成员可能受到团队压力的影响，在知觉、判断、信仰和行为上表现出与团队多数成员相一致的现象。盲目的从众行为可能使团队成员失去独立判断的能力。

（2）顺从行为

团队成员为了迎合团队或其他成员的期望和赞许，而表现出符合外部要求的行为。

（3）暗示行为

在无对抗的条件下，团队成员会根据其他成员的暗示，迅速而无批判地接受某种信息，并依此作出行为反应的行为。

（4）模仿行为

团队成员间具有相互模仿彼此行为的倾向，结果团队成员就会有意无意地对某种刺激作出类似的反应。

（5）小团体思想

所谓小团体思想，就是团队所有成员以完全相同的方式思考和行动。小团体思想是团队沟通中遇到的最大问题。小团体思想会使成员间产生相互无异议的错觉，也会产生成员之间保持一致的压力，从而压制相反的观点。小团体思想也会导致团队内部沟通中说教的倾向，造成团队成员不会受到伤害的错觉。

上述所有行为都会导致团队沟通的效率低下，甚至完全无效。

沟通案例 9-1

9.1.2 团队沟通的要点和策略

9.1.2.1 团队不同发展阶段的沟通策略

研究表明，团队的建立和发展要经历一系列共同的发展阶段。团队发展过程通常可以分为形成期、凝聚期、稳定期和成熟期四个阶段。由于不同发展阶段所面临的团队建设的任务和问题各不相同，需要采用不同的沟通策略。

（1）形成期

在形成期，团队是由拥有不同动机、需求和特征的成员所组成的。此时的团队成员还没有形成共同的目标，缺乏统一的行为规范，领导关系和职责也不明确，成员对团队的认同度也不高。

在这一阶段，团队成员中普遍存在不安全感、焦虑和困惑心理。他们或者是通过评价其他成员的态度和能力来决定自己的行为方式，因此会表现出谨小慎微；或者是表现出很强的个人主义意识或对其他组织而非本团队的忠诚。这一阶段中，团队成员的内部矛盾很多，团队工作效率很低。

在这一阶段，团队领导的沟通策略应当是控制或命令型的。其主要特点是领导多指挥，少支持，决策多是由领导决定的，沟通的主要方式是自上而下的。这阶段的团队沟通要点如下：

第一，团队领导要为团队确立明确的方向和目标，并把想法和目的清晰、直接地告诉所有成员。

第二，宣布对团队的期望，与团队成员分享成功的愿景。

第三，尽快建立团队必要的规范，不需要完美，但要保证团队尽快进入预定的轨道。

第四，团队领导要与潜在团队成员沟通团队的岗位要求、工作职责和业绩标准。

第五，成员关系方面要强调互相支持、互相帮助，但由于人员之间的关系尚不稳定，因此，不能太过坦诚。

（2）凝聚期

这一时期，一方面，团队成员开始产生共识并积极参与团队工作；另一方面，团队成员之间也可能开始产生冲突、竞争和观望情绪。某些团队成员可能为了其在团队中的地位或影响而相互竞争，产生冲突；也有些人会感到期望与现实脱节，引发挫折感和焦虑感，对目标能否完成产生怀疑，导致对团队更加漠不关心。这一阶段成员之间的沟通具有竞争和冲突的特征。

这一阶段团队领导的沟通应当实施教练型策略。其主要特点是领导多指挥，多支持，决策是在广泛征求意见后再作出的，沟通方式是双向交流并注重反馈。这一阶段的团队沟通要点如下：

第一，团队领导要调整领导角色，鼓励团队成员多参与决策。

第二，对团队成员的工作给予必要的支持，在能接受的范围内提出善意的建议。

第三，鼓励团队成员就有争议的问题发表看法，处理和化解团队成员之间的冲突。

第四，团队领导对成员可以实施有限的授权。对短期与日常性事务，可授权下属直接处理，并保持必要的检查和监督；但对授权要有控制，防止因放权过多而失控。

（3）稳定期

在这一阶段，团队已经建立了自己的行为规范和工作模式，也建立起了一种开放的氛围，团队成员也愿意提出不同的意见和看法。团队成员之间的关系变得互相信赖、坦诚相见。团队成员认识到相互合作比相互竞争更重要。这一阶段成员之间的沟通具有和谐融洽的特征。

这一阶段团队领导的沟通应当实施支持型的策略。其主要特点是领导少指挥，多支持，引导团队成员共同作出决策，沟通方式是多问少说，并注重反馈。这一阶段的团队沟通要点如下：

第一，团队领导必须注重创造一种鼓励参与的环境，鼓励团队成员提出意见建议，并愿意倾听不同的声音。

第二，团队领导要借助建立共同愿景，培育团队文化。

（4）成熟期

进入成熟期的团队能够紧密协调地合作。团队相信每一个成员都能够履行自己的职责。团队成员以自己是团队一员而感到自豪，也以自己能为团队的成功作出贡献而感到骄傲。但是与此同时，处于成熟期的团队面临着变得僵滞的危险。由于团队成员都了解各自的观点和行为方式，因此会变得自以为是，办事很容易变得想当然，而不是深思熟虑。小团体思想等团队沟通障碍可能盛行，这样就会轻易抹杀成员的个性特征和建设性意见，结果就会束缚团队的健康发展。因此，这一阶段的团队沟通应当体现合作进取型的特点，通过团队沟通，促进团队创新和提高团队效率。

这一阶段团队领导的沟通应当实施授权型的策略。其主要特点是领导少指挥，少支持，通过合理地授权，让被授权人自己作决策，沟通方式是双向交流，并注重反馈。这一阶段团队沟通的首要任务是推动变革，具体的沟通要点如下：

第一，给团队和成员设定更具有挑战性的目标。

第二，随时更新工作方法和业务流程。

第三，鼓励成员对团队存在的潜在问题提出意见和建议。

第四，承认成员个人对团队的贡献并进行奖励。

9.1.2.2　团队沟通的六大要点

有人曾经总结了阻碍团队成员间有效沟通的一些行为，也有人研究了有利于团队沟通的行为特点。综合这些正反两方面的观点，我们可以得到团队沟通的如下要点：

（1）**要描述，不要判断**

许多人往往在未听取别人看法的情况下就对人或观点作出判断。例如，有的人一见面就说："你错了。"这种妄加判断的做法是错误的。团队沟通中的正确做法应当是描述性的，向对方说明自己的想法和感受，在必要时提出意见和建议。例如，你可以说："我是从这方面理解的。"或者："你是怎么看待这个问题的呢？"描述并没有暗示别人错了或需要改变，因此是一种比判断更为积极的沟通方法。

（2）**要平等，不要优越感**

团队沟通中如果体现出自己在职位、权力和能力方面的优越感，暗示别人的不足，推断他人是不可能对的，就会给人一种高人一等的感觉，阻碍双方之间的交流。成功的团队沟通必须是平等的。相互尊敬和信任是团队成员之间有效沟通的基础。尽管成员之间在天赋、才能、权力和身份等方面会存在差别，但是这些差别不应当阻碍为了实现共同的目标而进行的有益交流。

（3）**要开放，不要拒绝**

有人在沟通中会表现出自己知道所有答案，既不需要也不想要任何其他的信息。这些人会说："不要用事实来迷惑我，我心中有数。"这种拒绝态度排斥有价值的信息、观点和建议，对团队沟通是很有害的。开放的态度愿意接受别人的好想法和建议，因此他们会说："你是对的，这个主意更好。"开放的态度也注重解决问题，而不仅仅是议论的态度。他们也可能说："你认为问题应如何解决呢？"开放的沟通态度有利于集思广益，最后找到适当的解决办法。

（4）要以解决问题为导向，不要以控制对方为目的

有人总是希望通过强加给对方一系列价值观和信念，达到改变或约束对方行为或态度的目的。他们会说："让我来告诉你应当怎么去做。"这种控制对方的办法并不利于交流和信息共享，也不利于问题的解决。相反，沟通要以问题为导向，表现出一种愿意与他人一起努力解决问题的愿望。这样就会与别人一起搜集信息，认真探讨问题的解决办法。

（5）要坦诚，不要利用

带着隐藏的动机去交流，利用别人来达到自己的目的，最终会失去别人的信任，也会使自己陷入困境。有效的团队沟通应当是坦诚的。坦诚的态度有利于增进交流，也能大大减少对方的防范心理，获得对方的理解和支持，从而赢得更多的合作机会。

（6）要移情，不要冷漠

冷漠表明对别人的感受和利益缺乏兴趣和关心，暗含别人的言行是无关紧要的。冷漠会阻隔有效交流，团队沟通应当是移情的。移情体现出对他人感受和个人价值的关心和尊重。这种关心和尊重能促使一个人分享别人的感受，接受别人，从而在团队内部构建起融洽的沟通氛围。

9.2　会议沟通概述

9.2.1　开会的理由

组织中的许多人都讨厌开会，还经常抱怨会议浪费了自己很多宝贵的时间，结果又不解决任何问题。但是，任何一个面临着市场竞争的压力、强调群体或团队合作或者致力于创新和发展的组织都需要利用和依靠会议来进行有效的沟通。

美国著名的 3M 公司曾经提出召开会议最常见的 13 个理由，分别是：

① 听取与会者的报告；

② 形成集体意见或决定；

③ 分析或解决问题；

④ 让人们接受某种观点、项目或决定；

⑤ 达到培训目的；

⑥ 调解争议；

⑦ 向集体传递基本信息；

⑧ 传递信息和管理者的观点，缓解紧张或不安局面；

⑨ 确保所有人对信息的理解一致；

⑩ 获得快速反应；

⑪ 恢复中止的项目；

⑫ 演示产品或系统；

⑬ 激发新创意或新观点。

尽管一般的组织并不会像 3M 公司有那么多的理由来召开会议，但是大多数组织都确实需要利用会议来解决如下一些问题：

（1）传递信息，形成集体决定

组织中上级经常需要向下属传递信息和决策，下属也需要向上级反映工作状况、存在问题并发表自己的看法，对这些情形，会议就是最合适的沟通渠道。由于会议几乎可以立刻获得反馈意见，所以在需要确保所有人对信息的理解保持一致的情形时，会议常常是唯一可供选择的沟通渠道。从希望形成集体决定的角度看，会议也是效率最高的一种沟通形式。

（2）解决冲突和争议

当组织出现冲突和争议时，会议是解决矛盾、寻求妥协的适当方式。通过会议的适当调解，有可能找到一种切实可行的折中方案，促使冲突和争议的各方友好相处。特别是在由与冲突和争议无关的第三方来组织会议的情形下，更有可能取得理想的效果。

（3）分析和解决问题

当组织面临困难和挑战时，会议可以促使与会者运用各自的知识和经验，集思广益，明确问题的所在，分析原因，探讨可能的解决方案，评估不同的解决办法，选择最佳解决方案。

（4）激励成员

精心组织的会议可以使全体与会者受到极大的激励。成功的会议主持人或演讲者可以让与会者的心灵受到巨大的冲击，经受新的洗礼，彻底改变与会者的观念，坚定与会者的意志，促使与会者采取行动。

（5）激发新创意或观点

如果会议组织者营造一种开放的、促使与会者发表各自观点的氛围，会议就能激发各种新创意或观点。头脑风暴法就是一种最常用的激发新创意的会议形式。通过激励与会者自由地发表各种创意或观点，并对各种观点进行组合或完善，可以得到一些有价值的新思路。

（6）演示产品或系统

会议也是演示产品或系统的非常有效的方式。精心策划的产品或系统演示会可以使目标人群迅速、深入地了解所演示的产品或系统。对技术含量较高和购买使用者分布面比较窄的产品或系统来说，通过会议来演示产品的效果甚至会超过一般的广告。

由此可见，尽管会议耗时、费力、费用高，但是会议又常常是不可缺少的。从一个组织的角度出发，会议是一种有效的交换信息的场所，是解决问题所必需的。从个人的角度来说，会议应该代表着一种机会，帮助实现自己的目标。对领导和管理人员来说，会议是展示领导和沟通才能的难得机会。对普通员工而言，会议也是给管理层留下深刻印象的机遇。所以，无论是组织还是其中的每一个成员，都应该最大限度地利用会议所带来的这些机会。

9.2.2 会议中常见的问题

有些会议会产生主办方或参加者对会议的组织表示不满的情况，影响会议的效果。对会议的不满主要反映在如下几方面：

（1）对会议筹划不满

这可能是由下列一些原因所引起的：

① 日程安排不合适。所选择的开会时间不合适，没有事先安排好会议日程，或者会议日程并不适合多数人。

② 安排的与会对象不合适。应该出席会议的人没来，不应该出席的人倒来了。

③ 会议场所准备不当。会议室可能太大或者太小；会议室布置不当或缺乏必要的设备。

（2）对会议组织者的能力不满

这可能是由下列一些原因所引起的：

① 组织者没有遵循会议日程的安排，会议脱离了正常轨道。

② 组织者垄断会议讨论时间，压制不同意见，试图将自己的观点强加于人。

③ 组织者能力较差，无法控制会议的气氛。

④ 组织者没有促进所有与会者之间的沟通。

（3）对与会者的表现不满

对会议的不满也可能是由对与会者的表现不满所引起的，最常见的原因有：

① 与会者准备不足。与会者不了解会议议程，没有仔细准备自己的陈述，浪费会议宝贵时间。

② 与会者参与过多或参与过少。这既可能是由于某些地位较高的人对会议施加太多的影响，也可能是由于某些与会者采取事不关己高高挂起的态度所引起的。

③ 某些与会者有意无意地破坏或不配合会议。某些人在会议上总爱对别人的意见挑毛病，但自己又提不出更好的解决办法来。另一些人总爱对即将达成的共识发起挑战。

（4）对会议的结果不满

很多情况下对会议的不满是由会议没有取得任何效果所引起的，常见的原因有：

① 会议的决定没有得到执行。这意味着会议没有实现预期的效果。

② 某些与会者没有执行所承诺的任务。这些人的行为可能损害了其他人的利益。

③ 会议中的新发现和所提出的建议没有得到重视和必要的传递。

沟通案例 9-2

9.3　会议的筹划

9.3.1　会议目的及必要性的确认

明确会议目的是保证会议高效的前提条件。会议的目的究竟仅仅是传递信息、让与会者发表各自的观点，还是形成集体决定？不同的目的在准备时要求采取不同的策略。会议很可能是多目标的，这时就需要明确不同目标之间的关系。

明确会议目的以后，还需要确认是否有开会的必要性。开会在解决面临问题的同时，也可能产生新的问题；会议还会占用与会者的时间，有不小的花费。如果通过私下交流或者行政命令同样能达到会议所设定的目标，或者与会者认为把开会所花费的时间花在做其他事情上效果会更好些，开会就没有必要了。

9.3.2 与会者的确定

9.3.2.1 确定与会人数

邀请参加会议的人数要合适。与会人数太多或太少都会影响会议的效果和效率。会议人数太多，不仅可能导致许多人实际上发挥不了任何作用，而且意味着浪费时间和费用。与会人数太少又可能造成没有足够的信息可供分享，也可能造成问题不能得到充分的解决。在确定应该邀请谁来参加会议时应坚持下列原则：

① 对实现会议目标、取得会议所需要的结果起关键作用的那些人，必须邀请他们参加。

② 对达成会议目标和结果有帮助的人，也应该邀请他们参加。

③ 对达成会议目标可能有冲突的人，要谨慎地邀请他们参加。完全不邀请那些有可能出现冲突和分歧的人参加会议固然可以确保会议的顺利和圆满，但没有冲突和分歧的会议所取得的成果也许会平淡无奇和缺乏想象力。相反，邀请某些有可能出现冲突和分歧的人参加会议，可以避免他们采取极端对立的态度或在会外搞干扰活动，而且通过沟通和说服也可能改变他们的态度，或从他们的意见中得到某些有益的想法。不过，如果会议主持人没有能说服他们的足够把握，则还是不邀请他们参加会议为好，而应当采用会外说服的方法，以免会议陷入僵局。

9.3.2.2 明确与会者的角色

一次较正式的会议是由会议组织者、会议主持人、与会人员、记录人员和服务人员所组成的，在会议筹备阶段就应该明确每一类人员的构成。

（1）会议组织者

会议组织者需要对会议的全过程负责。

首先，做好会议的筹备工作：确定是否确实需要开会，明确开会的目的和主题，确定与会者，确定会议时间和地点，安排会议议程。

其次，做好会议的组织实施工作：发放会议通知，布置会场，落实会议每项议程的执行情况。

最后，做好会议收尾和结束工作：会后总结和评估，尽快就会议的决定采取行动。

（2）会议主持人

对大多数小型会议而言，会议主持人和会议组织者就是同一个人；但是对许多较正式的会议来说，两者多半不是同一个人。会议主持人在会议中的主要作用是引导会议、促进讨论、控制会议和作出决定等。会议主持人要创造出一种和谐的气氛，向与会者传递其思想和信息。主持人也要鼓励与会者发言，激发大家的发言热情，提出更多的创造性的想法和观点。主持人对会议是否成功起着至关重要的作用。主持人需要发挥他的聪明才智，控制会议的节奏和方向，确保会议的每一项议程都能顺利完成，并取得满意的结果。

（3）与会人员

所有与会人员是会议活动的主体，是会议成功与否的关键。根据与会人员的资格，以及在会议中的权利和义务的不同，我们常把与会人员分为四类：

第一，正式成员，是指具有表决权、选举权和发言权的正式资格的会议成员。

第二，列席成员，是指不具有正式资格，但有一定发言权，无表决权和选举权的会议成员。

第三，特邀成员，是指由会议组织者根据会议需要专门邀请的成员，如上级机关的领导或来宾等。

第四，旁听成员，是指受邀参加会议，但不具有正式资格，既无表决权和选举权也无发言权的会议成员。

要想会议取得成功，与会者的会前准备工作非常重要，因此会议组织者在会前就需要把会议主题、目标及议程等，通过适当渠道告诉与会者，促使他们搜集相关资料，做好发言的准备等。只有让与会者在会前进行缜密的思考，会议才能达到所期望的深度。在会议召开过程中，与会人员之间的沟通也非常重要。会议的本质就是沟通，与会者之间的有效沟通是保证会议高效的最重要手段。

（4）记录人员

会议记录人员是由会议主持人或组织者指定或委托的，负责对会议情况作正式的记录。会议记录人员既可以是专门人员，也可以由某个与会者兼任。会议记录人员应当具有清楚、快捷的记录能力，熟悉会议内容，并具有会议所需要的相关知识，在态度上保持中立。

（5）服务人员

比较正式的会议，尤其是外部会议，一般都需要配备一定数量的服务人员，来从事各类服务工作。

9.3.3 会议时间安排和地点选择

9.3.3.1 会议时间安排

在安排会议时间时，需要明确以下两方面的问题：

（1）**决定在何时召开会议**

应当确保会议是在解决问题的最佳时机召开的。召开会议的时间应当考虑到尽量让所有确定的与会者都能参加会议。开外部会议要确认，对具体的与会成员来说，究竟是应该选择节假日开会好，还是避开节假日更合适。对内部的小型会议来说，是在上午还是下午召开合适。在决定召开会议的时间时，还必须注意到，是否留有足够的会议准备时间。除非会议要处理的是紧急突发事件，否则应该等准备充分以后再召开。

（2）**决定会议时间的长短**

既要考虑到会议各项议程所需要的时间，也要保证与会者能充分表达他们的观点。为此，最好留有一定的机动时间。但是，在决定会议时间长短时还需要兼顾和权衡会议的成本和效率。缩短会议时间，就能降低会议成本，提高会议效率。所以，适当地压缩会议时间，是降低会议成本、提高会议效率的有效手段；但缩短会议时间后，也要避免因此而遗漏或忽略某些议程，或造成某些议程走过场的情形。

9.3.3.2　会议地点选择

确定会议的地点包括两个方面：

（1）选择会议场所

选择会议场所时，首先需要决定会议应当在哪个地区或城市举行，然后选择具体的会议地点。随着交通日益发达，人们参加各种会议的活动半径大大拓展了，许多组织在确定会议地点时有了越来越多的选择。很多组织在召开外部会议时都会根据季节和天气变化情况、不同组织工作的安排情况，以及会议的目的来选择最合理、最有吸引力的地点。

在选择会议场所时要考虑到两个因素：方便和合适。方便就是要保证所有与会人员都能利用相应的交通工具及时到达会议地点。合适就是会议场所应当适合会议的级别及与会人员的身份。会议场所不能太简陋，当然也不应太奢侈，应当符合经济适用的原则。会场大小应适合与会人数的多少，并配备会议所必要的各种设备。在组织较大型的外部会议时，或者在异地组织会议时，必须考虑到会议场所是否拥有与接待与会者人数相配套的饮食和住宿的能力。

（2）布置会议场所

尽管在选择会议场所时已经要求会议场所必须配备会议所必需的各种设备，但是会议组织者通常还需要具体落实会议场所确实配备了会议所需要的有关设备，并保证正常工作，如空调、扩音设备、录音或录像设备、投影设备等。当然，会场还需要配备其他一些基本条件，如桌椅和茶水等。

根据会议的性质和人数的不同，会场布置可以有多种形式，其中最常见的有四种：

① 会议桌居中布置，与会者围坐在桌子四周；

② U形布置，会议主持人及重要成员坐在U字底部一边，其他与会者分坐两边；

③ 教室布置，每人前面都有课桌供记录或放置茶水之用；

④ 剧场布置，主持人在台上，其他与会者一起坐在台下。

9.3.4　会议议程的确定

会议筹备阶段就需要安排好会议议程，并在会议开始前就告知所有与会者。会前就明确会议议程可以促使与会者事先做好各种准备，也可以使会议主持人在会议进行过程中按事先确定的程序掌握好会议进度。一般来说，会议议程大致可以分为四个阶段：

（1）开始阶段

主持人宣布会议正式开始，说明会议的目的及意义，介绍与会的重要人物，提醒与会者需要注意的会议相关事项。

（2）讨论或报告阶段

根据会议的目的和内容不同，与会者听取报告、提交报告或进行讨论。会议性质不同，重点不同。有些会议注重讨论，如对策会议；有些会议注重沟通，如协调会议。但不管性质和重点是什么，都必须紧扣会议目标，切忌离题或产生情绪性的争辩。

（3）总结阶段

在与会者充分讨论后，主持人应当整理归纳与会者的各种不同意见，并得出会议的结论，要避免议而不决，浪费时间。

（4）结束阶段

在宣布散会前，主持人或会议秘书应当再次确认会议结论，并取得与会者的认同。最后，主持人应当感谢所有与会者的合作。

正式、规范的会议议程应当将每一个阶段、每一个议题大约花费的时间、主要的执行人，以及会议最终结束的时间都罗列清楚。为了保证会议的效率，一次会议的议题数量不宜太多。会议议题的范围越窄越专，会议取得的结果反而会越理想。

9.3.5　会议通知的发放

会议组织者不仅要保证每一个与会成员在会前就收到会议通知，而且要让每一个与会成员有足够的时间做好参加会议的准备工作。

会议通知的内容应当尽可能详尽、明确。正式的书面通知一般应当注明会议名称、时间、地点、参加人员、内容（包括会议的目的、主题、议题、讨论提纲和议程等）、主办单位、报名参加者应支付的费用、被邀请者答复决定是否参加会议的最后期限、回复地址、电话及其他事项。但很多人往往对这种约定最后期限的做法采取不予理睬的态度，所以组织者最好在最后期限前后打电话向各被邀请者征询他们是否决定参加会议的意见。

对所得到的反馈和征询意见，要进行登记，以便给那些决定参加会议的人安排食宿和座次。

9.4　会议的组织实施

9.4.1　会议的主持

9.4.1.1　会议主持人的职责

在会议进行过程中，会议主持人要负责主持会议各项议程的实施。具体来说，主持人需要做好如下几方面的工作：

（1）维持会议秩序

会议是一种群体沟通，会议秩序是决定会议能否成功的一个关键因素。要维持好会议秩序，会议主持人要重视以下几个问题：

第一，确认会议议题。尽管大多数正式的商务会议的议题都是在会前就慎重地确定好的，不过由于情况的变化，会议主持人决定临时改变会议议题的情况也是很常见的。即使会议议题是确定不变的情形，在会议过程中也可能有与会者偏离会议议题的情形。出现这种情形时，会议主持人的一个重要职责就是及时加以纠正，保证会议按计划所确定的议题进行。

第二，确定发言次序。在计划有多个人发言的情形下，为了保证每人都有机会发言，主持人必须确定发言次序，并明确分配每人的发言时间，保证发言依次顺利地进行。

第三，向缺席的与会者通报会议进展情况。在较长的或多阶段的会议中，有些与会者可能无法出席全部会议，为保证会议的连续性，避免不必要的重复，主持人应指示有关人员把会议情况通报给缺席人员。

（2）引导和促进讨论

会议主持人要积极引导所有与会者参与讨论，提出自己的意见和建议。为此，主持人需要促使所有与会者平等地参与到会议讨论中来。既要防止某些人在会上说得太多，垄断了会议的讨论，也要防止另一些人总是保持缄默，让别人无法了解他们的真正态度。围绕主题提出适当的问题是激励与会者发言的一种有效办法。提问不仅能够激励与会者发言，也能作为引导讨论的手段。通过提问也能打断那些滔滔不绝的人，为其他与会者创造更多的发言机会，这样就可能使会议取得更好的结果。

（3）应对隐秘议程

在会议过程中，某些与会者可能偏离会议主题，追求个人或小团体的利益；有时，讨论也可能演变成与会者之间的个人冲突。为避免这类问题的发生，会议主持人应当注意：

第一，事先就妥善处理好不同与会者之间的关系，尽量避免因人际关系和感情问题造成与会者之间的冲突。

第二，及时遏制不良倾向，把与会者个人之间的争斗和矛盾解决在萌芽阶段，对破坏会议的行为和个人，态度要坚决，行动要果断。

（4）主持作出决策

对需要作出明确决定的会议来说，会议主持人需要承担起决策的责任，并在决策中起决定性作用。根据会议的目标和程序不同，会议作出决策的方法也不相同。常见的决策方法如下：

第一，权威决策法，是指由参加会议的一个或少数几个权威人士作出决策。在多数情况下，会议主持人就是其中最权威的人。这种决策方法的优点是速度快、高效。权威决策法特别适合如下两种情形：一是时间紧迫，必须迅速作出决策的情形；二是会议主持人及其他权威成员的权威是得到与会者公认的，并不是仅来自地位上的差异。

第二，投票表决法，是指由所有具备正式与会资格的人投票，按照大多数人的意见作出决策，因此是最常见的民主决策方式。决策问题的性质不同，通过决策所需要的票数也应当有所不同，通常有简单半数通过有效、2/3多数通过有效、3/4多数通过有效等几种。尽管一般认为投票表决比较公正，但实际上也不完全如此。首先，投票表决的时机很关键。有权决定投票时间的人往往会选择对自己有利的时间来投票。其次，投票表决法可能导致持少数意见的人从群体中分裂出去。最后，尽管投票决策的规则是少数服从多数，但很难保证持少数意见的人一定能够执行投票结果。

第三，趋同决策法，是指广泛征求不同成员的意见，根据群体的大致倾向进行决策。趋同决策法的最大特点是折中，是根据全体成员的意见折中而作出决定的。这种决策方法的优点是考虑到了每个成员的意见并在决策中有所反映，因此成员的参与度较高。其缺点是经常找不到合适的折中方案，不仅费时费力，最后的方案也很难使全体成员真正满意。

第四，一致决策法，是指必须每一个成员都同意，决策才能通过。这种方法比较有利于保护弱小成员的利益，也有利于所作出决定的执行。其缺点是难以达成一致，特别是当某些成员试图利用此规则谋求更多利益时，达成一致就更难了。

9.4.1.2　会议主持人的工作技巧

（1）会议的开始

为了避免浪费时间，也防止与会者的不满，即使有些与会者还没有及时到达会场，主持人也应该保证会议准时开始。让按时到会的人无休止地等待那些迟到者，最终会激怒按时到会的人。推迟开会时间就意味着给会议开了一个不好的头。迟到者下次也可能仍然迟到。

（2）开场白和介绍

会议主持人应当借助开场白和介绍拉开会议序幕。为了保证会议有一个好的氛围，主持人通常应当采用严肃、肯定的语气，传递正确的信息，以便使与会者很快进入会议所需要的状态。主持人还应当向与会者介绍大家所不熟悉的重要来宾，重申开会的原因和会议的目标；此外，明确会议议程中没有交代的问题，如会议结束时间等。

（3）控制会议进度

要控制好会议进度，首先在议程中就要表明会议会开多长时间。会议主持人要让与会者在会议一开始就知道会议不允许超过时间，这样就能促使与会者更加积极地参与会议。当会议进展速度太快时，主持人就需要提醒与会者是否有重要问题被遗漏或者有些决定做得太仓促了，应当示意大家减缓速度。当会议没有进展，使与会者兴趣下降、情绪低落时，主持人应当鼓励与会者，用自己的热情来感染与会者。

（4）创造和维持良好的会议氛围

第一，巧妙应对离题现象。主持人在会议中需要对离题现象保持高度的敏感，一旦发生，就需要及时采取行动予以纠正。通常可以采取的做法是：

首先，以未明确会议目标和主题为由，向与会者道歉，借机重申会议目标和主题；

其次，巧妙地向发言离题的人提问，询问其发言和会议的关系；

最后，以建议开始新话题的方式，巧妙地结束发言离题的人的陈述。

第二，灵活地处理冷场现象。对主持人来说，在应该由与会者发言或讨论的时候，大家却都沉默不语是件很棘手的事情。因此，主持人一开始就要做好预防冷场的工作，在会上创造一种和谐的气氛。在发言或讨论开始前，事先物色和培养一两个勇于打破沉默者，也是一种防止出现冷场现象的有效办法。如果会议中确实发生冷场情形，则主持人可以采取的对策有：

首先，搞清冷场的原因，究竟是与会者对问题没有搞清楚，还是太疲劳而厌烦了，或者是没有考虑好。

其次，主持人可以提出一种新的建议或者征集与会者好的建议。

最后，对人数众多的会议，可以改变为分组讨论的方式。

第三，防止少数人独占发言。某些人思维活跃，善于表达，如果其他人不积极发言，他们就会滔滔不绝；少数好表现的人也会说个没完。为了防止少数人独占发言，影响会议效果，主持人应对试图独占发言机会的人采取如下办法：

首先，通过建议给尚未发言的人以机会，来巧妙地打断独占发言者；

其次，指派独占发言者去做另外工作，或故意将视线避开独占发言者，表明主持人并不想继续听他的意见了。

第四，确保所有与会者平等参与。

首先，主持人要营造一种开放、积极和宽松的氛围，促使大家畅所欲言。特别是要积极鼓励那些生性腼腆的人勇于表达自己的观点。

其次，主持人特别要保护那些发言老被别人打断，或被某些不耐烦的人抢着说的人。主持人应当对那些表现不耐烦的人说："别着急，让他自己说完，他自己能说清楚。"

再次，主持人要接受某些与会者提出的看起来奇怪的、不完善的或支离破碎的主意，并鼓励他们随时补充。

最后，如前所述，要防止有人独占发言权。主持人可以有策略地打断他，阻止他的高谈阔论，同时鼓励其他人发言，通常可以这样说："谢谢他的意见，其他人有什么看法？"

第五，正确应对争议和混乱。会议既可能由于会议组织中的问题，也可能由于某些与会者的想法和行为问题，而导致激烈的争议。

首先，主持人应当分清楚，争议有没有离题。如果争议是离题的，就应立刻阻止并重申会议的目标和主题。如果争议是在会议议题之内，主持人应强调"什么是正确的"，而不应分辨"谁是对的"，将注意力集中在论点本身上，而不是谁对谁错上。

其次，主持人应征求沉默者的意见。

最后，在适当的时候也可以表明自己的立场。

如果由于组织上的失误或者事先未预料的情况变化造成会议出现混乱，主持人切忌因此而心烦意乱或情绪失控。主持人可以考虑采取如下一些办法：①冷静地分析引起问题的主要因素，提出处理对策；②宣布暂时休息；③把问题暂时搁置一边；④取消会议，下次再开。

（5）在适当时候结束会议

一旦会议的所有议程都执行完毕，主持人就应当及时对会议进行总结，并结束会议。主持人做好会议总结的技巧包括：

首先，重申会议目标，确认已经取得的成果和达成的共识，并在必要时明确后续工作的分工。

其次，对未能取得一致的不同意见，请他们各自在会后继续沟通或反思，必要时向有关人员汇报。

最后，感谢所有与会者的支持和合作。

9.4.2 会议的参与

9.4.2.1 与会者的职责

尽管许多普通与会者并不会对会议产生决定性的影响，但是如果没有与会者的积极配合，主持人往往也很难保证会议的圆满成功。为了确保会议的成功，每一个与会者都应当认识到作为与会者的职责。

（1）以积极开放的态度对待所参加的会议

与会者首先要树立对所参加会议的积极态度，敞开思想并认真听取别人的意见。即使会议的某个议题并不直接关系到自己的利益，与会者还是应该以积极的心态参与讨论。与会者应当认识到，任何一次会议只要认真参与就可能为你提供实现下面一个或几个目的的机会：

第一，从其他与会者的知识和观点中受益。

第二，从其他与会者的背景和经历中获取有用的信息。

第三，与其他与会者交换你的想法。

第四，以别人的眼光评价自己的观点、信念和态度。

第五，更好地了解和正确评价其他与会者，培养团队精神。

第六，激发与会者对所执行政策的参与感。

（2）做好参加会议的充分准备

尽管做好参加会议的准备需要花费一定的时间和精力，但是如果每个与会者都没有充分地准备，会议就很难获得高质量的结果。与会者的准备工作包括：

第一，必要时在会前就会议议题和议程向组织者提出建议。

第二，会前就阅读组织者所提供的相关材料。

第三，准备好自己在会议中使用的各种相关支持文件。

（3）在会议过程中保持积极态度

首先，要准时出席，绝不迟到；其次，按照会议或主持人确定的次序发言；最后，记录会议决议并确定自己的责任。

对大型会议，与会者往往感到很难与其他与会者进行沟通，影响参加会议的收获和成果。为此，与会者应当努力做到以下几点：

第一，以积极认真的态度倾听别人的意见。

第二，努力克服沟通障碍，适应别人的语言和表达方式。

第三，简明、清晰地表达自己的意见，学会双向沟通。

第四，树立合作和妥协精神，以灵活和宽容的态度参与沟通。

第五，强化时间意识，选择合适的发言时间和地点。

9.4.2.2　与会者的参与技巧

一个成熟的商务人员需要掌握以下参加会议的技巧：

（1）与会者会议准备的技巧

第一，要清楚是否确实需要参加会议。商务人员不应当仅仅因为收到邀请就决定参加会议。如果对会议议题或议程与自己工作的关系心存疑虑，就应该进一步搞清楚究竟是否确实需要参加会议，还是干脆取消参加会议的计划。

第二，要有准备地带着问题与会。与会者的准备除了阅读会议组织者提供的相关材料外，更重要的是要准备好带到会议上去的适当问题。其实在多数情况下，许多与会者都会心怀同样的问题，只是因为胆怯而不敢说出来。在会议准备过程中，拟定好的、适当的、带到会议上去的问题应当是有助于加深对会议议题的理解，或者澄清某些疑点或模糊的问题。

第三，准时与会，参加各项议程。与会者不仅要准时参加会议，而且应当按照议程安排参加各项议题或议程的活动。游离于其他与会者之外，或者行动拖沓，都会因浪费其他与会者的时间、影响会议的成果而遭到其他与会者内心的怨恨。

（2）会议参与的技巧

第一，严格遵守会议规则和礼节。

参加会议必须遵守许多基本的规则：

① 既不能迟到也不应早退；

② 尊重会议主持人，听从主持人的安排，互相配合；

③ 虚心听取和分析他人的意见，不固执己见；

④ 尊重会议的结果等。

参加会议需要遵守的基本礼节包括：

① 协助会议的进行；

② 不感情用事；

③ 不要把本位主义观点带进会议；

④ 与会者要坚持立场公平等。

第二，树立良好的形象。与会者时刻需要留意自己在他人心目中的形象。好的形象将大大有助于你在会议上的成功；不好的形象则会影响到其他与会者对你的表现的评价。

要塑造和维护自己良好的形象，与会者应当注意以下一些要点：

① 要保持诚实，以公平的态度待人；

② 要说明事实，避免夸夸其谈和自命不凡的态度；

③ 要愿意倾听他人的意见；

④ 会上不应表现出过分激动的情绪，而应当表现得态度冷静、善于逻辑推理，以增加其他与会者对你的信心；

⑤ 既不要轻易打断别人的话，也不要开口就滔滔不绝。

第三，始终保持积极的态度。无论是消极的情绪、消极的表情还是消极的反应，都会阻碍会议取得更大的成功，而与会者的积极态度能增强整个团队的信心，成为克服困难、取得预期结果的保证。

第四，认真倾听别人的意见。倾听发言时，与会者应同发言者保持目光的接触，尽量明确发言者语言背后隐含的意义。与会者要防止对发言者的不敬行为，如懒散、心不在焉或翻看图书等。

第五，要学会支持他人。与会者要学会肯定别人发言并由此开始自己的开场白，要愿意去适应别人的语言，并能清晰、扼要地发表自己的看法。

第六，要确保其他与会者公平参与。每一个与会者都要引导和鼓励那些消极的参与者也公平地参与到会议中来，给他们提供参与的机会。与会者反对或质疑他人的意见要有根据，防止因此而压制不同意见。

（3）会议发言和答辩的技巧

第一，与会者的发言技巧。与会者应该严格控制发言时间，突出重点，在最短时间内把思想表达清楚。要注意听众的反应，并在必要时及时作出反馈。要讲究说服的技巧，赢得听众的好感。要运用数据资料，增强所提出观点的可信度。要熟练地运用口头表达技巧，富有幽默感。

第二，与会者的答辩技巧。发言者既要自信地表明自己的意见，也要有条不紊地回答提问。面对别人的提问和质疑，发言者应当自信、平静地表达自己的想法。正确地答辩问题的技巧包括：

① 听完问题后再开始回答，而不应打断提问者；

② 答辩时不应有遗漏；

③ 要就事论事，不作人身攻击，不贬低提问者；

④ 有礼貌、有分寸或者有幽默感地巧妙避开一些难以回答的敏感问题；

⑤ 对自己确实不当的陈述，与其狡辩，不如痛快认错。

9.4.3　会议记录

9.4.3.1　会议记录的作用

任何有价值的会议都应当对会议过程与结果进行清楚的记录。会议记录通常是十分有必要的。许多会议需要在会议记录的基础上整理成会议纪要或会议备忘，成为会后行动的依据。即使在并不形成正式的会议纪要或备忘录的情形下，会议记录往往也仍然有必要。概括起来，会议记录具有如下一些作用：

① 会议记录对今后同类会议具有借鉴作用。

② 会议缺席人员可以通过会议记录了解会议讨论内容以及会议各项决定。

③ 会议记录提供了一份大家都认可的协定。

④ 会议记录可能对将来的某些决策起到参考作用。

9.4.3.2　会议记录的要求和内容

对会议记录的基本要求是准确、简单和清楚。

会议记录的内容分为以下两个部分：

（1）会议安排

有关会议安排应记录的内容包括会议名称、会议时间和地点、会议出席人员、会议主持人和会议记录人。

（2）会议内容

有关会议内容应记录如下几个方面的信息：会议主持人的发言要点、讨论中各方的主要观点、会议中形成的主要决议等。

会议记录并不是要求逐字逐句地作记录，也不是要求记录压缩后的抽象概念。一份良好的会议记录应当反映会议的所有精华。所以，会议记录要突出如下一些重点：

① 与会各方的主要观点；

② 权威人士或代表人物的言论；

③ 会议结束前主持人的总结性言论；

④ 会议决议或议而未决的事项；

⑤ 对会议有较大影响的其他言论或活动。

此外，对会议的发言人以及他们的主要观点也应当进行必要的记录。

9.4.3.3 对会议记录人员的基本要求

对比较重要的会议，为保证会议记录的质量，会议记录人员应当具有如下一些必要的基本素质：

(1) 立场中立，避免出现情绪

记录人要记录发言者的原话，不应作任意增删、修改或加入个人意见。记录人对与会者所发表的各种不同意见绝不能表现出情绪化或好恶。如果表现出好恶，就违背了当记录人的责任，是与开会的目的背道而驰的。记录人的情绪化也会使与会者不愿再提出有益的诚恳意见。

(2) 熟悉有关技术语言，掌握记录技巧

一个合格的记录人必须懂得与会者所使用的技术语言，只有这样才能摘要地记录发言人的重要内容。一个对电脑一无所知的人是很难当好一场电脑系统分析会议记录人的。会议记录人记得太多，很快就会跟不上发言；如果记得太少，记录过于简单，就不能体现整个会议过程的全貌。会议记录技术的核心是听记关键词，努力抓住发言者的基本意思和内容要旨。

(3) 要保持缄默，必要时变换角色

记录人要缄默，尽可能不要说话。即使某些与会者表达不流畅，也不要试图帮助他们说这说那。如果记录人抑制不住想要参与讨论，而且确实是正式成员之一，他就应该暂时退出记录，请别人作记录，然后自己发言。

9.4.4 会议的善后工作

(1) 必要时抓紧和部分与会者沟通

如果会议没有取得一致的意见，那么尽管会议最后得出了结论或作出了决策，但是会议主持人或组织者在会后还是应该迅速与那些所提的意见没有得到采纳或者对会议最后结果不满意的与会者进行沟通。这种沟通可以为你提供关于会议最后结果的一些反馈意见，也能帮助你解决某些刚出现的新问题。此外，这种沟通也能抚慰这些人的自尊，因为以后在执行会议决定时可能需要他们的支持。

(2) 会议纪要的分发

在精心策划的会议上，为了防止有关各方所承诺的事情，在会后却没有人去做，会议决定没有得到执行，或者没有在截止日期前完成预定的任务，凡是需要采取后续行动的会议一般都需要分发会议纪要。会议纪要为主持人和其他与会者都提供了后续行动的线路图，确保会议决定最大限度地得到执行。

(3) 尽快就会议决定采取行动

衡量一次会议的最终效果好坏并不能仅仅看它的决议，而应看执行决议的结果。衡量会议主持人或某个与会者的能力也不仅是听他的话语，而是要看他的行动。所以，只有所有与会者都认真执行了会议决定中自己所负责的行动，会议的结果最终付诸实行，才能认为会议真正成功了。

❖ 沟通案例 9-3

微软（中国）的团队训练法

微软（中国）刚成立时，为了解决出现的销售危机，请来了一位美国顾问莫先生来训练当时新组建的微软（中国）高层管理人员。美国顾问莫先生首先宣布了随后两天中必须遵守的十几条规矩。后来，微软（中国）就把这些继承为团队规矩，一直自觉遵守下来了。其中有几条是：不含敌意的冲突是好的；附和意见之前先问自己，出了门是不是还会支持团队的决议并为其辩护；尊重日程表的时间；一次一个人发言，发言要简单明了，不要浪费大家的时间。

接下来每个人只用10分钟自我介绍一下是做什么的和一件大家都不知道的事情。

训练开始了。莫先生坚信：任何团队的终极目标都是要"赢"，而运动队最能体现"赢"的精神，所以不管是哪个行业的客户团队，他都用教练运动队的法子来训练。"教练"的方法是鞭策、激励、指导、示范、参与，甚至是不容分说的粗暴指令，与"顾问"的启发、引导的温文尔雅做派是完全不同的。

莫先生一个接一个地下着指令：

"3分钟内，每个人写出微软（中国）最重要的市场机会，量化。"

"3分钟内，各组讨论，选定全组认定最重要的市场机会，不许超过3条！"

"5分钟内，各组代表简要解释你们认定最重要的机会是什么，说明原因。"

参加成员共分为4组，每个组的代表都拼命在最短时间内说明自己组提出的最重要机会。这时白板上贴了十几条看法，有几条看法是各组不谋而合的，自然被大家公认是最重要的，剩下的还有七八条。

"每个人可以有两次——只有两次——举手的机会，表决决定最重要的两条。"

如此这般，20分钟之内，墙上就张贴出来"机会的宇宙"这一标题。常见的企业思维模式是，拿过去的业绩+现实的资源+已有的策略来制订"增长"的计划，最习惯看销售业绩百分比增长的图形。莫先生训练学员要脱离与自己的过去相比较的旧习，强迫学员习惯去看"机会的宇宙"，它代表与微软（中国）业务相关的中国IT市场的机会，把小小的"一角"假设为已有的市场份额，衬托出了一个巨大的市场空间。

莫先生指着"宇宙"问大家：想要多少？

"机会的宇宙"一直挂在墙上，它的量化虽然粗糙，但时时提醒大家，有的是机会，有的是发展空间，只需要找到并专注于最有效的区间，制定有效策略，调整部署资源，就可以把机会变成现实。在大家讨论制定下半年和第二年的销售策略和销售指标时，学员们参照的是"机会的宇宙"，而不再是对比过去。人们最习惯参照过去就是人们给自己的最大限制之一，企业也往往是如此。

每当学员陷入具体而微小的细节争论时，莫先生就立即叫停，问："你们在争论如何抓到这些大机会吗？"一次又一次，他把大家从习惯的思维中拉出来，直到摆脱束缚，形成新的习惯。

"停！转入下一项！微软（中国）今天最重要的问题是什么？3分钟……"

"停！下一项！要抓住最重要的机会，最重要的策略是什么？7分半钟……"

在莫先生的一个接一个口令呼喊声中，每个人的思维都被强迫脱离"我自己、我的部门"。大家开始统一到"微软（中国）"的思维节奏上来，学员们的动作开始协调，越来越像一个团队的动作了。墙上张贴的问题也越来越多：

（1）微软（中国）今天最迫切需要解决的重要问题（注意：最迫切的不一定就是最重要的，反之亦然）是什么？

（2）对最重要的机会，较之竞争对手，微软（中国）所没有或不能为客户提供的价值是什么？

（3）微软（中国）的3年目标是什么？

（4）本财年下半年的目标是什么？

（5）实现目标的策略是什么？

可以看出，这些顺序也是很有道理的，先看清无限的机会与自己当前的限制，就能更现实地把握机会；对着无限的机会制定出来的3年目标就显得一点也不可怕了；为了要实现3年目标，下半年、明年的阶段性目标就必须定得高一点；要实现高的阶段性目标就必须制定出新的策略。

一次，莫先生要求"每人写出其他3个部门的最重要的策略，假如你是那3个部门的经理"。大家都反对，说不懂其他部门，不是专家写不出来。莫先生非常赞同专家意见的重要性，并立即举出了一些权威专家的意见经典：

（1）"重于空气的物体飞行绝无可能。"

（2）"所有可能被发明的东西都已经被发明了。"

（3）"所有理性、负责任的妇女绝不会参加选举。"

一阵大笑之后，大家突然觉得不是专家也可以提"专家"意见。这种换位训练不仅能使各部门互相关心，而且"外行"的意见特别能帮助"专家"与其他部门的配合。

两天下来，满墙的张贴已经形成了一整套文件，包括了使命、远期目标、近期目标和部门指标；本财年下半年6个月内的5个关键领域要产生的营销结果；战略、策略、实施计划和资源配备。

莫先生要求学员们做最后一个作业：集体完成一篇文章，是预备6个月后财年结束时要向全体员工发表的，它是对今后6个月里要完成事项的总结。文章共分4段，4个小组各写一段，同时要在15分钟之内完成！大家已经习惯了莫先生的各种乖张指令，但是这个实在太离谱了！但莫先生坚决不让步，说："真正好的团队什么都可以做到，别说合作一篇文章了！"

莫先生把各组作业收齐，15分钟竟然有了将近2 000字的文章！每组的代表依次高声朗读。各组分别写的段落，都确切表达了整个集体的想法，文笔修辞和全文风格都非常流畅，如出自同一人的手笔。

后来的实践证明，"运动队"式的团队精神不仅能形成危机中的凝聚力，在"和平建设时期"也非常有效。

资料来源　吴士宏. 逆风飞飏：微软 IBM和我［M］. 北京：光明日报出版社，1999：80-88.

本章小结

团队沟通是指团队成员为了更好地实现预定的共同目标，相互之间所进行的信息传递与交流的过程。团队沟通包括规范制定、成员角色分担和领导者的素质三个要素。

团队的发展过程通常要经历形成期、凝聚期、稳定期和成熟期四个阶段。成功团队沟通的六大要点是：要描述，不要判断；要平等，不要优越感；要开放，不要拒绝；要以解决问题为导向，不要以控制对方为目的；要坦诚，不要利用；要移情，不要冷漠。

会议中的常见问题是：对会议筹划不满；对会议组织者的能力不满；对与会者表现不满；对会议结果不满。

会议的筹划包括如下一些环节：会议目的及必要性的确认；与会者的确定；会议时间安排和地点选择；会议议程的确定；会议通知的发放。

成功的会议组织实施的要点是：首先，会议主持人要明确职责并掌握工作技巧；其次，会议参与者需要明确职责，掌握参与技巧；再次，要做好会议记录；最后，要做好会议的善后工作。

主要概念

团队沟通　团队发展阶段　会议沟通　会议筹划　会议议程　会议主持人
会议记录

基本训练

❖ 知识题
1.团队沟通的特点有哪些？
2.团队的形成和发展分为哪些阶段？每一阶段的沟通策略的特点是什么？
3.组织需要开会的理由和会议中常见的问题有哪些？
4.说明会议筹划的步骤和内容。
5.分析说明会议组织实施的要点。
❖ 技能题
1.以你在学校学习期间所参加的某一成功或失败的团队为例，分析其成功或失败的原因。

2. 以你在学习、实习、工作或其他社会活动中所参加的某一团队为例，分析说明其在发展的不同阶段中团队沟通的经验和所存在的问题。

3. 回忆本学期以来你参加过的学生会、班级或学生社团的几次会议，分析出现了哪几种会议组织中的常见问题，又有哪些值得肯定的优点和经验。

4. 如果由你负责承办一次邀请某企业家为本校有关学生社团成员作报告的报告会，请你拟订一份详细的会议计划和会议议程，明确所要做的所有准备工作，以及会议组织实施中的要点。

5. 某公司委托你在本校组织一次针对某种新产品的营销策划方案大赛。请你分别站在会议组织者（或主席）和一般与会者的角度，分析在会议组织和召开过程中可能遇到的麻烦，并说明你的应对措施有什么。

❖ 沟通实训：团队和会议沟通

仔细阅读本章的沟通案例9-3的资料。然后，从团队构建和会议组织的两个不同角度，总结评价莫先生所采取的训练方法的成功之处。在此基础上，模拟案例中的团队训练法，完成下列任务：

1. 目标任务和问题：6个大学生准备创建1家公司，要求达到在1年内盈利并稳定增长的目标。

2. 全班学员分为4组，作为该公司的潜在员工组成团队，帮助解决公司问题。

3. 由主持人（教师）扮演莫先生的角色，组织训练和讨论。第一步确定"机会的宇宙"；第二步确定合理的分阶段、长短期的目标；第三步制定战略、策略、实施计划和资源配备计划。

4. 整个实训为40分钟，最后由主持人对实训结果进行总结，并要求4个组在课后根据实训情况提交一份解决问题的书面总结报告。

第3篇 商务沟通的策略

第10章 危机与冲突沟通

学习目标

知识目标

理解危机沟通的有关概念、原则和基本原理；了解危机沟通战略与过程管理；理解解决冲突的原则和策略、冲突沟通的策略。

技能目标

掌握制订危机管理计划和危机沟通策略的基本技巧；掌握冲突沟通的策略和技巧。

❖ 引例

一场3 000公里以外的火灾居然引发了两家国际通信巨头的命运发生巨变。

世界手机市场的三巨头曾经是：诺基亚、摩托罗拉和爱立信，当中有两家在北欧。诺基亚在芬兰，而爱立信在瑞典。2001年发生在大西洋彼岸美国的10分钟火灾，却引发了世界手机制造商竞争格局发生了根本性的变化。

2001年3月17日，星期五，离北欧的芬兰和瑞典3 000公里外的美国新墨西哥州上空大雨滂沱、雷电交加。闪电导致了位于该州首府阿伯科基的飞利浦公司一家芯片制造厂发生火灾。虽然大火只持续了10分钟就被扑灭了，但工厂现场的破坏非常严重。

飞利浦工厂的主管人员马上意识到，清理整修生产线并恢复生产需要时间，为了满足客户对芯片的需求，恢复生产的速度是关键。然而，再怎么迅速，依然不可能在短时间里生产出客户所需要的芯片，因此，飞利浦的主管决定最先满足它的两个大客户——诺基亚和爱立信的需求，因为这两家的订货量占该厂总产量的40%，而其他30

多家小客户就只好等一下了。

那场火灾后没有几天，位于芬兰总部的诺基亚零件采购部主管人员就开始注意到，一些手机零件交货延迟和数量不足，并意识到供应链可能出了问题。3月20日，诺基亚零件采购部主管在与飞利浦客户代表的通话中得知了生产手机芯片的工厂遭受火灾的消息。不过，飞利浦客户代表仍然保证说，工厂大约会在一周后恢复正常状态。

尽管有了飞利浦客户代表的保证，诺基亚零件采购部主管还是将飞利浦芯片工厂着火的消息报告了主管供应链管理的副总经理。这位副总经理随即把从飞利浦工厂所订购的5种配件列入特别观察单里。诺基亚的员工每天几次与飞利浦的客户代表通话，询问芯片供应情况。

但在随后的两周中，飞利浦供应的芯片数量迅速减少，使得诺基亚整个供应链管理人员开始焦虑。到3月31日，他们意识到飞利浦芯片工厂要恢复供应可能远远不止两周，几个月的供应可能都将受到影响。几个月的芯片供应对诺基亚意味着将近400万部手机因为芯片供应不上，诺基亚不得不减少5%的年销售量。但是，当时手机市场一片红火，减少的5%手机销售量，年终就会完全反映在利润变化上。于是，诺基亚针对手机配件供货情况成立了危机处理小组，小组成员包括芯片设计工程师、供应链主管人员，以及诺基亚中国、日本、芬兰和美国分公司的最高主管。

在诺基亚成立危机处理小组，争分夺秒寻找各种解决途径的时候，瑞典爱立信的经理们却仍然无动于衷。虽然爱立信同样是在火灾后的3天得到飞利浦通报的消息，但是中层管理人员认为火灾是经常发生的，不会造成本公司的灾难性事件，因此也就没有上报到最高主管那里。直到3月底，爱立信负责手机和消费品的总经理才获知因为飞利浦工厂的火灾导致了手机零件的短缺。即使这样，爱立信的主管们依然认为情况不明，要谨慎行事。

而诺基亚负责供应链管理的副总经理和主管人员，在几天以后飞到位于荷兰阿姆斯特丹的飞利浦总部会见了飞利浦总裁，就连在美国开会的诺基亚董事长和总裁也专门赶到阿姆斯特丹参加会议。诺基亚明确要求飞利浦寻找任何可能的途径来提供解决方案，并施加了强有力的压力。

诺基亚发现，在飞利浦芯片工厂生产的5种手机芯片，有两种是无法用其他芯片代替的，其中一种能量放大芯片世界上有多个供应商可以提供，而另一种称为ASIC的芯片是手机中不可缺少的，只有飞利浦和另一家承包商才能生产。

诺基亚的危机处理团队与时间赛跑。为了获得200万块能量放大芯片，他们分别在日本和美国各找了一家供应商，向每家各订购100万块芯片，并成功地要求5天内供货。

对ASIC芯片，诺基亚供应链主管要求飞利浦彻底检查所有工厂的生产容量，并重新调整生产计划，腾出一定的生产线来满足诺基亚的要求。诺基亚穷追猛打般的执着终于赢得了结果。飞利浦腾出了在荷兰和中国上海的工厂的某些流水线来为诺基亚提供ASIC芯片。同时，诺基亚的工程师们也重新设计芯片结构，以方便其他供应商也可以生产这些芯片。相比之下，随着从飞利浦工厂发出的芯片数量的减少，爱立信的主管们发现越来越陷入了一种无能为力的状态。当爱立信高层管理者意识到问题的严重性时，飞利浦公司已经答应为诺基亚腾出所有可以腾出的生产能力为之生产 ASIC 芯片。对爱立信的要求，飞利浦也只能回答无能为力了。

4 月 1 日，爱立信宣布将停止自己生产手机，并将手机生产业务全部外包给新加坡的一家制造公司 Flextronics，这家公司即日起将接收爱立信位于巴西、马来西亚、瑞典、英国以及美国的所有生产基地和设施。消息传出，全世界为之震惊。世界第三大手机制造巨头终于自己不再制造任何手机了。一年以后，爱立信手机的全球市场份额从原来的 17% 下降为 9%；同期，诺基亚的市场份额则从 27% 上升到 30%。从某种意义上说，正是那场火灾使诺基亚从爱立信手中抢夺了 3% 的市场份额。

资料来源　张玉波. 危机管理智囊 [M]. 北京：机械工业出版社，2003：288-291.

10.1　危机沟通概述

10.1.1　危机及其特点

任何企业在生存和发展过程中都有可能遭遇危机。在一个动态变化的环境中，企业不可避免地会面临各种危机，所以必须随时为应对危机做好准备。危机管理和危机沟通已经成为企业普遍面临的重要课题。

尽管危机的通常含义被人们所熟知，但是目前还没有一个人们普遍接受的统一定义。不同研究者从不同的角度提出了对危机的定义。

巴顿（Barton）认为：危机是一个会引起潜在负面影响的具有不确定性的事件，这种事件及其后果可能对企业造成巨大的伤害。

福斯特（Forster）指出：危机具有四个显著的特征，即急需快速作出决策、严重缺乏必要的训练有素的员工、相关材料紧缺和处理时间有限。

里宾杰（Lerbinger）提出：危机是一个对企业未来的获利性、成长乃至生存发生潜在威胁的事件。一个事件发展为危机，必须具备以下三个特征：

①该事件对企业造成威胁；

②如果企业没有采取行动，局面会恶化且无法挽回；

③该事件具有突发性。

根据这些观点，我们可以得出危机具有以下几个明显的特征：突发性、危害性、紧迫性、公众性（舆论关注性）和不可预测性。危机的发生往往是出乎意料、令人猝不及防的。危机常具有很大的破坏性。危机的蔓延和发展非常迅速，若不及时处理，那么所造成的损失会越来越大。危机自然受到社会公众的注目、舆论的关注，如果不能正确地引导舆论，后果会十分严重。危机不仅是突发性的，发生后的发展及结果也有很大的不确定性。

10.1.2　危机沟通及其障碍

危机沟通是指个体或企业为了防止危机的发生、减轻危机所造成的破坏或尽快从危机中得到恢复而进行的沟通过程。危机沟通是以化解和规避危机为目的的一种沟通活动。危机沟通不仅可以降低危机对企业的冲击，并存在化危机为转机甚至商机的可能。如果没有危机沟通，小危机可能演变成大危机，酿成灾难性的结果，甚至危及组织的生存。

但是，由于危机具有上面所述的特点，企业中的危机沟通往往并不通畅或未能达到沟通的目的和效果。这是因为危机沟通面临着如下一些障碍：

（1）缺乏危机沟通意识

一些企业及其管理者往往被表面现象所蒙蔽，过于自信地认为，自己的企业正处于上升趋势之中，不可能出现危机。因此，一旦发生危机，就措手不及，不知道与谁沟通，如何沟通。

（2）封闭的企业文化

在封闭的企业文化中，内部成员间缺乏有效的纵向和横向沟通，外部则缺乏与不同的利益相关者之间的沟通。一旦危机发生，企业内部就会一片混乱，气氛紧张，人心涣散，而企业外部谣言四起，各种压力纷至沓来，导致事态进一步恶化。

（3）缺乏危机预警系统

实际上，所有危机在真正降临前都会有一系列的预警信号，如媒体或公众的评论、内部成员之间的相互抱怨、顾客投诉增多等。由于企业本身缺乏必要的预警系统，未能捕捉到这些预警信号，致使危机在毫无防备的情况下突然发生。

（4）上层管理者不善倾听

企业中一线员工或主管通常是最初的危机感应者，但当他们向上层管理者反映自己的担忧和意见时，上层管理者往往不以为意，一旦危机真的降临，就损失惨重。

（5）提供虚假信息

许多企业都存在"报喜不报忧"的倾向。危机发生时，往往惧怕事态扩大而不与媒体或公众沟通，或不愿提供真实情况，或做表面文章，不进行实质性有效沟通，从而陷入被动局面。

（6）缺乏应变能力

许多企业管理者由于缺乏应变能力，一旦危机来临，就显得措手不及而难以应对，最后导致危机管理失控。

10.1.3　危机沟通原则与基本原理

10.1.3.1　危机沟通的一般原则

危机事件的发生会让人措手不及，扩散迅速，影响面广，后果严重。通常，危机事件处理中的沟通难度较大。因此，危机沟通中要严格遵守下列原则：

（1）主动性原则

在处理危机事件时，不管是何种性质的危机，也不管危机的责任在何方，企业首先都应积极负责，主动承担责任，绝不能为了保全企业声誉而推卸责任。即使受害者在危机事件发生中有一定责任，企业也不应首先追究其责任；否则，只会加深矛盾，引起公众反感，不利于问题的解决。在事件发生、公众反映强烈时，企业应该高姿态宣布，如果责任在自己，一定负责赔偿，以尽快消除影响。

主动性意味着企业可能需要妥协，甚至付出一定的代价，但从长远看，主动承担责任不但有利于企业解决所面临的危机，而且有助于树立良好的口碑和形象，为今后发展奠定良好的基础。

（2）诚意性原则

危机出现后，许多企业因担心危机事件真相曝光后会毁掉自己苦心经营的形象，采取封锁消息、隐瞒、掩盖和敷衍等错误的手段，结果往往是适得其反、雪上加霜。企业应当认识到，危机沟通最明智的做法是正视问题、以诚相待。

企业及危机处理人员在与公众接触中，要体现出诚意，站在受害者的立场上思考问题，并表示同情和慰问，要绝对避免出现为企业辩解的言辞，防止公众产生不信任感。企业应当利用各种机会，通过媒体向公众致歉，表示很能理解公众的心情，以此争取赢得公众更多的理解和信任。

（3）尊重事实原则

危机沟通中，企业或危机处理人员都必须尊重事实，因为只有坚持实事求是，不回避问题，勇于承担责任，向公众表现出充分的坦诚，最终才能获得公众的同情、理解、信任和支持。相反，如果违背事实、弄虚作假、封锁消息、愚弄公众，通常会进一步加重危机事件的负面影响，给企业带来不可挽回的损失。

尊重事实就要敢于在危机事件发生后，尽快地主动与新闻媒体及公众沟通，公布事实真相。这样做有利于消除媒体和公众的疑虑、不安和误解，尽快获得公众的信任。尊重事实，敢于面对现实的企业，在危机中也往往能重新赢得公众的同情和信任，保护其形象不受损害。

（4）快速反应原则

企业一旦爆发危机事件，就会成为公众和媒体的关注焦点，所以危机事件发生后，如果企业不及时采取应对措施，社会上就会流言和猜测满天飞。对危机事件反应迟钝会给公众和媒体造成一个企业不敢直面危机事件、逃避责任的印象。流言和猜测也会造成公众对企业的误解，使问题更加复杂化。这些对成功地处理危机事件是非常不利的。

通常，处理危机事件速度越快，损失就越小。企业一定要在第一时间作出正确的反应，以最快的速度表明自己的态度，这样做可以化解公众的不满，进而获得公众的理解和信任。快速反应通常也能迅速遏制危机事件的扩散，降低处理危机的成本，减少损失。

（5）勇于承担原则

在危机事件沟通中，企业一定要勇于承担责任，绝不能为了保全企业声誉而推卸责任。勇于承担就是要坚持公众利益至上。公众在危机事件发生后关心的是两件事：利益受损和感情受伤害。利益受损是公众关注的焦点。企业一定要把公众利益放在首位，给予受害者合理的赔偿。同时，企业要站在受害者的立场上考虑问题，并表示同情和安慰，通过新闻媒体向公众致歉，克服公众在情感上对企业的排斥心理。

10.1.3.2　危机沟通的 3T 原则

危机沟通的核心是信息的传递与沟通。英国危机公关专家迈克尔·里杰斯特（Michael Regester）曾提出了著名的危机沟通 3T 原则。

（1）以我为主提供情况（tell your own tale）

当企业面临危机，而对外的信息沟通渠道超过一个时，随时可能因主渠道之外那些渠道的一个微小错误而使企业陷入被动，特别是在企业发生危机之后的 24 小时内，媒体常常对企业进行实时监控，更容易造成信息的泄露，尤其是在互联网高度发展的网络时代，所有信息都有可能在最短时间内到达任何一个角落。所以，企业内部针对外部的信息沟通渠道只能保留一个。这个渠道或者是 CEO，或者是指定的新闻发言人，任命指定的新闻发言人更为恰当。

（2）提供全部情况（tell it all）

有关企业危机的第一篇报道出炉后 24 小时内，无数带有臆想色彩的信息会在社会上迅速流传开来。这时，如果企业管理者比媒体晚了一步了解更多信息或者事实真相，那么企业的危机公关和沟通将会非常被动。所以，不管是否了解得比新闻媒体更多，企业新闻发言人所能做的就是提供其所了解的全部事实，并且必须强调其所确认的事实和观点。不过，对那些暂时还无法回答的猜测和疑问，必须真诚地说明："我们暂时还没有确认你说的这些情况是否属实，不过我们会很快调查清楚，并给大家一个准确的答复。"

（3）尽快提供情况（tell it fast）

在危机出现后的 24 小时内是应对危机的最佳时机，因此，通常称为危机处理的"黄金 24 小时"。在这段时间内，媒体的猜测会大量涌现，如果拖延，危机给企业所造成的损失将呈几何级数放大。

危机沟通必须实行 3T 原则的理由在于，新闻传播学的研究发现：没有你的声音，就会有别人的声音。以你为主提供情况，你就成了信息主渠道，公众就会把你作为主要的信息来源，别人的声音就无足轻重了；你提供了全部情况，即使有人想造谣惑众也会找不到素材；你在第一时间很快提供了情况，就能先声夺人，而不需要在不利信息满天飞的时候再被动地出来"辟谣"了。

10.1.3.3　成功危机公关的"金科玉律"

对企业面临危机时的信息沟通策略，福莱灵克公关咨询公司特别情况小组提出了一个简单的公式：

（3W+4R）8F=V1 或 V2

这个公式被称为危机公关成功的"金科玉律"。这个公式的具体含义如下：

（1）3W

3W 是指在任何一场危机中，沟通者需要尽快知道三件事：我们知道什么（what did we know），我们什么时候知道的（when were we know），我们对此做了什么（what were we do about it）。寻求这些问题的答案和一个组织作出反应之间的时间，将决定这个反应是成功还是失败。

如果一个组织对它面临的危机认识太晚，或反应太慢，它要掌控全局就会变得很困难。如果不能迅速明确 3W，它将无力回天。对沟通者来说，正规信息渠道的真空是企业最大的敌人，因为总有其他渠道的信息，尤其是竞争对手会去填充它。

（2）4R

4R 是指在搜集正确的信息以后，对本组织在这场危机中的态度所给予的定位。它包括四个方面：遗憾（regret）、改革（reform）、赔偿（restitution）和恢复（recovery）。换句话说，当企业面临危机时，一个组织要表达出遗憾、保证解决措施到位、防止未来相同事件发生并且提供赔偿，直到安全摆脱这次危机。显然，不是一个声明或者一个行动就能解决所有 4R 问题的；相反，要把它当作一个过程来执行。

（3）8F

8F 则是强调沟通时应遵循的八大原则：

第一，真实（factual）：向公众沟通事实的真相。

第二，第一（first）：率先，最好是第一时间对问题作出反应。

第三，迅速（fast）：处理危机要果断迅速。

第四，坦率（frank）：沟通情况时不要躲躲闪闪，要表现出真诚。

第五，感觉（feeling）：与公众分享组织的感受。

第六，论坛（forum）：企业内部要建立一个最可靠的准确信息来源，获取尽可能全面的信息。

第七，灵活性（flexibility）：企业对外沟通的内容不是一成不变的，应关注事态的变化。

第八，反馈（feedback）：对外界有关危机的信息作及时反馈。

（4）V1 或 V2

如果 3W、4R 和 8F 做得正确，组织在危机中就成为 V1，即"勇于承担责任者"（victim）。此时，公众会认为组织是很负责任的，会想尽办法解决问题并且让他们满意。这样，公众的抱怨和惩罚就可能减轻，甚至可以原谅这个组织。

相反，如果一个企业不能做好 3W、4R 和 8F，结果很可能就被当作 V2，即"小丑和恶棍"（villain）的形象。公众将认为该企业的行为和言辞避重就轻、不关心公众利益和不负责任。这反过来最终会导致企业内雇员意志消沉、股东抗议、顾客投诉和管理层动荡等不良后果。

沟通案例 10-1

10.2　危机沟通战略与过程管理

10.2.1　危机沟通战略

威廉·班尼特提出了一套在国际上较被认可的危机沟通战略，即企业形象修补（corporate image repair）战略（如图10-1所示）。

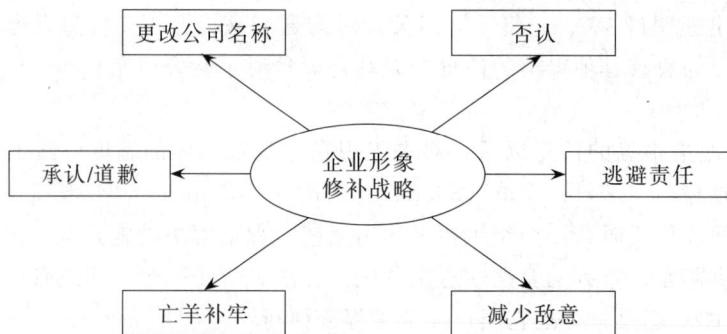

图 10-1　班尼特企业形象修补战略

班尼特所说的企业形象是消费者对企业的产品、品牌、组织机构以及企业本身的主观感受，实际上，也就表示企业在社会大众及企业利益相关者眼中所占有的地位。决定这种主观感受与地位的因素很多，因此，要塑造良好的企业形象并不容易；相反，要破坏它相对容易得多。由于企业形象对消费者的购买决定具有重要影响，因此，在危机发生、企业形象受损时，如何说明或转移责难，如何修补企业形象，是危机沟通中的重要课题。班尼特提出了以下六种企业形象修补的战略选择：

10.2.1.1　否认

否认是指明确表示某事件对社会造成的危害并非企业所为，但在否认的同时，作为补充，一般都应当加上一句：若该事件是因本企业所引起的，企业必然会负起相关的责任。

班尼特进一步地把否认战略分为两类：

一是简单否认，即表示企业并没有做过危害消费者或者社会大众的事，所以企业不应当承担不该承担的责任。

二是转移责难，即企业在危机爆发后，立即采取其他行动，以转移社会大众及利益相关者的注意力。当然，这种做法只有在责任确实不在企业的时候方能使用；否则，就会有逃避责任之嫌，会弄巧成拙。

10.2.1.2　逃避责任

危机发生之后，企业可能努力逃避危机事件中应该承担的责任，其前提是符合道德原则。班尼特提出了四种逃避责任的企业形象修补战略：

（1）说明是被激怒下的行为

企业所采取的仅仅是对外部挑衅的防御行为，因此企业的行为是被迫的，应当是可以谅解的。采取这种战略的意图是将一切责任归咎于对方的挑衅。

（2）说明处理危机对企业是不可能的任务

说明并非企业不愿意处理危机，而是有关危机事件并不是企业能力所能够控制的，所以不应该把责任归咎于企业，尤其是当企业确实缺乏掌握相关资讯及对状况处理的能力时，可以借以逃避应承担的责任。

（3）强调事出意外

说明危机纯属意外，而非本企业"意愿"或"有意"之举。强调危机是在不可控制的、意外的状况下发生的，即使企业有责任，也只能承担极小的过失责任。

（4）纯属善意

强调危机的发生绝非企业的本意，实际上危机的发生完全出自企业的一片"善意"。因此，企业所承担的责任应该降至最低，由此减轻企业形象的受损程度。

10.2.1.3　减少敌意

如果确实因本身的错误行动而身陷危机，企业可以通过以下六种不同的形象修补战略来降低外界对其形象的负面评价：

（1）支持与强化

对危机事件的受害者表示企业愿意承担责任。用过去的企业绩效和曾经对社会的贡献等良好形象来削减社会公众对企业的不良评价。

（2）减少影响

以事件并不严重为由，来降低社会对企业错误行为所产生的批评情绪及负面感受，淡化危机的影响。

（3）差异化

区分和强调自己与竞争对手对危机事件处理的差异，目的是彰显本企业的处理方式较竞争对手更周全、更有利于社会公众。

（4）超越

企业通过展示巧妙地传达这样一种思想：企业对社会的贡献远远超过对社会或消费者无意的伤害。

（5）攻击原告

进攻是最佳的防御，以攻代守，再辅助配合"以拖待变"的战略。这样做不但可以减少原告所带来的冲击，而且可以模糊事件的严重性，从而使公众关注的焦点转为对孰真孰假的探究。当真相大白的时候，时空背景早已经变更。

（6）补偿

此战略是最符合诚实和道德原则的。尽管企业可能要对受害者付出补偿费，但这样做是企业勇于承担责任的良好表现，对企业长久形象的塑造不无裨益。

10.2.1.4　亡羊补牢

这种策略是企业表示将采取行动恢复到危机前的状态，并承诺预防该错误再度发生。对所发生的错误，企业除了表示将承担责任和道歉外，还需要在语言或者行为上进行更正。

10.2.1.5　承认/道歉

承认/道歉是指企业主动认错，承担责任，并期待和寻求公众的原谅，但此种战略可能产生另一项不利的结果，即企业可能面临法律的诉讼。不过在承认/道歉中也可以展现一个企业勇于承担责任、诚实、负责的形象。至于道歉的内容，则应该包括五项要点：表示歉意、说明现状、查明原因、防止再次发生的对策和承担责任等。

10.2.1.6 更改公司名称

采取这种策略的用意在于割断与具有污点的以往公司历史之间的联系，重新塑造新的企业形象。如果这种战略与促销、广告和销售渠道的转变等措施结合起来，对重建新的企业形象是很有利的。

10.2.2 危机沟通过程管理

危机沟通应当贯穿危机管理的全过程。实践证明，真正花费时间为应对危机作准备的公司或组织，从危机中恢复过来的速度要比事先没有作准备的公司快得多。为确保危机管理有积极的结果，危机沟通的实施应当分为如下五个步骤：

10.2.2.1 确定危机产生的可能

许多企业常常对突发危机事件或灾难性事件的发生没有任何准备，因此，一旦偶尔发生类似事件，就会不知所措，企业上下就会陷入一片混乱之中，结果损失惨重。实际上，任何企业都必须考虑突然遭遇危机的可能性，只有这样才能未雨绸缪，防患于未然。事实上，众多原因都可能导致企业面临危机，只有事先确定企业可能面临的危机类型和产生可能性，才能掌握处理危机事件的主动权。一般地说，企业可能遭遇的危机大致包括如下类型：

（1）人力资源或领导危机

企业中高层管理人员的意外变动，无论是离职、突然退休，还是意外解除职务，都会给企业的正常经营产生巨大的冲击，带来非常直接和重大的损失。许多离职的中高层管理人员都熟悉本企业的情况，拥有一批优质客户。他们的离去是对企业竞争力的威胁，甚至有可能成为企业的竞争对手。如果离职的是企业主要领导，更可能引起内部的混乱，使企业陷入困境。

（2）产品或服务危机

如果因为产品在设计、制造、运输、存储或销售环节上存在的问题，或服务过程中的不当行为损害了用户的利益，就可能导致严重的产品或服务危机。近些年来，食品行业、奶制品行业、家化行业和汽车制造行业中都相继出现了严重的产品危机，甚至导致消费者对某些行业的大多数企业失去信心。产品或服务危机由于客户群体量大，而且覆盖面广，因此影响广泛而深远；如果不及时采取有效措施积极应对，甚至会直接影响到公司的生存。

（3）财务危机

企业如果投资项目选择失误、经营不善或发展过快，就可能导致资金链断裂，进而引发财务危机。即使企业本身没有出现严重的决策失误，由于宏观经济的急剧变化，也会造成企业的财务危机。许多既有实力又有影响的企业就是因为突然的财务危机而倒闭破产的。

（4）安全生产危机

企业如果缺乏安全生产意识，安全生产措施不落实、不到位，就必然引发安全生产危机。煤矿会因为瓦斯爆炸或坑道透水发生矿难，化工厂会因为工人操作失误而引起爆炸，钢铁厂会因为铁水外泄造成伤亡事故，甚至连建筑施工企业也会因为建筑物或脚手架倒塌、地基塌方而发生严重的事故。安全生产危机不仅需要耗费企业大量的人力、物力和财力来处理危机的善后工作，而且更会严重损害企业的形象和声誉，失去各方面的信任和支持。

（5）公共危机

公共危机是指由于自然灾害、流行疾病、经济危机、社会动乱、战争或恐怖袭击等因素对社会公众造成的危机。尽管公共危机并不是针对某个企业发生的，也不是由于企业本身的原因而发生的，但是任何一种公共危机都可能对企业造成致命的影响。企业需要具有应对和处理公共危机的能力；否则，公共危机一旦发生，企业就会落入公共危机的旋涡，甚至粉身碎骨。

企业根据本身的特点，经过调查分析，掌握可能发生的各种危机以及发生可能性大小；在此基础上，就可以把所有可能发生的危机按轻重缓急加以分类，并估计各类危机可能对组织造成的损失大小。这是制订危机管理和应对计划的基础。

10.2.2.2 建立危机管理小组

为了在事前预防各种可能发生的潜在危机，在危机确实发生时又有专门的机构和人员应对和解决危机，公司应当建立专门的危机管理小组。危机管理小组一般是非常设的机构，但是，由于其承担着使企业危机防患于未然并使危机损失最小化的重要职责，所以组织机构一定要落实。

为了有效地预防和应对危机，危机管理小组应当是有企业最高管理层和多部门代表参加的综合性机构。一般地说，危机管理小组的规模以6~10人为宜。危机管理小组成立以后，应当进行职责分工，落实危机应对处理中每项工作的承担者或部门。

10.2.2.3 制订危机管理计划

危机管理计划是要求针对危机发生的全过程，包括从危机发生前期的预防和准备、危机发生过程中的确认和控制，直到危机发生后期的解决和总结等环节，事先提出应对措施和办法。危机管理过程通常分为六个阶段，不同阶段的应对措施如下：

（1）危机的预防

针对本公司可能发生的各种危机，建立一套预警机制并采取相应措施，消除可能导致危机发生的隐患和潜在原因。落实危机管理小组的职责和分工是做好危机预防的重要环节。

（2）危机管理的准备

要作最坏的打算，但朝最好的方向努力。只有这样，当危机真正出现时，才能从容不迫地采取措施应对和解决危机。所谓最坏的打算是要针对危机即使出现最严重的情况时，周密地制定出各项应对措施，如制订应急预案、行动计划，直至做好危机处理的各项培训和演练工作。

危机管理模拟训练是危机管理准备中的一项重要工作。危机管理模拟训练是通过模拟危机发生时的情境，训练危机处理小组成员及与危机有关的所有员工掌握应对危机的策略和方法，增强企业应对危机的能力。危机管理模拟训练应当包括心理训练、知识训练、基本功训练和应对媒体训练等方面的内容。

沟通案例 10-2

（3）危机的确认

危机的发生和发展有一个过程。危机刚出现时，往往被人们所忽视，以致错失良机。等到事件扩大、造成严重后果后，再要处理和解决就很困难了。所以，企业的危机管理者对危机的出现要保持高度的敏感性，要善于从与危机事件相关的蛛丝马迹中作出正确的判断。为此，危机管理小组的有关人员都应当与企业内的各个层次和专业人员保持紧密联系，认真倾听多方面的意见，培养对危机发生的准确判断能力。

（4）危机的控制

在确认危机确已爆发后，最关键的是要尽可能控制危机的影响范围和严重程度。在尽可能保证企业开展正常运营的情况下，一定要安排部分员工专门负责危机的控制工作。要尽早启动事先制订的各项应急方案，认真实施各类行动计划，防止危机的蔓延和进一步扩大。

（5）危机的解决

评价企业解决危机能力的关键指标有速度、态度和应变能力。越是能够快速对危机作出正确反应、越是能够快速平息危机所产生风波的企业，就越能够掌握危机处理中的主动权。在危机中表现出积极、诚恳和负责任态度的企业通常会更容易取得社会公众和媒体的谅解。在危机事件中，人们所关注的不仅是时间本身，还有企业管理层对危机事件的态度。解决危机问题也要求企业有很强的应变能力，根据危机事件的大小、危机的潜在危害程度，采取灵活多样、富有创意的措施。

（6）危机的总结

危机解决后还需要总结经验教训。对所发生的整个事件进行回顾和分析是至关重要的。在回顾和分析的基础上，要从两个方面修改危机管理计划：

一是为避免危机再次发生而制订周密的预防计划和对策。

二是对应对危机的应急预案、行动计划，甚至与危机处理有关的各项培训和演练工作，也要作必要的修改，以便今后在危机处理中做到速度更快、成本费用更低、效果更好。

10.2.2.4　制定危机沟通策略

研究表明，企业在危机发生后由于经验不足或准备不当，在沟通方面往往会出现三类问题：一是企业发布的信息缺乏权威性，无法获得公众的认同；二是企业提供的数据和信息错误，反映企业处理危机的态度不够认真，应对方法不够科学；三是企业的应对行为弄巧成拙，反而进一步激怒公众，加剧危机，使问题复杂化。

为了保证危机沟通促进危机的解决，采取以下的危机沟通策略是有必要的：

（1）确定需要信息的受众

危机往往具有一定的公众性特征。绝大多数危机如果处理不当，就可能演变成公众事件，使危机处理的难度大大增加。实际上，并不是所有的危机都需要向公众发布信息。危机沟通只需要与适当的公众沟通，没有必要让公众或媒体了解企业内部发生的与公众无关的事情。

（2）确定企业的发言人

针对危机沟通，企业应当指定一名正式发言人。多数情况下这项工作是由 CEO 来承担的；但是除了最严重的危机事件的发言人应当由 CEO 来承担外，发言人只要是企业内可以信赖的、职位足够高的人就可以了。重要的是，企业所有人都应当明确，只有指定的发言人才可以向外界发布关于危机的信息。发言人也不要发布不确切的信息，绝对不能用猜测或不真实的信息来应付媒体或公众，更要防止企业内多部门、不同的人发布相互矛盾的信息。

（3）确定适当的沟通时机

危机沟通要求企业的反应速度要快。许多企业就是由于危机发生之后没有及时作出反应，而使企业的声誉受到了损害。危机发生以后，如果企业不主动及时地发布有关信息，社会上关于危机的小道消息会迅速蔓延。媒体为追求新闻的时效性，也可能传播某些机构或个人的猜测信息。这些信息的传播往往是对企业不利的，但是如果企业没有足够的准备就仓促发布信息，也可能造成信息不实，判断失误，从而陷入被动的局面。所以，确定沟通时机时既要尽快，又要准备充分，只有这样才能把握危机沟通的主动权。

（4）确定与媒体沟通的方法

第一，要主动，不要被动。危机发生以后，企业既可能选择主动与媒体沟通，也可能被动地应对媒体。采取主动的应对方法时，企业会在积极处理危机的同时，在媒体还未搜集到任何信息的时候就与媒体联系。这样做不仅掌握了沟通中的主动权，而且体现了企业在处理危机问题上的真诚，比较容易取得媒体和公众的谅解。比较起来，如果采取被动观望的态度，则容易引发媒体的负面报道，对整个危机处理产生消极影响。

第二，出言要谨慎，应答要正确。给媒体提供了错误信息，就会覆水难收，陷入非常被动的局面。应对媒体时一定要将可以肯定的事实、假定或推测的事实、不清楚的情况区分开来。企业的发言人在回答媒体的提问时语言要简洁明了，尽量引用客观事实和具体数据，以增强可信度和说服力。在应答过程中，切忌重复媒体的某些不适当的话，以避免被人断章取义，恶意中伤。对一些确实不了解或不愿意回答的问题，企业的发言人可以直截了当地回答："很遗憾，对此我无可奉告。"切不可闪烁其词、支支吾吾，这样反而会产生负面效应。

10.2.2.5　修改和完善危机管理计划

由于企业的业务种类和规模总是处在变化之中，组织机构也可能变动，人员的调整更是经常发生的事，所以一份危机管理计划的寿命也只能保持3~4年。企业每隔3年就应该对危机管理计划作一次大的修改。修改的重点是下列方面：

① 针对企业的新业务和新部门，提出和完善从预防危机、处理危机，直到解决危机的一整套危机管理计划，并落实相关的危机管理职责。

② 根据企业内外发生的重大危机事件的经验教训，来修改完善本企业的危机管理计划的有关内容。

③ 要将预防危机发生作为企业的一项持续的活动来进行。

10.3 冲突管理与沟通

10.3.1 冲突概述

10.3.1.1 冲突的含义

冲突是指两个或两个以上的个人或组织由意见或观点上的不一致所造成的某种抵触或对立状态。产生冲突的根本原因在于，冲突的一方认为另一方影响了自身利益或者希望达到的目标，从而产生认识与情感上的矛盾或差异。冲突具有如下一些特征：

（1）冲突是一个过程

只要一方感觉到另一方对自己所关心的事情产生消极的影响，冲突就开始了。双方之间的差异是否确实存在，对冲突产生的影响并不重要。

（2）冲突是一个知觉问题

只要人们感觉到差异的存在，冲突就是存在的。如果人们没有意识到冲突，则常常认为冲突是不存在的。

（3）冲突是一种关系特征

冲突是相互依赖的双方或多方彼此感觉对立的一种情况。如果双方或多方不存在相互依赖关系，就不可能发生冲突。

（4）冲突必然导致对抗行为

冲突一方的行动必然会引起另一方的对抗行为。

10.3.1.2 冲突的类型

组织内的冲突可以从不同的角度进行分类。从冲突结果上看，冲突可以分为良性冲突和恶性冲突；从冲突双方的关系上看，冲突可以分为垂直冲突和水平冲突。

（1）良性冲突和恶性冲突

良性冲突又称建设性冲突，是对组织成员和组织目标的达成有益的冲突。良性冲突有助于促进有关各方之间的对话，有助于问题的解决和创造性的培育，并提高决策水平。

恶性冲突又称破坏性冲突，它是对组织成员和组织目标的达成有害的冲突。恶性冲突的有关双方不愿意听取对方的观点或意见，双方会由意见或观点的争论转变为人身攻击。冲突双方所关心的不是问题能否解决，而是对错输赢，因此会导致交流较少，甚至完全停止沟通。恶性冲突的结果会使得组织成员之间产生不满和不信任，相互关系紧张。成员和组织都变得封闭、孤立和缺乏合作。

（2）垂直冲突和水平冲突

垂直冲突也就是纵向冲突，是组织内不同层次之间发生的冲突。这类冲突常常是由上司对下属的控制过于严格，导致下属不满所引起的，也可能是由于双方之间缺乏沟通、目标和观念不一致而产生的。

水平冲突也就是横向冲突，是组织内同一个层次级别的部门之间的冲突。产生这类冲突的主要原因是某些职能部门之间的目标往往存在差异。如果各部门采取只考虑自己部门的利益而不顾及其他部门利益的本位主义，水平冲突就变得不可避免了。水平冲突也可能是由各部门中员工的人际关系情况不同和态度差异所引起的。

10.3.2 解决冲突的基本原则和策略

10.3.2.1 解决冲突的基本原则

艾森哈特（Eisenhardt）等人提出，为避免冲突沦为意气之争，应积极将冲突导向生产效能。处理冲突时应遵守以下基本原则：

（1）将冲突引导到就事论事的具体事实上来

实施这一原则首先必须用耐心、善意和诚意来打破彼此之间的"无形屏障"，然后准备大量有助于讨论具体事实的客观资料。这样一来即使讨论时相互意见不同，也不至于把时间浪费在各种无谓的争辩上。

（2）准备多重解决方案

通过沟通，创造各方一起寻找解决方案的过程，最能建立起彼此合作的共识，而且准备几种解决方案供选择，也可以降低各自的让步成本，避免因过度坚持立场而弄僵关系。

（3）创造出共同追求的目标

冲突有关各方如果缺乏共同目标就容易相互对立，甚至变成人身攻击。如果能创造出共同努力的目标，就可以提倡以大局为重，找到相互容忍的理由。

（4）多运用幽默

出现冲突时，冲突各方所感到的压力会随之增加，如果不能有效缓解，强烈的焦虑常常会造成情绪对立。幽默可以减缓压力，缓和气氛，但幽默要避免让对方产生刻薄的讥讽和嘲笑的感觉，这样不仅无助于冲突的化解，反而会有激化情绪的危险。

（5）平衡彼此的权力结构

出现冲突时，如果强势一方不能在态度上让一让弱势一方，就会使弱势者感到沟通无用。平衡彼此的权力结构，就是强势一方在态度上应体谅弱势一方，只有这样才可使冲突在早期得到解决。

（6）不要强迫达成共识

每个人各有不同的"习惯领域"，要达成完全共识往往是很难的。如果为了达成共识而迟迟作不了决策，反而会延误商机。其实，只要出现彼此都接受的妥协方案，就可以付诸实施。

10.3.2.2 解决冲突的策略

为有效地解决组织中的冲突，我们引用美国的托马斯（Thomas）提出的一种用于分析冲突的可能解决办法和结果的二维模式来作分析（如图10-2所示）。

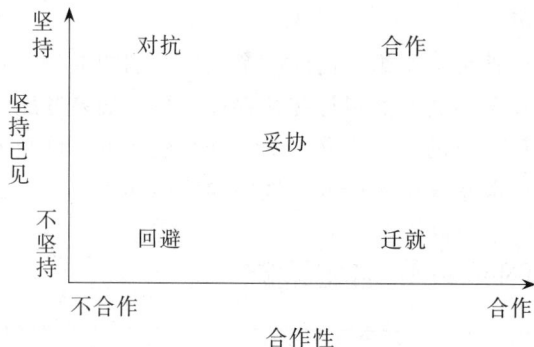

图10-2　托马斯人际冲突处理策略

　　站在冲突参与者的角度看，冲突发生后主要考虑两个问题：第一，是否继续坚持己见，或坚持己方利益；第二，是否继续与对方开展合作。于是就得到二维平面图上的五种不同的策略：

　　（1）回避策略

　　这是一种既不合作也不坚持自己观点或利益的策略。采用这种策略的人多半是将冲突看成绝望和无助的，因此会回避不同意见和紧张局面。采取回避策略的优点是可以避免冲突扩大化，但回避意味着对自己的沟通能力缺乏信心，希望问题自行消失。然而，回避通常并不能解决问题。对重要问题的冲突，采取回避策略是不明智的。过多地采用这一策略会导致别人对你评价的下降。

　　采取回避策略的具体做法一般有三种：一是当谈话变得具有威胁性可能导致冲突时，用迅速改变话题来回避；二是把问题的责任推给更高层的管理部门；三是简单地回答"正在研究中"，希望对方会淡忘这件事。

　　在以下一些情况下，采取回避策略往往是有效的：

　　第一，冲突和所引起的问题不太严重，或只是暂时性的，不值得花费时间和精力去解决。

　　第二，自己没有足够的能力和实际权力去解决冲突，而其他人能够有效地解决冲突时，采取回避的态度可能是明智的。

　　第三，在有关各方有较大的自主权的情况下，回避也可能是有效的。

　　（2）对抗策略

　　这是一种坚持自己的观点或利益也不愿合作的策略。采取这种策略意味着为了自己的利益不惜牺牲对方的利益。执行策略的结果是"输/赢"。采用这种策略的人认为，输是破坏性的，输会降低身份和有损形象，所以他们必须赢。一般来说，冲突中具有占绝对优势的权力和地位的一方会采用这种策略，而另一方只能以失败告终了。

　　采取对抗策略解决冲突的具体做法常常是利用奖惩权力，迫使对方遵从决定。在处理与下级的冲突时，经常使用诸如降级、解雇、扣奖金等威胁手段。当面临同级人员之间的冲突时，则设法取悦上级，以获得上级支持来压迫冲突对方。这种方法可以迫使对方暂时顺从，解决眼前的冲突。但从长期看，以对抗的方式来解决冲突，会造成双方之间感情的伤害，很可能引起未来的冲突。

在以下一些情况下，采取对抗策略具有一定的作用：

第一，情况紧急，必须马上采取紧急行动。

第二，只需要采用通常的方法（如解雇员工）来证实自己是完全正确的。

第三，为了保证组织的长期生存和发展，必须采取某些临时性的非常措施。

（3）迁就策略

这是一种愿意高度合作而不坚持自己观点或利益的策略。采取这种策略的一方认为冲突是具有破坏性的，因而愿意牺牲自己的观点或利益而满足对方的要求。这类人之所以屈服于对方，通常是从长远角度出发的，希望以此来缓解冲突的紧张程度，换取对方的合作，但这种策略容易被对手认为是过于软弱或屈服的表现。

在以下一些情况下，采取迁就策略是有效的：

第一，冲突是由自己的错误所引发的。

第二，冲突的问题对别人来说更重要。

第三，为了今后的合作，在短期内避免分裂，必须维持调和的局面。

（4）合作策略

这是一种既坚持自己的观点或利益又愿意高度合作的策略。这种策略是一种寻求双赢的冲突解决方法。采取这种策略的人相信冲突是一种客观的、有益的现象，处理得当能得到建设性的问题解决方案；相信冲突双方都是可以信任的，每一方的观点都有其合理性；合作胜于对抗，创造性地解决冲突问题，可以实现双赢的局面；相信一定可以找到彼此能够接受的解决方案。

在下列情况下，适合采取合作的策略：

第一，双方具有共同的目标和利益并愿意达成协议。

第二，一致的协议对各方有利。

第三，各方都试图建立一种持久、良好的关系。

（5）妥协策略

妥协策略即折中策略，是一种在坚持自己的观点或利益和合作性两个方面，都处于中间状态的策略。妥协策略只求部分地满足双方的要求，代表着一种相互让步的冲突解决办法。妥协策略是最常用的也是人们广泛接受的一种冲突解决办法。妥协策略至少有以下一些优点：尽管不是高度合作，但仍然表示出合作的姿态；有助于保持双方之间的良好关系；是一种处理冲突问题的实用主义态度。

下列情况下适合采取妥协策略来解决冲突：

第一，所确定的目标很重要，但是无法完全实现，达成妥协的协议要比没有达成协议更好。

第二，无法达到双赢的结果。

第三，对方的力量也很强大，要其让步不太可能。

研究表明，成功的管理者和高效率的组织会更多地采取合作策略来处理冲突。因为合作策略的有效运用能够使冲突双方都产生满足感，而其他策略都会使冲突中一方的要求不能得到满足而产生挫折感，为下一次冲突埋下伏笔。

10.3.3　冲突沟通的策略与技巧

积极的沟通，既能防止冲突的恶化，也能有效地解决所存在的冲突，所以任何企业和组织都应当围绕冲突主动开展沟通。实施正确的冲突沟通策略，掌握冲突沟通的技巧，是实现冲突管理目标的基本保证和重要手段。

10.3.3.1　冲突沟通的调整策略

为保证冲突沟通的成功，我们首先要充分重视冲突发生的内外部条件的影响，并进行必要的调整。调整策略包括以下方面：

（1）评价和调整冲突源

造成冲突的原因是多种多样的：追求目标不同、个性差异、工作方式与方法不同、缺乏合作精神、对有限资源的争夺、文化和观念上的差异等。如果冲突中的一方或多方能够充分认识到引起冲突的真正根源，并采取恰当的方法进行相应的调整，就能消除冲突，促进合作。引起冲突的最常见的直接原因往往是目标不同和拥有资源的差异。针对这些原因，管理部门在经过充分调研，确认真正原因后，进行合理的调整。如果冲突主要是由不同部门目标之间的差异所引起的，则冲突可以通过上一级管理部门的协调来克服。要是冲突是由资源配置上的不合理所引起的，则也可能通过对资源的调整得到缓和，甚至消除。

（2）评价和调整自身感知

冲突沟通过程中，冲突各方都应当随时反问自己："我的看法是否实事求是？"或者"我的感觉正确吗？"由于观念之间的差异，人们经常会产生感知上的偏差。许多冲突往往就是由一方的武断、混淆观点与事实、颠倒原因和结果所引起的。随着冲突沟通的深入，冲突的各方也需要根据验证自己对对方的感知是否客观正确，并根据验证结果来调整自己的感知，使自己的感知变得更准确。

（3）评价和调整自身态度

冲突的解决在很大程度上取决于双方的态度。信任和合作是解决冲突的基础和条件。用互不信任、相互对抗和敌对态度来消除冲突是不可能的。冲突沟通中，一方面应尽可能了解冲突对方的态度，另一方面需要不断调整自己的态度。一旦发现对方具有解决冲突的诚意，自己就采取更积极的态度去面对冲突。对对方产生足够的信任将使合作变得更容易。

10.3.3.2　积极的谈判策略

冲突沟通中需要谈判，特别是谋求一致的谈判更是解决冲突的重要途径。谋求一致的谈判最终能使冲突双方发现共同利益，建立起长期的关系，促成双方合作。

想要通过谋求一致的谈判解决冲突，冲突双方必须注意如下一些要点：

（1）要把人和事分开

沟通和谈判都必须把人和事区分开来。把注意力集中于冲突的"事"或"问题"上，而不是集中在"人"或"情感"上，将使冲突更容易得到解决。把精力集中在

"人"或"情感"上容易相互对抗，而聚焦于"事"或"问题"上可以避免对抗，实现合作。

（2）着眼于利益，而不是立场

冲突既可能是由利益不当所引起的，也可能是由立场不同所引起的。但在商务活动中，立场实质上是一方为获得一定利益而采取的特定解决办法，想要获得某种利益可以有多种办法。因此，冲突沟通和谈判的目标就是满足双方的利益。只有着眼于利益的谈判，才能取得实质性的成功。

（3）寻求双赢的可行方案

冲突的双方往往会忽视两者之间存在共同点。其实，双方只要承认这种共同点的存在，就可能发现双方都能接受的具有创造性的解决办法。因此，谈判中重要的是要摒弃阻碍寻求共同点的观念上的障碍，共同发掘出实现双赢的可行方案。

（4）坚持使用客观标准

冲突的发生意味着双方之间在认识、观点和利益上的差异。如果各方仍然坚持以自己的意愿为基础来解决冲突，只能导致无休止的争论。要通过谋求一致的谈判解决冲突，必须坚持以独立于双方意志以外的客观标准为基础来考虑问题，评价不同方案的合理性。

10.3.3.3 冲突沟通的技巧

（1）主动认真聆听

这是成功的冲突沟通的基础。只有认真倾听，才能了解冲突背景、问题根源和对方态度。倾听时还应当作出必要的回应，这种回应既可以表达你对对方立场和态度的理解，以缓和气氛，也可以确认对方的意见，避免误解。

❖ **沟通案例10-3**

一种化解冲突的简单办法

乌顿在一家百货商店买了一套衣服。这套衣服令人失望——上衣褪色，把他的衬衫领子都弄黑了。于是，他把这套衣服带回这家商店，找到卖给他衣服的店员，告诉他情况。他想诉说事情的经过，但被店员打断了。"我们已经卖出了数千套这种衣服，你还是第一个来挑剔的人。"这位店员反驳说。

正在激烈辩论的时候，另外一个售货员也加入进来了。"所有的黑色衣服起初都是要褪一点颜色，"他说，"那是没有办法的，这种价格的衣服就是如此，那是颜料的问题。"

"这时我简直气得发火，"乌顿在讲述他的经历时说，"第一个售货员怀疑我的诚实，第二个售货员则暗示我买了一件便宜货。我恼怒起来，正要骂他们，突然间商店经理踱了过来，他懂得他的职责。正是他使我的态度完全改变了。他将一个恼怒的人变成了一个满意的顾客。他是如何做的？他采取了三个步骤：

第一，他静听我说完从头至尾的经过，不说一个字。

第二，当我说完的时候，售货员们又开始要插话发表他们的意见，他站在我的观点与他们辩论。他不只指出我的衬衫领子是明显地为衣服所染的，并且坚持说，不能使人满意的东西，店里就不应出售。

第三，他承认他不知道毛病的原因，并率直地对我说：'你要我如何处理这套衣服呢？你说什么，我就照办。'

就在几分钟以前，我还准备告诉他们要留下这套可恶的衣服，但是现在我回答说：'我只要你的建议，我想要知道这种情形是否是暂时的，是否有什么办法解决。'

他建议我，这套衣服再试一个星期。'如果到那时仍然不满意，'他应许说，'请你拿来换一套满意的。使你这样不方便，我非常抱歉。'

我满意地走出了这家商店。一星期以后这套衣服再也没有褪色，我对那家商店的信任也就完全恢复了。"

资料来源　[1]卡耐基.人性的弱点［M］.林轸甫，译.北京：国际文化出版公司，1987.
[2]吉布林.人际关系的艺术［M］.孙健敏，译.北京：农村读物出版社，1991：206-207.
[3]卡耐基.人性的弱点［M］.杨建峰，编译.成都：四川人民出版社，2020：56-57.

（2）适当地回应

冲突沟通中，正确的回应方法应当是直接、坦白、有限批评与自我的，要点是：

第一，诚实地表达自己的感受，避免对他人或事物进行批评、责难和评价。这样做可以防止对方反感，或者对方因自我防卫心态引发反抗情绪。

第二，简单明确地表达自己的感受，避免使用特殊语调和言辞，以防止产生误导或误解，妨碍沟通。

第三，用事实说明自己感受，而非对行为的批判。在初期，避免提供建议、忠告或处理办法，因为这可能使对方认为你自认高人一等或看低他人能力，从而引起反感。

（3）管理好自己的情绪

冲突沟通当中，情绪一般是很难控制的，但是控制情绪又是有必要的。当事人一定要通过释放、缓冲、专注和收敛等方法来控制自己的情绪。

第一，释放。可以通过与朋友、同事或家人谈谈自己的情绪来释放。

第二，缓冲。改变环境，做一些轻松的事，如听音乐，来放松自己的情绪。

第三，专注。花点时间想想情绪从何而来，为何发生，有助于缓解情绪。

第四，收敛。与他人沟通时不应把情绪投射在他们身上，避免把他们当替罪羊。

（4）处理好他人的情绪

这包括：

第一，聆听别人表达时的情绪，这对他的真实想法、观点和要求是很有帮助的。

第二，尊重他人。避免因不尊重而伤害他的感情，导致冲突进一步恶化。

第三，不要报复。报复只能激化冲突。

第四，适当说明自己的目标。在他人清楚地表达他的情绪时，你也可以适当地说明自己在冲突中的目标，这对将冲突带回实际问题是很有益的。

本章小结

危机具有突发性、危害性、紧迫性、公众性（舆论关注性）和不可预测性等特征。危机沟通的一般原则包括主动性原则、诚意性原则、尊重事实原则、快速反应原则和勇于承担原则。

危机沟通的 3T 原则是指以我为主提供情况、提供全部情况和尽快提供情况。成功危机公关的"金科玉律"可以用简单的公式（3W+4R）8F=V1 或 V2 来表示。

对危机沟通，班尼特提出了六种企业形象修补战略：否认、逃避责任、减少敌意、亡羊补牢、承认/道歉和更改公司名称。

危机沟通过程管理可以分为五个步骤：确定危机产生的可能、建立危机管理小组、制订危机管理计划、制定危机沟通策略，以及修改和完善危机管理计划。

冲突是指两个或两个以上的个人或组织由意见或观点上的不一致所造成的某种抵触或对立状态。组织内的冲突可以从不同的角度进行分类。从冲突结果上看，冲突可以分为良性冲突和恶性冲突；从冲突双方的关系上看，冲突可以分为垂直冲突和水平冲突。

解决冲突应遵守六项原则：①将冲突引导到就事论事的具体事实上来；②准备多重解决方案；③创造出共同追求的目标；④多运用幽默；⑤平衡彼此的权力结构；⑥不要强迫达成共识。

托马斯认为解决冲突可以选择五种不同策略：回避策略、对抗策略、迁就策略、合作策略和妥协策略。

主要概念

危机沟通　危机沟通的一般原则　3T 原则　班尼特企业形象修补战略　良性冲突　恶性冲突　垂直冲突　水平冲突　解决冲突的基本原则　回避策略　对抗策略　迁就策略　合作策略　妥协策略

基本训练

❖ 知识题

1.危机沟通的一般原则有哪些？

2.什么是危机公关成功的"金科玉律"？

3.危机沟通包括哪些步骤？每一步骤的任务和要点各是什么？

4.冲突包括哪些类型？

5.解决冲突的基本原则有哪些？

6.解决冲突的策略有哪几种？

❖ 技能题

1.选择最近从媒体上了解到的国内发生的一次危机，分析评价当事人在危机沟通各阶段的表现，分别说明其成功的地方和需要改进的地方。

2.分析本章引例的资料，讨论：

（1）诺基亚和爱立信两家公司在危机预警和危机识别系统方面存在的差异是什么？

（2）诺基亚和爱立信两家公司在危机处理措施方面存在的差异是什么？

（3）企业从此案例中应当得到哪些启示和教训？

3.根据本章的沟通案例10-3的资料，分析为什么有时解决冲突那么困难，但有时解决冲突又那么容易。

第11章　商务谈判沟通技巧

学习目标

知识目标

理解商务谈判的有关概念、谈判导向和认识误区；理解并掌握商务谈判过程各阶段的目标、任务和工作内容；深入了解不同商务谈判阶段中策略选择的思路；了解商务谈判中的沟通技巧。

技能目标

能够根据谈判目的和基本态势来选择基本谈判导向和策略；能够应用商务谈判沟通中的语言表达、倾听、提问和回答等技巧。

❖ 引例

1912年，美国竞争激烈的总统竞选活动接近尾声，西奥多·罗斯福计划进行最后一次短暂的竞选旅行。罗斯福准备在旅行的每一站都向选民散发一本精美的小册子，以争取选票。这本小册子封面上印有神情坚定的总统照片，内部印有振奋人心的"信仰声明"。当大约300万份小册子已经印好了的时候，一位竞选委员会工作人员发现，每本小册子里的照片底下都有这么一行小字——"ⓒ芝加哥莫菲特摄影室"。这样问题就来了：因为莫菲特拥有版权，未经授权在宣传册上擅自使用照片可能使竞选委员会要为每本小册子向莫菲特支付1美元。当时，已经没有时间重新印刷宣传册了，竞选委员会工作人员该怎么办呢？将印好的宣传册弃置不用，将会影响罗斯福的竞选前景，但是如果继续使用，会很容易导致竞选丑闻，竞选委员会也很可能要赔偿一笔付不起的费用。竞选委员会工作人员很快意识到，必须立刻和莫菲特进行谈判。

不幸的是，芝加哥私人侦探的调查提供了一则坏消息：作为摄影师，尽管莫菲特在其职业生涯前期被公认为在这一新兴艺术领域极具潜力，但现在没有什么名气。现在，莫菲特面临财务困境，正一心想多搞点钱后再退休。

沮丧的竞选委员会工作人员找到竞选委员会的总经理乔治·珀金斯，请示如何解决这一问题。珀金斯二话没说，立刻召来了他的速记员，给莫菲特摄影室发了一封电报："我们计划散发几百万份封面印有罗斯福总统照片的小册子，这将给提供照片的摄影室带来巨大的宣传效果。如果我们使用你们的照片，你们愿意付给我们多少钱？请速回电。"不久，莫菲特摄影室回复："以前我们从来没有作过这种交易，但是在目前情况下我们愿意支付250美元。"珀金斯接受了这个价钱，没有要更多的钱。

资料来源　马哈拉，巴泽曼. 哈佛经典谈判术 [M]. 王崇巍，译. 成都：四川人民出版社，2020：3-4.

11.1 商务谈判概述

11.1.1 商务谈判的相关概念

11.1.1.1 商务谈判的含义

商务谈判是指双方或多方，可以是个人、团体或国家之间存在利益冲突，又不愿让这种冲突继续下去，为寻求一种各方都能接受的协议而提出各种明确的提案，进行利益交换或实现共同利益的过程。谈判就是有关各方在"争"与"让"、"取"与"舍"之间尝试寻求各方都同意接受的条件的过程。

谈判也是商务活动中处理利益冲突、实现合作与沟通的有效方法之一。谈判是一个从不平衡到平衡、从无序转为有序的过程。

11.1.1.2 谈判最佳可替代方案

任何一个理性的谈判者在谈判之前都应当确定他的谈判最佳可替代方案（best alternative to a negotiated agreement，BATNA）。谈判最佳可替代方案是指如果目前的谈判不成功，为达到目标可以选择的其他方案。谈判最佳可替代方案并不是谈判者希望得到的结果，但可以作为谈判者决定接受还是拒绝某种具体谈判方案的依据。把某种具体方案与谈判最佳可替代方案的价值进行比较，如果具体方案的价值要高于谈判最佳可替代方案的价值，谈判者就接受谈判具体方案；否则，就拒绝并离开谈判桌。

大多数谈判者往往很难认识到自己的谈判最佳可替代方案究竟是什么，而且谈判者不应该迷恋或专注于追求某一种可能的谈判方案。为认识自己的谈判最佳可替代方案，谈判者就应该确定两三个自己希望得到的利益要素。要关注利益要素，而不是方案本身。谈判者要准备一系列利益要素的组合，形成多个可供选择的方案，就能在谈判中把握主动权，而且谈判者在谈判准备过程中要善于不断改进自己的谈判最佳可替代方案。

11.1.1.3 谈判保留点

谈判保留点是谈判者的谈判最佳可替代方案所代表的价值，也就是决定自己谈判底线的依据或标准。谈判者在准备谈判时需要对保留点作出合理的评估。如果不明确自己的保留点在哪里，谈判者就既可能接受低于谈判最佳可替代方案的结果，也可能拒绝对方提出的高于谈判最佳可替代方案的方案。

拥有一个强有力的谈判最佳可替代方案是谈判者取得谈判主动权的重要保证。所以，想要取得满意的谈判结果，需要保护和挖掘自己的谈判最佳可替代方案。如果让对方发现自己的谈判最佳可替代方案，谈判者就会变得非常被动，至多只能接受谈判的底线了。想要在谈判中获得优势，需要考虑采取下面的策略：

（1）多给自己一些选择

在双方达成协议前，谈判仍然可能因各种原因而破裂。为了增强自己的谈判优势，谈判者需要不断考虑各种可行性，创造出尽可能多的选择。有时，谈判目标并不能通过谈判本身来实现，而是通过多种途径来实现的。

（2）让对方知道你还有其他选择

为了获得谈判主动权，既需要尽量隐藏自己的谈判最佳可替代方案，也需要让对方知道你还有其他的选择。为此，给对方一些适当的暗示也是需要的，让对方知道你还有其他选择将有助于引导他作出让步。

（3）估计对方的谈判最佳可替代方案

尽管对方是不可能透露自己的谈判最佳可替代方案的，别人也是很难估计的，但是正确合理的估计又是谈判成功的重要基础，是有必要的。为此，谈判者应当尽可能多地掌握与谈判内容和对方谈判人员相关的信息，以便对对方的谈判最佳可替代方案作出尽可能正确的判断和估计。

沟通案例 11-1

11.1.2　商务谈判导向与谈判方式的选择

11.1.2.1　商务谈判的导向与结果

商务谈判的结果往往受到各方谈判导向的影响。谈判导向是谈判者的谈判风格与对待谈判结果的态度。商务谈判中，谈判者可能采取以下四种不同的谈判导向，也就可能分别产生不同的结果。

（1）赢-输导向的谈判

假定谈判是在竞争性双方之间展开的，只有一方能够达到自己的目的，并且一方的胜利就意味着对方的失败。这时，谈判者自然会千方百计地成为胜利者。赢-输导向的谈判也就是竞争性风格的谈判。谈判中，当一方发现对方在利用他，而且相互之间的合作已经不可能时，他就只能采取这种风格的谈判了。或者当谈判各方之间的利益直接冲突，让步和妥协都无法得到满意的结果时，赢-输导向的谈判也就成为唯一的选择了。因此，在某些情况下，赢-输导向的谈判有可能产生破坏性的结果。

如果一方想要在赢-输导向的谈判中占据有利的地位，关键是要掌握关于对方的信息。所以，在谈判前和谈判中，谈判者应该尽可能地搜集对方与谈判有关的信息。

（2）输-输（双输）导向的谈判

没有人会在谈判开始时就寻求双输的结果，但有时，当一方感到对方在威胁他的利益时，会采取报复的手段，就导致两败俱伤的双输结果。双输导向的谈判在谈判一方忽视对方的需要时很可能发生。

（3）折中的谈判

有时，采取折中的谈判方法可能是更加明智的。在很多情况下，该方法甚至能够得到最佳的结果；但在多数情形下，双方都至少会损失一点原本自己寻求的利益。有时，一系列的折中方法也可能导致各方都无法得到自己真正想要的东西。

(4) 赢-赢（双赢）导向的谈判

双赢导向的谈判是一种合作性的谈判，也是一种解决问题导向的谈判。它假设各方可以达成一个满足各方所有要求的协议。双赢导向的谈判并不是把对方看作需要战胜的对象，而是努力寻找一个能满足各方需求的办法。实际上，在很多情况下，谈判双方的需求只是不同，而不是对立或冲突的，因此达到双赢的结果是完全可能的。如果谈判各方的需求是兼容或者相似的，实现双赢的结果就更容易了。要取得双赢谈判结果的关键是谈判各方一起努力，找到一个不会造成任何一方损失，又能保证各方满足各自需求的问题解决方案。研究表明，采取双赢导向的谈判结果通常会优于其他各种导向的谈判。

尽管双赢导向的谈判方式与其他谈判方式相比有明显的优势，但仍然会有人不愿意采取这种方式，因为一方无法看到各方合作的前景。如果遇到这种情形，另一方就应该做劝说工作，并在了解清楚对方的需求之后，指出同时满足双方需求的可能性以及采取双赢策略后的互惠结果。不愿采取合作的谈判方式也可能是由怨恨引起的，一方想通过阻碍另一方的目标来实施报复。此时，对另一方来说，成功劝说的关键是要让对方知道，合作比不合作将得到更多的好处。

11.1.2.2 谈判方式的选择

谈判中谈判者需要作出的最重要的决策是决定使用哪种谈判导向。因为理性的人是不会一开始就选择双输导向的，而折中的方式常常是无法赢得谈判时的第二选择。可见，双输和折中方式很少会是第一选择。谈判者首先考虑究竟采用双赢策略还是一赢一输的竞争性策略。

双赢策略和竞争性策略基本上是不可兼容的，选择了其中一种策略基本上就否定了采取另一种策略的可能性。在这两种策略中究竟应该选择哪一种策略需要考虑如下一些因素：

(1) 有共同利益还是有利益冲突

当谈判各方的利益存在明显冲突时，谈判者自然会采取竞争性策略；当各方存在共同利益时，双赢策略自然应当是首选的方式。

(2) 对方的态度

如果一方把另一方看作竞争对手，对方的受益会导致自己的损失，那么他自然会采取竞争性的谈判策略。如果双方相信，让双方都获利是可能的，大家就会采取合作性的谈判。实际上，当你把别人看成敌人时，别人自然也会以敌人的方式行动。如果你表示想和对方合作，对方和你合作的机会就会增大。如果一方的损失与另一方的获益成正比，期待双方合作就变得不现实了。

(3) 实力对比和相互信任

谈判各方实力相当时，大家会更愿意采取双赢的策略。在实力明显不等时，占有优势的一方会倾向于选择竞争性的策略，而处于弱势的一方会采取双赢的策略。如果谈判各方担心其他方会利用权力攻击自己的弱点，则会选择竞争性策略；相反，如果各方信任对方，相信其他方不会利用权力攻击自己的弱点，就会采取双赢的策略。

（4）采取保留态度还是开诚布公

在谈判中采取保留态度会倾向于采取竞争性的策略；采取开诚布公的态度就意味着信任对方，愿意选择双赢的策略。

（5）追求的目标和关系

当谈判者认为长期目标对他们更重要，或者认为相互之间维持一种持续的和睦关系很重要时，自然就会选择双赢的策略；但是当谈判者觉得短期目标对他们更重要时，或者认为他们根本不需要长期和睦的关系时，就更可能选择竞争性的策略。此外，如果谈判者只专注于自己所追求的目标，就会采取竞争性的策略；如果一方关心对方，就愿意倾听对方，理解对方的立场，就更可能采取双赢的策略。

11.1.3　商务谈判中的认识误区

商务谈判的最终目的都是为己方争取最大的利益，但在面对现实情况时，谈判者往往可能陷入认识的误区，导致最终作出错误的决策。以下是谈判者常常可能犯的一些认识上的错误：

（1）非理性升级

非理性升级是指决策者无视理性分析的结果和建议，而继续推行既定的行动方针的一种行为。在谈判出现冲突时，双方往往会认为，冲突一旦升级，胜利就是属于自己的；但在现实中，冲突往往很难产生实际上对自己一方有利的结果。坚持错误的方向必然会浪费大量的时间、精力和物力。由此可见，在谈判中扩大冲突或者让冲突升级的做法一般是应当避免的。

（2）虚构的固定份额

谈判各方往往会想当然地认为，自身利益与对方利益是直接冲突的，"对别人有利的，肯定对我们不利"。这就是"虚假的固定份额"心理，或者也可以称为"固定馅饼的假设"。在这种错误心理的驱使下，谈判各方会把谈判仅仅看作一个讨价还价的过程。如果各方不能对自己利益作出让步，谈判就很可能造成僵局。其实，谈判者不应局限于对每个问题的权衡，而应当致力于具有突破性地解决利益冲突问题。实际上，谈判应当是一个创造性的问题解决过程。谈判各方首先需要通力合作，寻找可能存在的整体解决方案，而不是单纯地讨价还价。

（3）锚定效应

锚定效应是指谈判者的最初立场会成为影响双方理解潜在结果的定位器，会对谈判的结果产生定位的效应。谈判者的最初立场会受到多种因素的影响，但是随着谈判的深入，需要努力排除这些最初影响因素的锚定效应。谈判中先出价一方的报价常常会对另一方产生锚定效应。一个成熟的谈判者在整个谈判过程中应当不断对形势作出理性的分析，并在谈判中随机应变，减少锚定效应产生的负面影响。

（4）框架效应

谈判中的框架效应是指同样的谈判方案从不同角度去描述，可能产生不同的结果。对某种谈判方案，谈判双方既可以根据利润最大化原则，也可以根据支出成本最小化原则来作出评价。从逻辑上讲，这两种评价的结果应当是一致的；但是研究结果表明，选择利润最大化原则的谈判者更容易在谈判过程中让步，与选择支出成本最小化原则的谈判者相比，能够达成更多的交易。可见，利润最大化是一种积极的框架，支出成本最小化是一种消极的框架。不过研究还表明，使用消极框架的谈判者能达到更高的平均利润率，而使用积极框架的谈判者因达成更多的交易，实现了更多的总体利润。

（5）信息的易利用性效应

谈判者在评估信息和可选方案时，往往会更多地依赖那些容易获得的信息，而忽视那些不容易获得的信息。理性的谈判者为避免受信息的易利用性效应的影响，要注意：

首先，必须能够有效地利用可能被忽视的信息；

其次，不仅利用容易获得的信息，还需要利用真正可靠的信息。

（6）赢家的诅咒

所谓赢家的诅咒是指，即使谈判结果是按照自己当时提出的条件成交的，但谈判获胜的一方还可能感到不舒服的现象。在大部分谈判中，如果一方随意开出的条件意外地被对方所接受，并不会产生胜利的喜悦，相反会产生懊悔和不满情绪。在买卖谈判中，俗话说，"买的没有卖的精"，卖方通常掌握着比买方更有利的信息。因此，无论以何种条件成交，在多数情况下，买方事后很可能对交易产生不满意的感觉。

拓展阅读 11-1

11.2 商务谈判过程

一次完整的商务谈判过程一般包括五个步骤：谈判的准备、谈判计划的制订、谈判的开局、讨价还价和让步、谈判的结束。

11.2.1 谈判的准备

谈判的准备阶段主要是做好如下一些准备工作：确定谈判目标、搜集谈判信息和组建谈判队伍等。一般地说，谈判的准备工作做得越充分，谈判的效果就会越好。同时，在准备阶段，谈判各方也要就谈判的时间和地点等进行简单的磋商，为随后的正式谈判打下基础。

（1）确定谈判目标

首先确定谈判目的，然后根据谈判目的来确定谈判的具体目标。谈判具体目标应当包括最高目标和最低目标。最高目标是谈判中可能或期望获得的最佳结果，是谈判中的努力目标。最低目标是谈判者让步的最后限度或至少需要得到的结果，是谈判中的底线。谈判是一个相互妥协的过程，让步往往是有必要的，确定最低目标有利于谈判者从容不迫地应对对方的压力。最高目标和最低目标之间是谈判者可能的让步范围。

（2）搜集谈判信息

搜集和掌握与谈判有关的各种数据和资料是把握谈判的主动权、实现本身的谈判目标的基础和前提。谈判信息包括谈判双方冲突的性质和原因、对方参与谈判的人员、对方对谈判的理解、对方的目标与要求、对方对我方目标的态度和反应、对方坚守自己立场的程度、对方关注的最重要利益等。根据谈判对象、议题和内容的不同，有时还需要掌握关于市场、技术、金融、政治和法律等方面的相关信息。

（3）组建谈判队伍

谈判过程是双方谈判人员之间的沟通和互动过程。谈判结果在很大程度上取决于谈判人员的主观能动性和创造性的发挥。因此，谈判人员的选择和谈判队伍的组建是谈判准备中一项非常重要的工作。组建谈判队伍不仅要求谈判人员个人具有谈判所必需的良好素质，而且在绝大多数情况下谈判队伍应当是一个内部分工明确的团队。谈判队伍成员之间既有明确的分工，又相互支持和配合，共同为实现谈判目标而努力。

（4）磋商确定谈判时间和地点

在准备阶段，谈判各方应该对谈判时间和地点进行磋商。谈判时间的安排一方面要避免准备不足，因此不能过于仓促；另一方面要防止拖延时间过长，这样不仅会耗费大量时间和精力，而且可能因环境变化、时过境迁而重新准备。由于不同地点对谈判者造成的心理影响不同，所以地点选择也必须慎重。

11.2.2　谈判计划的制订

谈判计划是谈判者在谈判前对谈判策略、风格和程序等所作的预先设计和安排，是谈判者行动的指针和方向。制订一份周密的谈判计划是实现预定的谈判目标的前提和条件。

（1）确定谈判策略

谈判策略是谈判者在谈判过程中，为了达到自己的预期目标所采取的行动方案和对策。谈判策略是在对谈判各方的实力和影响其实力的各种因素的细致分析研究的基础上确定的。在制定谈判策略时，必须注意以下几点原则：

①谈判策略对实现谈判目标具有主观能动性。科学正确的谈判策略要努力为实现谈判目标创造条件，要为改变谈判双方实力的对比而努力。

②谈判策略应当具有灵活对抗性。制定谈判策略要避免那种一劳永逸、以不变应万变的做法。

③谈判策略应当具有动态性。整个谈判过程中双方力量的对比会因为受到外部环境条件的影响而出现复杂的变化。策略调整和变化也是经常发生的。

④谈判策略要力图逐步减少谈判中的不确定因素，提高实现谈判目标的可能性。

（2）选择谈判风格

谈判风格的选择既受到谈判小组人员，特别是主谈人个性的影响，也受到谈判双方实力对比的影响，以及谈判双方对谈判结果预期的强烈影响。在本章关于谈判导向一节内容中，我们已经对此作了详细的讨论。不过，在绝大多数情况下，选择一种积极、主动和开放的风格，对促进谈判双方的友好合作是有利的。

（3）明确谈判程序

谈判程序也称谈判议题，是指所谈议题的先后次序。确定谈判程序一般有如下选择：

① 先易后难。这种谈判程序有利于为整个谈判创造一种良好的气氛，先将容易谈妥的议题确定下来，可以为较困难问题的谈判打下基础。

② 先难后易。这种谈判程序突出了谈判的重点和难点，先集中精力和时间将重点和难点谈清楚，剩余的问题也就容易取得共识和得到解决了。

③ 混合型。先不分主次，把所有的问题都罗列出来讨论。经过一段时间讨论后，整理归纳各种意见，把已经明确统一的意见放在一边，再讨论尚未解决的问题，以求最终解决所有问题。

在确定谈判程序时，要注意以下几点：

一是谈判程序的确定要有利于实现谈判的整体目标。

二是确定谈判程序时既要符合己方的需要，也要兼顾对方的需要。

三是谈判程序要简洁，一次谈判中安排的议题不宜过多；否则，会造成谈判人员的思想负担。如果议题过多，可以安排多次谈判来解决。

11.2.3 谈判的开局

谈判的开局阶段可以具体分为开局和陈述两个部分。

11.2.3.1 开局

开局是指谈判双方就谈判的非实质内容进行交谈，创造一种适宜的谈判气氛的过程。开局的目标主要是，双方谈判人员通过互相交流，对谈判程序和相关问题达成共识，创造一种友好合作的谈判气氛。"良好的开端是成功的一半。"谈判开局对整个谈判过程起着至关重要的作用。开局往往能反映出谈判双方的诚意和积极性，也能反映出谈判的格调和发展趋势。良好的开局将为谈判成功奠定坚实的基础。

11.2.3.2 陈述

陈述是指在开局以后，双方表明各自对谈判目标、计划、进度和参加谈判的人员等相关问题的理解和利益需求。谈判目标是指本次洽谈的任务或目的。计划是指为了实现洽谈目标计划采取的步骤和措施，内容包括待讨论的议题以及双方必须遵守的规程。进度是指洽谈前预计的进展速度。人员是指双方谈判小组成员的姓名、职务以及在谈判中的地位与作用等。陈述阶段的主要任务是摸底和报价。

（1）摸底

摸底即双方都试图搞清对方的真实意图和谈判的最低目标，以便重新审视自己的目标和策略。因此，陈述中双方在清楚地向对方传达自己的观点、态度和具体意见的同时，重点要搞懂对方的观点、态度和意见。这时不应当对对方的观点发表异议，但可以对下一阶段的谈判议题提出倡议。

（2）报价

报价即由一方提出价格或其他交易条件，另一方还价的过程。报价中所指的"价"通常并非单指价格，而是对谈判者所有交易条件的总称。谈判中首先报价的一方报出的价格被称为开盘价，另一方对开盘价还出的价格被称为还盘价。如何确定开盘价和还盘价，对双方来讲都是需要认真考虑的问题。

沟通案例 11-2

11.2.4　讨价还价和让步

在开局和陈述阶段，双方表明的各自对相关问题的看法、态度和利益需求必然存在某些分歧和矛盾，需要相互之间的讨价还价和让步，经过多次磋商才能使彼此的观点接近或趋向一致。讨价还价和让步阶段往往是一个漫长的过程，其中又包括几个不同的步骤。

11.2.4.1　议价和磋商

在开局和陈述阶段，双方报价中所提出的交易条件必然会存在某些分歧和矛盾。为解决这些分歧和矛盾，双方就必须对交易条件进行议价和磋商。议价和磋商首先需要探明对方报价或还价的依据，然后对对方的报价或还价作出判断和反应。

议价和磋商阶段一开始，首先必须充分了解对方报价或还价的依据。要仔细检查对方所提出的每一个条件，并逐项询问其理由。在可能条件下，尽力引导对方就各个条件可变动和灵活性发表意见。但是，在对方想了解我方报价或还价理由时，原则上应尽量把自己的回答内容限制在最小的范围内，只告诉对方最基础的东西，不要作过多的解释说明，切忌问一答三，从而失去谈判的主动权。

议价中双方会逐渐明确存在的分歧。存在分歧是正常的，关键是要区分这些分歧是想象的分歧、人为的分歧，还是真正的分歧，要通过准确地判断双方之间存在的分歧，分析对方的真正意图，并选择有针对性的方案来解决。想象的分歧通过加强相互间的沟通是可以消除的；人为的分歧需要通过磋商，使用说服的技巧，来逐步缩小以至于最终消除；真正的分歧，需要研究产生的具体原因，并采取有针对性的办法来解决。

11.2.4.2　让步

在讨价还价的过程中，让步往往是必要的，也是双方达成一致的重要条件，但是谈判中的让步并不等同于简单的退让或退步。谈判者要努力用最小的让步来换取对方较大的让步，并使对方心满意足，愉快地接受交易条件；避免自己单方面作出了大幅度让步还不能达到期望的效果，甚至前功尽弃。因此，让步应坚持以下一些原则：

（1）让步应当是有条件的

① 绝不应无缘无故地作没有理由的让步；

② 一方的让步应当能换取对方其他方面的相应让步和妥协。

（2）让步应当是有原则的

① 明确哪些问题是可以让步的，哪些问题是不能让步的；

② 坚持双方同步让步；

③ 坚持让步的轻重缓急，先在次要问题上，再在较重要问题上，最后才在重要问题上让步。

（3）让步方式应当是适当的

① 每次让步幅度不宜过大，节奏不要太快，要步步为营；

② 在最需要的时候才让步；

③ 让步要以愿意换乐意，把让步变成一种不同条件的交换；

④ 让步要运用"弃车保帅"的办法，保持全局优势。

无论怎么让步，都要使对方感到我方的每一次让步都是对我方利益的很大损失，对对方却很有好处。

11.2.4.3　打破僵局

谈判僵局是指某些原因使谈判双方互不相让，谈判陷入进退两难的境地。产生僵局的原因主要是双方目标差距太大，且彼此都不肯进一步让步。打破僵局是谈判成功的前提条件。一旦出现僵局，若不积极地采取措施尽快解决，就会给随后的谈判蒙上阴影。所以，成功的谈判者都会注意避免出现僵局，一旦出现就想方设法采取积极的措施，尽快加以解决。

11.2.5　谈判的结束

一次成功的谈判结束就意味着双方的成交，谈判双方就需要签约和实施谈判结果。这一阶段又包括签订协议、落实协议和谈判总结等步骤。

（1）签订协议

签订协议前，需要逐一核实协议的所有条款，确保双方都充分理解达成的协议；要确保协议内容明确清晰，避免使用模棱两可的语句；要保证各项条款的完整性，防止条款之间出现矛盾的现象。

（2）落实协议

谈判协议中应包括一项关于如何落实协议的条款，该条款要明确规定做什么、何时做和谁来做等问题。协议一旦签署生效，双方就必须认真履行。对违背协议规定的行为，必须加以纠正和制止。在协议执行的有效期间内，各方都应对对方进行必要的提醒，以保证谈判协议的切实履行。

（3）谈判总结

谈判结束后，参与谈判的各方都应对谈判工作进行总结。总结应包括如下一些内容：① 谈判准备情况；② 己方谈判战略的有效性情况；③ 己方谈判小组情况；④ 对方谈判情况。要通过总结，提出今后谈判中值得应用的经验和需要吸取的教训。

11.3 商务谈判策略

11.3.1 开局阶段的策略

谈判开局阶段所创造的气氛会对谈判的全过程产生很大的影响。因此，谈判开局阶段的策略是非常重要的。谈判开局阶段的任务是要创造一种对己方有利的谈判气氛，为随后几个阶段的谈判打下基础，同时要陈述己方的观点、愿望和对问题的理解。谈判开局阶段的策略又包括开局策略和报价策略两个方面。

11.3.1.1 开局策略

开局策略是指谈判者为谋求谈判开局中的有利地位或改变对方营造的不利于己方的谈判气氛而采取的行动方式或手段。常用的开局策略有以下几种：

(1) 友好的开局策略

这是一种借助友好风趣的语言风格和形象生动的媒介与对方交谈，以打破对方的戒备心理、引起对方的好感和共鸣、实现开局目标的策略。友好的开局策略比较适用于谈判双方实力比较接近而双方过去又没有商务往来的谈判。双方都希望通过友好的开局策略为第一次接触创造一个好的开端。

(2) 慎重的开局策略

这是一种以严肃郑重的语言开场，表达出对谈判的高度重视和鲜明态度，目的在于促使对方放弃某些不当意图，把握谈判机会的策略方法。慎重的开局策略适用于谈判双方过去有过商务往来，但对方曾有过不太令人满意的表现的谈判。采取慎重的开局策略能引起对方对某些问题的重视。

(3) 坦诚的开局策略

这是一种以开诚布公的方式，尽早向谈判对手陈述自己的观点和真实意图，以赢得对方的通力合作、实现开局目标的策略方法。坦诚的开局策略比较适合双方过去有过商务往来，且关系很好、互相了解程度较深的谈判。

(4) 强硬的开局策略

这是一种通过强硬的语言或行为来表达己方的坚定态度，从而在气势上压倒对方的策略方法。强硬的开局策略是一种进攻性策略，会破坏谈判的气氛，影响谈判的深入发展，所以选择这种策略一定要慎重。除非谈判对方态度傲慢，或不扭转当时的谈判气氛就不利于己方讨价还价，才可以考虑采用这种策略。

11.3.1.2 报价策略

报价策略是谈判者为了摸清对手的谈判条件和目标而采取的一种行动方式或手段。常用的报价策略有以下几种：

(1) 先报价策略

先报价可以使己方具有较强的影响力，因为先报价实际上为谈判划定了一个基准线，谈判最终也将以此为基础达成协议。同时，先报价还会影响谈判对手的期望水平，使对方处于被动地位。先报价策略比较适合用在高度竞争和高度冲突的谈判中，给谈判对手造成心理压力。

（2）后报价策略

后报价虽然失去了一些主动性，但后报价者可以通过对方先报价掌握更多的信息，并可以根据先报价者的报价水平来调整自己的策略，迫使先报价者被动让步，争取自己的最大利益。谈判者在不能准确判断对手的目标时，经常会采取后报价策略。

对报价先后，需要指出两个问题：

第一，如果谈判双方都经验丰富且彼此了解，先报价与后报价对谈判最终结果的影响并不大。

第二，谈判中报价先后有一些惯例是必须遵守的。例如，一般应由发起谈判的一方先报价；投标者与招标者之间，一般应由投标者先报价；卖方与买方之间，一般应由卖方先报价。

（3）卖方报高价、买方报低价策略

美国谈判专家卡洛斯通过调查发现：如果卖方开价很高，则谈判往往会在较高的价格上成交；如果买方还价很低，则谈判往往会在较低的价格上成交。当然，最终谈判会以接近中间价格成交。但是卖方报价并不是越高越好，同样买方还价并不是越低越好，因为一方的报价只有在被对方接受的情况下才会产生预期的结果，才有可能成交。报价的基本原则是，通过反复比较和权衡，设法找出所得到的利益与报价能被接受的成功概率之间的最佳组合点。

（4）郑重报价策略

这是指以郑重而坚定的态度，报出一个清楚而完整的价格，除非对方要求，否则不作任何解释和说明。采取郑重报价策略会使己方形象显得认真而诚实，这对保障谈判成功有很大作用。大量经验表明，在相互信赖的谈判双方中，如果有一方要手腕谋求谈判上的优势，最终会导致谈判破裂。

（5）西欧式报价和日本式报价策略

国际商务谈判中有两种典型的报价策略，即西欧式报价和日本式报价。

西欧式报价首先提出一个含有较大虚头的价格，然后根据买卖双方的实力对比和该笔交易的外部竞争状况，通过给予各种优惠条件来逐步软化和接近买方的条件，最终达成交易。实践证明，这种报价方法只要能够稳住买方，往往会有一个不错的结果。

日本式报价的一般做法是，将最低价格列在价格表上，以求首先引起买主的兴趣。这种价格一般是以对卖方最有利的结算条件为前提的，并且这种低价交易条件下除价格外的其他方面很难全部满足买方的需要。如果买方要求改变有关条件，卖方就会相应提高价格。因此，买卖双方最后成交的价格往往高于价格表中的价格。日本式报价的优势在于：

① 可以排斥竞争对手而将买方吸引过来，取得与其他卖主竞争的胜利；

② 当其他卖主纷纷离开时，买方原有的买方市场优势就不复存在了，买方想要满足一定需要，就只好任卖方一点点地把价格抬高。

11.3.2　讨价还价和让步阶段的策略

报价以后，双方之间在观点、看法和交易条件方面的分歧已经逐步明朗，但任何一方都不会无条件地接受对方的要价，谈判自然而然就进入了讨价还价和让步阶段。谈判双方的真正对抗和实力较量实际上是在这个阶段开始的，所以此时的谈判气氛也开始变得紧张激烈。这个阶段的策略主要有：

11.3.2.1　预防性策略

（1）投石问路策略

投石问路策略即当己方不太了解对方的商务习惯或真实意图时，通过巧妙地向对方提出大量的问题，并引导对方尽量作出正面的、全面的回答，然后从中得到一般不易获得的资料，以达到了解更多信息的目的的策略。

投石问路策略的实质是运用假设性的提问来探测对方，获取更多的对己方有利的信息，因此这是一种探测对方真实意图和底细的有效途径。下面就是实施投石问路策略时最常使用的一些问题：

① 假如我们的订货数量加倍（或减半）呢？

② 假如我们和你们签订一年的合同呢？

③ 假如我们分期付款呢？

④ 假如我们要求改变产品的规格呢？

采用投石问路策略时，提问题应当注意以下几点：

第一，提问题要恰当。凡是对方能够接受并加以回答的问题就是恰当的提问；反之，对方不能接受或不愿回答的问题，就是不恰当的问题。

第二，提问题要有针对性。谈判中的提问不仅要注重搜集信息，更要注意把谈判引导到促使成交上，要给予对方足够的时间作出尽可能详细的正面回答。

第三，提问题要注意策略。提问题应尽量避免暴露提问的真实意图，不要与对方争辩，也不必陈述己方的观点。

（2）沉默寡言策略

沉默寡言策略即在谈判中先不开口或少开口，而让对方尽情表演，以便从中发现其真实的动机和最低的谈判目标，然后根据对方动机和目标结合己方的意图采取有针对性的回答的策略。这种策略适宜在报价阶段采用，是谈判中最有效的防御策略之一。

这种策略之所以有效，是因为谈判者在谈判中表露得越多，就越有可能暴露自己的底细，从而越有可能处于被动的地位。同时，沉默寡言会使对方感受到心理压力，从而削弱对方的力量。

采用沉默寡言策略时，应注意以下几点：

第一，要有足够的耐心。这样才可能对对方形成心理上的压力，失去冷静的心态，暴露出底细。

第二，要细心感受。要全神贯注地聆听对方的每一个字，注意对方的措辞、表达方式、语气和语调，从中捕捉到对方所传达的每一个有效信息。要善于从对方的肢体语言中探索对方的动机。

第三，要巧用自身的行为语言。沉默寡言策略还可以根据需要，有目的地运用自己的行为语言给对方传递信息，并扰乱其谈判思维，掌握谈判的主动权。

（3）声东击西策略

声东击西策略即一方为了达到某种目的和需要，有意识地将洽谈议题引导到无关紧要的问题上，从而给对方造成一种错觉，使其作出错误的或不合理的判断的策略。在商务谈判中，下列一些情形适宜使用声东击西的策略：

第一，迷惑对方，隐藏己方真实意图。尽管己方实质上关心的是价格问题，但为了掌握谈判中的主动权，首先有意识地商谈对方最薄弱的问题，迫使对方在价格上作出更大的让步。

第二，诱使对方纠缠于对己方无关紧要的问题上，以便有足够时间制订新的谈判方案，掌握对重要问题的谈判主动权。

第三，通过引入更多的竞争者，改变谈判力量的对比。如果谈判对方态度强硬，不愿让步，则己方可以考虑中止与其谈判，引入第三方竞争者，从而迫使原对手作出错误判断，从而让步。

（4）欲擒故纵策略

欲擒故纵策略即对志在必得的交易谈判，故意通过各种手段让对方感到自己满不在乎的态度，从而压制对方开价的胃口，确保己方在预想条件下成交的策略。

采取这种策略时要注意：

第一，欲擒故纵的立足点是"擒"，"故纵"就是要积极主动地激发对方的成交欲望。要激发对方欲望，一方面要表现出己方的不在乎，利益关系不大；另一方面要尽可能揭示对方的利益，处处为对方着想，使其不愿放弃。

第二，在初期的冷漠态度中也要有意给对方一个机会。在让对方等待和努力之后，再给予机会，让其珍惜机会。

第三，注意言谈与分寸。讲话要掌握火候，即使是"故纵"时的用语也应体现出对对方的尊重，切不可羞辱对方。

11.3.2.2 进攻性策略

商务谈判中拥有谈判优势的一方，为了争取尽可能多的利益，往往会采取进攻性的策略。进攻性策略包括以下方面：

（1）针锋相对策略

针锋相对策略即针对谈判对手的论点和论据，逐一予以驳斥，进而坚持己方立场毫不退让的做法。不管对方说什么，采取这种策略的一方都会逐一驳斥，并提出新意见。

使用针锋相对策略时应注意：驳斥对方时，应围绕对方的谈话内容，有针对性地予以驳斥，不能"走火"和跑偏；否则，就会很被动。此外，驳斥是否有力完全在于是否有理，而不在于声色俱厉。

（2）以退为进策略

以退为进策略即以退让的姿态作为进取阶梯的一种谈判策略。"退"是一种表面现象，"进"才是其本质。由于谈判者采取了退让形式，对方能从己方的退让中得到心理上的满足，不仅思想上会放松戒备，而且作为回报，对方也会满足己方的某些要求，而这些要求正是己方的真实目的。以退为进策略的具体做法是先让一步，顺从对方，然后争取主动，反守为攻。

商务谈判中，下列情况特别适合使用以退为进的策略：

第一，通过满足对方要求，为己方留下讨价还价的余地；

第二，通过缓慢的让步来争取对方作出己方所需要的让步；

第三，先通过肯定或称赞对方产品、服务或公司，表达出良好意愿和友好态度，再强调客观原因，申述拒绝对方的理由。

(3) 不开先例策略

不开先例策略即在谈判过程中处于优势的一方，为了坚持和实现提出的交易条件，而采取对己方有利的先例来约束对方，从而使对方就范，接受己方交易条件的一种策略方法。这是处于优势地位的卖方为强化自己的谈判地位和立场，而采取的最简单有效的方法。他们常常以此策略作为不降价的借口。买方如果居于优势地位，对有求于己的推销商也可以采取这种策略。

使用不开先例的策略能否成功，在很大程度上取决于强势一方所提供先例的力量。先例的力量主要来源于先例的类比性、习惯心理和对方对先例的无知。

先例的类比性是指谈判者所采用的先例与本次谈判在交易条件、市场行情和竞争对手等方面的相似程度。如果谈判所采用的先例与本次谈判的类比性很高，谈判者就可以用处理先例的方式来处理本次谈判。要是先例与本次谈判没有类比性，对方就会指出先例与本次谈判的不同点，先例的处理方式就不适用本次谈判，先例就没有约束对方的作用。可见，先例要有力量，就必须与本次谈判之间有较强的类比性。

先例的力量还来自对方的习惯心理。人们面对同样的事情，往往会以过去长时间内所形成的习惯作为唯一正确、不可更改的处事行为规范和标准。由于这种习惯心理，先例自然就具有力量了。

此外，先例的力量还来自对方对先例的无知。先例之所以能够在谈判中让对方就范，关键在于对方常常难以获得必要的情报和信息来确切证明我方所提供的先例是否属实。当对方难以了解先例的真相时，就只能凭主观判断了。如果提供先例的一方再采取一些辅助手段，对方就不得不相信先例了。

(4) 价格陷阱策略

价格陷阱策略即卖方利用传递商品价格上涨的信息和人们对涨价持有的不安情绪，预设圈套，诱使对方把注意力集中在价格上，而忽略其他条款的一种策略。例如，一家电视机厂为了吸引经销商更踊跃地订货，故意在年度订货会上宣布，由于原材料涨价、员工工资上调等因素，成本大幅度上升，厂方决定产品出厂价格上涨10%，但是为了照顾新老客户的利益，凡是本次订货会上签订的订货合同都维持原价。结果经销商纷纷签订合同，电视机厂的销售额直线上升。

价格陷阱策略之所以有效，是因为它利用了人们的如下两种心理：

一是买涨不买跌的心理。当某种产品价格下跌时，人们期盼价格进一步下降，所以不愿购买；当价格上涨时，人们会唯恐价格继续上涨，就积极买进。价格陷阱策略就是利用了这种心理。

二是人们"价格中心"的心理定式。谈判者会将交易价格看作谈判中最重要的条款，因为它是涉及双方利益的关键问题，所以认为只要价格上取得了优惠，就等于整个谈判大功告成。价格陷阱策略就是利用了这种"价格中心"的心理定式，诱使对方把注意力集中在价格上，忽视其他条款迅速成交。实际上很多交易中，价格并不一定就是谈判中的主要问题。如果仅仅在价格上得到了一些优惠，但失去了其他许多比单纯价格优势更为重要的实际利益，则价格变成名副其实的陷阱，落入价格陷阱的交易往往是得不偿失的。

为了增大使用价格陷阱成功的可能性，谈判中可以把这种策略与规定时限的策略结合起来运用。规定时限策略就是谈判一方向对方提出达成协议的时间期限，超过了这一期限，提出的一方将退出谈判，以此给对方施加压力，促使其无可拖延地作出决定，从而尽快解决问题。

谈判者不仅要善于运用价格陷阱策略，也要能够识别和破解谈判对手的价格陷阱。破解价格陷阱要注意以下几点：

首先，不要轻信对方的宣传，应在冷静全面地考虑之后再采取行动，切忌被对方价格上的优惠所迷惑。

其次，不要轻易改变自己确定的谈判目标、计划和具体步骤，要相信自己的判断力，排除外界环境的干扰。该讨价还价就讨价还价，该反击就果断反击，绝不手软。

最后，不要在时间上受对方所提出的期限约束而匆忙作出决定。

11.3.2.3　综合性策略

除了上述预防性的和进攻性的策略外，讨价还价过程中还可以采用以下一些综合性的策略：

（1）软硬兼施策略

软硬兼施策略即在谈判过程中对原则性问题毫不退让、对细节性问题适当让步的一种策略。采取软硬兼施策略的一方，面对咄咄逼人的对手，在坚持原则的条件下会作一些顺水推舟的让步；等到对方锐气减退时，再发动反攻，力争反败为胜。

软硬兼施策略又称"红白脸"策略。采用这种策略时，既可以由不同的人扮演红脸和白脸，也可以由一个人同时扮演红脸和白脸的角色。

采用软硬兼施策略时，要注意：

第一，扮演白脸的人，既要凶，又要出言在理，保持良好的形象。扮演白脸的人只是立场硬，条件要得狠，但行为上不应当表现出"蛮横"和"粗俗"。

第二，扮演红脸的人，应该为主谈人或负责人，要善于把握火候，让白脸好下台，及时请对方表态。

第三，若一人同时扮演"红白脸"，要机动灵活。扮演白脸时，声色俱厉的时间不宜过长，同时，说出的话要给自己留有余地；否则，就会非常被动。

（2）权力有限策略

权力有限策略即谈判者为了达到降低对方条件、迫使对方让步或修改承诺条文的目的，采取转移矛盾的方法，假借上司或委托人等第三方之名，故意将谈判工作搁浅，让对方无休止地等待，再趁机反攻的一种策略。

权力有限策略是对抗对方讨价还价的盾牌。一个权力受到限制的谈判者会立场更坚定，也可以更有效地保护己方的利益，因此在谈判中要比大权独揽的谈判者处于更有利的地位。

值得注意的是，所谓权力有限仅仅是一种策略。有时，谈判者确实是真正的权力有限，但有时谈判者实际上拥有作出让步的权力，只是因为不愿作出让步，而宣称没有被授予作出这种让步的权力。这时，权力有限只不过是一种拒绝让步的借口而已。当一方提出权力有限时，另一方往往难以辨别真假，就只好凭自己的"底牌"来决定是否改变要求，作出让步了。

（3）货比三家策略

货比三家策略即在谈判某笔交易时，同时与几个供应商或采购商进行谈判，以选出其中最优的一家成交的做法。具体来说，就是邀请同类产品的卖方或需要同类产品的买方，同时展开几个谈判，比较各方的成交条件，择优者签约成交。货比三家策略能够确保己方在谈判中处于有利的地位。使用货比三家策略时应注意下列问题：

第一，选择的比较对象要势均力敌。若对比对象力量不均，就应当制造可比之处，使各方均有信心去争取交易。

第二，时间安排要合理。谈判的日程、方式和人员的安排都要便于分组穿插谈判，且能及时将各组谈判结果汇总。

第三，对比的内容要科学。货比三家时，评比的方法和内容要统一、客观和便捷，避免受个人感情的影响。

第四，既要平等地对待参加谈判的各方，又要重点突破。平等地对待参加谈判的各方是信誉的需要，重点突破是谈判全局的需要，两者相辅相成，缺一不可。

第五，慎守承诺。一般地说，应当尊重和接受评比结果，如果落选的竞争对手卷土重来，虽然其可能带来某些好处，但是改变承诺和决定一定要慎重。

第六，对买卖双方都有多家参与的货比三家的谈判，应当由权威单位统一来组织，做到统一对外宣传、统一技术要求、统一对外谈判；同时，要有严格的纪律，保守机密，各尽其职。

沟通案例11-3

11.3.3　谈判结束阶段的策略

11.3.3.1　最后通牒策略

最后通牒策略是指当谈判双方因某些问题纠缠不休时，处于优势地位的一方会向对方提出最后的交易条件，要么对方接受己方的交易条件，否则己方就退出谈判，以此迫使对方让步的谈判策略。

最后通牒策略在打破对方对未来的奢望、击败犹豫中对手的幻想方面是极其有效的，但其以极其强硬的姿态出现，实际上把对方逼到了毫无选择余地的境地，既可能促使对方让步，也容易引起对方的敌意。所以，结果既可能促使谈判成功，也可能造成谈判中断。因此，使用最后通牒策略一定要慎重，注意如下两个问题：

（1）只在适合情况下才使用最后通牒策略

一般地说，以下情况适合使用最后通牒策略：

第一，己方处于强有力的竞争地位，也是对方继续谈判的唯一选择。

第二，其他策略都无法改变对方，最后通牒成了迫使对方改变想法的唯一手段。

第三，己方已经将交易条件降到最低限度。

第四，对方经过旷日持久的谈判，已无法负担失去这笔交易所造成的损失，而非达成协议不可时。

（2）使用最后通牒策略成功的条件

使用最后通牒策略要取得成功，必须具备如下一些条件：

第一，送给对方最后通牒的方式和时间要适当。在送出最后通牒前，应当设法让对方在己方身上先作些"投资"。如己方先在次要问题上达成协议，让对方消耗一定的时间或精力等，等到对方的"投资"达到一定程度时，再抛出最后通牒，对方就别无选择了。

第二，送给对方最后通牒的言辞要委婉，既要达到目的，又不应锋芒太露。锋芒毕露的最后通牒容易伤害对方的自尊心，言辞委婉的最后通牒给对方留下了退路，易于被对方所接受。

第三，最后通牒应当提出一些令人信服的证据和事实。如果提出一些支持己方观点的文件和道理，最后通牒的效果就好多了。

第四，送给对方最后通牒，要给对方留考虑或请示的时间。这样可以消除对方的敌意心理，增大谈判最终成功的可能性。

11.3.3.2 先斩后奏策略

先斩后奏策略是指商务谈判中处于实力较弱的一方通过巧妙的办法实现"先成交，后谈判"，从而迫使对方让步的策略或技巧。具体做法是让对方先付出代价，并以这些代价作为"人质"，扭转自己在谈判中的被动局面，让对方衡量中止成交所受损失的程度和成交所付出的代价，从而被动接受既成交易的事实。

在商务谈判中，不仅买方可以采用先斩后奏策略促使成交，而且卖方可以采用这种策略。

（1）买方应用先斩后奏策略的常用手法

第一，买方先设法获得卖方的商品，然后以各种理由要求降低商品价格或推迟交款时间。

第二，买方先让卖方根据自己的要求组织货源，但是当卖方备好货源后，买方又提出苛刻条件，使卖方陷入被动状态。

第三，买方先让卖方根据自己的样品和数量加工生产，然后减少订货量，使产品人为积压，造成产品卖不出去的假象。

第四，买方先赊销卖方产品，到期后又借口自己资金不足无力偿付，要求分期付款，使卖方陷于被动境地。

第五，买方先让卖方产品装车、装船，然后要求赊销、延期付款或降价等。

（2）卖方应用先斩后奏策略的常用手法

第一，卖方先获得买方的预付款，然后寻找理由提价或延期付货。

第二，卖方先提供一部分买方急需的产品，然后借故停止供应，向买方提出提价等新要求。

第三，卖方收取优质产品的货款，交付的却是质量较差的产品。

（3）要学会识别和应对先斩后奏策略的方法

谈判一方没有正当理由就采取先斩后奏策略的做法是缺乏商务道德的体现，因此是不值得提倡的。但是，商务谈判者要取得谈判的主动权，也需要学会识别和应对这种策略，避免落入对手的圈套之中。

要预防、识别和破解对方可能使用先斩后奏策略，谈判者应当采取如下一些对策：

第一，要做好谈判对手的资信调查，严格审查合同条款，杜绝合同中的疏漏之处，不给对方实施先斩后奏策略的机会。

第二，敢于以牙还牙，针锋相对，"以其人之道，还治其人之身"。一旦确认对方想以先斩后奏策略来威逼己方就范，也可以设法扣押对方的"人质"，迫使对方按原合同执行。

第三，考虑借助法律手段，通过诉讼或裁决来维护自己的利益。

11.4　商务谈判中的沟通技巧

无论是语言沟通还是非语言沟通的技巧，在谈判中都具有十分重要的作用。首先，良好的沟通技巧有助于谈判各方相互了解各自的目的、意图与要求。其次，充分的沟通能够缓和谈判中可能出现的紧张气氛，使双方之间的关系融洽，促进谈判顺利进行。最后，有效的沟通将大大有助于说服对方接受自己的观点，通过共同让步达成一致的协议，取得谈判成功。

11.4.1　商务谈判语言表达技巧

11.4.1.1　运用语言要准确

谈判最后是要协商出一份双方一致接受的协议，明确双方各自的责任、权利和义务，因此，沟通中要避免使用模棱两可或概念模糊的语言。只有使用准确的语言才能避免出现误会和不必要的纠纷。要做到运用语言准确，特别要注意以下几个方面：

（1）针对性要强

谈判中，双方运用语言的目的都是表达自己的愿望和要求，有的放矢才能达到自己的目的。针对不同的谈判内容、谈判场合和谈判对手，有针对性地选择使用的语言，化解矛盾，达成一致。

（2）表达方式要婉转

谈判中应当尽量使用委婉的语言，这样易于被对方所接受。即使在不得不否决对方要求时，采用委婉的语言也可以既不损害对方面子，又促使对方心平气和地考虑我方的意见。采用委婉的方式甚至有可能把自己的意见伪装成对方的见解，借以提高说服力，这往往是谈判高手们取得谈判成功的有效手段。

（3）要灵活，善于应变

谈判形势瞬息万变，任何一方都可能遇到意想不到的尴尬事情。谈判者只有掌握灵活应变的语言技巧，才能化险为夷，巧妙地摆脱困境，继续把握谈判的主动权。

11.4.1.2　不伤害对方面子与自尊

谈判中，维护面子与自尊对双方都是极其敏感又重要的问题。如果一方感到面子或自尊受到了伤害，就会全力防卫、反击，表现出敌意，使谈判变得十分困难。对一方的面子和自尊的伤害多半是由另一方的语言不慎所造成的。所以，谈判各方对运用的语言必须进行认真的推敲。

11.4.1.3　避免使用不当言语

谈判中，无论出现怎样的情况，都应当尽量不用或少用下列言语：

① 极端性言语，如"肯定如此""绝对是这样"等；
② 针锋相对的言语，如"一分都不能少""不用讲了，就这样定了"等；
③ 涉及对方隐私的言语，如"为什么不同意？是不是上司没点头？"等；
④ 催促对方的言语，如"快点决定""马上答复"等；
⑤ 赌气的言语，如"上次已经给你们占便宜了，这次偏不给你们占"等；
⑥ 威胁性言语，如"你要考虑这样做的后果""你这样做是不给自己留后路"等。

11.4.1.4　注意说话方式

谈判中说话方式总体上讲应当态度诚恳、观点鲜明、语言生动流畅，且层次清晰。此外，要注意说话过程中的一些细节，重视运用停顿、重复和强调等手段来增强说话的效果。

11.4.2　商务谈判倾听技巧

在第6章中我们讨论过，一般人际沟通过程中的倾听障碍、成功倾听要点和技巧等也完全适用于商务谈判中的倾听。不过，商务谈判中的倾听者还需要特别注意以下一些要点：

（1）要心胸开阔，摒弃先入为主的观念

只有这样，才能正确完整地理解对方讲话所传递的信息，准确把握讲话者的重点，才能客观地看待对方的反对意见；否则，可能出现选择性倾听的情况。在选择性倾听中，倾听者只听自己想听的，或者按自己的方式去解释所听到的东西，从而曲解说话者的本意。

（2）要专心致志，全神贯注

在谈判初期，谈判者精力充沛，容易集中注意力。随着谈判的深入，谈判者的精力会逐渐下降，倾听中比较容易走神。在谈判接近达成协议时，谈判者会受成交的刺激而变得兴奋，再一次表现出精力充沛的状态，容易专心致志。如果谈判持续时间较长，在谈判过程的多数时间中，谈判者在倾听中很可能出现心不在焉和"开小差"的情况。倾听者只有高度集中注意力，才能避免"漏听"或"误听"。

（3）要学会约束自己，控制自己的言行

如果不能有效地约束自己，倾听者在倾听过程中就很容易产生插话的冲动，打断对方讲话。插话，不管是赞扬、批驳还是表现自己，都会影响自己的倾听，也会影响对方对你的印象。

（4）要有鉴别地倾听

谈判的特殊性，仅仅要求谈判者专心倾听是不够的；为了把握谈判的主动权，谈判者还需要有鉴别地倾听对方讲话的能力。谈判者要在用心倾听的基础上，鉴别对方所传递信息的真伪，去粗取精，去伪存真，抓住对方讲话的要点，识别对方的真正目的和动机，收到良好的倾听效果。

11.4.3 商务谈判提问技巧

提问是商务谈判中获取信息的重要手段，通过提问来发现对方的需求，了解对方的心理状况。但如果提问方式不当，就可能破坏谈判的气氛，甚至使谈判陷入僵局。所以，谈判中要避免盘问式和审问式的提问，也不应使用带有威胁或讽刺语言的问句；提问不能随心所欲，应当把握好提问的时机。具体地说，谈判中必须注意下列提问的技巧：

（1）不能提问的问题

下面是谈判中一般不应当问的一些问题：

① 带有敌意的问题；

② 指责对方品质和信誉方面的问题；

③ 有关对方个人生活和工作方法的问题；

④ 为表现自己而故意提出的问题。

（2）正确提问的要点

① 事先应准备好所提问题，并等待合适的时机提出。所提问题最好是对方不能迅速想出适当答案的问题，这样对方就有可能在回答问题时暴露其思想，达到提问的目的。等待适当的时机提问往往也能使对方措手不及，从而收到出其不意的效果。

② 不要急于提问。对方发言时，如果我们脑子中闪过疑问，千万不能因急于提问而停止倾听对方的谈话，应先把问题记录下来等对方讲完，在合适时机再提出。打断对方说话的提问不但影响倾听对方的下文，还会暴露自己的意图，造成被动的局面。

③ 要避免提出那些可能阻碍对方让步的问题。例如，不考虑对方退路或不给对方退路的提问可能阻碍对方的让步。

④ 对对方不够完整的回答，甚至避而不答，也不应强迫追问，要有耐心和毅力等待合适时机再继续问。这样做既表示对对方的尊重，实际效果也会更好。

⑤ 在适当时候，可以提一个已经发生且我方知道答案的问题，验证对方的诚实程度及处理问题的态度。这样做既表明我们掌握足够的信息，也有利于自己作出决策。

⑥ 提出问题后应保持沉默，专心致志地等待对方作出回答。谈判中，提问后闭口不言，对方就必须以回答来打破沉默；如果对方也沉默不语，则无形中给对方造成了一种压力，从而使我方掌握了主动权。

⑦ 提问的态度要诚恳。对对方不感兴趣或不愿展开回答的问题，我们可以转换角度，再以诚恳的态度来提问。这样做既能激发对方兴趣，促使对方乐于回答，也有利于谈判双方感情上的沟通和谈判的顺利进行。

⑧ 提问的句式应尽量简短。谈判中提问句式越短越好，而由提问所引出的回答越长越好。如果提问的话比对方回答的话还长，则提问方将处于被动地位，提问就是失败的。

11.4.4 商务谈判回答技巧

商务谈判中的回答有其自身的特点，一般不应以正确与否来评价，而应以是否适合需要作为衡量标准。谈判中回答的要诀应该是：基于谈判的需要，准确把握该说什么、不该说什么，以及应该怎样说。因此，回答问题时应注意下列要点：

（1）回答之前，要给自己留有思考的时间

谈判不同于日常生活与工作，并不是回答问题越快越好；相反，急于回答还可能是不"专业"的体现。有经验的谈判者会在对方提出问题之后，调整一下自己的坐姿，或整理一下桌上的资料文件，或翻一翻笔记本等动作来延缓时间，等考虑好对方的问题后再回答。

（2）要把握好对方提问的目的和动机，再决定怎样回答

谈判者提问的目的和动机往往是多种多样的。没有搞清楚对方的目的和动机，照常规方式作出的回答，只能算是低层次的应对，不可能是具有针对性的高水平回答。只有准确地把握对方的提问目的和动机，才能给出精妙绝伦的回答，获得谈判的主动权。

（3）谈判中并不需要彻底回答问题

在对方所提出的问题中，对我方认为应让对方了解或需要表明我方态度的问题，是需要认真回答的；但对可能有损于己方形象、泄密或一些无聊的问题，实际上并不需要回答，完全可以不予理睬。

（4）对不愿回答的问题可以顾左右而言他

对不愿回答或者很难正面回答但又无法拒绝回答的问题，可以采取顾左右而言他、避正答偏的方法来回答。在回答问题时，故意避开问题的实质，将话题引向歧路，巧妙地应对对方的提问。对某些不得不回答的问题，甚至也可以采用答非所问的方法，避开对方的话锋，给自己解围。

（5）对不知道的问题不要回答

对某些陌生难解的问题，谈判者切不可为了维护面子而强作答复。这样做不仅可能损害自己利益，对自己面子也丝毫无补。对确实不懂的问题，谈判者应坦率地告诉对方不能回答或暂不回答，以免付出不必要的代价。

拓展阅读 11-2

学思践悟

元宇宙跨境商务谈判舱"平行盒子"亮相

第五届进博会上，国内跨境电商企业大龙网展示了该公司最新推出的元宇宙沉浸式跨境商务谈判舱——平行盒子（如图 11-1 所示）。

图 11-1　平行盒子

近年来，跨境商务沟通主要以线上形式进行，跨境交易的效率和规模受到一定影响。该公司由专业团队利用 AR、VR 等技术自主开发一款用于跨境商务洽谈、会晤、直播、询单沟通及售后服务的元宇宙沉浸式跨境商务谈判舱，可以实现跨境商务交流从"在线"到"在场"的突破，让双方感觉在一个空间里沟通。未来，基于平行盒子开发的元宇宙数字人希望克服跨境贸易中时差、语言和文化的沟通障碍，向数字孪生人方向发展，力求做到 24 小时在线为海外商户服务，满足直播带货、询单、在线解答、AI 翻译的需求，让跨境贸易更加便利。

党的二十大报告指出："推动货物贸易优化升级，创新服务贸易发展机制，发展数字贸易，加快建设贸易强国。""推动战略性新兴产业融合集群发展，构建新一代信息技术、人工智能、生物技术、新能源、新材料、高端装备、绿色环保等一批新的增长引擎。"大龙网集团董事长表示，将充分承接进博会溢出效应，让相关企业通过进博会的平台学习全球化企业在研发、企业管理等方面的领先经验，力求实现多方共赢。

资料来源　巨云鹏. 进博看点｜元宇宙跨境商务谈判舱"平行盒子"亮相［EB/OL］. (2022-11-09)［2023-10-15］. https://baijiahao.baidu.com/s?id=1749005805097230835&wfr=spider&for=pc.

本章小结

商务谈判是指双方或多方，可以是个人、团体或国家之间存在利益冲突，又不愿让这种冲突继续下去，为寻求一种各方都能接受的协议而提出各种明确的提案，进行利益交换或实现共同利益的过程。

任何一个理性的谈判者在谈判之前都应当确定他的谈判最佳可替代方案以及谈判保留点。

商务谈判的结果往往受到各方谈判导向的影响。谈判导向是谈判者的谈判风格以及对待谈判结果的态度。商务谈判中，谈判者可能采取四种不同的谈判导向：赢-输导向、输-输（双输）导向、折中和赢-赢（双赢）导向。谈判者在决定使用哪种谈判导向时需要考虑多种因素。

商务谈判人员需要克服如下一些对谈判的认识误区：非理性升级、虚构的固定份额、锚定效应、框架效应、信息的易利用性效应和赢家的诅咒。

商务谈判过程一般包括五个步骤：谈判的准备、谈判计划的制订、谈判的开局、讨价还价和让步、谈判的结束。

商务谈判策略包括开局阶段的策略、讨价还价和让步阶段的策略、谈判结束阶段的策略。开局阶段的策略包括开局策略和报价策略两个方面。常用开局策略有友好的开局策略、慎重的开局策略、坦诚的开局策略和强硬的开局策略。常用的报价策略有先报价策略，后报价策略，卖方报高价、买方报低价策略，郑重报价策略，西欧式报价和日本式报价策略。讨价还价和让步阶段的策略主要有预防性策略、进攻性策略和综合性策略。谈判结束阶段的策略主要有最后通牒策略和先斩后奏策略。

商务谈判的沟通技巧包括商务谈判语言表达技巧、商务谈判倾听技巧、商务谈判提问技巧和商务谈判回答技巧等。

主要概念

商务谈判　谈判最佳可替代方案　谈判保留点　谈判导向　谈判认识误区　非理性升级　虚构的固定份额　锚定效应　框架效应　信息的易利用性效应　赢家的诅咒　开局策略　报价策略　西欧式报价策略　日本式报价策略　预防性策略　进攻性策略　最后通牒策略　先斩后奏策略

基本训练

❖ 知识题

1.举例说明谈判最佳可替代方案和谈判保留点的概念。

2. 解释商务谈判导向的概念，以及选择谈判导向和方法时需要考虑的因素。

3. 商务谈判中可能存在哪些误区？如何避免？

4. 说明商务谈判的过程，以及每一阶段的目标和任务。

5. 商务谈判不同阶段中可以选择的策略有哪些？其适用条件各是什么？

6. 商务谈判的沟通技巧包括哪些方面？每一方面的沟通要点各是什么？

❖ 技能题

A公司（买方）拟购买B公司（卖方）的一套设备。B公司提出的卖价为50万元，但保留价格为35万元，即只要高于35万元（含35万元）就愿卖出，且不愿失去此次卖出机会。A公司给出的买价为30万元，但实际上认为B公司的设备值40万元，只要低于40万元（含40万元）即愿购买，且也不愿失去此次购买机会。谈判中，双方对彼此的价格临界点当然并不知晓。要求：

（1）用图表示双方价格谈判讨价还价的范围。

（2）分析双方需求、地位、实力、价格谈判策略等因素可能导致的各种谈判结果。

（3）根据上述结果，为卖方（或买方）撰写一份分析报告。

❖ 沟通实训：谈判

这是一个关于盘店的谈判案例。

【背景资料】

刘才拥有一家比萨快餐店（兼营外卖）。去年快餐店的营业额为193 750元，税后利润为36 750元。这家店已经经营了数年，所处地段位置非常好。它的对面是一家生意兴隆的购物商场，离它最近的同行竞争对手麦当劳，位于购物商场的另一端，距离也在800米以外。

刘才打算趁生意还火红的时候早把它盘出去。广告上要价175 000元，即存货价值5 000元；厨房设备估价25 000元（原价35 000元）；快餐店设施在3年前是花了19 000元购买的；其余部分为对房产所有权和商业信誉等无形资产的估价。

作为买家，王鸣已经在本市的其他地方拥有了两处比萨快餐店，为了扩大经营，打算只要价钱公道，位置适中就再购进一家新店。王鸣现有的两处快餐店利润都相当丰厚。王鸣信心十足，认为自己有成功的经营管理经验、严格的财务管理制度，加上产品适销对路，购进新店后定能再次获得成功。

为此，王鸣曾经尝试过购买其他快餐店，但均因价钱谈不拢而作罢。现在王鸣看中刘才的店和另外一家，认为条件不错，符合自己的要求。王鸣面临的问题在于：尽管能从银行获得一些贷款，但还不足以支付刘才的要价。同时，王鸣最多只能先付一半的现金，其余部分要在今后两年，最好是希望4年内分期付款。

【谈判任务和实施方法】

谈判实训演练前，请仔细阅读背景资料。凡是背景资料里没有提到的东西，或者可以询问对方，或者可以花点费用作调研。所有参加者每3~5人组成一个小组。每两个小组分别扮演店主刘才和准备盘店者王鸣的角色，进行谈判。最后要求务必成交；如果最后未能成交，则表示两组都失败。

整个班级中，成交价最高的卖方以及成交价最低的买方并列为冠军，然后可以依次排出并列亚军和并列季军等。

谈判结束后，每组都要求撰写一份感受报告，分析在模拟谈判中应用了哪些谈判技巧，总结谈判体会及谈判中遇到的问题和困惑。

【谈判提示和建议】

（1）关于刘才的快餐店，王鸣必须弄清的主要情况有哪些？

（2）如果王鸣决定价钱超过 170 000 元就不买，那么在向刘才还价时应考虑哪些因素？

（3）如果王鸣准备采用分期付款的方式，则可接受的最高价为 185 000 元，但是只能最多先付一半，余款分 4 年付清，那么将如何引导刘才向这一方向靠拢？

（4）王鸣对刘才声称的盈利情况持有保留态度。王鸣将提出何种建议，以使自己不致付出太多，又能使刘才不失公道，达到双赢的效果？

第12章　跨文化沟通

❖ **引例**

沟通的结果往往受到沟通双方文化背景的强烈影响。具有不同文化背景的人之间进行沟通时，如果有一方不了解对方的文化，而完全按照自己的文化习俗来我行我素，那么可能的后果是轻则达不到沟通的目的，严重的甚至会造成重大的事故和巨大损失。

在跨文化沟通中，由于忽视文化差异而造成严重后果的最典型的例子，莫过于当年的美国总统尼克松在第一次访问巴西时所犯的错误。由于在正式的外交场合，尼克松采取了完全错误的行为方式进行沟通，结果造成了严重的外交事件。了解尼克松的人都知道他最喜欢的手势，也就是他的代表手势，就是高举双手做 OK 状。这一手势在美国文化里代表着胜利和友好，然而在巴西文化里，这是最下流的手势，就等于在美国文化里竖起中指的手势。

因此，可以想象，当尼克松在巴西首都机场走出飞机大门，面对全巴西人民和全世界的媒体，高举起他那双手打着 OK 的手势，还不断地前后摇摆，就像他赢得总统竞选胜利的那一刻，巴西人和新闻媒体都震惊了。第二天，全巴西所有的新闻媒体的头条都是尼克松的这一手势的照片。巴西人感到被冒犯了。尼克松的这一错误的沟通行为所造成的影响不言而喻。他的这一行为也成了跨文化沟通课程上流传最广的笑话。

文化差异不仅会造成像尼克松访问巴西这种重大外交场合沟通上的尴尬和困惑，也可能造成普通人际交往中的困惑不解和误会。

一位美国教师到中国任教。她的中国同事总是对她友好地说："有空来坐坐。"可是半年时间过去了，美国教师的同事们发现她从来没有上门来坐坐。于是，中国同事又对她说："我真的欢迎你来我们家里坐坐。如果没有空的话，随时打电话聊聊也可以的。"一年过去了，这位美国教师既没有上中国同事家里去坐坐，也没有给他们打电话聊聊。但是，这位美国教师也常因没有人邀请她去访问而感到孤单和苦恼。

其实，这都是由文化差异造成的。中国人在亲朋好友和同事之间的串门很随便，邀请别人来访，无须为对方确定时间，自己去探访别人也无须郑重其事地征得对方同意。但是，美国人没有随意串门的习惯。只有遇到一年内重大节日时，亲朋好友才会到家里聚一聚。平时如果有事上门，一般事先都要有时间确切的预约；没有得到对方的应允，随时随地上门访问是不礼貌的行为。因此，这位美国同事对"有空来坐坐"这句话只是当作一种虚礼的客套，并不当作一种正式的邀请。无事打电话闲聊也是美国人视为打乱别人私人时间和活动安排的藐视行为。所以，若想邀请美国人上门来访，应当诚意地与对方商定一个互相都方便的时间。由于这位美国教师和她的中国同事们都以自己固有的文化背景为基础与对方沟通，自然就产生了严重的误会，影响了双方的感受。

世界上许多国家之间的人们在相互沟通时都需要注意文化差异对沟通可能产生的影响。即使同一国家但具有不同文化差异的人们之间沟通时，也需要注意文化差异对沟通的影响。

资料来源　[1] 马兰德罗，巴克. 非言语交流 [M]. 孟小平，单年惠，朱美德，译. 北京：北京语言学院出版社，1991：338. [2] 张燕. 国际商务谈判 [M]. 上海：立信会计出版社，2012：296.

12.1　跨文化沟通概述

12.1.1　跨文化沟通的含义与必要性

跨文化沟通是指具有不同文化背景的个人、群体或组织之间的沟通行为。文化与沟通是紧密相联的。文化常常是通过语言、文字、风俗习惯和其他一系列的沟通行为表现出来的。文化是沟通的基础与前提，而沟通又是文化的载体。因此，沟通行为受文化的影响非常深远。具有不同文化背景的人在沟通中很可能产生冲突而影响跨文化沟通的正常进行。当然，跨文化沟通也可能产生不同文化之间的认同，促进跨文化沟通的进一步发展。

现代社会中跨文化沟通已经变得越来越重要了。在现代商务活动的沟通中，跨文化沟通更是一种不可缺少的手段。学习跨文化沟通的必要性体现在如下方面：

（1）越来越多的商务人员拥有直接到国外开展商务活动的机会

随着经济全球化进程的加速，国际贸易和国际经济合作急剧增多。不仅大公司，就连中小企业也越来越多地参与到国际经济活动中去。任何一个想要获得更大发展机会的企业都已经或计划派自己的商务人员去国外从事商务活动。跨文化沟通已经成为专业商务人员必备的一种技能和手段。

（2）商务人员在国内为跨国公司工作的机会也在大大增加

越来越多的跨国公司直接在中国从事生产经营活动，微软、IBM和三星等跨国公司在中国的机构，每年都需要招聘一批新员工。外国著名公司在中国的合资企业，如广州宝洁和上海大众等也为我们提供了到合资企业就业的机会。在所有这类企业中工作，跨文化沟通往往是一种必要的能力。

（3）在国内企业工作，也可能需要与具有不同文化背景的人一起工作和沟通

许多新员工在第一天上班时会发现，尽管是在本土企业，但他们公司、部门，甚至同一个办公室就有不同文化背景的同事或合作伙伴。跨文化沟通对这些人来说也是必不可少的能力。

许多商务人员在与具有不同文化背景的人进行沟通时表现并不理想。原因是他们并没有意识到跨文化沟通的特点和要求，也没有掌握跨文化沟通的技能。

12.1.2　不同文化间的差异

荷兰跨文化管理学家吉尔特·霍夫斯泰德（Geert Hofstede）于20世纪60年代在广泛研究跨文化管理问题以后，提出了区分不同国家和民族文化的一些因素或维度，其中最主要的有以下方面：

（1）个人主义和集体主义

在绝大多数西方国家中，人们奉行的是个人主义的文化。每个人都具有强烈的自我意识，一切以自我为中心，重视个性、独立和自立。个人主义文化强调个人所得和个人权利。在亚非和拉美等国家，集体主义文化则是非常盛行的。在集体主义文化中，人们强调集体所得和集体权利；个人对集体具有强烈的感情依附，极其信任组织，并愿意为组织的成长和发展作贡献。美国、澳大利亚和英国等就属于个人主义文化的国家，巴基斯坦、哥伦比亚、尼日利亚、日本和委内瑞拉等则属于集体主义文化的国家。

（2）权力距离

权力距离是指一个社会中人们对权力分配不平等的事实的接受程度。在权力距离比较小的低权力距离文化中，有权力的和没有权力的人之间的沟通距离很短，因此，人与人之间会显得更平等，社会显得更民主。在权力距离比较大的高权力距离文化中，有权力的和没有权力的人之间的沟通距离会很大。高权力距离文化倾向于具有严格的层级权力结构。这就意味着社会层级分明，沟通倾向于受到各种限制，因此，上下级关系明确，下级必须服从上级。

不同权力距离的文化倾向决定了组织制度上的差异。在低权力距离文化中，层级制度显得不太严格，组织中的信息趋向于比较自由地流动。而在奉行高权力距离文化的国家，企业中沟通多半是从层级的顶层扩散开来的，自下而上的信息流通会受到限制。菲律宾、委内瑞拉和墨西哥等是权力距离大的国家，而丹麦、新西兰、奥地利和美国等是权力距离小的国家。

（3）不确定性的规避和容忍

不同的文化对不确定性的规避和容忍态度是相当不同的。根据对不确定性的规避和容忍意识的不同，不同文化可以分为强不确定性规避文化和弱不确定性规避文化。

强不确定性规避文化认为，不确定性是一种威胁，人们会产生焦虑和不安，会试图以各种方式规避不确定局面的发生。由于害怕事物的发展变化，人们会有一种强烈的保守思想，缺乏创新意识，要求任何事情必须遵守规章制度，即使不再合适，也仍然要求遵守执行。像希腊、德国、英国、葡萄牙、比利时和日本等国的不确定性规避意识就很强。

弱不确定性规避文化则认为，不确定性是可以被接受的，人们对此不会有任何的压力，对事物的发展变化持积极态度。因此，人们会有一种强烈的创新意识，规章制度应当越少越好；当规章制度已不再适合时，就应当立即予以废除。新加坡、丹麦、美国和瑞典等国的不确定性规避意识就很弱。

（4）阳刚气质和阴柔气质

阳刚气质和阴柔气质是指人们强调自信、竞争和事业成功还是强调人际关系和生活质量的程度。阳刚气质又称男性气质，是一种以自信、工作、绩效、成就、竞争、金钱和物质等方面占优势的价值观为基础的文化。阴柔气质则是以更重视家庭、孩子和生活质量，保持良好的人际关系、服务、施善和团结等方面占优势的价值观为基础文化。

自主、自立、进取、果断、成功、晋升、自由、赚取更多的钱财、控制他人、掌握权力和理性思维是与阳刚意识相联系的。日本、奥地利、委内瑞拉和墨西哥等国家就属于阳刚文化。与阴柔意识相联系的行为有抚育、赡养、依附从属、乐助施善、恭让卑谦、职位保障、友好合作和尊敬领导等。丹麦、瑞典和挪威等国就属于典型的阴柔文化。

（5）高语境文化和低语境文化

在高语境文化中，大部分信息来自自然语境、环境或"字里行间的含义"。人们强调沟通所处的情境，非常注意那些含糊的、非语言的信息。日本、沙特阿拉伯、中国和西班牙等国都属于高语境文化。在低语境文化中，人们期望尽可能用语言表达一切。沟通中要求语言表达非常清楚，沟通双方都强调发送和接收明确、直接的信息。美国、德国、瑞士和斯堪的纳维亚地区的文化就属于低语境文化。

来自不同语境文化的人们如果不注意彼此之间的文化差异，就可能在沟通时遇到困难。合同在高语境文化和低语境文化中的价值也有很大不同。在低语境文化中，商业交易取决于书写明确规范的文件；在高语境文化中，交易除了合同之外往往还取决于私人关系。

（6）一维时间和多维时间

在拥有一维时间文化的国家，如绝大多数西方国家，人们认为时间要好好利用，不能浪费，因此人们重视时间的计划，关注未来。他们喜欢一次把注意力集中在一件事情上，而且会根据时间顺序来安排工作，把它看作一种高效、公平和精确的生活方式。

在具有多维时间文化的国家，如西班牙、葡萄牙、希腊、阿拉伯国家和拉丁美洲国家，人们认为时间就是时间，时间是可以变通的。因此，人们会更加富有耐心，对管理和计算时间没有多少兴趣，时间是灵活的、自然演变的。这种文化对关系的重视程度远远超过对时间计划的重视程度，而且人们倾向于现在，而不是未来。

（7）长期导向和短期导向

长期导向文化注重在追求长期目标的过程中所得到的满足感，而短期导向文化追求的是短期就能看得到的回报。中国、日本和韩国等亚洲国家属于长期导向的文化，人们努力工作是为了获得未来的回报。西方工业化国家大多属于短期导向的文化，人们更看重短期成果。

长期导向文化和短期导向文化的不同会造成行为习惯上的差异。长期导向文化的人行为上习惯从边缘切入，待全部了解情况后，再进入中心，谈"正事"。而短期导向文化的人喜欢从中心的"正事"开始谈起，如果成功，再拓展关系，了解其他方面的情况。

沟通案例12-1

12.2 跨文化沟通的原则与策略

12.2.1 跨文化沟通的原则

成功的跨文化沟通的前提是移情和预设差异。所谓移情就是在传递信息前把自己置身于对方的立场上，在接受信息时要考虑到对方的价值观、态度、经历和背景，以设身处地的方式来理解和体会所接收到的信息，与对方产生感情上的共鸣。预设差异则是指在跨文化沟通中，在没有证实彼此之间的相似性之前，先假设差异的存在，提高文化的敏感性，保持思想上的开放性和动态性。

为此，跨文化沟通中要注意遵守以下原则：

（1）尊重原则

每个人成长的文化环境决定了他所能接受的行为和思维模式。因此，要想与具有不同文化背景的人进行有效沟通，就必须尊重对方的文化意识，如尊重对方的人格、尊重对方的思想感情和语言、尊重对方的风俗习惯。但实际上，在跨文化沟通中许多人总会不自觉地把自己的文化看作唯一正确合理的东西，这种观念会形成跨文化沟通的障碍。

（2）平等原则

成功的跨文化沟通应当是在平等的基础上进行的。在跨文化沟通中既要克服文化优越感，也要克服文化自卑感。其实文化并没有优劣之分，每一种文化都有自己的特色和辉煌之处。沟通者在与来自发达地区的人沟通时要避免自卑感，而在与来自发展中地区的人沟通时应当避免文化上的优越感。

（3）属地原则

跨文化沟通必须"入乡随俗"，迎合沟通所在地的文化习惯。跨文化沟通时，如果在饮食、着装和礼仪等方面选择符合当地习惯的方式，就是一种迎合属地文化的做法，能使对方产生亲切感，迅速建立起友谊和合作关系。例如从1994年起，APEC的东道国为参与会议的各国领导人提供统一式样的、体现主办方文化特色的休闲服装。所有与会的领导人也都入乡随俗，身穿主办方的特色服装，拍摄"全家福"照片，以此来表示各国领导人对东道国文化的认同，同时达到建立友谊、发展交流与合作关系的目的。

（4）适度原则

适度原则是指在跨文化沟通过程中，要做到既不完全固守，又不完全放弃本土文化，力求在本土文化和对方文化之间找到一个平衡点。只有把握好坚守本土文化和迎合属地文化之间的"度"，才能有效克服跨文化沟通可能产生的障碍。

12.2.2 跨文化沟通策略

跨文化沟通策略总体上讲是增强对文化差异的敏感度，尊重东道国的文化和沟通习惯。具体地说，其包括如下几个方面：

12.2.2.1 克服民族文化优越感和避免习惯性思维

如果认为自己的民族文化高人一等，就意味着构筑了一道妨碍与其他文化沟通交流的障碍。而习惯性思维是简单地忽视个体之间的差异，给具有不同文化的独立个体贴上某种文化属性的标签。成功的跨文化沟通必须做到以下几点：

（1）不瞎猜

在跨文化沟通中，不能认为别人会有与你同样的价值观、信仰和习俗，会有与你同样的行为、态度和偏好。猜测对方具有什么样的文化习俗很可能造成沟通中的麻烦。除非经过调研或学习，真正了解对方的文化习俗；否则，就不应肯定对方文化属性的特点。

（2）不作评判

在跨文化沟通中，评价对方文化好坏与对错的行为本身就是错误的。因此，即使对方的行为与你不同，也不应当认为他们的行为就是错误的。

（3）承认差别

每种文化都有其特殊性，在跨文化沟通中，我们时刻都应当注意到，文化差异是普遍存在的。

12.2.2.2 深刻认识不同文化沟通方式上的差异

不同文化，尤其是东西方文化在沟通方式上最主要的差异就在于，东方文化注重维护群体和谐的人际沟通，西方文化则注重创造一个强调坚持个性的人际沟通环境。东西方文化更具体的差异体现在如下方面：

（1）东方重礼仪，西方重独立

东方文化中，人们的身份意识和等级观念比较强。沟通中人们的行为会受到各自地位和角色的制约。陌生人之间在谈及主题前通常首先会交换各自的背景资料，如工作单位、家庭情况和年龄等，以此确定双方的地位和相互关系，并依据这种关系来确定交谈的方式和内容。如果一方为长辈或上级，那么多由这一方主导谈话的进行，同时在出入先后顺序及起居方面都会有一定的礼仪。如果交谈双方在地位及身份上平等，交谈就会放松得多。

在西方文化中，特别是美国文化中，等级和身份观念比较淡薄。人际交流中，在称呼和交谈的态度上较少受到等级和身份的限制，不像东方文化那样拘于礼仪。西方文化强调平等、个人主义和个体价值观，因此，在人际沟通中崇尚独立性。

（2）东方多委婉，西方多坦率

在表达方式上，东方文化喜欢委婉的表达方式，结果就比较模糊暧昧。这可能与农耕文化交流的长期共居、生活空间比较狭隘和闭塞有关。一方面，对周围的人和事都很了解，没有必要把事情说得一清二楚。采取委婉的表达方式，让对方自己去领会和判断更显得尊重对方。另一方面，人们相互之间处于监视的状态，群体对个人具有很大的约束力，模糊暧昧的说法也为发生问题时逃避责任提供了机会。

西方人，特别是美国人，则非常看重真诚和坦率。他们认为真诚是一个人最可贵的品质。他们习惯于坦率地表达自己的观点，把坦率看作真诚的表现。相反，他们认为委婉与真诚有很大的距离，但与装假有某些相似之处。

（3）东方重意会，西方重言传

东西方文化对人际沟通手段的作用和效果有相当不同的看法。在大多数东方国家，人们在沟通观念上并不提倡能说会道，而强调重在意会。在中国传统文化中，无论是儒家、道家，还是佛教的禅宗，都并不推崇口头交流和沟通；相反，鼓励少讲话，或者通过个人的冥思苦想，而不是通过语言交流来获得需要的东西。日本更是一个喜欢沉默的民族，强调个人的洞察能力。所以，人们十分注重观察身边的环境、状况以及周围其他人的意向动态，并据此随时调整自己的行为，作出适当的反应。

与东方文化形成明显对照的是，西方人很强调和鼓励口语的表达技巧。在西方文化中，人与人之间的关系和友谊是要靠言谈来建立和维持的。他们缺乏中国文化中的那种"心领神会"的感受能力。在西方，当人们在一起时一定要设法使谈话不断继续下去。如果出现沉默，则在场的人都会感到不安和尴尬，并有一种必须继续谈话的压力。西方人的观念是，真正有才能的人不但要能思考，并且要善于把自己的意思有效地表达出来。

（4）东方重和谐，西方重说服

东方文化注重集体主义，强调组织的团结与和谐，因此，在沟通目的上，注意摆正沟通双方的关系，强调和谐胜于说服。以日本人为例，其尽管平时喜欢沉默，在交谈时却都习惯于相互随声附和，点头称是；在随声附和的同时，还会伴随着点头哈腰等非语言行为。在交谈中如果听话的人保持沉默，不随声附和，说话的人就会以为对方没有认真听自己讲话或者没有听懂自己所说的话，会感到深深的不安。因此，听的人也要及时地、恰到好处地随声附和几句，以表明自己在洗耳恭听，也积极参与了交谈。这种共同参与和积极配合的态度和行为体现了日本人追求和睦的人际关系、增添和谐气氛的心理和行为方式。

西方人在人际沟通和交流上的目的，强调信息发送者用信息影响和说服对方，也就是对对方施加影响。从古到今，整个西方传播学理论所强调的沟通目的就是施加影响，影响和改变对方行为。

（5）东方讲究拐弯抹角，西方讲究单刀直入

在陌生人之间的沟通中，东方人，如中国人，在进入正题前，习惯于拐弯抹角，缓缓地进入主题。而西方人，特别是英美人，喜欢单刀直入，把过长的开场白看作啰唆，有意不愿谈正题的表现。

为了达到缓缓进入主题的目的，东方人习惯于在进入主题前的开场白中表现出过分的谦虚，或者用"拉家常"的方式开始交谈，认为这样开始交谈非常自然。但在英美等西方国家，人们认为这种开场白会牵涉他们的隐私，会使他们感到不快。英国人习惯于从谈天

气开始，而美国人习惯于从本周的橄榄球赛或棒球赛开始谈话。

（6）东方重关系，西方重问题

东方人注重关系，常常认为只要双方之间建立了关系，就不会有解决不了的问题，所以在沟通和谈判中喜欢强调那些积极的、正面的东西。东方文化更认为尚未解决的问题有助于双方之间建立一种关系网。彼此之间的关系有助于达成双方一致认定的总体目标，就可以把双方牢牢地绑在一起，至于细节性问题有没有解决是无关紧要的。东方文化进一步认为，彼此之间一旦有了关系，各方就会为对方考虑，问题就会迎刃而解。

西方人在沟通和谈判中会更注重尚未解决的问题和细节，他们会把精力全部集中在尚未解决的问题上，然后一一加以解决。这种思维方式有时可能导致与东方文化之间沟通上的冲突，因为东方人习惯上不喜欢被问到那些尖锐的、敏感的问题。西方人如果为了尽快解决问题，直接把矛头指向尚未达成共识的问题，就很可能导致双方的当面争执、对峙或动怒。此外，与西方文化习惯于一个一个地相继处理问题不同，东方文化习惯于同一时间并行地处理几个问题。

12.2.2.3　保持对非语言信息的敏感性

不同文化对非语言信息的阐释往往是千差万别的。这些差别集中体现在以下方面：

（1）问候

人们之间的问候方式可能因文化的不同而不同。虽然在世界绝大多数地方握手是一种相当标准的问候方式，但是所用的力度可能有不同。在某些国家用力握手表示温暖和信心，但在另一些国家可能认为过于咄咄逼人了。除握手外，世界各地还流行各种传统的问候方式。例如，在西方国家是拥抱和亲吻，在东南亚某些国家是用双手合拢做成祈祷状，而在日本是鞠躬等。此外，不同文化对名片的处理方式往往也有很大的差异。

（2）衣着

在世界绝大多数地方，西装都是参加商务会议的适当服装，但是如果穿着西装参加晚间的娱乐活动，就变得不合适了。对衣着，即使不参加商务会议或正式的社交活动，也应当小心对待。在某些对旅游和娱乐服装的要求也比较保守的地方，应当避免穿着过于暴露的服装，以免遇到令人不快的事情。

（3）空间、触摸习惯、姿势和肢体动作

世界各地的不同文化在商务和社交活动中保持的空间大小、触摸习惯、采取的姿势和肢体动作等方面也有很大的差异。在多数西方国家，人们希望保持足够大的私人空间，而在阿拉伯国家和拉丁美洲，人们几乎没有私人空间的概念，因此，双方说话时几乎是面对面、鼻子对鼻子的。

不同文化背景的人在沟通中触碰对方身体的地方一定要十分小心。在某些国家，头部是不准触碰的。而某些不文雅的动作或姿势也可能被对方看作一种不友好甚至敌意的表现，所以应当尽量避免。

同一种肢体动作在不同文化中很可能有不同的含义和解释，甚至所理解的意思会变得完全相反，因此在跨文化沟通中使用肢体动作有时很可能是相当危险的。一个出于友好的肢体动作可能被对方理解为活生生的侮辱。"竖起大拇指"在许多欧美国家中表示"称赞"或"一切都好"，而对澳大利亚人来说，是一种猥亵行为。可见，跨文化沟通中使用肢体动作一定要谨慎。

（4）食物

在食物方面，具有不同文化背景的人们对吃什么、怎么吃和何时吃都会有自己强烈的意识。东道主出于好客，总希望客人与他们分享那些带给他们无穷乐趣的美味佳肴，但是同样的食物对具有不同文化背景的人来说很可能是一种灾难或恐惧。作为客人，尽管不愿意尝试某些菜肴，但是应当避免因强烈的拒绝而显得非常粗鲁。

（5）礼仪

商务活动中出于礼仪，赠送给对方少量的礼物是非常流行的做法。在像日本和韩国等某些国家，送礼还是一种重要的沟通手段。然而，在像德国、比利时和英国，以及另外许多国家，送礼常常被认为是不合适的。即使在习惯送礼的国家里，人们对礼物的性质和价值大小的要求也可能有很大的不同。

首先，不同文化对收到礼物的种类、数量、颜色和形状所表达的意思，可能有不同的理解和解释。其次，不同文化对礼物价值大小的感受和要求也会有很大的差异。超过一定价值的礼物会被理解为具有一种贿赂的企图，是需要禁止的，但礼物价值太小又可能被具有另一种文化背景的人看作过于小气，是吝啬的表现。所以，入乡随俗，事先了解当地的习俗是非常必要的。

沟通案例 12-2

12.3 跨文化沟通的技能

12.3.1 掌握跨文化沟通的习惯差异

在跨文化沟通中，必须注意到不同文化背景下的沟通规则和惯例之间的差异，了解和遵守这些基本的沟通规则和惯例可以避免和减少误会，有利于相互交流和理解，培育良好的跨文化沟通中的人际关系。

12.3.1.1 跨文化沟通中的礼节

（1）称呼

不同文化背景下的沟通习俗千差万别，但都有一个共同点，这就是正确地称呼交往中的对方是非常重要的。要正确地称呼对方，前提是要记住对方的名字。不管在哪种文化的人际交往中，能够记住对方的名字常常表示对对方的尊重或重视。所以，陌生人之间相互交往时，首先要做的就是互报姓名。互报姓名后，最好向对方确认一下，自己所听到和记住的是否正确。因为在许多国家中，姓名常常暗示着一个人的社会地位和家庭状况，所用称呼中一点小错也可能使对方不快，甚至感到侮辱。所以，有经验的跨文化沟通人员会在互报姓名后，加上一句："那么，我该怎样称呼您呢?"或者"……我这样称呼您，对吗?"

掌握不同国家的人使用姓名的顺序规则，对正确决定对对方的称呼是有帮助的。在拉丁美洲，大多数人的名字都是由父亲和母亲的名字组合而成的，但在交谈中只用父亲的名字。不过在讲西班牙语的人家里，父亲的名字放在前面，而在讲葡萄牙语的人家里恰恰相反，母亲的名字在先。在东方国家，姓名放置前后顺序的习惯也很复杂，甚至连"先生"的称呼是应该与姓相连，还是与名相连，也常常需要因地制宜。所以为安全起见，事先向有关人员咨询清楚，或者在交往一开始就向对方虚心请教，对避免出现差错是很重要的。

（2）服饰

跨文化沟通中，应当穿着显得比较自然的服饰，而且要使穿戴与周围环境相协调。因此，无论在何地，与何种人交往，都不应该穿着使人感到古怪、奇特的服饰。在西方国家，除少数例外，一般地说无论在什么地方谈生意、赴宴或到他人家里访问等，男子应穿庄重的西服，并系好领带，女子则应穿礼服或裙式西服，其他类型的服饰只有在观光旅游时才适宜穿戴。在拉丁美洲各国和亚洲的很多国家，人们对服饰的要求不高，跨文化沟通者最好按当地人的做法来决定自己的衣着。

重要的是，在跨文化沟通中要绝对避免和防止因穿着不当可能造成对对方的亵渎、不洁，甚至是罪恶感。首先，在东方国家，穿鞋不当是最容易冒犯他人的行为。穿鞋者是不能进入清真寺的。在日本，进屋或进餐馆前应当脱鞋，除非主人另有表示。在印度和印度尼西亚家庭，若主人赤足，客人也应当如此。其次，在一些穿着比较保守的阿拉伯国家，衣着不当可能引发严重的文化冲突。所以，事先经过调查，掌握衣着方面的禁忌，遵守当地的习俗是非常必要的。

12.3.1.2 跨文化沟通中的生活习俗

（1）饮食习俗

不同文化的饮食习惯差异是巨大的。在一个国家中被人们视为美味佳肴的食物，很可能完全无法被另一个国家的人们所接受。但是，当你受东道主的邀请参加宴请时，绝对不能拒绝你心里实际上不喜欢的食物。在餐桌上，不管你拒绝异国风情食物的语气多么委婉、手段多么巧妙，拒绝的结果总会造成不好的影响。接受放在你盘子里的东西，就等于接受了你的东道主，接受了他的国家，接受了他的公司。因此，不管食物多么不合你的口味、多么粗糙，也应当把它吞下去。在国际商务活动中，即使主人推荐的食物令人作呕，你也不应拒绝，无论如何也要吃几口。桌上有什么，你就吃什么；主人吃什么，你就吃什么。

（2）宗教文化

世界上主要有三大宗教：基督教、佛教和伊斯兰教。而基督教又分为天主教、东正教和新教三大教派。它们都有自己主要的影响区域。新教主要是北欧、北美国家和澳大利亚的人们信奉；西欧和南美国家的人们主要信奉天主教。中东和北非国家的人们大多信奉伊斯兰教。亚洲很多国家的人们信奉佛教。此外，世界各地规模较小的宗教不胜枚举。

不同的宗教都会通过各自的教义、教规影响其每一个成员的生活方式、价值观、审美观和行为准则。跨文化沟通中必须十分注意宗教对人们文化生活各个方面的重要影响。为保证跨文化沟通的成功，对待宗教信仰必须注意以下几点：

第一，尊重他人的宗教信仰。应当以尊重的态度来谈论他人所信仰的宗教派别。这样做是十分明智的，也是有必要的，也只有这样做才能取得对方的信任，为成功沟通创造基础。

第二，跨文化沟通不应干涉或妨碍正常的宗教活动。各种宗教都会有含有宗教色彩、宗教传统的婚丧仪式和群众性的节庆活动。它们早已成为当地风土人情的重要组成部分。例如，在伊斯兰国家，人们每天都要停止工作五次进行祈祷，这已经成为当地习俗。因此，在别人这样作祈祷时，就不能干扰，也不能表现出不耐烦的态度。

12.3.1.3　跨文化沟通惯例

（1）名片的使用

名片是表明一个人地位与职业的重要手段。在世界上许多地区，人们在沟通中首先会注意到对方的地位，因此，在国际商务活动中互换名片也是最基本的沟通方式。跨文化沟通在使用名片方面应注意如下几个问题：

首先，要注意到不同国家的名片在表明地位方面的作用上的差异性。有些国家在名片上使用学位和职称是非常严格的，但是在另一些国家非常随意。

其次，在设计用于跨文化沟通的名片时，不要使用缩写，无论是公司名称还是职称都应当采用全称。

最后，在互换名片时，要表现出对对方的尊重，并方便对方看清名片上的字。

（2）"准时"概念的差异

不同文化对"准时"的理解会有很大的差异。在许多地方，特别是拉丁美洲的很多国家，人们对准时的理解是富有弹性的。在墨西哥，迟到是一种普遍的被人们所容忍的现象。在中东地区，人们在心理上希望准时，但实际上拖拖拉拉，经常会迟到。与此相反的是，其他许多国家的人们对准时的要求是不允许发生任何迟到现象，也不允许有任何借口。世界上最不能容忍迟到现象的是日本人、德国人和英国人。

（3）使用非母语交谈的风险

新到一个国家，许多人都会学几句当地语言，用于问候和应酬，既表现自己的友好，也体现自己的好学。但是，实践表明，除非在很小范围、非常不正式的场合，或者对比较熟悉的人，否则想要卖弄小聪明，就可能是鹦鹉学舌，弄巧成拙。

在用非母语交谈时，讲话的内容和方式常常使对方无法理解讲话者的真正意思，以致产生误解。因为在不同文化中，人们对交谈中肢体语言和空间距离的解读和理解可能有很大的差异。交谈中与对方距离过近，可能使具有某些文化背景的人感到很不自在，而不由自主地后退。与对方距离过远，也可能使具有另一些文化背景的人产生明显的冷落感。因此，与具有不同文化背景的人进行交谈时，应避免这种空间距离上的不适应所造成的窘境。

（4）面谈时机的选择

尽管不同国家文化对什么时候可以谈生意、什么时候不可以谈生意，都没有特殊明确的规定，但是不同国家对什么时候适合谈生意、什么时候不适合谈生意又有自己的习俗。如果不尊重当地的习俗便是失礼。例如，在英国，下班以后就不应再谈任何公务问题了，在饮酒或吃饭时谈生意上的事只会使英国人感到不快。

在日本，情况正好相反，谈生意没有昼夜之分，不管是白天在办公室，还是晚上在酒吧等，最终的目的都是生意的成交。但尽管如此，在日本，一般初次见面一开始也不谈生意，相互介绍需要一整套的仪式。不管你多么着急，多么希望马上开始实质性会谈，日本人却只想获得关于你的公司、你的社会身份，以及与交易有关的其他背景信息，以便能精确地决定对待你的策略。

在阿拉伯国家，人们也不喜欢刚一见面就谈生意。在他们看来，一见面就谈生意是非常不礼貌的事。他们希望一开始花点时间同你谈谈社会问题或其他话题。所以，最好的办法是让阿拉伯人来决定什么时候开始谈生意。因此，在阿拉伯国家，无论在任何情况下，你都不要首先开始谈生意。

沟通案例12-3

12.3.2　跨文化谈判的技能

不同的文化背景对商务谈判的风格和策略都会有巨大的影响。整体上说，西方人往往把复杂的谈判分解为一个个较小的问题，再依次解决。而在许多东方文化中，人们会采取一种通盘考虑的方法来对待和处理谈判。因此，对跨文化谈判需要实施基于文化差异的管理，这对提高谈判效率是很重要的。

12.3.2.1　谈判过程中的文化差异

（1）谈判前可能出现的文化差异

首先，谈判前的文化差异影响体现在谈判团队的设计与组织上。例如，典型的日本商人更重视与善于组成一个团队参加谈判，让下级经理起到观察和认真记录的双重作用。相反，多数美国商人受独立和个人主义等文化传统的影响，常常会单枪匹马地去应对为数不少的对手。

其次，文化差异对谈判工作的准备也有重要影响。例如，对谈判方式的安排，美国商人倾向于众人一起来"敲定一项协议"；日本商人喜欢先与每个人单独谈，如果每个人都同意的话，再安排范围更广的会谈；俄罗斯商人喜欢采用累计的方法，先和一方谈，达成一项协议，然后达成协议的双方再邀请第三方谈判，如此继续下去。

此外，不同文化对谈判时间控制的观念也相当不同。北美文化的时间观念很强，认为时间就是金钱。而中东和拉丁美洲文化的时间观念比较淡薄，在他们看来时间是有弹性的。

（2）谈判中应正确处理文化差异

谈判过程中需要在如下阶段正确处理文化差异：

第一，寒暄。不同文化的谈判者对待谈判中寒暄的态度会有很大的差异。例如，美国商人强调"把人和事区分开来"，感兴趣的主要是实质性问题。美国商人花在与工作不相干的交谈或了解外国对手上的时间很少，在出于友好和礼貌作简短的寒暄后很快就会进入主题。而日本商人看重相互关系，在寒暄阶段中常常会花大量时间、费用和精力，着力于建立良好的私人关系，然后谈业务。

第二，交流工作信息。具有不同文化背景的谈判者由于价值观、行为模式和习惯上的差异，不仅在语言交流方面会有某些障碍，在非语言交流方面也会发现明显的差异。例如，比较日本与法国的文化就可以发现，日本式的交流技巧中凝视和插话出现的频率较低，但沉默时间较长；法国谈判者似乎不甘寂寞，往往会主动填补对方的沉默。不同文化背景会形成两种不同的买卖关系：垂直型的和水平型的。垂直型的买卖关系注重含蓄和面子。例如，墨西哥和日本就属于这种类型，人们唯恐破坏非常重要的个人关系，不情愿反馈负面信息。而水平型的买卖关系依赖双方的信誉，注重直率和讲心里话。所以，德国人对负面信息的反馈是非常坦率的。

第三，说服。在注重个人关系的垂直型买卖关系的文化中，由于人们倾向于将较多时间和精力花在寒暄和前期信息交流上，因此，说服阶段要争论的内容就比较少。即使要进行说服，出于保全面子的心理，往往也会选择含蓄或幕后的方式，而且说服的方式和结果还与地位有关。如日本文化中在正式谈判场合较少使用比较放肆或强硬的谈判手法。相反，在注重水平型买卖关系的文化中，人们信奉坦率、竞争和平等的价值观，认为说服是最重要的。谈判的目的就是迅速暴露不同意见以便加以处理。例如，美国人就喜欢在谈判桌上摊牌，急于进入说服阶段。

第四，让步和达成协议。不同文化背景的谈判者在决策上形成了两种不同的方法：顺序决策方法和通盘决策方法。西方文化，特别是英美等西方国家的商人，习惯采用顺序决策方法，常常将大任务分解为一系列的小任务，每次解决一个问题，从头到尾都有让步和承诺，最后的协议就是一连串小协议的总和。然而，东方文化会采用通盘决策方法，要在谈判的最后才会在所有问题上作出让步和承诺，达成一揽子协议。

沟通案例12-4

（3）谈判后可能的文化差异

不同文化对谈判后达成的合同内容和合同作用会有不同的理解。美国文化强调客观性，因此，往往依赖界定严密的合同来保障交易双方的权利和义务。所以，美国企业之间的合同常常长达百页以上，目的是保证公司不受各种争端和意外事故的伤害。而在注重关系的文化中，争端的解决往往不完全依赖法律体制，而依赖双方间的关系。在这些文化中，书面合同很短，主要用来描述商业伙伴各自的责任，有时甚至写得不够严密，仅仅包含处理相互关系的原则说明而已。

对谈判的后续交流，美国文化强调"把人和事区分开来"，感兴趣的主要是实质性问题，所以不太注重后续交流。但在注重个人关系的文化中，人们会把与外国客户之间的后续交流看作商务谈判的重要部分。

12.3.2.2　不同谈判风格的差异

比较不同文化的谈判行为之间的差异，对需要参加国际商务谈判的人员来说，将受益匪浅，能够帮助他们更好掌握与不同文化背景的商务人员谈判的技能。

表 12-1 是对日本、北美和拉美国家不同谈判风格的比较。

表 12-1　　　　　　　　不同谈判风格的比较（日本、北美和拉美国家）

项目	日　本	北美国家	拉美国家
1	高度注重情绪敏感性	不很注重情绪敏感性	注重情绪敏感性
2	掩饰情绪	直接客观地处理	感情充沛
3	巧妙使用权力；调和	协调多于诉讼	强权；利用弱点
4	雇员忠于雇主；雇主体恤雇员	对雇主缺少忠诚	忠于雇主
5	顾全面子，决策常为使某人脱离困境	决策基于利益考虑，保全面子并不重要	为维护尊严和荣誉而决策，面子极其重要
6	决策者明显受特别利益的影响	决策者受特别利益影响，但常被认为不道德	涉及特别利益的决策，在执行时选择宽容
7	不争论；正确时保持安静	无论对错均客观地争论	无论对错均情绪化地争论
8	精确、有效的文字表述	对作为论据的文件高度重视	对被视为理解通用原则的障碍的文件感到厌烦
9	逐渐接近决策	系统、有组织地进行决策	冲动自发地进行决策
10	团队利益是根本目标	组织或个体获利是根本目标	集体与个体利益密不可分
11	为决策营造良好的社会氛围，了解决策者	客观决策，避开冲突利益的困扰	决策者个性对明智的决策很重要

资料来源　张炳达，满媛媛. 商务谈判实务［M］. 上海：立信会计出版社，2007：284-285.

拉美文化在谈判风格上的体现，以巴西为例，代表了那种自然、热情且充满活力的谈判风格。巴西人健谈，并特别喜欢说"不"。巴西商人与美国、日本商人更明显的不同是他们习惯于使用较随意的合同。

日本商人是典型的技巧型谈判者。他们是那种从容、温和和耐心的谈判者，习惯于进行长期细节性的协商。基于一贯传统的文化，日本商人还注重维持和谐。他们宁可推托甚至离开谈判室，也不愿直接给予对方一个否定的答复。日本文化的根本是关心整个团体的利益，任何影响一个人或一小部分人的事件都同样会影响其他人。因此，日本商人决策十分谨慎，以便考虑长期效果并注意对方的反应。日本商人还花费了大量的时间和精力学习美国文化及商务策略。

日本文化的彬彬有礼和情绪掩饰常使美国商人感到不知所措。美国商人经常单刀直入到事件的核心，而日本商人喜欢先发展长期的个人关系，愿意花时间了解对方，并做一些铺垫工作后再谈论实质问题。于是，当具有两种不同文化背景的谈判者坐在一起的时候，文化冲突就可能自然而然地发生了。

表12-2又以北美、阿拉伯国家和俄罗斯等为例，说明和比较了文化价值观对谈判风格的影响。

表12-2　　文化价值观对谈判风格影响的比较（北美、阿拉伯国家和俄罗斯）

项目	文化价值观	北美国家	阿拉伯国家	俄罗斯
1	基本谈判风格	实事求是	情绪化	理想化
2	对争论的态度	客观事实	主观情感	坚持理想
3	对让步的态度	为建立合作关系，在早期先作小的让步	视让步为谈判的组成部分	极少让步或作很小的让步
4	对对方让步的反应	经常给予回报	基本上会给予回报	视对方让步为软弱，几乎从来不给予回报
5	合作关系	短期	长期	没有持续的合作关系
6	权威性	广泛	广泛	有限
7	初始姿态	一般	极高	极高
8	对时限的态度	非常重视	随意	忽视

资料来源　张炳达，满媛媛．商务谈判实务［M］．上海：立信会计出版社，2007：286．

北美国家谈判者的基本风格是坚持事实倾向的。他们会基于自己所相信的客观事实，并相信对方也会合乎逻辑地理解，据此向对方传递信息，开展谈判。

阿拉伯国家谈判者的基本风格是感情倾向的。他们会基于自身的主观感情和感受来开展谈判。与俄罗斯商人正好相反的是，阿拉伯商人喜欢成为长期的合作伙伴，因而更易于作出让步。与西方商人相比，阿拉伯商人对时限不够重视，并经常缺少足够的权威去完成一项交易。

俄罗斯谈判者的基本风格是坚持公理倾向的。他们会基于所在社会中普遍认同的理想信念来开展谈判。俄罗斯商人是强硬的谈判者，他们会通过不断地争论和拖延，使一些国家的谈判者感到沮丧，谈判陷入僵局。这是因为俄罗斯商人并不认同一些国家商人信仰的"时间就是金钱"的观念。俄罗斯商人是很沉得住气、坚决、固执的谈判者。他们几乎很少作出让步，也不愿对对方的让步给予回报。

学思践悟

培育年青一代跨文化交际能力

一、心相交，民相亲

跨文化交际能力是指尊重世界文化多样性，具有跨文化同理心和批判文化意识；掌握基本的跨文化研究理论知识和分析方法，理解中外文化的基本特点和异同；能对不同文化现象、文本和制品进行阐释和评价；能有效和恰当地进行跨文化沟通；能帮助不同文化背景的人士进行有效的跨文化沟通。

党的二十大报告指出："我们真诚呼吁，世界各国弘扬和平、发展、公平、正义、民主、自由的全人类共同价值，促进各国人民相知相亲，尊重世界文明多样性，以文明交流超越文明隔阂、文明互鉴超越文明冲突、文明共存超越文明优越，共同应对各种全球性挑战。"多元化、多极化的世界需要跨文化交际能力，面对复杂多元的世界，我们要持有互相包容、互相尊敬、开放互惠、公平正义的态度。培育年青一代的跨文化交际能力，依托年轻人之间语言沟通上的便利，可以促成文化的多样共存理念。一方面，吸引外国友人对中国文化感兴趣，满足其好奇心并解答明白，引发他们对中国文化产生理解和适应的情感；另一方面，年青一代与外国友人建立牢固而健康的个人人际关系，个体间的相互信任可以促进国家间的跨文化交际有效性，为中国倡导的世界互容互鉴、协作共赢理念奠定基础。

培育跨文化交际能力要注重培养人们中正不倚、不以利益为首要目的的行为模式，在国际合作和交流的语境下，强调人们在文化碰撞时"民相亲"，"以心相交，淡泊明志，友不失矣"。国际赛事和会议的举办是文明和文化在融合互惠中的相亲相近，通过体育赛事等国际交流活动，可以因势利导地激发人们发自内心的互相认可，对优秀的文化发自心底地佩服，这种"心相交、民相亲"不是脆弱的金钱或利益关系可以维系的。

例如，2022年中国举办冬奥会，运动精神的承载物，如场馆、内饰、饮食、服饰、音乐、吉祥物、生活风格等，以及年轻志愿者的亲切话语和服务，都在直接与来自世界各地的每一个个体对话，展现了中国文化和中国精神。运动精神所承载的文化，超越了国家、民族、意识形态的不同，让外国人民直接感受到中国的热情友好、幸福无私，吸引他们自发地亲近中国。

二、民族自信，和谐共生

参加国际会议和交流活动的海外人员，往往会因文化背景而对同一事物产生不同理解，因此，参与交流的青年人不仅要掌握一门或几门语言技能，在语言文字上能够简单对译，而且必须有较高的跨文化交际水平和技巧，才能有力推进文化传播。

在这个交流过程中，应以爱国情怀、民族自信为核心要素。面对不同国家的来访者，在不同文化模式的碰撞、传播和冲击中，保持爱国情怀、民族自信是参会人员恰当地展现中国文化独特魅力的前提条件，如此才能使对方感同身受，了解乃至理解中国文化。

年青一代作为有理想、有独立思考力的个体，参加国际交流活动时本身就有着珍贵意义；此时此刻，若立足现实，用热爱的态度讲事、讲人、讲情感，用饱含自豪的语言表达，就会让对方感知、理解中国人的话语和活动，感受到中国人当下的社会生活，如此也就是恰当地运用了跨文化交际能力。

中国文化是培育年青一代跨文化交际能力的根基。弘扬中国文化，引领中国文化走出去，根基是青年对中国文化的热爱与掌握，外语教学只是辅助工具。当前外语教学模式要进行人文化转换，对比知识和文化内涵，不只是简单停留于字、词、句的熟背，增进学生传承优秀中华文化传统，拓宽文化视野，增强文化对比的自觉意识，加强跨文化交际能力。例如，中国长辈对年青一代的希冀是"青出于蓝而胜于蓝"。在中国文化课堂中可以用汉乐府诗词"青青园中葵"点出含义；在外语课堂中，在识别蓝色和青色词汇时点出比较含义，然后在认知层面展开中外文化对比，指出中国人的个体感是埋藏于集体感的，个体的胜出是基于前辈的积累，其文化内涵深厚，与外国的追求个体恣意随性、跳脱出集体的思维大相径庭。多向外国友人传达这样的例子，不仅能更好地展示中国文化的魅力，还会增加中外文化彼此间的认同。

三、破定式，立规范

中国的文化、语言、行为模式在全世界具有独特性，与欧美语境国家相去甚远。外国来华访客和普通民众对中国所经历和发生的事件理解不够全面具体，常常带有定式和偏见，而经过加工的外国媒体报道更是加重了某些定式和偏见。

大规模国际会议、赛事和国际交流合作活动在中国举办是吸引大量外国人直接参与中国人生活和社会活动的最直接机会，也为打破这些固有定式和偏见提供了机遇和平台。年轻的参会人员要通过自己掌握的跨文化交际能力，扮演破除定式的先锋，用专业跨文化交际能力引导他们理解和适应。

例如，要找到共通性。在一些特色环节中找到和对方一致的某个细节点，通过共通性来建立人与人之间的友谊，打下进一步合作的基础。比如北京冬奥会吉祥物"冰墩墩"，原型是熊猫，是一个具有可爱的共通含义的标志，与其他国家的特色动物可以形成类比；还可以引申到中国多年来致力于保护野生动物和修复生态环境的举措，增强亲近感，消除思维定式。

此外，以开放包容的态度面对对方不同的观点。中国文化强调和谐共生、包容万物，面对对方的不同观点，国际交流合作活动的参与者不应简单地否定对方，而应坚持自身的文化身份、保持个人的初心和愿景，多用让对方亲身体会的方式来破除他们的定式与偏见。

四、多技巧，创和谐

随着中国国力的增强，中国需要掌握与国力相匹配的国际事务话语权，承办国际大型体育赛事等多种对外交流活动是传扬中国和谐共处发展之道的最佳时机。世界上不存在任何一种可以独断专行的行为模式、文化标准，跨文化交际推动全世界人民互相理解、互相接受彼此间的文化差异，培养相互的文化互惠和包容。

在培育年青一代跨文化交际能力中，一些技巧非常必要。例如，在交际过程中，注意保持言语信息与非言语信息一致，使用规范的国际通用手势等肢体语言。在国际交流合作事务中，面对来自不同文化背景的来访者，要关注到他们本国文化中一些特殊的非语言交际方式。比如，人们经常做的OK手势可能对拉美和南美国家人民来说并不合适，而大拇指向上的"点赞"手势是波斯文化的禁忌。所以，非语言交际的解释情景非常多，要配合语言的明确解释；语言交际表达的内容要和非语言交际的内容保持一致，言语的善意和肢体语言的善意都要规范传达。

同时，中国的年轻人在与外国友人对话时，应注意避免过多地掌控对话。深入交流时，外国友人非常愿意了解中国的各种特色。而我们不能仅仅做一个喋喋不休的翻译、讲解员，要倾听并解答对方的疑惑、问题，擅长用具体事例或者亲身经历事件说明中国的政策、主张，展露中国文化。互动是跨文化交际的一项重要技能。

中国是礼仪之邦，强调和平共处，但和谐不代表屈从、顺从对方意志。当对方提出的交流内容有不恰当之处时，我们要善于坚持自己的观点，用事例证明自己的观点，态度要不卑不亢。自信自强才是中国人和谐共处的根本之道。相对于谄媚的语言，在交流场合应坚定立场，维护国家和自身的利益，有礼有节，具备前瞻思维，面向世界，拓宽格局，在文明对话中保持话语权，以独立自信赢得对方尊重。

五、展文化、育英才

当今世界正面临百年未有之大变局，中国的发展也处于重要战略机遇期，每个年轻人的机遇和挑战都在发生新的变化，跨文化交际能力不仅可以提高个人素养，也对国家发展有着重要意义。《关于加强和改进新形势下高校思想政治工作的意见》指出："高校肩负着人才培养、科学研究、社会服务、文化传承创新、国际交流合作的重要使命。"事实上，不仅是高等教育，在小学、中学、高中直至大学，中国文化相关课程和外语课程都应担当起培育年青一代的跨文化交际能力的使命。

文化共鸣是培育年青一代跨文化交际能力的途径。在经济全球化时代复杂的政治、经济格局下，多元文化思想纠缠竞争，各国特色交织争鸣。每一个接受现代教育的年轻学生都要守住初心，在秉持中国文化身份认同的同时，用全球的视野、开放的心态、包容的姿态来面向外国文化，寻找文化间的共性。应以相似和相近感使外国友人对中国文化发自内心地认可，把中国文化独特的精神标识，以年轻人喜爱的方式进行表达，创新角度和思维，多交朋友，多与外国友人互动，使友谊牢固。

探寻文化意义是培育年青一代跨文化交际能力的目标。跨文化交流反映了语言所承载的情感、态度和文化的传承，培育年青一代的跨文化交际能力是号召年轻人积极参与构建未来世界的方法。教师应充分引导学生对外语文字基本内容的理性分析和认知，开展基于中国优秀传统文化的对比式学习，把中国文化渗透进外语教学，进行深度学习，发展学生心智。培育跨文化交际能力要充分了解外国的价值观，深化学生对中国的情感认同和价值判断，心系民族，锐意进取。面对异域文明的冲击保持定力，追寻文化的内涵和意义，引导外国交流者认识到文明的互相接受和包容是当代共赢的趋势，助力中国文化对外交流。

培育年青一代跨文化交际能力具有重要意义。中国文化对外互动与年青一代具备跨文化交际能力是宏观与微观的关系，微火虽小，生生不息。

资料来源 梁月倩. 培育年青一代跨文化交际能力［N］. 光明日报，2022-02-22（15）.

本章小结

跨文化沟通是指具有不同文化背景的个人、群体或组织之间的沟通行为。沟通行为受文化的影响非常深远。具有不同文化背景的人在沟通中很可能产生冲突，从而影响跨文化沟通的正常进行。

根据霍夫施泰德对跨文化管理的研究结果，区分不同国家和民族文化的最主要因素有个人主义和集体主义、权力距离、不确定性的规避和容忍、阳刚气质和阴柔气质、高语境文化和低语境文化、一维时间和多维时间，以及长期导向和短期导向等。

跨文化沟通需要遵守的原则有尊重原则、平等原则、属地原则和适度原则。

跨文化沟通策略从总体上讲是增强对文化差异的敏感度，尊重东道国的文化和沟通习惯。（1）克服民族文化优越感和避免习惯性思维；（2）深刻认识不同文化沟通方式上的差异；（3）保持对非语言信息的敏感性。

跨文化沟通技能包括掌握跨文化沟通的习惯差异和跨文化谈判的技能。掌握跨文化沟通的习惯差异要求掌握跨文化沟通中的礼节、生活习俗和跨文化沟通惯例等方面的差异。掌握跨文化谈判的技能要求掌握谈判过程中的文化差异和不同谈判风格的差异。

主要概念

跨文化沟通 个人主义和集体主义 权力距离 不确定性规避和容忍 阳刚气质和阴柔气质 高语境文化和低语境文化 一维时间和多维时间 长期导向和短期导向 尊重原则 平等原则 属地原则 适度原则

基本训练

❖ 知识题

1. 区分不同文化体系的最主要的因素或维度有哪些？举例说明每一种因素或维度的含义。

2. 跨文化沟通的原则有哪些？

3. 东西方文化在沟通方式上存在哪些差异？

4. 在跨文化沟通中，在沟通习惯上应当注意哪些差异？

5. 在跨文化谈判中应当注意哪些差异？

❖ 技能题

1. 以跨文化沟通理论为基础，分析在我国不同地区的商务人员交往中是否也存在类似的跨文化沟通问题。你认为应当如何克服这些障碍？

2. 根据区分不同国家和民族的文化差异的因素或维度，分析改革开放和加强国际交流对我国传统文化的影响。

3. 调查当地的合资企业或外商独资企业，分析企业内是否存在跨文化沟通所特有的障碍和问题，从中可以得出哪些有益的经验和教训。

主要参考文献

[1] 瓦尔纳,比默. 跨文化商务沟通 [M]. 孙劲悦,译. 5版. 大连:东北财经大学出版社,2020.

[2] 黄漫宇,彭虎锋. 商务沟通 [M]. 2版. 北京:清华大学出版社,2019.

[3] 李锡元. 管理沟通 [M]. 2版. 武汉:武汉大学出版社,2019.

[4] 王慧敏. 商务沟通教程 [M]. 2版. 北京:中国发展出版社,2017.

[5] 布赫. 卓有成效的沟通——领导者上传下达的10个沟通技巧 [M]. 刘皎,译. 钻石版. 北京:电子工业出版社,2016.

[6] 海因斯. 管理沟通——策略与应用 [M]. 许勉君,于光,译. 5版. 北京:北京大学出版社,2015.

[7] 蒙特,汉密尔顿. 管理沟通指南——有效商务写作与演讲 [M]. 钱小军,张洁,译. 10版. 北京:清华大学出版社,2014.

[8] 阿德勒,埃尔霍斯特. 商务沟通的艺术 [M]. 施宗靖,译. 10版. 上海:复旦大学出版社,2012.

[9] 康青. 管理沟通 [M]. 3版. 北京:中国人民大学出版社,2012.

[10] 吉斯曼,伍德. 营销客户沟通 [M]. 李毅,黄昊宇,译. 北京:经济管理出版社,2011.

[11] 张莉. 管理沟通 [M]. 2版. 北京:高等教育出版社,2011.

[12] 赵慧军. 管理沟通——理论·技能·实务 [M]. 3版. 北京:首都经济贸易大学出版社,2010.

[13] 博韦,赛尔. 博韦商务沟通 [M]. 喆儒,译. 9版. 北京:中国人民大学出版社,2009.

[14] 杜慕群. 管理沟通 [M]. 北京:清华大学出版社,2009.

[15] 李谦. 现代沟通学 [M]. 3版. 北京:经济科学出版社,2009.

[16] 布赫,罗夫. 高效团队入门必读 [M]. 刘建其,译. 2版. 汕头:汕头大学出版社,2008.

[17] 哈特斯利,麦克詹妮特. 管理沟通:原理与实践 [M]. 葛志宏,陆娇萍,刘彧彧,译. 3版. 北京:机械工业出版社,2008.

[18] 张文昌,成龙. 管理沟通——行为与心理教程 [M]. 济南:山东人民出版社,2008.

[19] 王怀明,王君南,张欣平. 管理沟通 [M]. 济南:山东人民出版社,2007.

[20] 张炳达,满媛媛. 商务谈判实务 [M]. 上海:立信会计出版社,2007.

[21] 里奇. 商务沟通 [M]. 刘颖，译. 北京：中国劳动社会保障出版社，2006.

[22] 南志珍，等. 管理沟通 [M]. 北京：中国市场出版社，2006.

[23] 孙健敏，徐世勇. 管理沟通 [M]. 北京：清华大学出版社，2006.

[24] 魏江，严进，等. 管理沟通——成功管理的基石 [M]. 北京：机械工业出版社，2006.

[25] 威斯卡普. 九步成为演讲高手 [M]. 陈志强，侯梦蕊，译. 北京：北京师范大学出版社，2006.

[26] 叶龙，吕海军. 管理沟通——理念与技能 [M]. 北京：清华大学出版社，北京交通大学出版社，2006.

[27] 格兰兹. 高效沟通的399条黄金法则 [M]. 马小丰，吴振兴，译. 哈尔滨：哈尔滨出版社，2005.

[28] 洛克. 商务与管理沟通 [M]. 康青，等译. 6版. 北京：机械工业出版社，2005.

[29] 王建民. 管理沟通理论与实务 [M]. 北京：中国人民大学出版社，2005.

[30] 王文潭. 商务沟通 [M]. 北京：首都经济贸易大学出版社，2005.

[31] 戴利，嘉列. 关键沟通 [M]. 程艮，译. 北京：中信出版社，2004.

[32] 洛克，卡奇马莱克. 商务沟通教程 [M]. 兰天，王国红，译. 北京：人民邮电出版社，2004.

[33] 梁莉芬. 商务沟通 [M]. 北京：中国建材工业出版社，2003.

[34] 彭罗斯，拉斯贝里，迈尔斯. 高级商务沟通 [M]. 张红慧，译. 北京：机械工业出版社，2003.

[35]《全球一流商学院EMBA课程精华丛书》编委会. 商务人员的沟通 [M]. 北京：北京工业大学出版社，2003.

[36] 刘鹏宇，吴华. 卡耐基成功智慧经典 [M]. 北京：中国时代经济出版社，2002.

[37] 维克，海因. MBA速成教程——商业沟通 [M]. 刘建新，译. 海口：海南出版社，2002.